중생의 구원자

석가모니

중생의 구원자

석가모니

冷華(렁화) 지음

윤 원 호 옮김

신아출판사

■ 머리말

 석가모니에 관한 글을 써서 불교 동호인들로부터 평을 받고 싶은 생각을 여러 해 동안 해왔으나 적당한 기회가 없어 방치하고 있던 중, 올 가을 렁화(冷華) 선생이 그의 저술 ≪석가모니전≫의 서문 집필을 당부해 왔다. 렁 선생은 오랫동안 불학(佛學)에 전념하여 소양과 조예가 깊은 터라 그의 저술을 읽고 기쁨을 가누지 못하였다. 그것은 렁 선생이 나와 같은 생각을 가지고 있었음을 알 수 있었기 때문이었다. 이 저술은 깊이나 넓이에 있어서 내가 생각해 온 바를 포괄한 외에도 이를 훨씬 초월하고 있으며, 이 책이 출판되면 나의 숙원이 이루어진 셈이니 다시 새 글을 쓸 필요가 없게 되었다.
 독자들이 ≪석가모니전≫을 정독하게 되면 그것이 함축하고 있는 심오한 입론대의를 어렵지 않게 발견할 수 있을 것이다. 이 책에 사용된 문자는 통속적이어서 이해하기 쉽지만 그 취지는 깊고 오묘하다. 이 저술이 최후적으로 목적하는 바는 "사람마다 불성이 있어" "밝은 마음으로 견성(見性)하면 즉시 성불한다"는 사실을 깊이 믿도록 하는 데 있으며, 이를 위해 저자는 정성스레 마음을 써서 오랫동안의 집필에 심혈을 기울였다.
 중국에서 간행된 역대 불학서적은 다채롭고 풍부하여 완벽한 상태라고 할 만하다. 그러나 불서들은 입론이 지나치게 고고하고 난해한 문자를 사용하여 왕왕 대다수의 독자들이 깊이 있게 접근할 수 없었으며, 구법자(求法者)들은 진리에 다가서지 못하였다. 이 책의 저자는 이와 같은 상황을 감안하여 통속적인 문자와 전기(傳記) 고사(故事)로써 심오하여 측량할 수 없는 불법이론을 불조의 성스러운 발자취와 전도

포법(傳道布法)의 일상생활 가운데 용해시켜 이로써 독자들의 흥미와 영감을 격발, 어렵지 않게 불조(佛祖)의 위대함을 이해토록 하였다.

사람은 누구나 무진장한 보배를 가지고 있다. 일단 우리들이 이를 발견하게 되면 그것이 무엇보다 귀중하여 세간(世間)의 엄청난 지위나 재산과도 비교할 수 없다는 사실을 알게 된다. 이 무진장한 보물은 이 책의 행간(行間) 곳곳에서 모든 사람이 본래 가지고 있는 불성(佛性), 즉 본심 또는 자성(自性)을 밝혀 준다.

우리는 하루 종일 분주한 일상에서 이 값으로 따질 수 없는 보배를 묻어둔 채 살아가고 있다. 그러나 사람들이 일단 자신을 인식하게 되는 때, 즉 밝은 마음으로 견성하게 되는 때 어김없이 깨달음을 얻게 된다. 이 무진장한 보배를 사용하게 되면 생사문제, 번뇌문제 등 일체의 문제가 모두 해결된다. 따라서 옛 사람들은 이를 바탕으로 "이른 아침에 진리를 알게 되면, 그날 저녁에 죽어도 여한이 없다(朝聞夕死)"는 말을 남기게 되었다.

이 책의 저자는 올바른 앎과 살핌으로써 독자들에게 불교의 진리를 알려주고 있다. 독자들은 이 책의 가르침과 인도를 따라 불학 지식을 섭렵함으로써 다른 부분의 유사한 내용을 미루어 알게 될 것이며, 그에 따라 여태까지 의심스러웠던 것들이 모두 얼음 녹 듯 풀리어 없어지게 될 것이다.

혼자 힘으로 배워 익히고 스스로 깨달아 불교의 진리를 얻게 되며, 그로써 성불하기를 크게 기대한다.

예카이샹(葉開祥)

■ 역자의 말

　이 책은 석가모니의 탄생으로부터 열반(涅槃)에 들기까지, 그가 회의하고 고뇌하였던 역정을 통해 마지막으로 이룩한 깨달음과 함께 중생제도의 실천과정을 다루었다. 본문은 수행을 통해 스스로 득도한 진인(眞人)의 전기를 고사 위주로 흥미 있게 꾸미고 평범한 문체로 묘사하였으며 심오하고 난해한 불교이론을 평이하고 조리 있게 서술하여 부처님의 위대한 사상을 쉽게 파악할 수 있도록 하였다. 따라서 본문의 내용은 이해에 어려움이 없으며 흡인력이 강하고 문필은 창통(暢通)하여 막힘이 없다.
　이 책의 저자는 유물론자(唯物論者)의 시각으로 석가모니의 일생과 생활과정을 살펴보았다. 따라서 우리들이 지금까지 면대해온 영묘(靈妙)한 종교적 경지가 최대한도로 사상되어 석가모니의 인간적 면모를 이해하는 데 도움을 주고 있다. 저자는 또, 한 여성의 안목으로 석가모니의 일생을 섬세하게 분석, 그가 이룩한 득도(得道)의 기반을 그의 생장환경에서 찾아 강조하고 있다. 생후 7일 만에 어머니를 여의고 골똘히 사색에 잠겨 성장한 그는 사랑과 괴로움이라는 조화될 수 없는 감정 속에서 남달리 일찍 깨달음의 터전을 일구었다는 것이다. 후일 싯다르타는 야쇼다라와 결혼해 아들 라훌라를 낳았으나 속세의 영화와 인연에 얽매이지 않고 태자의 자리와 가정을 버린 채 출가하여 위대한 깨달음에 도달하였다.
　이 책을 접하게 된 독자들은 저자의 적절한 문장기법과 안배를 통해 석가모니에 대한 공경을 더하게 될 것이며, 불교의 기본 교의에 한 걸음 더 다가섬으로써 불도에 대한 이해를 더욱 심화시킬 수 있을 것이다.

  사바(裟婆)의 일상에 찌들어버린 범인들로서는 고난에 찬 범행(梵行)을 실천할 수 없다 하더라도 이 책에 제시된 불교의 기초 교의를 배경삼아 좀더 깊은 법계(法界)의 진리를 이해한다면, 그리고 이에 따라 밝은 마음으로 인생을 깨우치게 된다면 더없이 커다란 보람을 얻었다 할 것이다.

  덧없는 인생 더 늦어지기 전에 누구나 삼업(三業)으로 짓게 되는 죄에서 차차 멀어지기를 심원(心願)한다.

  이 책이 독자들과 만날 수 있도록 길을 열어주신 신아출판사의 서정환 사장님, 마지막까지 심혈을 기울여 교열을 맡아주신 박갑순 과장님과 출판을 위해 애써 주신 여러분께 감사의 말씀을 드린다.

2010년 9월
윤원호

중생의 구원자
석가모니

- 머리말
- 역자의 말

1 마야왕비의 수태 / 11
2 우주에서 나보다 더 귀한 존재는 없느니라! / 19
3 이모 / 31
4 자라남의 어려움 / 44
5 못다 한 사랑 / 61
6 출가의 어려움 I / 83
7 출가의 어려움 II / 95
8 여색의 유혹 / 109
9 스승을 찾아 / 123
10 은자 비사미트라 / 142
11 한밤중의 출가 / 159
12 고행림 / 176
13 정반왕의 편지 / 186
14 육 년간의 고행 / 201
15 보리수 아래의 깨달음 / 210

16 칼을 버리고 부처가 되다 / 223
17 초전법륜 / 245
18 옛터를 찾아 / 258
19 영취산 설법 / 272
20 죽림정사 / 283
21 기수 · 급고독원 / 300
22 환궁 / 308
23 재회 / 320
24 난타의 천국 나들이 / 328
25 음녀 마등가 / 341
26 오백 승려 / 364
27 브라만의 음모 / 374
28 데바닷타의 현세 보업(報業) / 384
29 석가족의 재난 / 404
30 열반 / 420

마야왕비의 수태

지금으로부터 이천 오백여 년 전, 고대 인도(印度)는 여러 나라로 분열되어 각축을 벌이는 가운데 전쟁이 끊이지 않고 있었다. 석가모니(釋迦牟尼)는 이때 강대국들 틈에서 겨우 명맥을 이어가던 히말라야 남쪽 석가족(釋迦族)의 작은 나라 카필라파스투국(迦毘羅衛國)에서 태어났다.

석가모니의 아버지 정반왕(淨飯王)은 카필라파스투국 임금으로 석가족의 족장이기도 하였다. 그는 선대로부터 왕위를 물려받았으나, 카필라파스투국은 중부 인도 열여섯 나라 중 코살라국(拘薩羅國)에 예속된 약소국으로 국력은 미미하여 보잘것이 없었다.

강대국들의 횡포 속에서 카필라파스투국은 운신하는 데도 힘이 부쳤지만, 나라 살림을 위해 전심전력을 다한 정반왕의 노력으로 그럭저럭 태평세월을 누릴 수 있었다. 정반왕은 강대국들의 싸움판에서도 지혜로써 처신하였기 때문에 전란 중에서나마 백성들의 생활이 안정되어 카필라파스투국은 풍진 속의 정토(淨土), 사막 안의 오아시스나 다름없는 낙토(樂土)였다.

백성들은 정반왕을 존경하여 명군으로 추앙하였다. 왕은 젊은 나이에 훌륭한 풍채와 넓은 도량, 활달한 품성을 갖추고 있었기 때문에 이웃나라 왕실의 공주들과 명문귀족의 규수들 중 그를 사모하지 않는 이가 없었다. 한바탕의 간택(揀擇)을 거쳐 정반왕은 마지막으로 이웃 나라 천비국(天臂國) 선각장자(先覺長者)의 누이 마야(摩耶)공주를 왕비로 맞게 되었다. 그녀는 꽃다운 나이에 몸가짐이 단정하고 우아하였으며 맵시가 아름답고 성품이 온유한 위에 남달리 총명하였다.

젊은 국왕과 아름다운 공주는 만백성의 축복을 받으며 부부의 가연을 맺었다.

혼례는 화려하고 만족스럽게 치러졌다. 따사로운 정감과 사랑이 넘쳐흐르고 아름다운 의상들이 나풀거리는 가운데 여러 나라에서 모여든 수많은 귀빈들이 금·은·유리·가리비·마노·호박·산호로 장식된 두 사람의 수레를 향해 축복하였다. 산해진미와 풍악 속에서 혼사는 사흘 동안이나 계속되었다.

시간은 쉬지 않고 흘러 그동안 봄이 가을 되고 여름이 겨울 되기 여러 차례, 덧없는 세월 속에 국왕과 왕비의 청춘도 시들어 어느덧 중년에 접어들게 되었다. 그런데도 그들은 아직까지 슬하에 혈육(血肉)을 두지 못하였다. 하루 정사를 마치고 난 뒤 조용한 시간, 정반왕은 넓은 대궐 안을 서성이며 무거운 상념에 빠져들곤 하였다.

어느 날 정반왕은 마야왕비와 함께 왕궁 안의 화원을 거닐던 중 피곤한 몸을 바위에 걸치고 이것저것 나랏일을 얘기하기 시작하였다. 그때 어디선가 사슴 한 쌍이 새끼 한 마리를 데리고 화원으로 뛰어들었다. 사방을 두리번거리던 어미들이 풀을 뜯자 주위를 맴돌던 새끼가 어미의 배를 치받으며 젖을 빨기 시작하였다. 젖을 먹이는 동안 어린 새끼의 몸을 핥아주는 어미들의 모습은 너무나도 정겨웠다.

이를 바라보던 정반왕은 천천히 계단을 내려와 싱싱하고 부드러운 풀잎 한 움큼을 뜯어 사슴들에게 던져주며 뒤를 향해 마야왕비에게 손짓하였다. 정반왕 곁으로 다가간 마야왕비는 한동안 멍한 눈으로 사슴들을 바라보다가 갑자기 잔디 위에 무릎을 꿇으며 탄식하였다.

"폐하, 이 몸은 쓸모없는 여자입니다. 여태도록 태자를 낳아드리지 못하면서도 은총만을 입고 있으니……. 오늘은 저의 청 하나를 들어주십시오!"

정반왕이 놀라 왕비를 일으켜 세웠다. 마야왕비가 말을 이었다.

"폐하, 저는 카필라파스투국의 왕비가 되기에 너무나 부족한 여자입니다. 원컨대 더 젊고 아름다운 여인을 새 왕비로 맞아 귀여운 태자를 얻도록 하십시오. 그래야만 이 나라의 후사(後嗣)를 이어가게 됩니다……."

정반왕이 왕비의 말을 막고 나섰다.

"왕비! 부부는 원래 한마음 한몸인 것! 어찌 우리 둘을 따로 떼어 생각할 수 있단 말이오? 카필라파스투국에 왕자가 없는 것은 하늘의 뜻일 뿐, 천하의 여인을 모두 아내로 맞는대도 후사를 얻지 못하는 건 매한가지요. 하늘의 뜻을 따르는 게 순리 아니겠소?"

정반왕의 말에 왕비가 눈물을 흘리며 대답하였다.

"폐하께서 베풀어주신 은혜 태산같이 높고 바다처럼 깊습니다. 그 은혜가 높고 깊을수록 제 마음은 무거울 따름입니다. 죄인의 몸으로 어찌 편안함을 바라겠습니까?"

정반왕은 왕비의 어깨를 다정하게 껴안으며 말을 계속하였다.

"총명하고 현숙한 왕비여! 왕위를 내동댕이칠지언정 어찌 그대 말고 딴 여자를 취할 수 있겠소? 나는 평시 순리에 어긋나는 일을 해본 일이 없소!"

두 사람은 다시 진지하고 돈독한 부부의 사랑 속에 빠져들었다.

그러나 카필라파스투국에 후사가 없다는 사실을 그냥 잊고만 지낼 수는 없었다. 마야왕비는 정반왕보다 더욱 초조하고 울적한 마음으로 자책에 빠져 사람들을 만나는 것까지도 꺼리게 되었다. 침궁(寢宮) 밖에 나서기를 즐기지 않았으며 따스한 봄날이 와도 궁궐을 빠져나가 싱싱한 봄 풍경을 접하려 하지 않았다.

마야왕비의 근심 걱정을 헤아려 온 정반왕은 어느 날 화원 안에 풍성한 음식과 술을 차려 봄 경치를 즐기며 그녀를 위로하였다. 마야왕비는 모처럼 밝고 홀가분한 마음이 되어 즐거운 하루를 보낸 뒤, 밤에는 왕의 품에 안겨 지난 옛날의 신혼 화촉동방(華燭洞房)을 회상하였다.

백년가약이 이루어지던 그날 밤……. 시녀들이 물러가자 화려한 침궁에는 두 사람만 남게 되었다. 무수한 촛불이 영롱하게 반짝이는 신방에는 금실로 수놓은 주홍색 휘장이 벽을 타고 하늘거리는 가운데 황금 왕관이 보석으로 치장한 탁자 위에서 광채를 내뿜었다. 침상 위 비단이불에서는 오색 영롱한 꽃과 나비들이 날아올라 춤추었다. 정반왕은 성글게 짠 연분홍 휘장을 내린 뒤 한없는 정담을 되뇌이면서 가볍게 족두리를 벗긴 뒤 부끄러워하는 왕비를 침상 위에 안아 올렸다.

마야왕비는 신혼 첫날밤의 짜릿한 정감을 되씹으면서 행복에 겨워 자신도 모르게 꿈속으로 빠져들었다.

혼몽한 꿈길에서 왕비는 눈처럼 새하얀 코끼리 한 마리가 텅 빈 하늘가 공중을 타고 느릿느릿 다가오는 모습을 보았다. 코끼리는 처음 커다란 모습이었으나 가까워지면서 점점 작아지더니 그녀의 주위를 몇 바퀴 맴돌다 갑자기 오른편 갈비뼈를 헤집고 몸 안으로 들어왔다. 깜짝 놀란 왕비가 잠에서 깨어나니 한바탕 꿈이었다.

다만 이 꿈은 영원히 지워질 수 없는 꿈이 되었다. 세월이 지난 뒤, 꿈 얘기는 세상에 널리 알려지게 되었거니와 모든 천당과 지옥, 그리고 무한히 크고 넓은 대천세계(大天世界)에 두루두루 퍼지게 되었다. 머지않아 왕비에게는 태기가 있었다.

그날 밤 잉태되어 태어난 아이는 진지하고도 정성스러운 불제자들이 오랫동안 쉬지 않고 매일 밤을 지새워 시시각각 칭송해 마지않는 불교의 창시자, 바로 석가모니였다. 석가모니는 도를 이룬 후 '불타(佛陀)' 또는 '부처[佛]'라고 불렸는데 이는 고대 인도 산스크리트어의 음역으로 '깨달은 사람[覺悟者]'이었으며, 석가모니는 바로 심오한 인생의 진리를 깨우친 위대한 인물이었다.

사회학자의 안목으로 그는 위대한 철학자 또는 교육자였으나 보통 사람이나 불제자의 마음속에서는 영혼을 구제하는 하느님이었으며 모든 것을 이룩하고 모든 것을 알며 이룰 수 있는 신이나 다름없는 분이었다.

석가모니가 거쳤던 일생의 행적은 그동안 민간의 설화 가운데 면면히 전해 내려왔을 뿐 아니라 문학·예술 및 각 종파의 경전에 기록되어 칭송과 창조를 거듭하였으나, 이천 년이 훨씬 지난 오랜 세월을 거쳤기 때문에 그의 출생이나 유년 시절을 알아보기 위해서는 여러 가지 신화나 전설에 의지할 수밖에 없다. 따라서 석가모니의 출생 및 유년에 관한 이야기는 아름다운 신화를 감상하는 것으로 대신해 주기 바란다.

다만 "모든 중생에게는 불성(佛性)이 있으며 중생의 불성은 평등할 뿐 아니라 석가모니의 불심과 보통사람의 마음은 같다."고 말한 석가모니의 말씀에 대해서는 주의를 할 필요가 있다. 석가모니는 태어날 때부터 범상한 인간을 초월한 탈속(脫俗) 성인이었으며, 성인만이 성불(成佛)할 수 있는 존재라면 우리들처럼 평범한 인간이 일심으로 부처님을 공경하고 지향하는 것이 무슨 의미를 가지는가?

석가모니가 신산간고(辛酸艱苦)의 어려움을 거쳐 생사에 관한 모든 것을 깨우쳤던 것은 온 하늘 아래 수많은 재앙과 괴로움을 떨쳐버리지 못한 중생을 구제하기 위한 때문이었으나, 석가모니 역시 우리들과 마찬가지로 칠정육욕(七情六欲)을 벗어나기 위해 어려움을 겪었던 평범한 인간이었다.

다만 석가모니는 그때 사람들의 문화적 특징에 따라 신격화되었다. 옛날 사람들은 위대한 인간을 신격화하는 것이 보통이었는데 영명한 군주가 태어날 때는 천지에 상서로운 기운이 가득 차고 온 누리에 광채가 휘황하나, 아둔한 군주가 출생하게 되면 천재와 인재가 끊임없이 나타난다고 생각하였다.

다음으로 옛날 사람들은 석가모니의 신격화에 있어서 여러 가지 복잡한 해석을 피하고 불타심(佛陀心)을 신격화하여 사람들의 감응에 대응하였다.

전설에 의하면 마야왕비가 코끼리에 관한 얘기를 정반왕에게 들려주었을 때, 정반왕은 이를 불가사의한 일로 깊이깊이 반추하며 길몽이 틀림없다고 생각하였다. 불경은 그해, 카필라파스투국에 여러 가지 기이한 일들이 계속해서 발생하였음을 기록하고 있다. 논밭의 벼와 보리에는 두 이삭이 영글고, 동산(東山)의 코끼리들이 떼지어 코를 흔들며 춤을 추었다. 또 룸비니(藍毗尼)화원에서는 눈발이 심한 가운데에서도 연꽃이 화사하게 피었다고 한다.

마야왕비는 잉태한 뒤, 청춘의 활력이 회복된 듯 신혼 때처럼 발랄하고 명랑하게 되었으며 매사에 열정이 불타올랐다. 온유하고 아름다우며 선량한 그녀는 정반왕에게 시집온 이후, 순결한 마음과 생명을 바쳐 남편을 사랑하였기 때문에 이십여 년 동안 아이를 갖지 못하였지만 정반왕의 사랑은 한결같이 변할 줄 몰랐다.
　그동안 마야왕비는 태자를 낳지 못한 죄책감을 절절히 느끼면서 정반왕의 기거와 식음 등을 정성스럽게 챙겨 받들었다. 그녀의 끊임없는 정성에 감복한 정반왕이 왕비의 건강을 염려한 나머지 직접 나서서 일하지 못하도록 권유할 때마다 그녀는 이렇게 대답하였다.
　"대왕께 태자를 낳아드리지 못하고 있는 미천한 몸, 대왕을 위해 오로지 분골쇄신하겠습니다!"
　그러나 이제는 잉태한 몸, 그렇게도 기다리던 아이를 가지게 되었으니 무슨 여한이 또 있겠는가! 마야왕비는 비로소 근심 걱정을 떨치게 되었다.
　국왕은 침상 위에 누워 있는 마야왕비의 얼굴에서 행복에 겨운 홍조를 발견하였다. 그것은 이제 막 망울이 터진 연꽃마냥 싱그럽고도 신비로운 행복감이었다. 국왕은 그녀의 배를 어루만지며 기쁨에 넘쳐 입을 열었다.
　"머지않아 우리들의 아이가 세상에 나오게 될 터인데 태어날 태자를 위해 항상 몸과 마음을 편하게 해 주오. 당신의 몸 정성들여 보살피는 것만이 나라와 짐을 사랑하는 길이오……."
　부부는 중년에 이르러서야 자식을 얻게 된 즐거움에 깊이 빠져들었다.
　뱃속의 태아가 자라감에 따라 마야왕비는 청정한 가운데 홀로 있는 일을 즐기게 되었다. 왕비는 날마다 숲 속을 거닐거나 연못가에 조용히 앉아 시간을 보냈으며, 화원의 평상에 누워 잠깐씩 휴식을 취하기도 하였다. 왕비는 지난날의 꿈을 떠올리며 자신의 몸 안에 들어온 작은 코끼리를 생각하였다. 그녀는 다시 꿈을 꾸어 흰 코끼리가 몸 안으로 들어온 뒤 어찌 되었는지를 알고 싶었으나 더는 꿈을 꿀 수 없었다.

왕비의 간절한 바람 속에서 태동이 일기 시작하였다. 날이 갈수록 더 힘차게, 더욱 빈번히……. 마야왕비는 격정 속에서 부른 배를 어루만지며 더는 꿈속의 일을 생각하지 않게 되었다. 그녀는 몸과 마음을 다해 뱃속의 작은 생명을 보살피는 가운데 자식에 대한 모정을 느껴 보았다. 아이가 태어나면 누구를 닮게 될까……? 이런 생각을 해보기도 하였다.

'아이를 낳으면 유모 대신 내 젖으로 태자를 길러 어른을 만들고 왕위를 계승시켜 명군으로 대성시키리라……!'

마야왕비는 몸속에서 일어나는 작은 느낌까지도 상세히 남편에게 알렸으며, 두 부부는 매일매일 정성들여 태아를 보살폈다.

우주에서 나보다 더 귀한 존재는 없느니라!

마야왕비의 잉태 소식은 순식간에 카필라파스투국 온 나라에 퍼져 나갔다. 왕궁 안팎은 한바탕 기쁨으로 들끓었다. 온 나라 백성들은 모두가 왕비의 길일분만(吉日分娩)을 축원하면서 태자의 평안 탄생을 기도하였다.

그러나 예정된 출산일이 지났음에도 마야왕비에게는 산고의 징조가 보이지 않았다.

정반왕은 크게 염려하여 브라만의 점성사(占星師)를 궁정에 들도록 하였다. 이 점성사는 박학다식하고 언변에 능하였을 뿐 아니라 상당한 신통력을 가진 사람이었다. 그는 지혜로 가득 찬 눈을 들어 마야왕비를 살펴본 뒤, 근심에 쌓여 있는 정반왕을 향해 천천히 입을 열었다.

"인간은 하늘이 내려준 지혜에 따라 다섯 등급으로 나눌 수 있습니다. 그 첫 번째가 성인이요, 두 번째가 현철(賢哲)이며, 세 번째가 명달(明達)입니다. 네 번째는 보통사람인 상인(常人)이며, 다섯 번째는 사람으로서 모자라는 우완(愚玩)입니다. 성인은 열넉 달을 지나야 탄생하고, 현철은 열두 달에 태어나며 명달은 열 달, 상인은 아홉 달에 태어납니다. 여덟 달 만에 태어나는 아이는 틀림없이 우둔한 사람이 되고 맙니다."

브라만 점성사의 예언대로라면 마야왕비는 앞으로 서너 달을 더 지나야만 분만을 하게 된다. 시간은 느릿느릿 흘러 마야왕비와 정반왕, 카필라파스투국의 전 백성은 초조한 가운데 그 날만을 손꼽아 기다리게 되었다.

드디어 열넉 달이 다가오자 마야왕비는 분만을 위해 친정인 천비국에 갈 행장을 차리게 되었다. 당시의 풍습으로 산모는 반드시 친정에 돌아가 분만을 하게 되어 있었다. 왕비라 할지라도 마야는 이 풍습을 따르지 않으면 안 되었다. 정반왕은 왕비를 위해 수많은 궁녀와 시종을 따르도록 하고 그녀에게 다음과 같이 당부하였다.

"급히 가다가 노독이라도 날까 두려우니 가는 도중 룸비니화원에 들러 쉬어 가도록 하시오. 그곳은 공기가 맑고 경치가 아름다우니……."

정반왕과 작별한 마야왕비는 호송하는 수레들을 이끌고 천천히 카필라파스투국을 떠났다.

수레가 룸비니화원에 도착하였을 때 왕비는 수레들을 멈추고 휴식을 취하였다. 때는 화창한 봄날, 고색창연한 룸비니화원은 깨끗하게 단장된 데다 봄볕을 받아 더욱 산뜻하고 아름다웠다. 수를 놓은 비단처럼 여기저기 꽃들이 가득가득 피어나고 푸른 방석을 깔아놓은 듯 잔디밭의 풀들은 산뜻하게 자랐으며 하늘을 찌를 듯 높이 솟은 나무들은 봄볕 속에 조용히 그늘을 드리우고 있었다.

마야왕비는 수레에서 내려 천천히 화원의 오솔길을 거닐기 시작하였다. 부드러운 봄바람이 얼굴을 스칠 때 그녀는 마음이 트이고 상쾌한 기분이 되어 무우수(無憂樹)에 기댄 채 가득히 밀려드는 아름다운 봄 경치에 빠져들었다. 무우수는 가지와 잎사귀가 무성하여 나긋나긋 아래로 늘어졌고, 가지 끝에는 싱싱한 열매들이 주렁주렁 매달려 있었다. 왕비가 손을 뻗어 과일 하나를 따려하자 바로 그때 산기가 일었는데 서둘러 사방에 만막(幔幕)을 두르고 나자 잠시 뒤 남자아기를 해산하게 되었다. 태자는 왕비의 오른쪽 갈비로부터 태어났는데 불경은 당시 상황을 다음과 같이 기록하고 있다.

> 석가모니께서 탄생하셨을 때, 대지는 진동하고 우주는 광명으로 가득 찼다. 태자는 탄생하자마자 말을 하였으며 부축을 받지 않고도 걸음을 걸었다. 태어날 당시 태자는 사방을 둘러본 뒤 동서남북으로 각각 일곱 걸음씩을 걸었는데 그가 한 발자국을 떼어놓을 때마다 땅위에는 한 송이씩 연꽃이 피어나 순식간에 향기가 사방에 가득 차고 꽃잎은 찬란하게 빛났다. 이때 신선의 노래가 화답하였으며 제천(諸天)에 있는 신인(神人)이 한 목소리로 그의 탄생을 찬송하였다. 석가모니는 동서남북으로 각각 일곱 걸음씩 걸으며 합장한 뒤, 양손을 모아 가슴에 얹었다. 한 손가락으로는 하늘을, 또 한 손가락으로는 땅을 가리키며 장중하고 엄숙한 목소리로 이렇게 말하였다. "우주에서 나보다 더 귀한 존재는 없느니라!"

태자가 태어났을 때 나타난 여러 가지 신기한 현상들은 인도의 고대 신화 중에 각종 전기 형식으로 서술되어 있다. 당시 불문의 각 종파에서도 여러 가지 상서로운 예조를 감지하였다. 전설에 의하면 그때 땅 위에는 향기로운 바람이 사방에 흩날리고 백 천 가지 새들이 노래하며 꽃비가 분분이 내리는 가운데 하늘에는 광명이 비쳤다. 휘황찬란한 빛살이 사방으로 흩어지고 흰 두루미가 하늘 높이 날아올라 춤추었으며 오색영롱한 꽃구름이 순정한 감로(甘露)를 뿌려 태자를 목욕시켰다. 무우수 옆에서는 따스하고 향기로운 물줄기와 시원하고 정결한 샘물이 솟아올라 마야왕비의 산후를 씻어주었다.

또 어떤 전설에 의하면 향기 짙은 훈풍이 불어오는 가운데 천왕(天王)과 범신(梵神)들이 강림하였다. 천왕들은 유리로 된 침상을 사뿐히 풀밭에 놓아주고, 범신들은 화려한 일산(日傘)을 받쳐 어린 태자의 머리를 가려주었다. 무수한 천인신녀(天人神女)들이 하늘 가득 모여들어 춤추고 노래하는 가운데 하늘·땅·사람들이 인간세에 강림하신 미래의 불타(佛陀)를 찬미하고 경축하였다.

석가 탄신일은 음력 사월 초파일, 중생들이 영원토록 경축해마지 않는 날이 되었는데 여러 해가 지난 뒤 사람들은 이 날을 목불절(沐佛節) 또는 불탄절(佛誕節)이라 부르게 되었다. 매년 이 날이 되면 모든 불교사원에서는 장중하고 성대한 목불법회(沐佛法會)를 연다. 중생들은 신선한 꽃과 촛불, 차와 과일 등 공품(貢品)으로 불상께 공양하고 각종 명향(名香)과 정결한 물로 석가모니의 탄생상을 목욕시켜 그의 강림을 기념한다.

산스크리트 불경에는 다음과 같은 기록이 있다.

> 석가모니께서 탄생하셨을 때 부드럽고 화려한 하늘 옷[天衣] 한 벌이 공중에서 날아와 태자의 몸을 덮었다. 세상에는 타 없어진 땔감들이 다시 타오르기 시작하였으며 꺼져버린 모든 등불이 다시 빛을 발하였다. 혼탁한 강물은 일시에 맑아져 깨끗한 바닥을 드러내고 꽃들은 옛날보다 더욱 아름답고 향기롭게 피어났다. 흉악한 자는 당장 자비롭고 선량한 사람이 되었으며 깊은 병에 걸린 자는 깨끗이 회복되었다. 날뛰며 시끄럽게 짖어대던 금수들은 눈 깜짝할 사이에 안정되었고 폭군은 현철한 군주가 되었다. 산

천은 더욱 밝고 아름답게 변했다. 광풍이 더는 심술을 부리지 않게 되었으며 모든 것이 안온하고 조용하게 되었다. 멀리 편벽한 곳에 사는 사람들까지도 이 세상에서 더할 비 없는 희한한 소식을 접하게 되었다. 수많은 사람들이 앞다투어 룸비니화원에 몰려들어 강림하신 불조(佛祖)를 우러러보며 한평생 최대의 감미로움을 맛보았다.

이와 거의 때를 같이하여 중국에서는 유가(儒家)의 성인 공자(孔子)가 태어났는데 당시 공자의 고향 노(魯)나라 일대의 황하(黃河)는 돌연 물이 맑아져 바닥까지 들여다볼 수 있었다고 한다.

옛날 사람들은 제왕이나 위인을 신격화하여 그에 대한 경모와 숭배를 표현했으나, 이들 신화나 전설 속의 허구를 배제하면 믿을 만한 사실을 알아낼 수 있게 된다.

불문제자에 대해 석가모니의 탄생은 역사적 의의를 가진 위대한 순간이었다. 석가모니는 정반왕과 마야왕비가 첫 번째로 얻은 단 하나뿐인 아들로서 어머니가 산기를 맞아 분만을 하기 위해 친정인 천비국에 돌아가던 중 룸비니화원에서 갑자기 태어나게 되었다.

그날, 마야왕비가 거느린 수레들은 머리를 돌려 카필라파스투국으로 되돌아가게 되었다. 태자가 탄생한 이상 친정에 가야할 일이 없게 되었기 때문이다.

궁녀와 신하들이 앞뒤로 마야왕비 모자를 옹위하여 왕궁에 돌아왔을 때 정반왕은 놀랍고도 기쁜 마음을 가눌 수 없었다. 홍조를 띤 태자의 건강한 얼굴을 바라보면서 정반왕은 만면에 웃음을 지으며 오랜 숙원이 이루어졌음을 기뻐하였다.

정반왕은 즉시 온 나라에 명을 내려 모든 백성이 태자의 탄생을 경축도록 하고, 사흘 동안 군신이 모여 연회를 열었다. 카필라파스투국의 모든 죄수들을 사면함과 동시에 백성들의 세금을 전액 면제하여 태자의 탄신을 축하하고 가난한 백성들을 구제하였다.

명을 받은 대신들은 분담하여 일을 처리하였다.

분부를 내린 뒤 내전으로 돌아온 정반왕에게 궁녀들이 어린 태자를 안아 보이자 왕은 그의 용모를 요모조모 자상하게 살펴보았다. 아이는 네모난 얼굴에 귀가 크고 이목이 수려한 데다 두 눈에서는 영광(靈光)이 번쩍였으며, 단정하고 위엄이 돋는 가운데 신성(神聖)이 충만하였다. 국왕은 즐거움에 겨워 큰 소리로 말하였다.

"허허허, 이 아이는 인물이 출중하구나! 장성하면 틀림없이 온 세상을 훌륭하게 다스릴 제왕이 될 것이다."

이때 궁궐 밖에서는 우렁찬 축포소리가 여러 차례 울려 퍼져 백성들에게 태자의 탄생을 알리게 되었다. 백성들은 기쁨에 들떠 서로가 서로에게 태자 탄생의 희소식을 전하였다. 성 안팎 곳곳에서는 흥겹고도 즐거운 노랫소리가 울려 나왔으며 집집마다 처마 끝에 꽃초롱을 달아 걸고 오색실과 천으로 대문을 장식하였다. 일순간 치장을 마친 도성(都城)의 거리는 낙토와 꽃밭으로 변하였다.

다음날 아침에는 일찍부터 만조백관이 몰려들어 태자의 탄생을 거듭거듭 축하하였다. 어떤 이는 태자가 자라나면 영명한 군주가 될 것이라 장담하였으며 어떤 사람은 온 세계를 지배할 제왕이 될 것이라고 하였다.

문무대신들의 축하를 받으며 정반왕은 마음속으로 크나큰 기쁨에 빠져들었다. 태자의 강림을 축하하는 연회석상에서 정반왕과 대신들은 태자의 이름에 대해 상의한 뒤 국왕의 희망에 따라 싯다르타(悉達多)로 명명할 것을 결정하였다. 정반왕은 벌어진 입을 다물지 못 한 채 연거푸 말하였다.

"좋아, 좋아! 싯다르타, 얼마나 좋은 이름인가! '모든 것을 남김없이 성취한다'는 뜻이니……! 이 이름은 태지가 장차 온 세상을 제패하게 될 공업(功業)과 맞물린다!"

그러나 인간의 행복과 즐거움에는 부족함과 여한이 따르는 것…….

싯다르타가 국왕과 온 백성, 죄지은 자들에게 희망과 기쁨을 안겨주고 있을 때 그의 어머니 마야왕비는 갑작스런 병으로 자리에 쓰러지고 말았다. 온몸에 한기가 들어 덜덜 떠는가 싶더니 열이 올라 식지를 않고 쉴새없이 땀이 흘렀다. 얼굴에서 핏기가 사라지고 파랗게 질린 가운데 인사불성이 되었다. 크게 놀란 시녀들은 차가운 물로 왕비의 얼굴을 씻겨 열을 내리게 하는 한편 급히 사람을 보내 정반왕에게 소식을 전하였다.

정반왕이 황망하게 내전에 들었을 때 고열과 한기로 혼미해진 마야왕비는 남편을 알아볼 수조차 없었다. 정반왕은 왕비의 손을 거머쥐고 큰 소리로 그녀의 이름을 불렀다. 이 소리에 반쯤 정신이 들었던지 왕비는 가느다란 목소리로 중얼거렸다.

"태자……, 태자를……."

궁녀가 그녀의 품에 태자를 안겨주자 왕비는 몽롱한 가운데 다시 혼수상태에 빠져들었다. 이때 싯다르타는 어머니의 고통을 알아차리기라도 한 듯, 가쁜 숨소리를 내며 큰 소리로 울어대기 시작하였다. 울음은 여느 아이들과 달리 선지선각자(先知先覺者)의 사랑과 고통으로 충만한, 폐부(肺腑)에서 터져나온 외침이었다. 싯다르타의 울음은 어머니에 대한 사모의 정과 뜨거운 사랑을 그리워하는 절규였으며 어머니를 잃게 될 절망과 고통의 호곡성이었다.

아마도 이때 사랑과 괴로움이라는 두 가지 조화될 수 없는 감정이 싯다르타의 남달리 이른 깨달음의 마음에 씨를 뿌렸으리라…….

그로부터 이십구 년 뒤, 싯다르타는 고향산천과 왕위를 결연히 버리고 처자와 헤어져 삭발출가(削髮出家)하였다. 싯다르타의 출가에 대해 어떤 이는 그가 인간의 육체로부터 추악함을 발견했던 때문으로, 또 어떤 이는 생로병사가 피할 수 없는 것임을 깨달았던 때문으로 해석하고 있다. 그러나 필자는 석가모니의 마음속에 생령(生靈)에 대한 사랑이 넘쳐흐르는 가운데 피할 수 없는 고통과 절망을 어떻게 해소토록 할 것인가, 그 문제를 깨우치기 위한 선택이 진정한 출가의 원인이었으리라 생각한다.

사경에 이른 왕비와 그칠 줄 모르고 울어대는 어린 자식을 바라보는 정반왕의 가슴은 칼로 도려내듯 고통과 절망으로 가득 찼다. 그는 연거푸 분부를 내려 어의(御醫)를 내전에 들게 하였다. 어의는 마야왕비가 들녘에서 출산한 관계로 사악한 기운이 몸을 침범하였으며, 드디어는 내장까지 손상시켰다고 일러주었다. 그는 왕에게 세심히 조리하여 병상이 더는 악화되지 않도록 당부하면서 약상자로부터 다갈색 알약 몇 개를 꺼내 때맞춰 복용토록 거듭 이른 뒤, 다시 연두색 물약 한 병을 꺼내 왕비의 발바닥, 손바닥과 이마에 발라주었다.

정반왕은 의원의 지시에 따라 정성을 다해 왕비를 간호하였다.

다음날, 마야왕비는 정말로 깨어나 정신을 차리게 되었다.

"왕비, 왕비! 몸이 좀 어떻소?"

"너무 심려치 마십시오……. 많이 좋아진 거 같습니다. 열도 내리고 머리도 아프지 않으나 어질어질하여 꿈속을 헤매는 것만 같습니다만……."

왕비의 맥 빠진 모습을 살피면서 정반왕이 달래듯 말하였다.

"왕비! 당신은 지금 꿈속을 헤매는 것이 아니라 내 품속에 안겨 있소……!"

정반왕의 말에 왕비는 정신을 가다듬으며,

"당신의 눈에는 제 모습이 어떻게 보이십니까?"

마야왕비의 물음에 정반왕이 살펴보니 색다른 느낌이 들기 시작하였다. 왕비는 초췌한 모습이었으나 차차 본래의 얼굴이 되살아나더니 눈언저리의 주름이나 튀어나온 광대뼈도 보이지 않게 되었다. 청춘 소녀 시절의 마야공주처럼 얼굴빛이 발랄하게 되고 혈색이 되살아난 것이다.

정반왕은 왕비의 마음을 안정시키기 위해 그녀의 몸에 일어난 경이로운 변화를 자상하게 일러주며 부드러운 말로 위로하였다.

"왕비! 당신은 옛 모습을 그대로 되찾았소. 카필라파스투국의 왕비로서 싯다르타 태자의 어머니임에 틀림없소. 당신은 꿈을 꾸고 있는 것이 아니라 다시 살아난 것이오!"

왕비가 애원하는 목소리로 말하였다.

"폐하! 폐하와 태자는 이제부터 절대로 제 옆을 떠나지 말아 주십시오. 단 일 분이라도 떠나시면 안 됩니다……."

"암, 그렇게 하겠소! 이 시간부터 나라의 정사는 대신들을 내전(內殿)으로 불러 처리토록 할 테니……."

그로부터 정반왕은 마야왕비의 옆을 떠나지 않는 가운데 세 식구가 한 자리에서 지내게 되었다. 마야왕비는 태자를 보살피며 심신을 조섭하고 어의가 준 환약을 정성스럽게 복용하였다. 그날 이후 대신들은 왕비의 병이 완쾌되도록 정성을 다하고 모처럼 득남한 국왕의 마음을 편안하게 하기 위해 매사를 신중히 처리하여 작은 일에서나마 실수가 없게 하였다. 궁녀들은 내전을 드나들지 않고 문 밖에서 왕비의 명을 기다렸다. 그러는 가운데 세 식구는 매일매일 천륜(天倫)의 낙을 즐기게 되었다.

드디어 병중의 왕비는 허약해진 몸이 기적적으로 회복되어 용모와 거동이 명랑하게 되고 살갗도 윤기가 되돌아 청춘을 회복하였다.

그러나 정반왕은 왕비의 아름다운 자태 속에 촛불이 꺼지기 직전 잠시 밝게 빛나듯, 죽음의 신이 도사리고 있다는 사실을 전혀 짐작지 못하고 있었다. 다만 어린 태자 싯다르타에게는 엄청난 영감이 떠오르고 있었던지 어머니 품에 안긴 채 젖을 빠는 동안 눈물을 흘리며 흐느끼곤 하였다. 태자를 바라보던 마야왕비는 어린 아들의 눈물을 닦아주며 이렇게 말하였다.

"귀여운 내 새끼야! 울지 마라. 이 어미는 너에게 오로지 미안할 따름이란다. 그것이 하늘의 뜻인 걸……."

먼발치에서 말소리를 들은 정반왕이 다가오면서 물었다.

"왕비! 태자와 무슨 말을 하고 있소? 모자간에 벌써 얘기라도 나눈단 말이오?"

왕비가 대답하였다.

"상감께서도 함께 얘기를 나누셔요!"

마야왕비가 손을 내밀자 정반왕이 두 모자를 부드럽게 끌어안았. 석가모니가 탄생한 지 이레 되는 날 해거름, 봄날로서는 보기 드물게 큰 비가 쏟아지고 성루(城樓)를 때리는 비바람이 미친 듯 소리치며 울부짖었다. 궁중 안 화원의 풀과 꽃들은 하룻밤 사이 모진 바람에 갈가리 찢겨지고 흩어졌으며 빗물에 흠뻑 젖은 새들은 겁에 질려 지저귐을 멈췄다. 카필라파스투국 온 나라는 깊은 고요와 무거운 침묵 속에 빠져들었다.

다음날 아침 일찍 정반왕이 꿈속에서 깨어 보니 마야왕비는 싯다르타를 껴안은 채 평안히 잠들어 있었다. 곤한 잠을 깨울세라 가만가만 창가로 다가간 정반왕이 휘장을 걷어올리는 순간, 눈물에 얼룩진 왕비의 얼굴이 얼핏 비쳐왔다. 이상한 생각이 들어 왕비에게 다가가 거듭거듭 불러보았으나 마야왕비는 대답이 없었다. 조용하고 평온한 가운데 왕비가 세상을 떠난 뒤였다.

태어난 지 겨우 이레! 싯다르타는 비통하게도 이제 막 태어난 간난애기 때 어머니를 여의었으며 카필라파스투국은 국모(國母)를 잃고 정반왕은 아내와 하직하였다. 온 나라 백성은 하나같이 비통에 잠겨 눈물흘렸다.

정반왕은 마야왕비의 손목을 부여잡은 채 가슴을 때리고 땅을 치며 통곡하였다. 대신들은 정반왕을 부축하여 왕좌에 앉힌 뒤 마야왕비의 장례 문제를 논의하였다. 왕은 눈물을 삼키면서 이렇게 지시하였다.

"왕비는 인품이 단정하고 현숙하였을 뿐 아니라 태자를 낳아준 공이 크니 후하게 장례를 치르도록 하라!"

평시 왕비를 모시던 궁녀들은 그녀에게 노란색 비단 치마 저고리를 입혔다. 몸치장을 맡아 하던 궁녀들은 왕비의 머리에 두 마리 봉(鳳)을 새긴 쪽을 지어주었다. 마야왕비와 정반왕이 결혼할 당시 썼던 족두리였다. 모든 것을 순서에 따라 안배한 뒤, 염을 하기 전 정반왕은 왕비와 마지막으로 면대하였다.

정반왕은 두 사람이 혼인할 때 입었던 옷가지를 꺼내 다시 걸친 뒤 싯다르타를 안고 왕비의 시신 앞에 다가가 조용히 누워 있는 마야왕비를 바라보며 초혼의 밤을 회상하였다.

—마야왕비는 화촉동방 사창 아래 고개를 숙인 채 조용히 앉아 있었다. 정반왕은 가볍게 족두리를 벗긴 뒤 부끄러워 두 손으로 얼굴을 가린 왕비를 사뿐히 안아 상아 침상으로 올렸다.—

지난날을 회상하며 시름에 잠긴 정반왕을 대신들이 부축하자 궁녀들이 다가와 태자를 안아갔다.

반백이 지나 태자를 얻은 정반왕은 형언할 수 없는 기쁨에 젖어 나날을 보냈으나 이제는 왕비의 죽음으로 비길 데 없는 슬픔을 안게 되었다. 일희일비(一喜一悲)요, 일득일실(一得一失)이로다! 정반왕의 슬픔은 그래서 더욱 절실한 것이었다.

정반왕은 마야왕비를 위해 융숭한 국장의식을 치렀다. 상여가 떠나가는 그날 길가에 늘어선 백성들은 실성하여 통곡하고 도성 안팎은 호곡소리로 하늘이 울렸다. 엄숙하고 경건한 가운데 마야왕비의 영혼은 천천히 승화되어 우주 속으로 사라져갔다.

3 이모

출상 날, 길고 긴 장례 행렬 가운데에는 마야왕비와 너무나도 흡사한 젊은 여인 하나가 있었다. 역시 천비국 선각장자의 누이로서 마야왕비의 여동생인 마하파사파제(摩訶波闍波提) 공주였다. 그녀는 남들처럼 울부짖지 않았으나 누구보다도 깊은 슬픔과 괴로움에 젖어 있었다.

원래 그녀는 언니 마야왕비의 득남을 축하하기 위해 카필라파스투국에 왔었으나 태자가 태어난 지 이렛만에 뜻밖에도 왕비의 죽음을 맞게 되었다. 마하파사파제 공주는 졸지에 불귀의 객이 된 언니의 죽음을 깊이깊이 슬퍼하였으며, 이다지도 어린 나이에 어머니를 잃은 싯다르타를 생각하며 하염없이 눈물흘렸다.

선량한 공주는 차마 카필라파스투국을 떠날 수 없어 돌아갈 날을 미룬 채 언니 대신 싯다르타를 돌보기로 작정하였다.

마하파사파제 공주는 언니 마야왕비와 너무 닮았을 뿐 아니라 성정 역시 왕비처럼 온유하고 우아하였다.

그녀는 일찍이 이웃나라 우의정의 큰아들 사라(薩拉)에게 시집갔으나 남편은 반 년 전에 어린 딸 하나를 남겨둔 채 병사하고 말았다. 만 한 살이 덜 된 딸과 함께 친정살이를 해 오던 마하파사파제 공주는 아직까지 풍만한 젊음을 간직하고 있었으나 어린 태자 싯다르타를 기르는 것이 자신의 임무라고 생각하였다.

그녀는 정반왕에게 이렇게 말하였다.

"폐하! 왕비가 세상을 떠난 것은 폐하의 불행일 뿐 아니라 저의 불행이기도 합니다. 어린 태자 싯다르타에게 불행은 말로 형언할 수 없이 크나큰 재난입니다. 이토록 어린 나이에 어미를 잃었으니 얼마나 가련하고 불쌍한 일입니까? 왕비와 저는 자매 간이기에 싯다르타를 생각하면 가슴이 메어지는 듯합니다. 폐하께서도 얼마나 심통(心痛)하시겠습니까! 저로서는 어린 싯다르타와 폐하의 어려움을 돌보지 않으면 저승에 간 언니를 대할 면목이 없습니다. 여기 남아 어린 태자를 기르도록 허락하여 주십시오……!"

공주의 선량한 마음과 진지한 사랑을 알아차린 정반왕은 오로지 감격스러울 뿐이었다.

"공주의 호의에 감사합니다. 짐은 카필라파스투국의 전체 백성을 대표하여 당신을 진심으로 환영하며 불쌍한 태자를 대신하여 당신께 감사를 드립니다."

말을 마친 정반왕은 공주를 향해 무릎 꿇고 절하였다. 공주는 황망히 정반왕을 부축하며 말하였다.

"폐하! 저는 동기간의 정 때문에 그러하며 폐하께서는 부부간, 부자간의 정 때문에 괴로워하십니다. 앞으로 싯다르타의 행복과 대성을 위해 온갖 정성을 다하겠습니다."

"고맙습니다, 고맙습니다! 이제부터 카필라파스투국은 공주의 왕국이며 카필라파스투국 궁궐은 공주의 왕궁입니다. 짐의 집은 당신의 집이므로 여기서 하고 싶은 대로 하며 살아가십시오."

"폐하, 궁궐에서 태자를 기르는 일 외에도 작은 소망이 하나 더 있으니 청을 들어주십시오."

"공주, 말해보시오. 그것이 무엇인지……."

"폐하! 제게 딸린 어린 딸 로라(羅拉)도 태자와 함께 기를 수 있게 해 주십시오."

"짐이 당신의 청을 들어주지 않는다면 일국의 군주 될 자격이 없습니다. 어서 빨리 딸아이를 궁중으로 데려오십시오. 당신 모녀가 절대로 헤어지지 않게 해 줄 것입니다. 또 법률을 공포하여 모든 어린 아동들과 그 어미가 헤어지는 일이 없도록 금하겠습니다. 마야왕비의 죽음으로 어미와 자식이 헤어지는 고통을 맛본 짐은 더 이상 이런 비극이 있어서는 안 된다고 생각합니다. 짐은 공주의 위대한 모성에 감탄하였습니다."

다음날 그녀는 어린 딸 로라를 카필라파스투국 왕궁으로 데려오는 한편, 어린 태자의 요람을 공주의 내전에 들여놓았다.

싯다르타는 공주와의 혈연을 느끼고 있었던지 친어머니 품에 안긴 듯 조용하고 즐겁게 자라났다. 그는 여느 아이들과 달리 성장이 빨라 날이 갈수록 팔다리에 살이 올랐으며 종일 말을 배우느라 입을 놀려댔다. 여섯 달이 되기 전에 싯다르타는 방바닥을 기고 열 달이 되자 벽에 기대어 걸음을 걸었다. 싯다르타의 머리털은 다갈색으로 자라났으며 맑고 또릿또릿한 눈망울과 오뚝한 코, 둥근 입은 남달리 귀여웠다. 더군다나 천자(天資)가 총명하고 영리하여 일찍 말을 배웠기 때문에 만 한 살이 되었을 때는 사람들과 막힘없이 얘기를 나눌 수 있었다.

싯다르타에 대한 정반왕의 총애는 날이 갈수록 깊어 갔다. 세상을 떠난 왕비의 여동생이 종일토록 보살피고 있었으나 몸이 지쳐 소홀함이 있을까 걱정하였으며, 피로 때문에 공주의 건강에 문제가 있을까도 염려하였다. 왕은 서른두 명의 궁녀를 뽑아 공주를 돕도록 하였는데 그들은 분담하여 일을 처리하였다.

궁녀들은 여덟 사람씩 네 패로 나뉘어 각각 어린 태자를 안아주는 일, 빨래하는 일, 먹이는 일과 놀아주는 일을 맡아 하였다.

정반왕은 싯다르타가 행복하고 즐겁게 자라나는 데 어떤 작은 어려움이나 무리가 있어서는 안 된다고 생각하였다. 정서의 장애나 성격 형성 과정의 제반 문제를 세심하게 관찰하며 조절하는 데 게으름이 없었다.

싯다르타는 이토록 사랑이 충만한 환경 속에서 하루하루 자라났.

시간은 화살처럼 흘러 눈 깜짝할 사이에 육 년이란 세월이 지나는 동안 싯다르타는 건강하고 활달하며 총명하고 영리한 아이로 성장하였다.

싯다르타는 특히 이모와 정이 들어 항상 그녀의 곁을 떠나지 않았는데 천성적으로 인정이 많은 그는 맛있는 과일이라도 보게 되면 가장 크고 좋은 것을 골라 그녀의 손에 쥐어주곤 하였다. 자신에게 필요한 것이 있을 때는 그녀의 무릎에 기어올라 가만가만 얘기하여 정반왕에게 다시 고하도록 하였다.

몇 년 사이에 공주와 정반왕은 한 집 식구처럼 가깝게 되었다. 정반왕이 하루 종일 국사를 처리하는 동안 공주는 후궁을 관리하며 옛날 그녀의 언니 마야왕비가 처리하던 일을 도맡아 하였다. 단정하고 얌

전한 공주가 내전을 바쁘게 왔다갔다하는 모습을 볼 때마다 정반왕은 옛날의 아내를 생각히곤 하였다. 어떤 때는 미야왕비가 죽지 않고 살아 있다는 착각에 빠지기도 하였다.

공주의 용모와 자태는 마야와 너무 닮았을 뿐 아니라 행동거지에 있어서도 그녀와 전혀 다를 바가 없었다. 다른 것이 있다면 마야왕비보다 젊고 풍만한 것이라고나 할까……. 공주는 나이 사십이 다 되었으나 여전히 단아하고 아름다웠다.

정반왕은 자신이 공주를 사랑하게 되었음을 스스로 느끼게 되었다. 이 사랑은 오래전부터 그의 마음속에서 움트나 자라고 있었으나 그는 이를 확인하려 들지 않았다. 마야왕비를 그리워하는 마음으로부터 연유된 사랑이었기 때문에 심중에 묻어둔 채 발설할 수 없어서였다.

어느 날, 공주는 싯다르타와 딸 로라를 데리고 궁정의 화원에 들어 한가하게 잔디밭을 거닐고 있었다.

이때, 싯다르타의 눈에 어미 양 한 마리가 새끼 두 마리를 데리고 풀을 뜯는 모습이 보였다. 새끼들은 어미를 따라다니며 뛰놀거나 젖을 빨곤 하였는데 그때마다 어미는 새끼들의 몸을 여기저기 핥아주었다. 싯다르타의 눈에는 그 모습이 형언할 수 없이 정겹게 비쳤다. 한동안 이를 바라보던 싯다르타가 공주에게 물었다.

"이모! 엄마 양은 왜 새끼들을 저렇게 귀여워하나요?"

"엄마 양은 새끼들의 어미이기 때문이란다."

"이모! 저는 이모의 젖을 먹고 자랐는데도 이모는 왜 제 엄마가 아니어요?"

공주는 어떻게 대답을 해야 할지 망설일 수밖에 없었다. 이때 마침 화원으로 들어오던 정반왕이 싯다르타와 공주의 표정을 살피면서 입을 열었다.

"무슨 얘기들을 그렇게 재미있게 하고 있는 거요?"

싯다르타가 반문하였다.

"아버지! 저기 있는 양들 얘기를 하고 있었어요. 이모는 어미 양이 새끼들의 엄마라고 하는데 제게는 왜 어머니가 없지요? 그리고 이모는 왜 어머니가 될 수 없나요?"

정반왕은 나이 어린 싯다르타의 또렷또렷한 물음에 지려오는 가슴을 억누르며 공주에게 눈길을 돌렸다. 공주도 곤혹스러운 모습으로 정반왕을 바라보았다. 정반왕과 공주의 눈이 마주쳤으나 두 사람은 아무 말도 할 수 없었다.

그러나 불행을 겪은 바 있는 두 사람은 피차간에 상대방의 심사를 헤아리고도 남음이 있었다. 한동안을 망설이던 정반왕이 입을 열었다.

"공주! 싯다르타의 말이 옳습니다. 왜 당신은 이 아이의 어머니가 될 수 없으며 나는 왜 로라의 아비가 될 수 없습니까?"

공주가 떨리는 목소리로 대꾸하였다.

"저는 태자의 이모일 따름입니다……."

"그렇습니다! 공주는 태자의 이모이기 때문에 싯다르타의 어머니가 되기에 가장 적합하지 않겠습니까? 공주만이 친어머니처럼 이 아이를 사랑할 수 있을 것이기 때문입니다."

정반왕이 말을 이었다.

"존경하는 공주! 모든 아이들에게는 어머니가 필요합니다. 어린 싯다르타도 자애로운 어머니가 있어야 합니다. 싯다르타가 어머니를 가지며 로라가 아버지를 갖도록 하고 짐에게도 현숙한 아내가 있어야 합니다. 공주! 여태까지 싯다르타를 길러온 당신에게 구혼하니 이제부터 내 아내가 되어 주십시오!"

이러한 일은 공주에게 돌발사로 비쳐지지 않았다. 일찍부터 깊은 정이 담긴 정반왕의 눈길 속에서 자신에 대한 연모(戀慕)의 정을 감지해왔기 때문이다.

지금까지 어린 싯다르타는 공주의 품속에서 사랑에 젖어 자라왔을 뿐 아니라 공주는 또 애정어린 정반왕의 배려 속에서 생활해 왔다. 그녀는 일찍부터 아름다운 카필라파스투국을 떠날 수 없었으며 도량이 크고 활달한 정반왕을 멀리할 수 없었다. 그런데도 그녀는 결혼이라는 형식으로 이와 같은 감정을 고정시킬 생각은 하지도 못하였다. 그러나 이제 정반왕이 숨김없이 마음을 털어놓고 구혼을 하는 마당에 무슨 말로 이를 거절할 수 있겠는가? 그녀는 오랜만의 행복감에 빠져들었다. 그렇다! 두 사람의 혼인은 지금까지 쌓아온 숨은 정에 다시 새로운 사랑을 보태는 것이 된다. 두 아이에게는 완벽한 가정을 갖게 해줄 뿐 아니라, 자신과 정반왕의 여생에는 괴로움과 즐거움을 함께 하는 반려(伴侶)가 되어 서로를 위하고 보살피는 새 삶이 시작되는 것이다. 그러나 공주는 여자의 몸으로 아이들 앞에서 수다를 떨 생각이 없었기에 정반왕의 소망을 부드럽게 받아들였다.

"저로서는 달리 드릴 말씀이 없습니다. 싯다르타와 폐하를 위해 한 목숨 다 바칠 수 있다면 뜻에 따르겠습니다."

공주의 말을 들은 정반왕은 싯다르타의 손을 끌어 잡으며,

"싯다르타야! 이제 네가 소원하던 일들이 다 이루어졌구나. 이모께서 어머니가 되겠다고 하시니 얼마나 기쁜 일이냐!"

싯다르타는 공주의 품에 안기면서 천진스럽게 웃으며 소리쳤다. 정반왕도 로라를 끌어안고 그 볼에 입맞추었다.

그로부터 사흘 뒤, 정반왕은 황금색과 초록빛이 휘황하게 감도는 호화로운 궁전에서 성대한 왕비 간택 의식을 치르게 되었다.

이번 행사는 마하파사파제 공주를 카필라파스투국 왕비로 맞아들이기 위해 마련된 의식으로 두 사람의 애정관계를 공개하는 데 그 목적이 있었다.

그러나 정반왕의 진의를 알아채지 못한 각국 사신들이 아름다운 얼굴과 몸매를 가진 아가씨들을 골라 행사에 참여시켰기 때문에 왕궁 안팎은 순식간에 구름처럼 몰려든 미녀들로 법석을 떨게 되었다.

정반왕의 지시를 받은 근신이 공주에게 달려가 간택을 알리려 하였으나 그곳에서 공주를 만날 수는 없었다. 그녀는 싯다르타와 로라를 이끌고 궁중의 화원에서 꽃과 나비를 구경하던 중이었다. 꽃 나비를 따라 이곳저곳으로 뛰어다니는 아이들을 쫓아 공주도 동심이 되어 그들과 함께 어울리고 있었다.

이때 화원으로 뛰어든 신하가 숨을 몰아쉬며 입을 열었다.

"공주마마! 국왕께서 왕비마마를 간택하시는데 즉시 궁궐로 듭실 것을 분부하셨습니다."

공주가 놀라 물었다.

"상감께서 저를 부르셨습니까?!"

"그렇습니다. 주악(奏樂)이 울리기 전까지 궁궐에 드셔야 합니다!"

신하의 전언을 들은 공주는 망설이지 않을 수 없었다. 평상시 차림새대로 화원에 나온지라 이대로 간택에 참여하는 것이 불경스럽게 생각되었기 때문이다. 신하는 더욱 황급한 목소리로 독촉하였다.

"시간이 촉박합니다. 어서 궁궐로 드셔야 합니다."

공주의 옷소매를 끌다시피 신하는 정전(正殿)을 향해 달려갔다.

휘황찬란한 궁전은 여러 나라에서 몰려든 미녀들로 빼꼭히 들어차 있었다. 하나같이 꽃다운 처녀들로 화려한 의상에 오색칠보를 걸쳤으며 영롱한 은쟁반을 들고 있었다. 그녀들의 마음은 온통 간택에 대한 기대로 가득 차 있었으며 수줍음과 흥분에 들떠 있었다.

높지막한 보좌에 앉아 아름다운 금련화(金蓮花)를 손에 쥔 정반왕은 미녀들 쪽으로 눈을 돌려 누군가를 찾고 있었다. 그런데도 마하파사파제 공주의 모습은 보이지 않았다. 마음이 달아오른 정반왕은 마음속으로 부르짖었다.

'공주여, 당신은 아직도 내 마음을 알지 못하는가!? 룸비니화원에서 그렇게도 또렷하게 뜻을 전했는데……. 내 나이가 너무 많아서 꺼리는 것일까, 아니면 딴 곳에 뜻이 있어서 그러는가?'

여기까지 생각이 미치자 정반왕은 손에 쥐고 있던 금련화를 흔들어대며 어찌해야 할지 안절부절 갈피를 잡지 못하였다.

이때 돌연 집사의 우렁찬 목소리가 들려왔다.

"주악을 울려라! 폐하께서 간택을 하옵신다!"

말이 끝나는 순간, 대궐 안팎으로부터 북과 나팔 소리가 울려 퍼지자 정반왕은 할 수 없이 자리에서 일어났다. 미녀 중 마음에 드는 사람을 고르는 것이 순서였다. 당시의 풍습에 따르면 간택을 축하하는 주악이 세 번 울릴 때 국왕은 손에 쥔 금련화를 마음에 드는 여자의 은쟁반에 떨어뜨려야 한다. 행운을 맞게 된 아가씨는 이로부터 귀하신 몸이 되어 죽을 때까지 부귀영화를 누리게 된다.

첫 번째 주악이 울렸으나 정반왕은 마하파사파제 공주의 모습을 찾을 수 없었다.

두 번째 주악이 울렸어도 공주의 모습은 보이지 않았다. 정반왕은 손에 쥔 금련화를 비틀어대면서 미녀들 사이로 무거운 발걸음을 옮겼다. 은쟁반을 받쳐 든 미녀들은 모두가 마음속으로 끊임없이 기도를 올렸다. 상감께서 금빛 번쩍이는 금련화를 자신의 은쟁반에 떨어뜨려 주십사고…….

세 번째 주악이 울릴 때 정반왕은 절망하였다.

그런데 이때, 평상시의 옷매무새대로 마하파사파제 공주가 대궐 안으로 들어섰다. 서둘러 오던 중이어서 그녀의 화장기 없는 얼굴에는 짙은 홍조가 일어 소박미와 진지함이 더욱 돋보였다.

정반왕은 일시에 기쁨이 넘쳐 얼굴 가득 웃음을 머금고 공주에게 달려가 두 팔로 그녀를 껴안았다.

"고맙소, 공주! 당신을 기다리고 있었소!"

정반왕은 그녀의 얼굴에 맺힌 땀방울을 손수건으로 훔쳐주고 흐트러진 머리칼을 쓸어올린 뒤 아름답고 향기로운 금련화를 머리에 꽂아 주었다.

"친애하는 공주! 이 금련화는 당신의 머리에 꽂아야만 아름답게 되오. 당신을 왕비로 맞게 되면 나에게는 생명의 의미가 되살아납니다. 공주! 당신의 뜻은 어떻소?"

공주는 행복에 겨워 수줍게 입을 열었다.

"폐하! 저의 마음도 폐하의 뜻과 같사옵니다."

정반왕은 감격하여 자신도 모르는 사이 눈시울이 붉어졌다.

이때, 다시 주악이 울렸다. 정반왕은 새 왕비를 이끌어 보좌에 앉힌 뒤 여러 나라 사신들과 미녀들의 축하를 받았다. 사람마다 정반왕의 간택을 축하하고 새 왕비가 된 공주를 경하하였다.

정전에는 경축과 환락의 분위기가 충만하였다. 뒤를 이어 온 나라 백성들은 이레 동안 경축행사를 벌였으며, 이로부터 한동안 영락하였던 두 가정은 흠결 없는 네 식구의 새 가정으로 다시 태어나게 되었다.

정반왕의 총애에 감격한 새 왕비는 그로부터 더욱 심혈을 기울여 싯다르타를 돌보게 되었다. 싯다르타는 넘치는 사랑 속에서 더욱 건강하고 활달하게, 총명하고 귀엽게 자라났다.

천성이 인자한 싯다르타는 작은 동물들을 사랑하였으며 하찮은 생명에게까지도 상처를 입히는 일이 없었다. 그러나 싯다르타의 자상하고 세심한 성품 때문에 그의 천성이 겁약(怯弱)하다는 평판이 일면서 머지않아 왕궁 안팎으로 '겁쟁이 태자'라는 소문이 퍼져나갔을 뿐 아니라 드디어는 정반왕의 귀에까지 들어가게 되었다.

어느 날 밤, 내전으로 돌아온 정반왕은 맥 빠진 얼굴로 한동안 머뭇거리다가 마하파사파제 왕비를 향해 입을 열었다.

"왕비, 궁중 안에 태자를 두고 이러쿵저러쿵 입방아를 찧는 자들이 있는 모양인데 그런 말 들어본 적 있소?"

왕비는 정반왕의 말이 무엇을 뜻하는지 분명치 않은 가운데 이렇게 대답하였다.

"보는 사람마다 태자의 귀여움과 온유함을 칭찬하지 않는 이가 없습니다. 태자는 원래 성품이 부드럽고 인정이 많아 다투거나 실랑이를 벌이는 일이 없는데 남들이 무슨 말들을 하겠습니까?"

"사람들이 모두 태자가 겁이 많다 하여 '겁쟁이 태자'라 한다오. 그토록 겁이 많다면 장차 어떻게 임금의 중책을 맡는단 말이오?"

왕비는 이 말을 듣고서야 국왕의 진의를 알아차렸다.

"폐하, 이 일은 걱정할 것도, 번민할 일도 아닙니다. 태자는 성실하고 인자할 뿐 아니라 모든 생명을 아끼고 사랑하기 때문에 장차 온 나라 백성의 추앙을 한 몸에 받는 성군이 될 것입니다. 사람이 사는 곳이라면 어느 나라에서나 폭군을 좋아하는 백성이 있다는 말을 들어본 적이 없습니다······."

봄바람처럼 따뜻하고 부드러운 왕비의 말 한 마디에 정반왕의 얼굴에서는 당장 수심이 사라졌다.

이로부터 정반왕은 왕비를 더욱 사랑하고 싯다르타를 더 소중히 여기게 되었다. 정사를 마치고 내전에 돌아온 정반왕은 언제나 태자를 무릎 위에 앉힌 뒤 머리를 쓰다듬으며 다정하게 얘기를 나누곤 하였다. 천륜의 즐거움 속에서 정반왕은 지극히 아름답고 만족스러운 나날을 누렸다. 정사를 마친 정반왕이 피곤한 몸으로 돌아오면 왕비는 응석부리는 싯다르타를 부드러운 말로 조용히 감싸주곤 하였다.

"태자야! 이제는 무릎에서 내려오는 게 좋겠지? 부왕께서 나랏일을 처리하시느라 온종일 피곤하셨을 테니까……. 밖에 나가 놀다 오면 어떻겠니?"

"로라와 함께 꽃밭에 들어가 놀겠어요……."

온순한 싯다르타는 짜증을 내거나 거역하는 일 없이 항상 왕비의 말에 순응하면서 무럭무럭 자라났다. 총명한 싯다르타는 남달리 일찍 글을 깨우쳐 그동안 많은 책들을 읽으며 여러 가지 생각에 잠기기도 하였다.

그러던 어느 날 화원에서 놀고 있던 싯다르타는 벌레 한 마리가 새에게 잡아먹히는 광경을 보게 되었다. 그의 마음은 슬픔으로 차올랐다.

'모두가 살아 있는 생명인데 어찌하여 큰 놈은 작은 놈을 괴롭히며, 약한 놈은 강한 놈의 먹이가 되는가?'

그는 또 이렇게 생각하였다.

'나라와 나라 사이에 전쟁이 벌어지면 잡혀온 포로들은 노예가 되어 공을 세운 군인이나 조정의 대신들에게 나눠어진다. 사람들은 왜 서로 상처를 입히고 죽고 죽이는가? 사람뿐만 아니라 동물까지도 모두 그러지 않은가! 살아 있는 것들은 왜 서로를 사랑하지 않는가……?'

싯다르타는 자신이 보고 생각한 문제들에 대해 왕비에게 물었다.

그러나 왕비는 싯다르타의 머리를 쓰다듬으며 대수롭지 않게 대답하였다.

"너는 아직 어려 그 까닭을 알 수 없지. 차차 어른이 되면 다 알게 된단다."

싯다르타는 정반왕에게도 그 까닭을 물어 의문을 풀고자 하였다. 싯다르타의 말을 들은 정반왕은 큰 소리로 웃으며,

"이렇게도 어린 나이에 모든 일을 대수롭게 보아 넘기지 않고 깊이 깊이 생각하다니! 싯다르타는 틀림없이 가난한 백성을 어려움에서 구할 수 있는 명군이 될 것이다. 어서 자라서 어른이 되려무나. 그때가 되면 모든 이치를 알게 될 테니……."

4 자라남의 어려움

　마음속 가득 의문을 풀지 못한 싯다르타는 점점 말수가 줄게 되었다. 그는 차차 사색과 명상에 빠지게 되고 혼자 있기를 즐겨 하였다. 언제나 홀로 한곳만을 응시한 채 골똘히 생각에 잠겨 시간 가는 줄 몰랐다.

　어느 날 싯다르타는 시종들을 떨쳐버리고 혼자 언덕에 올라 머나먼 하늘을 바라보았다. 석양은 이제 막 서산을 넘어가는데 만년설에 뒤덮인 히말라야산 꼭대기에서는 번쩍번쩍 광채가 일고 있었다. 다시 깊은 사색에 잠겨든 싯다르타는 이렇게 생각하였다.

　'저렇게 높고 큰 산은 어디로부터 생겨난 것일까? 산도 마음이 있을까? 마음이 있다면 무엇을 생각하고 있을까? 산도 사랑을 알고 있을까? 사랑을 알고 있다면 누구를 사랑하고 있을까? 산이 사랑을 알고 생각할 줄 안다면 그 사랑은 얼마만큼 큰 사랑일까?'

바로 이때, 정반왕이 하인을 데리고 언덕을 올라왔다.

싯다르타가 물었다.

"아버지! 저 히말라야산은 몇 살이나 되었을까요?"

"히말라야산의 나이를 아는 사람은 이 세상에 아무도 없단다. 억만 살은 되었겠지."

"그렇다면 히말라야산은 저의 친어머니를 본 적이 있을까요?"

"산은 죽은 사람과 살아 있는 사람을 다 보고 있지."

"산은 제 어머니가 어디로 가셨는지 알고 있을까요?"

"음!"

정반왕은 탄식하였다.

"알고 있고말고!"

"그러면 아버지는 어머니가 어디 계시는지 알고 있습니까?"

정반왕은 고개를 들어 빈 하늘을 아득히 바라보며 갈앉은 목소리로 말하였다.

"네 어머니는 하늘나라 아주 아름다운 곳에 살고 있단다. 그렇게 현숙하고 자비로운 영혼은 틀림없이 아름답고 즐거운 천당에 가 있을 거야."

"아버지! 천당이 즐거움과 행복으로 가득 차 있다면 우리들은 왜 당장 천당에 올라가 어머니와 함께 살 수 없나요?"

정반왕이 싯다르타의 말을 가로막았다.

"싯다르타야! 아직 어린 나이에 어찌 이런 말을 하여 아비의 마음을 상하게 하느냐? 날마다 너를 즐겁게 해주지 못해 이러는 것은 아니겠지? 너는 천당의 즐거움을 그리워하느냐?"

싯다르타는 안절부절못하는 아버지를 향해 다시 물었다.

"사람이 죽으면 아름답고 즐거운 천당에 갈 수 있다는데 왜 누구나 죽기를 무서워하는가요?"

'………….'

어느 날 싯다르타가 왕비에게 물었다.

"왜 아버지만 임금님이 되고 딴 사람들은 임금이 되지 못하는가요?"

"너의 아버지께서는 한 나라의 임금으로 딴 사람과는 다르기 때문이란다."

싯다르타는 즉시 궁전으로 달려가 아버지와 딴 사람 사이에 무엇이 다른지 살펴보기 시작하였다. 그러나 아무리 살펴봐도 다른 점을 찾아낼 수 없었다. 남달리 높은 보좌에 앉아 신하들의 절을 받고, 신하들은 허리를 조아리며 아버지의 비위를 맞추느라 쩔쩔매는 모습만이 달랐다.

싯다르타는 자신이 눈여겨 살핀 바를 왕비에게 고하고 대답을 조르기도 하였다.

"아버지는 어째서 남을 다스리며, 남들은 왜 아버지를 받들어 모시는가요?"

대답이 궁해진 왕비는 로라를 불러 싯다르타와 함께 나가 놀도록 이르고 자리에서 일어났다. 그러나 화원에 들어서자 싯다르타에게는 또 하나의 의문이 돋아났다.

'해는 어디에서 떠 오는가? 새는 어떻게 하여 날 수 있는가? 물고기는 왜 헤엄을 치는가……?'

왕궁에서는 그 누구도 이 의문투성이 아이를 이겨낼 만한 이가 없었다. 사람들은 심지어 그와 함께 있는 것을 두려워하였다. 의문 하나가 풀리면 또 다시 딴 문제를 들고 나와 응대하는 데 진땀을 뺏기 때문이었다. 결국, 싯다르타의 문제 앞에서는 그 누구도 천박한 무지를 드러내고 말았다.

정반왕은 드디어 학문이 심오한 학자 한 사람을 태자의 스승으로 모셔왔다. 정빈왕의 근신 하나가 바타라니(跋陀羅尼)라는 이름을 가진 학자를 추천했기 때문이다. 이 사람은 높은 도덕과 고상한 인품을 가진 데다 해박한 학문으로 브라만 사회에서 법사(法師)의 지위에 오른 대학자였다.

신하의 추천을 받아들인 국왕은 즉시 명을 내려 후하게 예물을 준비한 뒤 사람을 보내 그를 모셔오도록 하였다.

사흘 뒤, 바타라니는 사신을 따라 궁궐에 들어 정반왕을 배알하였다. 의례를 마치자 정반왕이 법사에게 가르침을 청하였다.

"법사! 무엇이 우주(宇宙)이며 무엇이 생명입니까?"

"국왕폐하! 지고무상(至高無上)한 범천(梵天)은 우주와 생명의 존재에 대해 회의를 품지 않습니다. 브라만은 우주의 원소가 영원하며, 생명의 인자가 무궁하게 존재하는 것이라고 믿습니다. 전자는 물질의 불멸이며 후자는 영혼의 불멸입니다. 우리는 때때로 우주의 일부분이 파괴되었다고 생각하지만 사실 그것은 변화일 뿐이며 새로운 존재형식으로의 전환과 변화에 불과합니다. 생명의 소멸 역시 윤회유전(輪廻流轉)의 과정에 지나지 않으며 거기에는 다시 두 번째, 세 번째, 네 번째의 생명이 있게 됩니다. 생명은 무궁무진한 것입니다."

"그렇다면 법사! 사람이 죽은 뒤에 영혼이란 것이 존재합니까?"

"국왕폐하! 신성한 브라만교에서는 악을 억누르고 선을 발양할 것을 주장합니다. 이렇게 하여 영혼은 인생의 윤회 가운데서 끊임없이 정화되는 것입니다. 생명을 가진 모든 만물은 태어나고 죽는 동안 영혼을 가질 뿐 아니라 몸이 죽은 뒤에도 영혼은 딴 몸에서 다시 살아나며 현재의 행위에 따라 인간의 미래, 즉 다른 세상에서의 상태가 결정되는 것입니다. 국왕폐하! 영혼은 영원토록 생명을 수반하며 우주 간

자라남의 어려움 | 47

에 돌고돌아 영원토록 다시 존재하는 것입니다."

"법사, 인생이 겪게 되는 풍상은 벗어날 수 없습니다. 법사께서는 해탈하는 길을 일러주십시오."

"폐하, 인생이란 변화무쌍한 것으로 재난 투성이입니다. 이것은 일체중생(一切衆生)이 착하지 못한 것을 생각하고 미망에 빠져 만족할 줄 모르게 되어 생명이 소멸될 때까지 악업을 짓고, 결과적으로 혼백(魂魄)이 몇 번이고 환생(還生)하는 세상에서 망연히 대응하기 때문에 그러는 것입니다. 범천을 믿는 사람과 신을 믿는 사람은 범아동일(梵我同一)로서 해탈을 얻게 됩니다. 아름답고 순수한 행복을 누리게 되는 것이지요. 그때 영혼은 천계(天界)에 올라가게 되는데 거기에는 인생의 고락과 영욕, 어려움도 없으며 신성하고 순결한 행복만이 그들을 따르게 됩니다."

정반왕과 대법사는 차분한 분위기 속에서 밤이 깊은 줄을 모르고 서로의 의견을 나누었다. 식견이 뛰어나고 행동거지가 단정하며 기개와 도량이 비범한 법사를 대하면서 정반왕은 그가 태자의 스승이 되기에 부족함이 없다고 생각하였다.

당시, 브라만교는 카스트[四姓]제도에 따라 각 계급의 사회적 직책을 규범하였는데 그 중에서 종교적인 일을 장악한 자들을 브라만이라 불렀다. 브라만은 스스로를 '인간의 신'이라 부르면서 당시의 인도 문화를 독점하였다. 군정(軍政)의 대권을 장악한 자들은 크샤트리아(刹帝利), 생산 활동에 종사하는 자들은 바이샤(吠舍)였으며, 이 세 계급의 인간들을 위해 일하는 노예가 수드라(首陀羅)였다. 그들은 누구나 할 것 없이 카스트제도가 신의 창조물이기 때문에 이를 고쳐서는 안 된다고 생각하였다.

정반왕은 바타라니법사와 얘기를 나눈 다음날 즉시 점성사에게 길

일을 골라 어린 태자 싯다르타가 스승에게 예를 올리는 의식을 거행
하도록 분부하였다.

의식이 끝난 날부터 싯다르타는 바타라니법사의 가르침을 받게 되
었다. 그들은 당시 인도에서 최고로 추앙받던 학술저작 ≪오명(五明)
≫과 ≪사베다(四吠陀)≫를 공부하게 되었다.

≪오명≫은 성운학(聲韻學)과 어문학, 공예학과 역산학(曆算學), 의학과 약물학, 윤리학과 논리학 및 종교학을 포괄한다.

≪베다≫는 문학작품이며 그 가운데 가장 일찍 기록된 부분은 대략 기원전 1500-1000년에 책으로 엮어졌다.

베다라는 말은 어근 '앎(知)'에서 연원하였으며 그 뜻은 '지식의 총체'이다. 베다는 모두 종교문학으로서 네 가지 종류가 있다.

첫 번째는 리그베다이다. 그것은 대체로 제사를 지낼 때 신을 찬송하여 낭독하는 시가(詩歌)로 되어 있다. 중국의 ≪시경(詩經)≫ 중의 송(頌)과 비슷하다. 리그라는 어휘는 '찬송'이라는 뜻이며, 리그베다는 '부처님 찬송'이라 번역할 수도 있다.

두 번째는 사마베다이다. 사마는 '노래 부른다.'는 뜻이다. 주로 음운에 따라 부르는 시이다. 그 중 일부분은 산문으로 되어 있기 때문에 '음률(音律)베다'라고 번역할 수 있다.

세 번째는 야주르베다이다. 야주르는 '기도문'의 뜻이다. 따라서 야주르베다는 '기도베다'라 번역할 수 있으며 모두 다 제사 때 낮은 소리로 기도하는 글들이다. 그 중에는 리그베다로부터 많은 시구를 인용하고 있으나 대부분의 지면은 산문으로 되어 있다. 야주르베다는 산문집이다.

네 번째는 아다르바베다이다. 이 책은 전설 중의 작가 아다르바(阿闥婆)로부터 이름을 따 왔다. 책의 내용에 따라 '주어(呪語)베다'라 번역할 수 있다. 그 내용이 모두 병의 치료나 기도 등의 주문으로 되어 있기 때문이다.

≪오명≫과 ≪사베다≫는 신화적인 환상과 종교적인 분위기로 충만되어 있다. 그러나 거기에는 당시 인도의 경제상황과 문화 및 지식 수준이 반영되어 있다.

싯다르타는 ≪오명≫과 ≪사베타≫를 배우면서 이 책들로부터 각종 문제의 답을 얻을 수 있기 바랐다. 따라서 싯다르타는 온 마음을 쏟아 오로지 공부하는 데만 몰두하였다. 매일 아침 일찍 일어나 세수한 뒤 식사를 마치면 즉시 스승을 찾아 종일토록 학문을 연마하여 문제의 답을 찾기에 게으름이 없었다.

일찍이 마하파사파제 공주로부터 산스크리트어를 배운 바 있는 싯다르타는 이제 대법사의 가르침을 받아 학문의 성과가 날로 쌓이게 되었으며 어른들로서도 이해하지 못하는 도리들을 단 한 번만으로 깨우칠 수 있게 되었다.

바타라니는 싯다르타의 오성(悟性)에 놀라움을 금치 못한 결과 사람들을 만날 때마다 이렇게 칭찬하였다.

"태자는 자라서 큰 그릇이 될 인물입니다!"

바타라니의 말을 들은 정반왕은 기쁨을 금할 수 없었으나, 그와 반대로 싯다르타는 지식이 늘어갈수록 여러 가지 곤혹과 의문 속에 더욱 깊이 빠져들었다. 그는 법사로부터 일부 문제의 답을 얻을 수 있었으나 더욱 크고 어려운 문제 때문에 어려움을 헤쳐나갈 수 없었다. 인생무상(人生無常)과 영혼불멸(靈魂不滅)을 알게 되었을 때 싯다르타는 이렇게 생각하였다.

어찌하여 불멸하는 영혼은 태어나고 죽는 육체 속에 받아들여지는 것인가? 육체란 시시각각 광분하는 욕망과 집착에 빠져 삶으로부터 죽음으로 달려가다 다시 제자리로 돌아오며, 이 세상에서 저 세상으로 뒤바뀌는 속에서 방황하는 존재인가?

해와 달과 산천은 조용하고 잔잔한 가운데 세상과 함께 존재한다. 그들은 욕심도 없고 바라는 것도 없으며 아무것도 생각함이 없이 영원토록 존재한다. 그런데 인생은 어떠한가? 짧디짧은 일생은 시시각각 생명의 싱싱한 숨결을 의식하면서도 그것은 꿈과 같아 태어나고 죽는 것을 마음대로 할 수 없다.

일찍이 병환으로 세상을 떠난 어머니, 날로 노쇠해 가는 부왕과 왕비, 그리고 그들이 사랑하는 백성들……! 머지않은 장래에 그들도 모두 이 세상에서 사라져갈 것이며 그로부터 다시는 그들의 음성이나 웃음 띤 모습을 볼 수 없게 된다. 생명은 환상과 같은 것, 흔적도 없이 사라져만 간다.

그러나 죽게 되도록 정해진 모든 것들을 그는 깊이깊이 사랑하였다. 그래서 그는 괴롭고 곤혹스러웠다. 충심으로 사랑하는 생명을 삶과 죽음으로부터 떼어낼 힘이 그에게는 없었기 때문이었다. 이로부터 그의 가슴속에는 짙은 구름이 끼어 더욱 말이 없고 외롭게 되었으나 마음만은 도리어 분망하게 되었다.

어느 날 숲 속을 거닐며 깊은 생각에 잠겨 있을 때, 싯다르타는 우연히 개미 떼에게 끌려가는 죽은 잠자리를 보았다. 잠자리는 분홍빛 날개와 빨갛고 날렵한 몸매, 맑고 푸른 눈을 달고 있었으나 벌써 목숨이 끊어진 뒤였다. 작은 구멍 속으로 잠자리를 끌고 들어갈 수 없게 되자 개미 떼는 한꺼번에 그걸 먹어치우기 시작했다. 잠자리는 개미 떼 속에서 한 점 한 점 사라져 마지막에는 날개만이 남게 되었다. 때마침 바람이 불어오자 잠자리의 날개는 낙엽과 더불어 어디론가 사라져버리고 말았다. 싯다르타는 바람결에 날려버린 잠자리의 날개를 생각하며 눈물을 머금고 아련하게 잠자리 떼를 쫓아다니며 들녘에서 놀던 일을 떠올렸다.

그렇다! 어느 날인가, 잠자리는 한가하게 싯다르타의 머리 위를 날아다녔었다. 그는 불현듯 로라의 모습을 생각하였다. 로라는 활달하고 명랑하며 빨강색 치마를 유달리 좋아했으므로 빨강 잠자리를 닮았다는 생각이 들었다. 지금 빨강 잠자리는 사라지고 없는데 로라는 아직도 살아 있다. 그러나 여느 사람들과 마찬가지로 로라 역시 사라지게 되어 있는 몸이 아닌가! 싯다르타의 가슴에는 사랑과 괴로움이 벅차올랐다.

그는 아득한 창공을 바라보며 소리없이 천신(天神)들의 이름을 불러보았다.

'사랑하는 생명들을 돌보시고 괴로움에 가득 찬 이 세상을 구원해 주소서!'

그러나 하늘은 싯다르타의 외침에 귀를 기울이지 않는지……, 아무런 소리도 아무런 대답도 들려오지 않았다.

그 뒤부터 싯다르타는 중병이 든 사람처럼 더욱 말수가 줄어들고 우울하게 되었다. 부귀영화를 누리는 몸이라지만 그의 영혼은 모진 고난으로부터 헤어나지 못하고 있었다. 싯다르타는 자신의 나이가 아직 어려 의혹이 풀리지 않는 것으로 생각하고 공부에 더욱 열중함으로써 원만한 해결책을 얻고자 노력하였다.

그러던 어느 날, 싯다르타가 화원 안을 거닐며 명상에 잠겨 있을 때였다. 기러기 한 마리가 화살에 맞아 갑자기 그의 앞쪽에 떨어졌다. 싯다르타는 정신없이 달려가 퍼덕거리는 기러기를 안아들고 조심스럽게 화살을 뽑아준 뒤 자신의 옷을 찢어 피가 흐르지 않도록 상처를 싸매 주었다. 기러기는 아직 어린놈이었으나 다행히도 상처가 깊지 않아 생명에는 지장이 없을 것 같았다.

싯다르타는 어린 기러기의 날개를 쓰다듬으며 이렇게 말하였다.

"기러기야! 상처를 입었으니 얼마나 아프겠니? 네 엄마, 아빠가 너를 찾고 있을 텐데 상처 때문에 날아갈 수 없겠구나. 그러나 걱정할 것 없다. 내가 너를 돌봐줄 테니, 상처가 나으면 돌아가려무나……"

기러기는 싯다르타의 말을 알아듣기라도 하듯 꼼짝 않고 그를 올려다보았다. 기러기의 눈에시는 고마움이 넘치는 것 같았다.
　그런데 이때 곡반왕(斛飯王)의 아들 데바닷타(提婆達多)가 싯다르타에게로 달려왔다. 데바닷타는 싯다르타의 사촌동생으로 그와 같은 나이의 소년이었다. 이보다 앞서 사냥을 나온 데바닷타는 화원에 들어왔다가 때마침 공중을 날아가던 기러기 떼를 발견하고 활을 쏘아 그 중 한 마리를 맞추었던 것인데 공교롭게도 기러기가 싯다르타의 면전에 떨어진 것이다.
　데바닷타가 말하였다.
　"그것은 내가 잡은 기러기야! 어서 이리 내!"
　"음, 네가 기러기에게 상처를 입혔구나!"
　"그렇고말고! 한번에 명중시켰지! 기러기를 이리 줘. 함께 구워 먹자꾸나. 제 손으로 잡은 고기 맛이 제일이거든!"
　싯다르타는 데바닷타의 손을 뿌리치며,
　"그건 안 돼! 자 이것 좀 봐라. 얼마나 불쌍하게 생겼느냐! 어린 것이 상처를 입고 어미를 잃었으니 얼마나 슬프겠어? 데바닷타야, 그런데 정말로 이 기러기를 구워먹겠다는 건 아니겠지?"
　싯다르타의 말을 듣자 데바닷타는 큰 소리로 웃었다.
　"책벌레는 정말로 할 수 없군! ≪오명≫과 ≪사베다≫에 정통하였다는 네가 사냥이 무엇인지도 모르고 있다니……. 제 손으로 잡은 짐승을 구워먹지 않고 어쩌겠다는 거야? 자, 어서 이리 내 놔!"
　싯다르타의 두 눈에는 눈물이 고였다.
　"데바닷타야, 내가 주운 것은 기러기 고기가 아니라 하나의 생명이다. 그것도 약하고 어린 생명으로 상처를 받았으니 내가 보살펴 다 낫게 한 뒤 날려 보낼 수밖에 없구나. 그런데도 산목숨을 죽여 고기를 먹다니……!"

데바닷타는 번거롭다는 듯 큰소리로 외쳤다.

"네가 뭐라 건 이놈은 내가 잡은 기러기야! 내가 잡은 기러기를 구워먹건 삶아 먹건 네가 무슨 참견이야?"

생명이란 얼마나 소중한 것인가! 태어났다 명대로 죽는 것도 슬픈 일인데 원통하게도 비명횡사(非命橫死)하여 구워먹히다니……! 한 사람은 기러기의 귀중한 생명을 살리려 하였으나 또 하나는 그 고기를 구워먹겠다며 옥신각신 입씨름이 끊이지 않았다. 싯다르타가 말하였다.

"데바닷타야, 우리 둘이 다투어봐야 뾰족한 수가 생기지 않겠다. 지금 당장 임금님께 가서 어떻게 해야 좋을지 판결을 받도록 하자!"

싯다르타와 데바닷타 두 사람의 말을 다 듣고 난 정반왕이 입을 열었다.

"데바닷타는 용감한 데다 무예를 좋아하니 장차 훌륭한 장군이 될 것이며, 싯다르타는 인자하고 남을 사랑하며 연민(憐愍)하는 마음을 가졌으니 나라와 백성을 다스리는 데 크게 도움이 될 것이다."

정반왕은 잠시 쉬었다가 다시 입을 열었다.

"그러나 싯다르타는 자비로운 마음을 백성을 위해 베풀어야 한다. 그래야만 훌륭한 임금으로 만백성의 추앙을 받게 되며 후세까지 이름을 떨칠 수 있다."

정반왕은 고개를 돌려 데바닷타에게 말하였다.

"데바닷타야! 오늘은 싯다르타가 화살 맞은 기러기를 구하였으니 네 쪽에서 양보하는 것이 어떻겠느냐? 여기서 네가 양보를 하면 다음 날 더 많은 기러기를 잡을 수 있을 것이니 남자답게 양보하렴!"

그러나 정반왕의 말은 싯다르타의 자비심에 깊은 상처를 안겨주었다. 싯다르타는 이렇게 생각하였다.

'하늘 아래 존재하는 생령들은 모두가 평등하다. 하늘을 나는 새, 땅위를 달리는 짐승, 물속을 헤엄치는 물고기……, 모든 생명체는 평등하게 태어났으므로 화목과 우애 가운데 공존하면서 서로가 서로를 돌보아야 한다. 그런데도 인간은 자신이 만든 무기를 가지고 거리낌 없이 남의 목숨을 해치고 있다. 군주로부터 백성에 이르기까지 모든 인간은 잔인하고 이기적인 존재다.'

싯다르타는 마음속의 고통을 억누르며 자책하는 심정으로 기러기의 상처를 정성껏 보살펴 주었다.

상처가 다 아물자 싯다르타는 기러기를 화원으로 안고 가 두 손으로 받쳐든 뒤, 이렇게 중얼거렸다.

"날거라 기러기야! 높이높이, 멀리멀리 날아가거라! 모진 인간들이 다시는 너를 해치지 못하도록 아득한 산속으로 훨훨 날아가거라……!"

기러기는 날개를 활짝 펴고 푸른 하늘을 향해 힘껏 날아올랐다.

이 일이 있은 뒤로 싯다르타가 '겁쟁이 태자'라는 소문은 도성 안에 더 널리 퍼지게 되었다. 그러나 그는 남들의 평판 따위에 마음을 빼앗기지 않은 채 밤낮없이 공부하는 데만 몰두하였다. 마음속에 쌓이고 쌓인 곤혹을 어떻게 풀어낼 것인가, 그 해답을 찾는 것만이 싯다르타의 목적이었다.

싯다르타는 사랑과 고통과 곤혹이 충만한 가운데 점점 큰 소년으로 성장하게 되었다. 그러나 그는 한 해 두 해 나이 들수록 더욱 절박한 고통에 부딪히게 되었다. 그것은 수많은 백성들이 창검에 찔리고 말발굽에 짓밟혀 피를 흘리는 가운데 처참하게 죽어가는 망국의 고통이었다.

소년 싯다르타는 여러 나라의 역사와 지리에 정통하였을 뿐 아니라 카필라파스투국이 처해 있는 상황에 대해서도 잘 알고 있었다.

당시 인도는 열국(列國)이 할거(割據)한 가운데 동·서·남·북·가운데의 다섯으로 크게 나뉘어 있었으며 중(中)인도에만도 열여섯 강국이 대치하고 있었다. 싯다르타의 조국 카필라파스투국은 이 열여섯 강국 중의 하나인 코살라국에 딸려 있던 속국이었다.

땅이 넓고 강한 군대를 가진 강국들 틈에 끼어 겨우겨우 명맥을 유지해온 카필라파스투국은 보잘것없는 약소국에 지나지 않았다. 오랫동안 계속된 전쟁이 끝나면 전승국의 병사들은 살인·약탈·방화와 폭압으로 패전국을 유린하는데 반해, 전쟁에서 무릎을 꿇은 나라는 수많은 백성들이 능욕과 살상을 당하는 가운데 주검이 산과 들에 가득 덮여 까마귀와 까치밥이 되지만 누구 하나 돌보는 이 없다. 겨우겨우 목숨을 부지한 사람들도 폭거에 항거할 기력 없이 뿔뿔이 흩어지거나 노예가 되어 소나 말처럼 팔려나가 부림을 당한다.

전쟁의 잔혹함과 인간의 마음속에 도사린 탐욕과 어리석음을 깊이깊이 간파한 싯다르타는 국가 간의 정세, 각국 통치자의 욕망과 야심을 자세히 분석한 뒤 망국의 비극이 무엇인지 뚜렷이 알게 되었다.

아무렇게나 버려진 시체, 피가 강을 이룬 가운데 울부짖는 아녀자들의 처절한 비명! 그는 카필라파스투국에 닥쳐올 비극을 꿈속에서 목도하였다.

꿈에서 깨어난 뒤 그는 며칠 동안이나 남몰래 고통에 시달려야 했다. 전쟁이 터지기만 하면 약하고 작은 나라는 일격에 무너져 버리고 만다. 싯다르타는 카필라파스투국의 백성들과 자신의 혈육을 깊이깊이 사랑하였다. 사랑스럽고 아름다운 강산(江山)과 유순하고 성실한 백성들이 창칼 번득이는 전쟁판에 휘말리는 것을 상상하고 싶지 않았다. 그는 괴로웠다. 자신을 사랑하고 있는 모든 생령들이 궤멸되리라는 조짐(兆朕) 때문에 괴로움을 참을 수 없었다. 그런데도 그에게는 정세를 되돌릴 만한 힘이 없었다. 닥쳐 올 참화를 속수무책, 수수방관할 수밖에 없었다. 그는 절망 속에서 허우적거렸다.

다음날, 보잘것없이 작은 카필라파스투국은 코살라국에게 멸망당하고 만다. 그때 싯다르타는 출가한 몸으로 대오각성(大悟覺醒)하여 부처가 되어 있었으나 결과적으로 코살라국 국왕의 침략을 만류할 수 없었다.

사랑하는 혈육과 백성들이 어느 날 갑자기 목숨을 잃게 되고, 생기 넘치는 가원(家園)이 산산이 부서져 폐허가 되리라는 사실을 예감한 싯다르타의 고통과 절망은 헤아릴 수 없이 컸다. 그는 갈수록 침묵 속에 빠져들었다. 이처럼 처절한 인간세의 고통 앞에서 싯다르타는 무엇을 어떻게 해야 할지 알 수 없었다.

언제나 초췌하고 우울한 아들의 모습을 바라보면서 정반왕 또한 울적한 나날을 보낼 수밖에 없었다.

싯다르타가 마음을 돌려 다시 명랑하고 활발하게 생기를 되찾도록 하기 위해 정반왕은 호화로운 사계궁전(四季宮殿)을 지어주었다. 싯다르타가 세월 가는 줄 모르고 향락에 빠져 고통을 잊는다면 정반왕으로서는 그 이상 더 바랄 것이 없었다.

궁전 밖에는 이름 모를 기화요초(琪花瑤草)를 가득 심어 은은하고 향긋한 꽃내음이 감돌았으며, 궁전 안에서는 아름다운 궁녀들의 노래와 춤이 흥겹게 이어지는 가운데 온 하루가 꿈결처럼 지나갔다. 그러나 싯다르타는 즐거워할 수 없었다. 눈앞의 부귀영화를 바라보면서도, 부모와 신하들의 무한한 보살핌에도 싯다르타가 가진 사랑의 마음에는 괴로움이 더할 뿐이었다. 그는 이렇게 생각하였다.

'꿈길 같고 환몽(幻夢) 같은 사랑과 아름다움이여! 어떻게 하면 당신들을 재난과 파멸로부터 멀리 떠나게 할 수 있을까!'

어느 날 바타라니법사는 그에게 브라만의 교주에 관한 얘기를 들려주었다.

아주 오랜 옛날, 브라만의 교주는 조용히 마음을 바로잡고 명상에 들어갔다. 얼마 있지 않아 그의 영혼은 몸으로부터 빠져나와 대천세계(大天世界)를 만유하게 되었다. 그때 울창하고 거대한 숲 속에서 무서운 비명이 들려왔다. 소리나는 곳을 찾았을 때, 그의 눈에 두 패의 사람들이 피를 흘리며 싸움을 벌이고 있는 광경이 들어왔다. 살점이 떨어지고 몸뚱이가 토막난 시체들이 산과 들에 흩어졌으며 살아 있는 자들도 창칼에 찔리고 잘려 피범벅이 된 모습은 무섭고 참혹하기 이를 데 없었다.

브라만의 교주는 마음속으로 이렇게 생각하였다.

'내가 십장금신(十丈金身)의 천신(天神)으로 변하여 손에 보검을 쥐고 눈에 노기를 띤 채 큰소리로 고함을 치면 이 자들은 싸움을 멈추게 될 것이다. 이렇게 해야만 여러 사람의 생명을 구할 수 있을 텐데······.'

브라만의 교주가 이런 생각을 떠올린 순간 그의 몸은 마음속으로 바라던 것처럼 천신으로 변하였다. 키는 열 길이나 커지고 손에 날카로운 검을 쥔 위무천신(威武天神)이 되었다. 그는 칼을 휘두르며 싸움터로 달려가 큰소리로 외쳤다.

"이놈들아, 멈추지 못하겠느냐! 더 이상 사람을 죽여서는 안 되느니라. 내 말을 듣지 않는 자는 이 칼이 용서치 않을 것이다!"

천신이 강림한 걸 본 패거리들은 깜짝 놀라 무기를 버리고 도망치기 시작하였다. 브라만의 교주는 질펀히 널린 시체와 상처입은 자들을 바라보면서 측은하고 불쌍한 생각을 금할 수 없었다.

"땅위의 흙이 약이 되어 부상한 자들의 상처를 낫게 한다면, 그리고 숨을 불어 죽은 자를 부활시킬 수만 있다면 모두가 되살아나게 될 텐데······."

이상한 일이었다. 그가 이런 생각을 하는 순간, 일진광풍이 일고 황토가 날려 다친 자들에게 몰려가더니 아니나 다를까, 피가 멎고 상처가 아물어 본래의 모습을 되찾게 되었다. 또 죽은 자들을 향해 숨을 내뿜는 순간 모두가 되살아나게 되었다.

브라만의 교주는 당장 그들을 교화하여 살육을 금하고 악을 눌러 착한 일을 하도록 만들었다.

법사의 얘기를 들은 싯다르타는 미간을 찌푸린 채 슬픈 목소리로 물었다.

"사부님! 짐승들은 저들끼리 참혹한 살육을 하지 않는데 인간은 어찌하여 서로가 서로를 죽이는 것입니까?"

법사가 한숨을 내쉰 뒤 입을 열었다.

"그것은 사람의 마음속에 미치광이와 같은 욕망이 들어차 있기 때문입니다. 이런 상태에서 인간은 끊임없이 빼앗고 빼앗기는 가운데 악을 쌓게 되는 것입니다. 또 엄청난 공포와 슬픔을 맛보면서도 전쟁을 일으켜 참혹한 살육을 일삼지요……."

"그렇다면 사부님! 인간은 어느 때가 되어야만 평화와 우애를 되찾을 수 있겠습니까?"

"신(神)께서는 이 문제에 대해 아무런 말씀도 남기지 않았습니다. 고서에도 그런 것은 기록되어 있지 않습니다."

브라만의 법사 역시 싯다르타의 심정을 절망으로부터 구원할 수는 없었다. 그러나 싯다르타는 자신이 사랑하는 중생을 위해 고집스럽게 해답을 찾아 그로부터 해탈코자 하였다. 그는 법사에게 다시 물었다.

"사부님! 극단적으로 총명한 사람도 자신이 죽지 않을 총명한 방법을 알아내지 못하며, 지극히 우둔한 사람도 죽을 수 없을 만큼 우둔할 수는 없습니다. 죽음의 권력은 도대체 누가 쥐고 있는 것입니까? 죽음의 권리는 모든 사람 앞에 절대적으로 평등합니까?"

"태자! 죽음의 권리가 절대 평등하다면 왜 낳자마자 죽는 사람이 있으며, 그 반대로 백 살까지 장수하는 사람이 있겠습니까?"

"사부님! 책에서는 모든 사람이 태어나면 죽고, 죽으면 태어나기를 반복한다고 하였습니다. 브라만의 신은 영생한다고 하는데 그는 어디에서 영생하고 있습니까? 이 세계입니까, 딴 세계입니까? 또 범인들의 세계로부터 신령의 세계는 얼마나 떨어져 있습니까? 그곳에 당도하려면 얼마나 오랜 시간이 걸립니까? 누구든지 그곳에 갈 수 있습니까? 그들을 볼 수 없다면 그들의 존재를 어떻게 확인한단 말입니까?"

법사는 싯다르타가 제기한 문제에 대해 가능한 한 원만한 해답을 주고자 노력하였으나, 자신으로서도 모르는 문제에 대해서는 이렇게 설명하였다.

"존경하는 태자시어! 우주와 생명의 오묘한 비밀은 지고하신 신만이 알고 있습니다. 어느 날엔가는 태자도 그것을 알게 될 것입니다만……. 아마도 이 오묘한 비밀은 태자의 머릿속에 숨어 있을 것이니……. 존경하는 태자시어! 저는 이제 더 이상 태자의 스승이 될 수 없다고 생각합니다. 내일 국왕께 하직을 고하고 이곳을 떠나겠습니다."

다음날 브라만의 법사는 정말로 왕궁을 떠나게 되었다. 그러나 그가 싯다르타의 마음속에 뿌려놓은 영혼불멸(靈魂不滅)의 사상은 그 뒤로도 쉬지 않고 자라났다.

못다 한 사랑

싯다르타는 깊고 깊은 명상을 거듭하는 가운데, 그러나 당당한 풍채를 가진 젊은이로 성장하였다. 성년이 된 뒤 싯다르타는 문제의 해답을 얻지 못한 채 더 더욱 우울하게 되어 침묵 속에 나날을 보내고 있었다. 정반왕은 싯다르타의 근심걱정을 풀어주기 위해 노래와 춤을 곁들인 잔치를 끊임없이 베풀어 주었다. 화려한 사계궁전에는 노랫가락과 춤이 끊이지 않았으며 재주와 미색을 갖춘 미녀들과 산해진미가 가득가득 들어찼다.

그러나 싯다르타는 이 모든 것에 대해 괴로움을 느낄 뿐이었다. 그것은 사람의 손으로 만든 음식이 싫어서가 아니라, 그리고 아름다운 미녀가 미워서가 아니라, 이 모든 것들을 너무너무 사랑하기 때문이었다. 그 사랑은 깊고도 무거운 사랑이었으며 괴롭고도 절망적인 사랑이었다. 그를 위해 춤추고 노래하며, 그를 위해 단장한 아가씨들을 바라보며 그의 심정은 연민으로 가득 차올랐다. 싯다르타는 사람들을 피해 혼자서 밤길을 걷곤 하였다.

태자는 달빛 아래 혼자서 검은 숲을 바라보며 죽음이라는 문제를 다시 생각하였다. 나라가 파망(破亡)하고 가족이 흩어지는 위기의식이 갈수록 그의 마음을 억눌러댔다. 그는 우주를 향해 마음속으로 외쳐보았다.

'신이시어, 말씀하소서! 어떻게 하면 사랑하는 사람들이 죽음이라는 마수로부터 빠져나올 수 있겠나이까? 신이시어! 어찌하면 이 나라 어진 백성들이 재난과 파멸로부터 살아남을 수 있겠나이까?'

끝없이 넓고 아득한 우주는 아무런 대답 없이 죽음처럼 고요하였다.

싯다르타는 긴 한숨을 몰아쉬며 고개를 돌려 휘황찬란한 등불이 어우러진 궁전을 바라보았다. 간드러진 여인들의 웃음소리가 들려오고 느릿느릿 달콤한 노랫가락이 울려 퍼지는 가운데 하늘하늘 춤추는 미녀들의 몸매가 창문에 드리워져 있었다.

그는 이렇게 생각하였다.

'수십 년 전, 이곳에는 노래하고 춤추는 여인들이 없었으며 웃음소리 또한 들리지 않았다. 수십 년 뒤에도 무엇 하나 그대로 남을 게 없다. 그들은 어디로부터 와서 어디를 향해 가는 것인가? 머지않아 사라지게 될 이 모든 것들은 자연계의 생멸(生滅) 때문이기보다는 전쟁의 참화 속에서 피를 흘리며 사라지게 될 것이니……, 얼마나 슬프고 기막힌 노릇인가!'

싯다르타는 모든 이치에 통달하였으나 이를 어떻게 구원해야 할지 아직 깨우치지 못한 상태에서 절망과 비탄 속으로 빠져들었다.

정반왕은 아들의 마음속에 숨겨진 비통함과 괴로움의 뿌리를 짐작하지 못하고 단지 세속에 대한 냉담만을 걱정하였다. 이 한 가지만으로 정반왕은 초조하고 불안하였다. 그는 싯다르타가 어찌하여 인간세상의 영화와 부귀를 싫어하는지 알 수 없었다. 태자는 선천적으로 향락을 누릴 수 없는 불구자라고 생각하였다.

정반왕으로서는 정열이 분방하고 권세와 무력, 웅대한 지략을 갖춘 군주를 필요로 하였을 뿐, 욕심 없고 명리(名利)에 담백한 학자나 철인(哲人)을 필요로 하지는 않았다. 어느 날 정반왕은 근신에게 마음속의 근심거리를 털어놓았다.

"태자의 작태가 심히 마음을 불안케 하오! 젊은 사나이라면 누구나 청춘이 불타올라 천하를 제패하겠다는 포부가 만만치 않으며 일상의 생활에서도 패기가 넘쳐흘러야 하는데 태자는 어인 일로 침묵 속에서 방황만 하는지 알 수 없구려! 항차 일국의 군주가 될 몸이라면 나약함보다는 무단(武斷)이 더 필요하지 않겠소? 어떤 수를 써서라도 병줄을 끊지 않으면 나라의 장래가 어찌 될지 두려울 뿐이오."

정반왕의 얘기를 듣자 대신이 말하였다.

"폐하! 생각건대 태자의 우울증은 성년의 번뇌에서 온 것입니다. 남자란 어린아이였다가 성년이 되면 신체상으로 변화가 크게 일어납니다. 태자는 민감하고 섬세한 성품이어서 신체의 변화 때문에 우울해진 것입니다."

정반왕이 말하였다.

"그렇다면 이 일을 어떻게 해야 한단 말이오?"

대신이 말하였다.

"폐하! 태자에게 아름다운 아내를 얻어주어 태자를 이해하고 위로하며 성년의 쾌락을 누리도록 해야 합니다!"

정반왕은 대신의 말을 수긍하여 당장 태자의 혼사를 전관토록 분부하였다.

명령을 받은 대신은 자신이 국왕과 태자의 대사를 책임진 몸으로, 심지어는 카필라파스투국의 중대 국사를 도맡은 몸으로, 온 나라 구석구석을 뒤지고 이웃 나라까지 돌아다니며 천하에서 가장 아름답고 현숙한 아가씨를 고르게 되었다.

그러나 이 충실한 대신은 너무 많은 미녀를 살펴본 결과 심미안(審美眼)이 소진되어 나중에는 세상에서 어떤 아가씨가 제일 아름다운지 가려낼 수 없게 되고 말았다.

그러던 어느 날, 구리국(拘利國)의 선각왕(善覺王)이 큰딸의 사윗감을 고른다는 소문이 온 나라에 퍼지게 되었다.

선각왕의 딸 야쇼다라(耶樹陀羅) 공주는 빼어난 미모를 갖춘 아가씨로 천상의 선녀가 무색할 만큼 아름답고 우아하고 현숙하였다.

선각왕의 백 세 생신 축하연에서는 사윗감 선발행사도 함께 치러졌다. 야쇼다라의 미모와 덕성을 흠모하던 명문가의 젊은이들은 꼬리에 꼬리를 물고 청혼대열에 끼어들었다. 그러나 일이 이렇게 되자 선각왕은 오히려 난감한 처지가 되고 말았다. 인산인해를 이룬 청혼자 중에서 도대체 누구를 사위로 뽑는단 말인가? 그 가운데서 가장 좋은 사윗감을 고르는 것은 쉬운 일이 아니며, 더구나 한 나라 젊은이의 청혼을 받아준다면 나머지 나라와의 화목에 금이 갈 게 뻔하지 않는가!

생각에 생각을 거듭한 뒤 그는 묘수 하나를 떠올렸다. 그것은 다음과 같은 계략이었다. 코끼리 한 마리에게 술을 먹여 잔뜩 취하게 한 뒤, 구혼자와 코끼리가 싸움을 하게 한다. 그래서 코끼리를 굴복시켜 마음대로 부리는 자에게 야쇼다라 공주를 시집보낸다는 것이 선각왕의 계교였다. 다만 청혼자의 범위는 크샤트리아족으로 한정시켰다.

선각왕의 포고문은 한 사람의 입에서 열 사람의 귀로, 열 사람 입에서 백 사람의 귀로 전달되어 이웃 나라까지 온통 떠들썩하게 되었다. 크샤트리아족의 왕손공자(王孫公子)들은 모두가 희색이 만면하여 서로 간에 사실을 알리면서 손바닥에 침을 뱉아가며 완력을 뽐내보였다.

용감한 구혼자의 입장에서 보면 이 같은 구혼방식은 정말로 일거양득이었다. 그들은 이번 일을 기화로 여러 사람 앞에서 자신의 영용무외(英勇無畏)함과 완강함을 떨쳐 보이며, 그 덕택에 아름답기 이를 데 없는 공주를 아내로 맞아들이는 것이다. 특히 싯다르타의 사촌동생 데바닷타는 자신감에 넘쳐 득의양양하였다.

그는 만나는 사람들마다에게 이렇게 말하였다.

"나 말고 어느 누가 감히 술 취한 코끼리와 싸울 수 있단 말인가? 덤비는 놈이 있다면 아까운 목숨만 날릴 뿐이지……. 나 말고는 그 누구도 코끼리를 엎어 누를 수 없다. 그러니 이제 야쇼다라 공주는 갈 데 없이 내 것이 된 게야!"

그때, 정반왕의 명을 받들어 태자의 신붓감을 찾아다니던 대신은 여러 구혼자 가운데 끼어 포고문을 훑어보고 있었다. 이 사람은 그때까지 야쇼다라 공주의 얼굴을 본 적이 없었으나 이처럼 많은 구혼자들이 그녀에게 마음이 끌려 있는 것 보고 야쇼다라 공주가 세상에서 가장 아름다운 여인임을 짐작하게 되었다. 그러나 술에 취한 코끼리를 쓰러뜨리는 것은 결코 쉬운 일이 아니었다. 자칫 잘못하다 코끼리 발에 밟히기라도 한다면 그때는 도리 없이 염라대왕과 마주칠 수밖에……. 그것은 목숨을 건 싸움이었으며 생사를 판가름하는 도박이었다. 포고문을 다 읽고 난 대신은 즉시 카필라파스투국에 돌아와 정반왕에게 그간의 경위를 상세히 보고하고 태자의 혼사를 논의하게 되었다.

정반왕으로서는 일찍부터 야쇼다라 공주의 일을 알고 있었다. 카필라파스투국과 구리국은 원래 우호관계를 가진 사이로 두 나라 왕들 간에 내왕이 이루어졌을 뿐 아니라 의기(意氣)도 투합(投合)하는 처지였다.

그는 몇 년 전 선각왕의 초청을 받고 생일잔치에 참석하여 야쇼다라 공주를 눈여겨본 뒤 마음속에 생각한 바 있었으나 그때로서는 싯다르타의 나이가 너무 어려 혼사문제를 거론할 계제가 아니었다. 그러나 지금은 태자의 나이 열일곱, 장대한 성인으로 용모가 당당한 대장부가 되었다. 정반왕은 이렇게 생각하였다.

'싯다르타가 술 취한 코끼리를 쓰러뜨리기만 하면 국위를 선양하여 카필라파스투국은 실력과 존엄이 빛나게 될 뿐 아니라 만족스러운 혼사가 이루어진다.'

다만 싯다르타로 하여금 모험을 무릅쓰고 사경에 뛰어들도록 해도 될 것인지가 문제였다. 싯다르타는 하나밖에 없는 정반왕의 아들이 아닌가! 그는 쉽사리 뜻을 정할 수 없어 군신이 참여하는 공동회의를 소집하였다.

회의는 싯다르타가 코끼리를 제압할 수 있을 것이라는 결론에 도달하였다. 지금까지 무예를 익히지 않았다 하더라도 싯다르타는 골격이 장대하며 위엄이 있을 뿐 아니라 영민하므로 코끼리로부터 상처를 입기는커녕 그놈을 쓰러뜨릴 수 있으리라는 것이 중론이며 대세였다.

그러나 더욱 중요한 것은 싯다르타의 마음씨가 선량하여 모든 생명에 대해 자비심을 갖고 있으므로 코끼리와의 사이에 교감이 이루어질 수 있다는 것이 더 큰 이유였다. 싯다르타와 동물들 사이에는 말로는 표현할 수 없는 어떤 묵계가 있는 듯이 보여 왔기 때문이다.

얼마 전 궁중에서는 사나운 말 한 마리가 고삐를 풀고 마구간을 뛰쳐나와 여러 군데 화초밭을 온통 짓이겨버린 사건이 있었다. 그때 미나 장가드는 일만은 아무래도 마음에 내키지를 않습니다. 몇 해가 더 지난 뒤 이 일을 거론하더라도 늦을 것이 없다고 생각합니다."

정반왕이 말했다.

"태자야! 나 역시 네가 원치 않는 일을 억지로 시키고 싶은 생각은 없다. 잘 알다시피 네가 태어나 이레 되던 날 네 어머니는 세상을 하직하였다. 그로부터 나는 이 세상에서 가장 사랑하는 사람이 영원히 사라졌다는 생각 때문에 가슴속에 끝없는 슬픔과 한을 삭이지 못하고 살아왔다. 그 때문에 나는 너에게 두 배, 세 배의 사랑을 쏟아부었으며 누구보다도 네가 행복하고 즐겁게 인생을 살아가도록 해주려고 노력하였다. 내가 너에게 소홀함을 보인 적이 한 번이라도 있었더냐?"

"아닙니다, 부왕! 부왕의 사랑은 태산보다 높고 바다보다 깊습니다. 부왕의 마음을 제대로 헤아리지 못하는 미거함 때문에 괴로움을 안겨드리고 있는 이 자식을 용서하여 주십시오."

정반왕이 웃으면서 말하였다.

"아니다. 그렇게까지 말할 건 없다! 내가 너를 불러 상의하고자 하는 것은 구리국의 공주에게 청혼하려는 데 그 뜻이 있는 것이다. 너무나 많은 젊은이들이 청혼을 해 오니 적당한 방법을 찾지 못한 선각왕으로서는 대회를 열어 술 취한 코끼리와 싸움을 붙이고 그 놈을 순복시키는 자에게 공주를 시집보내기로 하였다는 것이다. 나는 네가 이 청혼 모임에 참가하기를 희망하지만 억지로 코끼리를 억누르는 데 그 뜻이 있는 것이 아니고, 구리국의 공주와 어떤 연분이 있는지를 알아보자는 데 목적이 있는 것이다. 연분이 없다면 달리 도리가 없지……!"

드디어 예정된 날짜가 닥쳐왔다.

이른 아침 태양이 아직 동쪽 산 위에 솟아오르기 전이었다. 사면팔방 여러 나라로부터 달려온 크샤트리아족 용사들은 야쇼다라 공주의 사랑을 한 몸에 독차지하기 위해 선각왕의 궁전 앞 광장에 모여들어 사랑의 결투를 준비하기에 바빴다. 어떤 자는 창칼을 손질하고 어떤 이는 손도끼와 쇠갈고리를 번갈아 다듬었다.

뒤를 이어 구경꾼들이 홍수처럼 밀려들었다. 사람들은 광장을 에워싼 채 코끼리와 사람의 싸움이 얼마나 흥미진진할 것인지 논의가 분분하였다. 어떤 이는 코끼리 앞에서 인간이 맥을 추지 못할 것이라고 말하는가 하면, 또 어떤 사람은 날렵한 인간이 우둔한 코끼리를 식은 죽 먹기로 엎어 누를 거라고 하였다.

이때 돌연 누군가가 소리질렀다.

"저것 봐라! 싯다르타 태자도 오고 있다!"

사람들은 하나같이 싯다르타 쪽으로 밀려가 그를 에워쌌다. 싯다르타는 소문난 '겁쟁이 태자'였기 때문에 과연 그가 코끼리와 결투를 할 수 있을 것인지 의문스러웠다. 천성이 나약하여 여자처럼 유순한 태자가 감히 술 취한 코끼리와 맞붙어 싸움을 벌일 수 있을 것인가? 사람들은 기가 막혀 너나없이 긴 한숨을 몰아쉬었다.

'계집의 힘이 무섭기는 무섭구나……!'

그러나 싯다르타가 이곳에 온 것은 부왕의 명령을 어길 수 없었기 때문이었다.

얼마를 기다렸을까, 붉은 태양이 나무 꼭대기까지 솟아올랐을 때 우렁찬 주악소리가 사방에 울려 퍼졌다.

덩치 크고 흉악하게 생긴 코끼리 한 마리가 술에 가득 취한 채 기둥처럼 큰 코를 휘두르며 싸움터에 들어섰다. 코끼리는 희멀건 눈으로 사방을 둘러보더니 무서운 소리로 울부짖기 시작하였다. 이 엄청난 소리에 높다란 난간이 쓰러질 듯 심하게 흔들렸다. 아연실색한 구경꾼들은 숨도 쉬지 못하고 뒷걸음질쳐 코끼리로부터 멀리멀리 물러섰다.

　이때, 몸집이 건장하고 떡심이 우락부락한 젊은이 하나가 팔다리에 넘쳐나는 혈기를 뽐내며 코끼리 쪽으로 다가갔다. 그는 딴 사람이 먼저 코끼리를 때려눕혀 공주를 차지할까 겁나는 듯 눈망울을 굴리며 사방을 두리번거리더니 다음 순간, 날카로운 기합소리와 함께 몸을 날려 코끼리에게 돌진했다.

　그러나 그가 채 그 앞에 이르기도 전 코끼리가 거대한 코를 들어 그를 나꿔채는가 싶더니 '뻥!' 소리가 나도록 땅바닥에 내동댕이쳤다. 땅에 엎어진 젊은이는 사지를 뻗은 채 죽은 듯 움직이지 못하였다. 하인들이 몰려가 그를 부축하여 살펴보니 오른쪽 허벅지 뼈가 으스러지고 왼쪽 어깨가 탈골되었으며 이빨도 몽땅 빠져나간 상태였다. 가까스로 정신을 차린 젊은이는 창피와 수모를 이기지 못한 채 비수를 들어 자결하고 말았다.

　그 다음에도 혈기방장(血氣方壯)한 젊은이가 우람한 몸을 날려 뛰쳐나왔다. 그는 야쇼다라 공주가 앉아 있는 관람대를 향해 큰소리로 외쳤다.

　"존경하는 공주님! 당신을 위해 코끼리를 쓰러뜨리고, 당신을 위해 지옥의 불길까지 뛰어들겠습니다……!"

　말이 채 끝나기 전, 잔뜩 취한 코끼리가 바람같이 달려들어 짓이겨 대니, 오호통재(嗚呼痛哉)라 꽃다운 청춘이 경각간에 저승사자에게 끌려가고 말았다.

　뒤를 이어 뛰어나온 젊은이들도 코끼리의 코에 맞아 땅에 내동댕이쳐지거나 기둥 같은 네 다리에 짓밟혀 으스러지고 말았다. 차례차례 이어지는 처절한 광경을 보고 겁에 질린 군중들은 바보처럼 입만 벌리게 되었거니와 이제는 그 누구도 스스로 나서서 목숨을 바치려 하지 않게 되었다.

 술 취한 코끼리는 높이 치켜든 코를 휘저으며 느릿느릿 걸음을 옮기다가 이따금 무서운 소리로 울부짖곤 하였다. 내게 덤빌 자 그 누구냐, 덤빌 테면 덤벼보라는 듯……. 한참이 지났지만 광장 복판으로 들어서는 사람은 아무도 없었다. 코끼리는 술기운이 떨어져 파흥이 되었는지 코를 내려뜨리고 땅을 차 먼지를 일으키며 두리번거렸다.

 그런데 이때 누군가가 쩌렁쩌렁한 목소리로 고함을 지르며 달려나왔다.

 "비켜라, 천하장사 나가신다!"

 덩치 큰 젊은이 하나가 광장 복판으로 뛰어들었다. 황금 두건을 쓴 사나이는 호랑이처럼 억세고 곰처럼 우악스런 모습에다 허리에 진홍색 띠를 동였는데 드러낸 어깨에 검은 털이 숭얼숭얼 자라 있었다. 몸을 흔들거리며 앞으로 달려가던 장사는 날쌔게 코끼리의 코를 감싸안더니 밀치고 잡아당기고 비틀고 조이며 상대방을 쓰러뜨리려고 하였다. 젖 먹던 힘까지 다해 싸움을 벌이는 동안 코끼리는 드디어 앞발이 꿇려지고 집채 같은 몸집이 땅바닥에 나둥그러졌다. 코끼리는 부릅뜬 눈으로 용감한 도전자를 바라보며 가쁜 숨을 몰아쉬었다.

 우레 같은 박수소리가 하늘까지 울렸다. 얼굴 가득 웃음을 띤 장사는 득의양양한 모습으로 단상을 행해 고개를 돌렸다. 그런데 바로 그때, 코끼리가 앞발을 들어 장사의 허벅지를 후려갈겼다. 비명과 함께 그의 몸뚱이가 땅바닥에 나뒹굴었다. 한쪽 다리를 치켜든 코끼리가 장사의 가슴을 다시 짓뭉갰다.

 광장은 일순 침묵으로 뒤덮였다.

 싯다르타는 눈앞의 참상을 바라보며 괴로움에 몸을 떨었다. 술 취한 코끼리가 더 많은 생명을 해치기 전에 앞으로 나가 그 놈을 제압하지 않으면 안 된다! 그는 정반왕을 향해 입을 열었다.

"아버님, 이제는 제가 나서겠습니다!"

그러나 수많은 죽음을 지켜본 정반왕으로서는 간담이 떨어진데다 온몸이 덜덜 떨려 육신을 가누지 못할 지경이었다. 그는 다급하게 태자를 가로막았다.

"태자야, 안 된다, 안 돼! 그만 집으로 돌아가자……!"

싯다르타가 대꾸하였다.

"아버님! 너무 염려하지 마십시오."

칠보윤거(七寶輪車)에서 몸을 내린 싯다르타가 코끼리 앞으로 천천히 다가갔다. 한 걸음, 한 걸음 다가가는 싯다르타……. 그는 비통한 심정이 되어 마음속으로 중얼거렸다.

'코끼리야! 일이 이렇게 된 것은 네 잘못이 아니다, 네 잘 못이 아니야! 너에게도 옛날에는 정든 집과 사랑스러운 부모처자가 있어 선량한 심성을 간직했겠지. 그런데 오늘은 사악한 인간들이 네게 술을 먹여 이 지경을 만들었구나. 내가 죽어 너를 깨우치게 한다면, 코끼리야 나를 죽여다고……!'

한참 동안 싯다르타를 쏘아보던 코끼리의 눈망울에는 슬픔과 피로의 빛이 차오르기 시작했다.

코끼리에게 다가간 싯다르타는 그의 상처를 어루만졌다. 싯다르타의 보살핌을 받아 차차 술기운이 가시게 된 코끼리는 긴 코를 들어 싯다르타를 끌어안더니 그의 몸을 공중 높이 치켜 올렸다. 쥐죽은 듯이 광경을 바라보던 구경꾼들은 숨 막히는 긴장감 속으로 빠져들었다. 정반왕은 눈을 딱 감은 채 마음속으로 싯다르타의 무사만을 빌고 빌었다.

'공연히 싯다르타를 윽박질러 데려왔구나! 싯다르타에게 불행이 닥

치면 그 책임은 모두 내게 있으며, 우리는 모두 결딴난다!'

정반왕은 괴로움과 무서움으로 감은 눈을 뜰 수 없었다.

한편, 코끼리와 싯다르타의 모습을 바라보던 데바닷타는 마음속으로 쾌재(快哉)를 불렀다. '암, 그렇고말고! 이것이야말로 하늘의 뜻인 걸……. 아름다운 공주는 원래 내 것으로 점지되었거늘……!'

지금까지 무용(武勇)으로 이름을 떨쳐온 데바닷타는 자신감에 넘쳐 이곳에 왔으나 젊은 장사들의 비명횡사에 갑자기 불안감 속으로 빠져들었다. 그는 이렇게 생각하였다.

'코끼리 놈이 술기가 사라지고 힘이 빠지게 되면 그때 나서서 해치울 일이다! 그러나 이게 웬일이람. 겁쟁이 태자 싯다르타가 코끼리와 맞서다니!'

그러면서도 그의 머릿속에서는 딴 생각 하나가 떠올랐다.

'옳지! 싯다르타가 코끼리에게 죽임을 당하게 되면 아름다운 야쇼다라 공주를 내 것으로 만들 뿐 아니라 카필라파스투국의 왕위까지도 내가 차지하게 된다.'

데바닷타는 당장 임금이 된 듯 신이 나서 우쭐거렸다.

그런데 이때 환호성이 울려 퍼졌다.

"싯다르타 만세! 만세! 만세……!"

꿈에 취해 있던 데바닷타는 귀를 찢는 듯한 한호성에 제정신이 들었다. 힐끗 바라보니 코끼리는 싯다르타를 등 위에 사뿐히 내려놓은 뒤 뚜벅뚜벅 광장 위를 걷고 있는 게 아닌가! 코끼리 등에 올라탄 싯다르타는 남달리 뛰어난 풍채에 무위당당(武威堂堂)하여 나약한 모습이라곤 조금치도 찾아볼 수 없었다. 구경꾼들은 너나없이 태자를 향해 박수와 갈채를 보냈다. 물론, 데바닷타를 거들떠보는 사람은 아무도 없었다. 그가 존재치 않기라도 한 것처럼……. 오를 대로 약이 오른 데바닷타는 남들의 눈을 피해 소리없이 광장을 빠져나갔다.
 선각왕이 싯다르타를 향해 손을 흔들며 소리쳤다.
 "용감한 태자여! 이리 내려와 축하를 받으시오……."
 싯다르타를 바라보던 야쇼다라 공주는 그의 비범한 풍채와 뛰어난 용모에 새삼 놀라움을 금치 못하였다.
 코끼리 등에서 내려온 싯다르타도 야쇼다라 공주를 보고 싶은 생각이 솟아났다. 사랑으로 가득 찬 얼굴에 밝은 빛이 한층 더해진 공주의 모습은 아름답기 한량없었다. 그러나 싯다르타는 즐겁지가 않았다. 오로지 괴로울 뿐이었다. 그것은 인간으로서의 부끄러움과 연민에 젖은 괴로움이었다. 그것은 또 사랑하는 사람들에게 닥쳐올 괴로움과 파멸을 막아내지 못함으로부터 연유된 슬픔이기도 하였다. 야쇼다라를 쳐다본 순간, 그녀의 젊고 아름다운 얼굴은 갑자기 초췌하고 늙어 빠진 노파로 변하였다. 촉촉하고 산뜻한 그녀의 입술은 싸움터의 검광(劍光) 아래 일그러진 모습이 되어 울부짖고 있었다.
 싯다르타는 선각왕에게 인생수업과 중생제도(衆生濟度)의 뜻을 설명하려 하였다. 그런데 이때 정반왕이 대신들을 이끌고 달려왔다.
 두 임금은 서로 축하인사를 나누고 즐겁게 포옹하였다. 이로부터 이들은 우의를 더욱 돈독히 한 가운데 인척의 약속을 거듭하였다.

 정반왕과 싯다르타가 어림군(御林軍)의 호위를 받으며 말을 달려 카필라파스투국 성문 앞에 이르렀을 때, 한길 양쪽에는 무수한 백성들이 몰려 환호하고 있었다.
 "태자의 개선을 성심껏 환영합니다! 국왕폐하 만세……!"
 "태자 만세……!"
 백성들의 환영은 '겁쟁이 태자' 싯다르타가 이룩한 의외의 쾌거였기에 더욱 열렬하고 격동적이었다.

왕궁에 돌아온 정반왕과 싯다르타는 왕비를 만난 뒤 문부백관과 각 지방 촌장(村長)의 축하를 받았다. 축하연이 끝나자 정반왕과 왕비는 내전에 들어 야쇼다라 공주의 영접 계획을 상의하였다.

한편, 왕비는 싯다르타가 술 취한 코끼리를 제압한 일로 크나큰 위로를 받게 되었다. 그녀를 십 년 가까이 괴롭혀 온 '겁쟁이 태자'라는 글자가 드디어 머릿속에서 사라지게 되었기 때문이다.

정반왕은 향긋한 술을 잔 가득 따라 왕비에게 권하면서 이렇게 말하였다.

"왕비! 세상을 떠난 언니 마야를 대신하여 이 잔을 당신께 권하오. 태자를 이처럼 훌륭하게 길러준 당신의 은혜에 천 번 만 번 감사드리오!"

술잔을 받아든 왕비는 감격에 겨워 미소지을 뿐이었다. 술이 들어가자 왕비의 얼굴에는 홍조가 일었다. 정반왕은 처음으로 왕비의 아름다움을 발견이나 한 듯 그녀를 껴안고 덩실덩실 춤을 추었다.

행복에 겨운 나머지 왕비는 소곤거리는 목소리로 이렇게 말하였다.

"폐하! 일찌감치 납채예물(納采禮物)을 구리국에 보내두는 것이 좋겠습니다. 늦어지면 아무래도 예가 아닐 것 같아서요."

"좋소! 그렇게 합시다. 기분이 들떠 일을 그르칠 뻔 했구려. 당장 사람을 보내도록 합시다."

정반왕은 의관을 갖춘 뒤 즉시 대궐로 들어갔다.

그날, 자신의 방으로 돌아간 야쇼다라 공주는 침상 머리에 걸터앉아 신비로운 행복감에 빠져들었다. 그녀는 일찍부터 싯다르타가 선량하고 인자하며 박학다식하다는 사실을 알고 있었다. 그녀 역시 어릴 적부터 문필(文筆)을 좋아하고 시가(詩歌)를 즐겨왔기 때문에 싯다르타에게 시집가면 함께 글을 읽고 시를 낭송하는 가운데 즐거운 나날을 보내리라 기대하였다.

공주는 이렇게 생각하였다.

'그렇게도 많은 크샤트리아의 왕손공자들이 나를 차지하기 위해 생명을 버렸는데 싯다르타만이 술 취한 코끼리를 정복하여 등을 타고 앉았다. 그렇게 하기에는 얼마나 큰 용기와 담력이 필요했겠는가! 이번 일로 인하여 현세에서 싯다르타와의 연분이 엮어졌구나…….'

이런저런 생각을 하면서 공주가 화장대 앞으로 다가가자 궁녀들이 대령하였다. 야쇼다라 공주는 청동거울에 비친 자신의 용모를 바라보며 스스로의 아름다움에 놀라움을 금치 못하였다. 어깨까지 드리운 삼단 같은 머리채, 서글서글한 눈망울, 긴 속눈썹, 상아처럼 하얀 살결……. 그녀의 얼굴에서는 행복에 겨운 광채가 솟구쳐올랐다. 공주는 자신의 모습을 찬찬히 바라보며 황금 빗으로 머리를 빗은 뒤 높직하게 틀어 올렸다. 얼굴에는 엷게 분을 바르고 양 눈썹 사이에 주사(朱砂)로 길상여의점(吉祥如意點)을 찍었다. 그녀의 얼굴에는 신비롭고 우아한 기품이 한껏 더해졌다.

화장을 마친 야쇼다라 공주는 마음속에 숨겨진 일들을 생각하기 시작하였다.

'오늘 밤을 지새우면 이곳을 떠나야만 하며 더는 이 집의 주인일 수 없게 된다.'

그녀는 상자와 궤짝들을 열어 자신이 아끼고 사랑했던 의복·팔찌·발찌 등을 하나씩 손에 들고 찬찬히 들여다보았다. 그것들은 모두 아름다운 추억을 간직한 것들로서 소녀 시절의 즐거움과 감격들이 담겨져 있었다.

그날 밤, 공주는 늦게 침상에 들었다. 그녀가 몽롱한 잠결에 말려드는 때, 어디선가 은은히 들려오는 대포 소리에 잠을 깨고 말았다. 그것은 신부를 맞이하기 위해 카필라파스투국에서 온 사신들의 대열에서 터뜨린 예포 소리였다.

야쇼다라 공주는 황급히 자리를 차고 일어났다. 궁녀들이 공주의 세수와 화장을 거들었다. 공주는 흰 소가 끄는 수레에 몸을 싣고 온 도성 백성들의 축하와 환호를 한 몸에 받으며 느릿느릿 왕궁을 떠나갔다.

야쇼다라 공주를 영접하는 카필라파스투국 백성들은 경축일을 맞아 좋은 옷으로 갈아입은 뒤, 문 밖에 붉은색 비단을 둘러 한껏 치장하였다. 공주가 지나갈 성문은 무우수 가지로 높다란 개선문을 얽어 곱게 단장하였다. 오늘은 싯다르타의 혼삿날! 룸비니화원의 무우수 아래에도 미래의 불교 창시자 싯다르타를 낳은 마야왕비를 기념하는 장식이 화려하였다. 태자를 낳아주신 어머니의 은혜를 잊지 못한다는 뜻이 거기 담겨 있었다. 후일, 룸비니는 불교도들이 대를 이어 경배하는 성지가 되었으며 무우수는 불교도들에 의해 불음수(佛蔭樹)라 불리게 되었다.

개선문 양쪽에는 성장한 궁녀 백여 명이 손에손에 꽃바구니를 들고 늘어서 있었는데 꽃바구니에는 산뜻한 연꽃송이들이 가득가득 담겨 있었다. 궁궐의 대문 밖 광장에는 오른편에 무장, 왼편에 문신이 늘어서고 전국 여러 부락에서 몰려온 촌장들의 손에는 하나같이 큼직한 예물이 들려 있었다. 그들은 온 나라 백성을 대표하여 야쇼다라 공주의 도착을 기다리고 있었다. 마지막 대열은 일천 명의 젊은 여자로 이루어진 무용대원이었다.

신부를 태운 수레가 개선문을 지날 때 젊은 무희들은 즐겁게 춤추었으며, 궁녀들은 공주를 향해 연꽃잎을 흩뿌렸다. 야쇼다라 공주는 연꽃잎이 흩날리는 가운데 선녀처럼, 나비처럼 하늘하늘 바람을 타고 지나갔다.
  그날, 왕궁에는 성대한 연회가 베풀어졌다. 화려한 예복을 입고 온몸을 금은과 주옥, 아름다운 꽃으로 장식한 야쇼다라 공주는 싯다르타와 어깨를 나란히 하객들 사이를 걸어갔다.
  젊은 싯다르타태자와 야쇼다라 공주를 바라보면서 정반왕은 감격에 겨워 이렇게 맹세하였다.
  '앞으로는 널리널리 덕을 베풀고 인자함과 사랑으로 백성을 대하며 가렴주구(苛斂誅求)를 근절하고 엄혹한 형벌을 없애야겠다…….'
  정반왕은 태자와 태자비를 축복하기 위해 최선을 다하였다. 정반왕은 싯다르타의 속마음을 꿰뚫어 볼 수 없었으나 인자한 아버지로서 모든 것을 다 바쳐 아들과 며느리에게 애정과 정성을 쏟았다.
  밤이 되어 주악과 춤이 다하고 사람들이 흩어진 뒤 정반왕은 등불 밑에 홀로 앉아 조용히 웃음지었다. 몸은 지쳐 고단했으나 싯다르타의 혼사가 마무리되었다고 생각하니 홀가분한 마음 비길 데 없었다. 이때 시종관의 목소리가 들려왔다.
  "왕비마마 납시오!"
  태자 싯다르타와 새 며느리 야쇼다라 공주를 대동한 왕비가 정반왕에게 문안드리는 행차였다.
  정반왕은 취기가 가시지 않아 며느리 앞에 실수라도 할까 봐 이렇게 말하였다.
  "무슨 인사를 챙긴단 말이냐. 어서 돌아가 쉬도록 해라……!"
  인사를 마친 싯다르타는 궁녀들과 시종들의 호위를 받으며 신궁으로 들어갔다. 궁녀들이 겹겹으로 휘장을 내린 뒤 자리를 물러나자, 신방에는 싯다르타와 야쇼다라 공주만이 남게 되었다. 공주는 부끄러움을 이기지 못하여 면사포로 얼굴을 가린 채 고개를 숙이고 있었으나 얼굴이 화끈화끈 달아오르고 가슴이 방망이질로 뛰는 바람에 숨이 막힐 지경이었다.

기다림과 기대 속에서 그녀는 아스라한 공포감마저 느꼈으나 아무리 기다려도 싯다르타의 손길은 다가오지 않았다. 얼마를 기다리고 또 기다려도 싯다르타 쪽에서는 동정이 나타나지 않았다. 기다림이 지나쳐 실망과 곤혹을 감당할 수 없게 된 야쇼다라 공주는 자신도 모르는 사이에 면사포를 쓸어올리고 싯다르타의 모습을 찾아 사방을 둘러보았다. 그러나 어이된 일인지……, 싯다르타의 그림자는 어디에도 보이지 않았다.

밤이 깊어 차가운 밤바람이 휘장에 휘몰아치니 촛불이 꺼질 듯 흔들거렸다. 공주는 친정집 부모의 따스하고 부드러운 옛정을 생각하며 흐느껴 울기 시작하였다.

한편, 술기운이 가신 정반왕은 뒤척뒤척 잠을 이룰 수 없어 왕비를 불렀다.

"왕비! 내 얘기 좀 들어보오. 야쇼다라 공주는 당신처럼 온유하고 얌전한 것 같구려. 언제까지나 순종하며 싯다르타를 즐겁게 해 주겠지."

왕비가 선잠 깬 목소리로 대답하였다.

"그렇고말고요! 이것도 폐하의 무한한 향복(享福)이시지요……."

속담에도 사람이 좋은 일을 당하면 정신이 상쾌해진다고 했거니와 오늘 정반왕의 심정은 비할 데 없이 즐거웠다. 그는 혼잣말처럼 중얼거렸다.

"내년 이맘때면 며느리가 희고도 포동포동한 왕손을 낳아주겠지. 다시 또 일 년이 지나면 그 놈은 여기저기 아무 데나 뛰어다니며 즐겁게 놀면서 자라겠지……."

왕비도 즐거운 목소리도 대답히였다.

"그렇고말고요. 왕손이 자라 어른이 되면 미인이 많은 구리국에 청혼을 해야 할까 봐요."

정반왕과 왕비는 밤새는 줄 모르고 얘기를 나누었다. 그런데 이때 어디선지 누군가의 흐느낌 소리가 희미하게 들려왔다. 정반왕은 소리 나는 곳으로 귀를 기울이며 입을 열었다.

"아니, 아니……, 이 밤중에 누가 울고 있을까……?"

정반왕이 침상에서 내려와 영문을 살피려 하자 왕비가 말리며,

"어서 주무십시다. 태자의 신혼 길일에 울기는 누가 운답니까?"

그러나 울음소리는 더욱 뚜렷하게 들려왔다. 정반왕은 자리를 차고 일어나 큰소리로 야방시종(夜方侍從)을 불렀다.

"게 아무도 없느냐? 이 밤중에 누가 울고 있는지 빨리 알아보도록 하여라."

그때 밖에서 대답이 들려왔다.

"폐하! 신부 야쇼다라 공주가 울고 있습니다. 지금까지 오랫동안 울고 있습니다."

정반왕과 왕비는 주섬주섬 옷을 걸치고 신궁으로 달려갔다. 정반왕이 창 밖에서 안쪽을 향해 물었다.

"아가, 공주야! 무슨 일이 생겼길래 울고 있느냐? 집 생각이 나서 그러느냐?"

야쇼다라 공주는 창문을 열고 무릎을 꿇은 뒤,

"존경하는 부왕마마! 태자가 어디로 갔는지 보이지를 않삽기에……."

정반왕은 너무 놀라 말문이 막히고 말았다. 왕은 왕비로 하여금 공주를 살피게 하고 시종들을 불러 태자를 찾도록 분부하였다. 왕궁 안은 당장 아수라장이 된 듯 여기저기 태자를 부르는 소리로 가득 차게 되었다.

출가의 어려움 I

싯다르타는 아무래도 홍진세상(紅塵世上)의 허망하고 덧없는 즐거움에 심취할 수 없었다. 호화로운 혼례에서는 모든 것이 흥겹고 즐거웠으나 싯다르타에게는 그것이 더욱 큰 고통을 안겨주었을 뿐이다. 곱게 단장한 신부는 온유하고 현숙하며 사랑의 욕망으로 가득 차 있었으나 싯다르타의 마음은 괴롭고 비참할 뿐이었다.

싯다르타 역시 홍진세상의 일상생활을 싫어하지 않았으며 이 모든 것을 너무나도 사랑하였다. 나라를 사랑하고 부모를 사랑하며 아름다운 야쇼다라 공주를 사랑하였다. 그는 이들 모든 것에 깊이깊이 집착하였다. 그러나 그의 사랑은 위대한 방식으로 그들을 사랑하며 그들에게 사랑 이상의 것을 보답해야 할 그러한 사랑이었다. 그렇다면 어찌 가볍게 향락에만 빠져들 수 있겠는가! 시간은 세찬 물살처럼 일 분 일 초도 쉬지 않고 내달아 그가 사랑하는 사람들을 죽음과 파멸로 몰아넣고 있다. 싯다르타로서는 일각의 지체도 없이 그들을 절망의 구렁텅이에서 구하지 않으면 안 되었다.

그가 신궁을 빠져나와 화원을 가로질러 성문을 나섰을 때는 이미 밤이 깊어 칠흑 같은 어둠이 온 천지에 깔려 있었다. 그는 슬픈 상념에 젖어 중얼거렸다.

'나는 당신들을 사랑합니다. 당신들에게 영생을 찾아 드리는 것이 제 할 일입니다…….'

그는 어둠 속을 헤치고 감옥을 빠져나온 죄수처럼 빠른 걸음으로 갈 길을 재촉하였다. 야반(夜半)의 도주였다. 그의 도망은 법의 징벌을 피하기 위한 도피가 아니라 시간과 정력을 소모하고 심성과 지혜를 미혹하는 부귀영화로부터의 도주였다.

어둠 속을 얼마나 헤맸던지 어느새 동쪽 하늘이 희부옇게 밝아왔다. 그런데 공교롭게도 마침, 그곳 한길을 지나가던 코끼리수레꾼이 싯다르타의 모습을 발견하고 큰소리로 외쳤다.

"여보세요……! 아, 태자마마! 거기 가시는 분 싯다르타 태자 맞지요? 태자께서는 지금 어디로 가시는 길입니까?"

싯다르타가 수레꾼에게 다가가며 되물었다.

"당신은 내게 무슨 일이 있으십니까?"

"지금, 도성에 사는 사람들이 모두 나서서 태자마마를 찾고 있습니다. 국왕폐하와 왕비마마께서는 어젯밤 내내 한숨도 눈을 붙이지 못하여 병이 나셨답니다. 야쇼다라 공주께서도 지금껏 울고만 계신답니다. 존경하는 태자마마! 어제가 혼삿날이었는데 밤중에 출행하여 돌아오지 않으시니 궁궐 안이 온통 발칵 뒤집힐 밖에요……. 그분들은 모두가 태자마마를 사랑하는데 태자께서는 어찌하여 그들을 버리시며 그들에게 괴로움을 안겨드립니까?"

선량한 싯다르타는 이 말을 듣는 순간 가슴이 메어지는 듯 아파왔다. 그리고 더는 앞을 향해 나갈 용기를 잃고 말았다. 싯다르타는 암담한 심정으로 수레꾼을 향해 이렇게 말하였다.
"그렇습니다, 그렇습니다! 말없이 떠나온 건 내 잘못이었습니다. 나를 그곳으로 다시 데려다 줄 수 있겠습니까?"
수레꾼은 싯다르타를 부축하여 수레에 태운 뒤 오던 길을 되돌아 왕궁으로 내달렸다. 날은 이미 밝아 도성의 모습이 뚜렷하게 비쳐왔다. 수레가 동문에 다다를 즈음, 굶주리고 병들어 피골이 상접한 늙은이 하나가 걸어오고 있었다. 늙은이의 머리는 더러운 검불처럼 흐트러져 있었고 얼굴에는 덕지덕지 때가 끼었으며 옷은 해어져 너덜거렸다. 허리는 굽어 앞머리가 땅으로 처지고 다리는 힘이 빠져 지팡이에 기댄 채 겨우겨우 걸음을 옮겼다. 노인의 초췌한 모습을 바라보던 싯다르타는 이상한 생각이 들었다.
'저 노인은 어찌하여 저 모양이 되었는가?'
깊고 깊은 구중궁궐(九重宮闕)에 들어앉아 부귀와 영화만을 누려온 태자 싯다르타로서는 인생사가 어렵다는 것을 짐작하는 정도였을 뿐, 이처럼 비참한 정경을 눈으로 직접 보기는 처음이었다. 자비로운 마음이 차오른 싯다르타는 눈물을 머금고 수레에서 내렸다.
"노인장! 댁은 어디시며 지금은 어디로 가시는 길입니까?"
어둡고 광채 없는 눈길로 싯다르타를 바라보던 늙은이는 때마침 산골짝에서 불어닥친 세찬 산바람에 밀려 중심을 잃고 비실거렸다.
싯다르타가 급히 노인을 부축하며 다시 큰소리로 물었다.
"노인장! 지금 어디로 가시는 길이시며, 집은 어디에 있습니까?"
그때서야 알아차린 노인은 망연한 모습으로 입을 열었다.
"음……! 내게는 집이 없다오. 돌아갈 데가 없단 말이오. 오늘도 어디로 가야할지 나도 모르겠소…….."

"노인장께는 아들딸이 없으십니까?"

노인이 입을 씰룩이며 대답하였다.

"있긴 있소만……. 그러나 있다한들 무슨 소용이겠소? 나이 들어 일을 못하니 자식들이 벌어다 준 밥을 놀며 먹게 되었지. 나중에는 빈둥빈둥 놀면서 죽지도 않고 축만 낸다며 쫓겨나게 되었다오. 그러니 길가에서 남의 밥을 빌 수밖에……."

말을 마친 늙은이는 어깨를 들썩이며 소리죽여 울었다.

가련한 노인의 모습을 바라보던 싯다르타는 그에게 함께 가 살기를 청하였다.

그러나 노인은 고개를 가로저으며 애달픈 목소리로 말하였다.

"젊은이는 천품이 착하구려. 당신의 고운 마음씨는 죽을 때까지 잊지 않겠소만 함께 갈 생각은 없소! 당신을 따라가면 밥과 옷과 잠자리를 얻을 수 있겠지만 이 늙은이를 다시 옛날로 돌아가게는 못할 것이오. 백발이 다시 검게 되며, 귀가 다시 밝아지고 빠진 이빨이 돋아날 수는 없소! 이 늙은이는 생명과 젊음이 필요하지만 당신의 힘으로 그걸 되살릴 수는 없는 일이오. 젊음이 다시 돌아오지 않는다면 거기 간들 무슨 희망이겠습니까? 또 카필라파스투국에는 나처럼 외롭고 헐벗은 늙은이들이 부지기수인데 혼자 호의호식하는 것도 부끄러운 일이오. 더구나 이젠 소용없는 인간이 되었는데 젊은이에게까지 누를 끼치고 싶지 않소……."

말을 마친 늙은이는 지팡이를 집어들고 비틀비틀 가던 길을 재촉하였다.

늙은이의 뒷모습이 멀리 수풀 속으로 사라질 때까지 넋 잃은 사람처럼 바라만 보고 있던 싯다르타가 침통한 얼굴로 수레꾼에게 물었다.

"당신은 저 노인을 보고 불쌍한 생각이 들지 않았습니까?"

수레꾼이 대답했다.

"태자마마! 저는 이런 일을 하루에도 몇 번 씩이나 당하는지 모릅니다. 살아가는 일이 얼마나 어렵고 힘겨운 것인지 태자께서는 모르고 계시지요. 태자마마처럼 먹고 입고 사는 일에 괴로움이 없으신 분은 이 세상에 몇 사람 안 될 것입니다."

싯다르타는 침묵하였다. 아무나 누릴 수 없는 행복한 삶이 그에게는 오히려 충만한 고통과 허무인데 어찌 인생사에 연연할 것인가!

수레꾼은 싯다르타의 마음을 헤아리지 못한 채 혼잣말로 중얼거렸다.

"사람이란 태어나자마자 죽음과 떨어질 수 없는 인연을 맺게 됩니다. 태어나면 젖을 빠는 떡애기지만 그 다음은 장난꾸러기로 자라게 되지요. 그리고 한참을 더 지나 어른이 되면 그로부터 젊음이 시들고, 나중에는 늙은이가 되어 힘이 빠져 갑니다. 귀와 눈이 어둡게 되고 걸음걸이가 부실하며 머지않아 죽음의 길에 들어서게 되지요. 이렇게 해서 사람이란 한시 일각도 쉬지 않고 죽음을 향해 다가섭니다. 가난한 백성이건 왕후장상(王侯將相)이건 모두가 태어나면 죽어가는 길손이랍니다."

싯다르타의 얼굴에는 수심이 가득 차올랐다.

"그런데 아까 그 노인은 돌아갈 집까지도 없다 하지 않았습니까?!"

"사람과 사람 사이에도 차별이 있지요. 자, 보십시오! 태자마마는 수레를 타고 계시지만, 저는 수레를 몰고 있지 않습니까? 부귀와 빈천은 정해진 것입니다. 그런데도 살다가 죽는 일만은 누구에게도 차별 없이 공평하지요."

싯다르타는 거침없이 쏟아내는 수레꾼의 말을 들으며 깊은 상념에 빠져드는데 먼 하늘가에는 구름 무더기가 바람결에 밀려 방향없이 흩어지고 있었다.

'인생이란 한바탕 꿈이다! 그렇게도 짧고 그렇게도 허망한, 그렇게도 무상한 것이 인생인데 사람들은 어찌 미망(迷妄)의 꿈길 속을 헤매고만 있단 말인가? 인생이란 끝도 없이 어렵고 괴로운 고해(苦海), 이 괴로움의 바다를 빠져나올 수 없으니 얼마나 딱한 일인가!'

이때, 수레꾼이 태자를 일깨웠다.

"태자마마! 성문에 당도했습니다."

싯다르타는 무엇을 생각했던지 이렇게 반문하였다.

"동문 말고 남문 쪽으로 가면 어떻겠습니까?"

수레꾼은 방향을 돌려 경사가 완만한 산길을 내려갔다. 남문 쪽으로 가는 교외에는 쓸쓸하기 이를 데 없는 산골 마을이 있었다. 활기 없이 고요한 마을에는 이곳저곳 허물어진 담장과 흙벽이 눈에 띄고 잡초와 가시덤불이 어지럽게 자라 있었다. 수레는 미끄러운 진흙 길을 조심조심 더듬어갔다.

이때 갑자기 길 옆 움막으로부터 비명이 들려왔다. 그건 사람의 가슴을 헤집고 폐부를 쥐어뜯는 처절하고 무서운 절규였다. 살아 있는 자의 목소리라기보다는 죽임을 당하고 있는 짐승의 단말마처럼 치떨리는 울부짖음이었다.

싯다르타는 크게 놀라 수레를 멈추게 한 뒤 소리 나는 곳으로 달려갔다. 어둡고 습기 찬 움막 속은 여기저기 거미줄과 먼지가 뒤엉켜 있었는데 찌그러진 침상 위에 병자가 누워 있었다. 중년의 병자는 겨릅대처럼 마른데다 복수(腹水)가 차 터질 듯 배가 부풀어 있었다. 온몸을 덜덜 떨며 가쁜 숨을 몰아쉴 때마다 내지르는 비명이 당장 숨이 끊어지는 모습 그대로였다.

싯다르타가 물었다.

"당신은 중병으로 이렇게 시달리면서도 왜 의원을 부르지 않습니까?"

병자는 고통 속에서 흐릿한 눈길로 겨우 싯다르타를 바라보았으나 대꾸할 힘마저 없었다.

싯다르타의 눈에는 눈물이 고여 올랐다. 그는 주옥과 보석을 박은 겉옷을 벗어 병자의 몸에 걸쳐주며 이렇게 말하였다.

"옷에 박힌 보석과 옥을 팔아 병을 고치십시오. 속히 병을 고쳐 건강을 되찾으시기 바랍니다!"

그러나 병자는 싯다르타가 걸쳐준 옷을 힘겹게 밀쳐내며 대꾸하였다.

"값진 것을 주시니 고맙습니다만……. 당신이 주신 보석 옷이…… 만금짜리라 한들 이것으로 잃어버린 내 건강을 되찾을 수는 없습니다……. 병을 고치는 데 보석 같은 건 아무짝에도 소용없소. 이런 것으로 내 건강을 되찾을 수 있다고 생각하십니까?"

병자의 소망을 들어줄 수 없는 싯다르타는 더 이상 그 모습을 바라볼 수 없어 수레꾼에게 길을 재촉하였다.

싯다르타가 왕궁에 이르렀을 때 정반왕과 왕비는 피곤한 몸을 이끌고 궁문까지 나와 있었다.

싯다르타는 왕과 왕비의 초췌한 얼굴, 밤새 통통 부어오른 눈, 그리고 하룻밤 사이 갑자기 새하얗게 변해버린 머리칼을 바라보며 한없는 괴로움에 빠져들었다.

싯다르타는 맹세하였다.

'부왕과 왕비, 나를 생각하고 그리워하는 모든 사람들, 그리고 헤아릴 수 없이 많은 중생들이 생로병사의 굴레에서 헤어나 영원토록 행복하고 즐겁게 살 수 있는 길을 찾아내고 말리라……!'

궁궐로 돌아간 싯다르타는 왕과 왕비를 어떻게 설득해야 할지 망연한 심정이 되어 무릎을 꿇었다.

"어젯밤 아무 말 없이 출행하여 부모님을 놀라게 한 죄 갚을 길 없습니다. 저의 불효 때문에 한 밤을 뜬눈으로 새우셨으니……."

정반왕은 싯다르타를 일으켜 세우며 부드럽게 말하였다.

"태자야! 어서 일어나거라. 네가 무사히 돌아온 것만으로도 우리는 한량없이 기쁘다. 어서 안으로 들어가 공주를 만나도록 하여라. 가련한 야쇼다라 공주는 신혼 첫날밤 푸대접을 받아 뜬눈으로 밤을 지새운 뒤 울고만 있구나."

그런데 이때, 궁녀들이 야쇼다라 공주를 부축하고 들어왔다.

눈물에 젖어 있는 공주의 가련한 얼굴을 보자 만 가지 괴로움에 빠진 싯다르타는 할 말을 잊었다. 정반왕이 큰소리로 일렀다.

"왕자와 공주를 신궁으로 모셔 쉬도록 하여라."

시녀와 하인들이 두 사람을 신궁으로 모신 뒤 겹겹으로 휘장을 드리우고 침실 문을 닫았다.

깊은 침묵이 두 사람 사이를 가로막았다. 싯다르타가 먼저 입을 열었다.

"공주! 간밤에는 크게 심려를 끼쳐 미안하기 한량없구려!"

고개를 떨군 채 한참을 망설이던 공주가 수줍은 표정으로 입을 열었다.

"태자마마! 이 야쇼다라가 마음에 들지 않아 출행하신 건 아니신지요……?"

"…………."

싯다르타는 침묵하였다.

"태자마마! 제가 카필라파스투국의 왕궁에 들어온 때문에 태자께서 궁궐을 떠나셨다면 사약(賜藥)을 내려 주십시오. 제겐 딴 길이 없습니다!"

공주는 무릎을 꿇고 비통한 모습으로 싯다르타를 올려다보았다. 싯다르타가 황망히 그녀를 부축해 일으키며 입을 열었다.

"존경하는 공주! 어서 일어나시오. 어젯밤 말없이 궁궐을 떠난 건 공주 때문이 아니었소. 당신이 이곳으로 온 것만은 정말로 기쁜 일이었소만……."

"태자께서는 저와의 혼인을 불만스럽게 생각하고 계시지나 않으신지요?"

"아니오. 공주! 당신과의 연분은 정해진 것. 어찌 당신을 아내로 맞은 일을 후회한단 말이오. 당신이 이 궁궐에 든 것만은 정말 즐거운 일이었으니 그로써 불만이 있을 수는 없는 일이오."

영문을 알 수 없는 야쇼다라 공주는 싯다르타를 우러르며 눈물을 흘렸다.

"…………."

싯다르타는 사랑과 번뇌로 엇갈린 괴로움을 달래면서 여러 가지 말로 공주를 위로하였다.

차차 진정이 된 야쇼다라 공주는 조용히 남편 품에 안겨들었다. 신혼의 행복과 즐거움이 그녀의 순결한 마음속에 차오르자 그녀는 고개를 들어 부드러운 눈길로 자신의 반려(伴侶)를 올려다보았다.

어두운 구름이 걷히고 빛나는 햇살이 휘장 틈으로 싯다르타의 몸에 비칠 때 그의 얼굴에서는 휘황하고 장중한 빛이 일었다. 훤칠한 이마, 단정하고 중후한 눈썹, 깊고도 자상한 눈길, 풍만한 코, 두툼한 입술, 넘치도록 가득한 턱……. 싯다르타의 모습을 넋 놓고 바라보던 공주는 비범하면서도 탈속한 듯 드높고 고아한 기운을 그로부터 느끼면서 뿌듯한 행복감에 젖어들었다. 공주는 싯다르타의 가슴을 파고들며 행복의 미소를 지었다.

야쇼다라 공주는 우아하고 현숙하며, 만 가지 이치에 통달한 여인이었다. 그녀는 신혼 첫날밤 싯다르타가 아무 말 없이 왕궁을 빠져나간 일을 마음속에 새겨두지 않았다. 싯다르타는 공주가 여자로서의 미덕을 갖춘 사람임을 재빨리 간파하였기 때문에 며칠이 되지 않아 두 내외는 야릇한 정감 속에 빠져들었을 뿐 아니라 가장 가까운 지기(知己)가 되었다. 그들은 시와 문학을 얘기하고 인생을 논하였다. 그들의 얘기는 그칠 줄 모르고 이어졌다.

그러나 야쇼다라 공주는 가장 즐거운 때일지라도 싯다르타의 마음속 깊이 무거운 번뇌의 그림자가 드리워져 있음을 알아챌 수 있었다. 무엇이 그를 괴롭히는지, 무슨 일로 울적한 마음을 떨치지 못하는지, 더는 참을 수 없게 된 공주가 말문을 열었다.

"태자! 당신께서는 무슨 까닭에 마음속 깊이 근심을 물리치지 못하고 계십니까?"

싯다르타는 순결하고 선량한 공주를 바라보며 담담하게 대답하였다.

"내게는 아무 걱정도 없소."

"당신과 함께 괴로움을 나눌 수 없다면 어찌 한평생을 같이 살아갈 반려라 할 수 있겠습니까?"

사람의 마음을 꿰뚫어 보는 공주, 남편의 번뇌를 알고 싶어하는 아내의 충정 앞에 자신의 번뇌를 숨길 수 없다고 생각한 싯다르타는 그동안 자신을 괴롭혀 온 현세의 문제들을 숨김없이 토로하고 화촉동방을 버린 채 궁궐을 빠져나갔던 일, 다음날 아침 왕궁으로 돌아오던 길에 마주쳤던 일들을 자상하게 얘기하였다.

얘기를 듣고 난 공주가 곤혹스러운 표정을 지으며 입을 열었다.

"한 사람은 잃어버린 젊음을 되찾고, 또 한 사람은 무너진 건강을 회복고자 원했지만 두 가지 다 인간의 힘으로는 해결할 수 없는 일입니다. 그러나 버려신 노인을 구치려 한 일, 병자에게 값비싼 옷을 희사한 것만으로도 태자께서는 선행을 하셨습니다. 세상에는 많은 사람이 살고 있지만 남에게 베푸는 사람이 몇몇이나 되겠습니까?"

싯다르타가 말했다.

"노인은 나를 따라 오지 않았고 병자도 옷을 받지 않았소. 그러나 노인과 병자의 말을 듣고 난 뒤 나는 깨달은 바가 아주 많았소. 어떻게 해서든지 고통받는 사람들에게 즐거움과 희망을 안겨줘야 하오. 그것이 앞으로 내가 해내야 할 일이오!"

공주는 싯다르타의 말에 어떻게 응대해야 할지 잠시 망설이다가 화두를 돌렸다.

"태자! 이 문제는 다음날 다시 얘기하는 것이 어떨까요? 오늘은 피곤하실 테니 먼저 쉬도록 합시다."

그 뒤, 야쇼다라 공주는 태자가 왕궁을 빠져나가게 된 사연 및 출행 중에 마주친 집 없는 늙은이와 병자에 관한 일들을 마하왕비에게 상세히 보고하고, 왕비는 다시 이를 정반왕에게 알렸다.

지금까지의 얘기를 다 듣고 난 정반왕은 전전긍긍 며칠 밤낮을 거듭거듭 궁리했으나 결국 아무런 해법을 찾아내지 못하였다. 혼자서는 이 엄청난 문제를 해결할 수 없다고 생각한 그는 다시 고심에 고심을 거듭한 끝에 명을 내려 전국 각지의 촌장들을 왕궁에 집합토록 하였다.

촌장이란 국왕을 알현할 수 있는 사람들 중에서 가장 계급이 낮은 부락단위의 우두머리들이다. 그들은 명령에 따라 지체 없이 왕궁으로 달려와 왕을 배알하였다. 촌장들이 모두 모이자 정반왕은 태자의 출행과 관련하여 다음과 같은 내용의 조서(詔書)를 반포하였다.

태자가 이르는 모든 곳에서는 길가 백성들이 자리를 피해야 한다. 어렵게 살아가는 모습을 보지 못하게 해야 하기 때문이다. 태자가 가는 곳은 어디에나 환락장소를 마련하여 영접하되, 유쾌치 못하거나 비참한 일이 일어나서는 안 된다.

정반왕은 뒤를 이어 싯다르타가 궁궐을 빠져나갔을 때, 노인과 병자를 만난 일들을 촌장들에게 얘기한 뒤 이렇게 당부하였다.
"이 같은 사건이 또 발생하게 되면 어느 누구를 막론하고 엄중하게 책임을 물어 중죄로 다스릴 것이다!"
정반왕의 말을 듣자 왕궁의 동쪽, 남쪽 교외의 관할 촌장들이 대경실색하여 머리를 땅에 박고 죄를 빌었다.
정반왕이 말했다.
"여기서는 지난 일을 따지지 않겠다. 그러나 앞으로 다시 실수가 있게 되면 관할 촌장은 스스로 머리를 잘라 죄를 청하라!"

출가의 어려움 Ⅱ

　세월은 살같이 흘러 다시 꽃피는 봄이 돌아왔다. 싯다르타와 야쇼다라 공주가 날이면 날마다 아침부터 저녁까지 한 몸이 되어 살아가는 동안 공주는 무한한 사랑과 정성으로 싯다르타를 위로하며 자상하게 보살폈다. 그러나 싯다르타는 삶의 괴로움에 지칠 대로 지쳐 있는 중생문제를 한시도 잊을 수가 없었다. 그는 이들을 구원하는 일이 그 누구에게도 전가될 수 없는 자신의 임무라고 생각하였다. 이러한 생각 때문에 싯다르타에게는 산해진미(山海珍味)도 모래알이었으며 포근한 잠자리도 바늘방석이었다. 다만 싯다르타는 주변 사람들의 불안을 잠재우기 위해 이 문제를 밖으로 드러내지 않으려 최대한 노력하였다.

　정반왕은 웃음을 잃은 싯다르타가 다시 밖에 나가 병든 자와 괴로움을 당하는 자들을 만날까 걱정하였으나 싯다르타는 궁궐 밖 문제를 더 이상 거론하지 않았기 때문에 정반왕도 차차 마음이 누그러져 싯다르타에 대한 걱정이 거의 풀리게 되었다.

화창한 봄이 되자 정반왕은 어느 날 싯다르타에게 바깥바람을 쐬며 답답한 마음을 풀고 오도록 권하게 되었다.

"태자야! 올해는 봄이 빨리도 왔구나. 날씨가 이렇게 화창하니 꽃들이 앞당겨 피었다는구나. 밖에 나가 봄바람을 쐬면서 겨우내 몸과 마음속에 든 한기(寒氣)를 털어버리고 오렴."

싯다르타가 대답했다.

"아버님의 뜻을 따르고 싶습니다만 제가 바깥 구경을 나갔다가 인간세의 괴로움을 다시 대하게 된다면 당지의 촌장들이 목숨을 잃게 되는데 저 때문에 사람이 죽어서야 되겠습니까?"

정반왕이 말했다.

"태자야! 내가 조서를 내린 것은 네가 바깥세상 구경할 때 불편함이 없도록 조치를 취한 것에 지나지 않으므로 딴 일은 걱정할 것 없다. 남의 목숨에 관계되는 일은 없을 테니 마음놓고 바람을 쐬고 들어오너라."

싯다르타의 안전을 위해 정반왕은 데바닷타를 딸려 보내기로 하였다. 데바닷타는 무예가 빼어나고 용맹스러울 뿐 아니라 돌발사태에 대응하는 순발력이 뛰어날 것으로 생각하였기 때문이다.

싯다르타의 바깥세상 구경에는 준비가 대단하였다. 코끼리나 말이 끄는 수레가 아니라, 흰 소가 끄는 덩치 큰 수레가 마련되었다. 흰 소는 인도 사람들이 신성시해 온 짐승으로 나는 듯 빨리 달릴 수 있다. 따라서 흰 소가 끄는 수레는 국왕의 출행 때만 사용하였으나 정반왕은 싯다르타의 즐거운 유람을 위해 특별배려를 하였다.

각지의 촌장들은 국왕의 환심을 사기 위해, 아니 그보다는 생명을 부지하기 위해 태자가 이르는 곳마다 싱싱한 꽃을 든 젊고 예쁜 아가씨들이 길 양편에 늘어서서 환영하도록 안배하였다. 늙고 병든 자들과 힐빗고 가난한 자들은 한곳으로 몰아 엄히 관리하였다.

이번 유람에는 북문과 남문을 피하고 서문으로 수레를 몰게 하였다.

수레가 옥석성(玉石城)을 빠져나가자 가득한 봄기운 가운데 천지가 즐거움으로 들떠 있었다. 데바닷타는 길 양옆으로 늘어서서 환호하는 백성들을 바라보며 해괴한 착각에 빠져들었다. 길가의 군중들이 모두 저를 위해 꽃을 들고 환호하는 것처럼 생각되어 스스로 싯다르타의 종자라는 사실을 망각하고 말았다. 싯다르타가 겸손하며 당당치 못하다는 데 생각이 미치자 고개를 뻣뻣이, 가슴을 내밀고 거드름을 피우기 시작하였다.

한참 동안 환호하는 인파를 헤치며 앞으로 나아갈 때 갑자기 소란이 일더니 수레가 제자리에 멈춰서고 말았다. 무엇인가 길을 막아선 것이다.

데바닷타는 장검을 뽑아들고 수레에서 뛰어내렸다.

"어느 누가 수레를 멈추게 하느냐? 무슨 일이……."

시종관이 대답하였다.

"앞에서 상여가 오고 있습니다!"

과연 앞쪽에 상두꾼의 행렬이 다가오고 있었다. 상여 위에는 조기와 일산(日傘)이 드리워져 있었으며 수많은 만장(輓章) 속에 사람들이 슬픈 표정으로 뒤를 따르고 있었다. 통곡하는 상제들 중에서도 머리를 풀어헤친 한 여인은 애간장이 녹아나듯 망인의 이름을 부르며 발을 동동 굴렀다. 죽어 떠나는 사람을 기어이 붙들어 두고야 말듯이…….

싯다르타가 수레꾼에게 물었다.

"저기 오는 건 무엇이며 사람들은 왜 저렇게 슬피 울고 있는가?"
수레꾼이 대답하였다.
"저것은 상여라고 합니다. 상여 안에는 널이 들어 있고 널 속에는 죽은 사람이 누워 있습니다. 상여 뒤를 따르며 우는 자들은 죽은 사람의 가족이올시다."
수레꾼은 조심스럽게 말을 이었다.
"태자마마! 눈을 감고 아무것도 보지 마십시오. 데바닷타님께서 모든 것을 잘 처리하실 것입니다."
이때 데바닷타가 상여 앞으로 내달으며 벽력같이 고함을 질렀다.
"이놈들……, 조용히 해라! 어느 누가 감히 소리내어 운단 말이냐? 우는 자는 이 칼이 용서치 않으리라!"
겁에 질린 상두꾼과 상제들은 걸음아 나살려라 줄행랑을 치고 말았다. 나약한 여인네나 아이들은 도망갈 엄두를 못 내고 땅에 꿇어앉은 채 두 손을 모아 개개빌었다.
"뭐야? 살려달라고? 어림없는 소리! 한 놈도 남김없이 쓸어버릴 테다……!"
데바닷타가 장검을 들어 내리치려는 순간 수레에서 뛰어내린 싯다르타가 큰소리로 꾸짖었다.
"데바닷타야, 이게 무슨 못된 짓이냐. 부모를 잃고 절통해 하는데다 더 큰 재앙을 안겨주려 하느냐?"
새파랗게 질린 싯다르타를 힐끗 훔쳐본 데바닷타는 장검을 거두며 혼잣말로 중얼거렸다.
"벌레 같은 것들! 기분대로라면 한 놈 남김없이 몽땅 도륙을 내는 건데……."
데바닷타는 큰소리로 웃어대며 마음속으로 이렇게 중얼거렸다.

'겁쟁이는 하는 수 없군! 죽은 사람을 보고도 요 모양이니 큰일 하긴 틀렸어!'

봄 경치 구경 중 파흥이 된 싯다르타는 수레를 돌려 궁궐로 되돌아왔다. 돌아오는 길에 그는 다시 상념 속에 빠져들었다.

'사람이란 귀하고 천하고 간에 결국 같은 꼴이 되어 흙속에 묻히고 만다. 도대체 인생이란 무엇인가, 죽지 않으면 안 되는 것인가? 만나고 헤어지지 않으면 안 되는가?'

싯다르타는 삼 검불처럼 어질어진 마음을 추스를 길이 없었다.

궁궐의 서문 역시 상서롭지 못하다고 생각한 데바닷타는 북문으로 수레를 몰았다. 수레가 북문에 거의 당도했을 때, 승려 한 사람이 땅을 내려다보며 걸어오고 있었다. 모난 머리에 이마가 큰 승려는 단정한 용모에 몸집이 건장한 비범한 인물이었다. 그는 한 손에 바리때를 들고, 나머지 한 손으로는 대막대기를 짚고 있었다. 수레가 앞을 지날 때도 무심하여 피하려 하지 않았다.

바라보던 데바닷타가 다시 칼을 뽑아들며 호령하였다.

"네 이놈! 어느 안전인데 감히 길을 막아서는가? 당장 무릎 꿇고 죄를 빌어라!"

"데바닷타야! 가만 있거라, 내가 가서 물어보마."

수레에서 내린 싯다르타가 승려에게 다가가 공손히 절하고 입을 열었다.

"존장께서는 어인 일로 이렇게 황막한 곳에 와 계십니까?"

"…………"

말없이 땅만 내려다보던 승려가 입을 열었다.

"하늘을 지붕삼아 떠도는 중이올시다."

"중? 중이 무엇입니까?"

"중이란 세속의 모든 욕망을 떨쳐버린 사람. 태어나고 늙고, 병들고 죽는 고뇌를 초월한 자를 말합니다. 소승의 말뜻을 알아듣겠습니까?"
싯다르타는 승려를 우러르며 말하였다.
"알겠습니다. 그러면 존장께서는 무엇을 하고 계시는 중이십니까?"
"나는 중생들이 태어나고 죽는 꿈속 같은 정황을 바라보고 있었습니다."
"그렇다면 죽음이 무엇인지 말씀해 주실 수 있겠습니까?"
"죽음이란 태어남과 마찬가지로 고정된 형상 없이 이곳저곳을 순환하는 것으로 영원토록 끝남이 없습니다. 죽는 것은 바로 태어나는 것이며, 태어나는 것은 곧 죽는 것입니다."
"태어나고 죽는 것은 얼마나 슬픈 일입니까. 어떻게 하면 태어나지도, 죽지도 않을 수 있겠습니까?"
"당신은 지금 이 세상에서 가장 어려운 문제를 생각하고 있습니다. 이 문제는 보통 사람의 말을 가지고서는 설명할 수 없을 뿐 아니라, 뜻을 안다 하더라도 말로써는 표현할 수 없으며 마음으로만 겨우 이해할 수 있는 것입니다."
"태어남과 죽음의 오묘한 비밀을 말씀해 주시겠습니까?"
"조금 전, 그 문제에 대한 깨달음에 정진하고 있었는데 당신 때문에 중단되고 말았으니……. 흠, 내가 이곳에 온 게 잘못이지 허허……."
말을 마친 승려는 바람처럼 그곳을 떠나갔다.
싯다르타는 멀리 사라져가는 승려의 모습을 바라보며 망연한 어둠 속에서 잠시 작은 등불을 본 기분이 되었다.
전설에 의하면 싯다르타가 궁궐의 동문 밖에서 마주친 노인, 남문 밖에서 만난 병자, 서문 밖에서 조우한 망자(亡者), 북문 밖에서 본 승려는 모두 싯다르타가 홍진세상을 꿰뚫어 본 뒤 출가수행(出家修

行)하도록 교화하였던 정거천왕(淨居天王)의 화신이었다 한다.

싯다르타가 마지막으로 북문에서 만난 승려 얘기는 ≪과거현재인과경(過去現在因果經)≫에 기록되어 있는데 이 부분의 내용은 다음처럼 묘사되어 있다.

> 말에서 내린 태자는 나무 그늘에서 숨을 돌리며 시종들을 물러가게 한 뒤 반듯이 앉아 늙음과 질병, 죽음의 괴로움을 생각하였다. 이때 정거천왕이 비구로 화신하여 승복을 입고 한 손에는 바리때, 또 한 손에는 석장(錫杖)을 짚고 땅을 내려다보며 걸어오다가 태자 앞에 이르렀다. 태자가 그에게 물었다.
> "당신은 누구십니까?"
> 비구가 대답하였다.
> "나는 비구요."
> 태자가 다시 물었다.
> "비구란 무엇입니까?"
> "사악함을 깨뜨리고 다시 태어나는 몸을 받지 않는 것이 비구입니다. 이 세상 모든 것은 생멸, 전변(轉變)하여 상주(常住)함이 없고 약해서 무너지기 쉬운데 나는 성도(聖道)를 빠짐없이 닦아 색(色)·성(聲)·향(香)·미(味)·촉(觸)·법(法)에 구애받지 않고 무위(無爲)한 가운데 해탈안(解脫岸)에 도달하였소."
> 말을 마친 정거천왕은 태자 앞에서 신통력을 부려 공중으로 사라졌다. 이때 태자는 마음속에 기쁨이 일어 이렇게 중얼거렸다.
> "전날, 나는 늙고 병들고 죽는 괴로움을 알아내고서 이런 것들과 마주칠까 항상 두려워하였으나 이제 비구를 만나 해탈의 길을 깨우쳤다."
> 이렇게 생각하자 사유(思惟)가 자재롭게 되어 출가할 인연을 찾게 되었다.

싯다르타가 아직 태자로 카필라파스투국에 있을 때 동문 밖에서 노인을, 남문 밖에서 병자를, 서문 밖에서 죽은 사람의 상여를, 북문 밖에서 승려를 만나 늙고 병들고 죽는 고통을 해탈하기 위해 출가 수도할 뜻을 품게 되었다는 고사 사문유관(四門游觀)은 불경 가운데서 가장 널리 알려진 이야기로서 수백 년에 걸쳐 이를 소재로 여러 가지 문예작품들이 창작되었다. 실제로 싯다르타의 입장에서 출가란 결코 간단한 일이 아니었다. 그는 크샤트리아족 출신으로 왕위를 계승하여 나라를 다스려야 할 중책을 가진 사람이었다. 어떤 측면에서건 그는 쉽사리 집을 떠날 수 있는 처지가 아니었다.

당시 싯다르타는 이미 성년이 되어 있었기 때문에 인생의 생로병사를 목도하지 않았을 리 없으며, 종교가 절대적인 지위를 차지하고 있던 고대 인도에서 싯다르타가 출가한 사람들을 보지 못했을 리 없다. 그런데도 사문유관을 싯다르타의 결정적 출가 이유로 삼았던 것은 여러 가지 복잡한 해석을 피하고 불타에 대한 대중의 신격화 심리를 영적 감응에 영합시키기 위해서였다.

실제에 있어서 싯다르타가 출가의 형식으로 해탈을 찾으려 결정한 것은 그가 어려서부터 받은 종교교육 및 당시의 농후한 종교적 분위기와 밀접한 관계가 있다. 당시 인도사회에는 네 개의 계급이 있었다.

첫 번째 계급은 종교를 관장하는 브라만으로 그들은 스스로를 '인간의 신'이라 불렀다. 전설에 의하면 조물주 범천(梵天)은 입으로 브라만을 만들었다.

두 번째 계급은 군사를 관장하는 크샤트리아로서 그들은 세습적 왕공귀족에 속하였다. 전설에 따르면 조물주 범천은 두 팔로 크샤트리아를 만들었다.

세 번째 계급은 상공업에 종사하는 평민으로 바이샤라고 불렀으며 권력 없이 지식을 관장하고 정사에 관여하였다. 전설에 따르면 조물주 범천은 두 넓적다리로 바이샤를 만들었다.

네 번째 계급은 노예로 전락한 수드라이다. 브라만이 금과 같이 귀중하게 여긴 《마누법전》에는 다음과 같은 규정이 있다.
　　"노예인 수드라가 험한 말로 사람을 해치면 그 혀를 끊을 것이요, 손으로 사람을 때리면 톱으로 손을 잘라내고, 발로 사람을 차면 그 다리를 썰어 버린다……. 만약 브라만에게 복종치 않으면 뜨거운 기름을 귀에 부을 것이며, 브라만의 여자를 더럽힌 자는 불로 태워 죽여 용서치 않는다."

　이와 같은 종교통치 사회에서 싯다르타는 생로병사의 번뇌, 나라와 집이 파망하는 위기를 감지한 뒤 종교적인 형식으로 해탈을 찾고 인생구제를 생각하게 되었다.
　그날, 싯다르타는 승려의 말을 듣고 출가할 생각을 품게 되었다. 그는 이렇게 하는 것만이 유일한 돌파구라고 생각하였을 것이다.
　정반왕은 싯다르타가 만유(漫遊) 길에 상여 행렬을 만나게 된 사실을 알고 격노하여 데바닷타를 엄히 꾸짖었다.
　불평불만 가득한 데바닷타는 여러 가지로 변명을 하려 했으나 정반왕은 거듭거듭 호되게 나무란 뒤 근신할 것을 명하였다.
　이때 서둘러 달려온 싯다르타가 정반왕 앞에 무릎을 꿇으며 간절한 목소리로 말하였다.
　"부왕께서는 진노(鎭怒)하십시오. 데바닷타는 유람 길에서 전심전력을 다했습니다. 소자가 몸이 피곤하여 돌아오도록 한 것일 뿐 도중에 어떤 불상사도 벌어지지 않았습니다. 부왕께서는 자비를 베풀어 이 일 때문에 당지의 촌장이 죽임을 당하는 일이 없도록 해 주십시오. 촌장은 수많은 백성들을 동원하여 꽃다발을 들고 저를 환영토록 하였으니 직분을 다한 것입니다."
　그러나 싯다르타의 말이 채 끝나기도 전에 시종관이 달려와 그곳의 촌장이 자결했다는 사실을 보고하고 잘라온 그의 목을 올려바쳤다. 싯다르타는 말을 듣는 순간 외마디 소리를 지르며 혼절하고 말았다.

왕궁은 다시 혼란에 빠지고 말았다. 정반왕은 당황하여 싯다르타를 내전으로 업어가게 한 뒤 어의를 불렀다. 잠시 뒤 내전에 들어온 마하왕비와 야쇼다라 공주는 인사불성이 된 싯다르타를 보자 땅을 치며 울음을 터뜨렸다.

싯다르타는 다음날 이른 새벽이 되어서야 정신이 들었다. 이때 정반왕과 마하왕비, 야쇼다라 공주 등 모든 근친들은 싯다르타의 주위에 몰려 앉아 그를 지켜보고 있었는데 싯다르타가 정신을 차리자 야쇼다라 공주의 채 마르지 않은 눈에서는 다시 눈물이 쏟아져내렸다. 이 눈물은 잃은 것을 다시 찾은 기쁨의 눈물이었다. 당시 야쇼다라 공주는 임신 여덟 달째였다.

공주의 피곤한 얼굴을 올려다보던 싯다르타는 어리둥절한 표정으로 일어나 앉으며 입을 열었다.

"지금이 몇 시인데 왜들 이러고 있습니까?"

정반왕이 부드러운 목소리로 말했다.

"곧 날이 샐 것이다. 태자는 몸이 아프니 더 누워 있는 것이 좋겠다."

마하왕비는 궁녀를 시켜 뜨끈뜨끈한 삼탕을 끓여오게 한 뒤 싯다르타의 손에 약사발을 안겨주며 근심스럽게 입을 열었다.

"태자! 뜨거울 때 삼탕을 들고 원기를 회복하거라."

싯다르타는 순순히 삼탕을 받아 마신 뒤 어제 일어난 일들을 상기하며 여러 사람을 위로하였다.

"부왕마마! 왕비마마! 이제 몸이 회복되었으니 내전으로 돌아가 쉬십시오. 공주도 무척 피곤할 것이니 안으로 들어가 눈을 붙이는 게 좋겠소."

그날 밤 싯다르타는 야쇼다라 공주에게 최근 자신이 겪었던 인생과 우주에 대한 사고, 궁궐 밖에서 우연히 만난 승려 얘기를 자세하게 들려주었다. 그리고 중생에 대한 근심과 연민의 정과 구원, 생사를 꿰뚫어 깨우칠 결심에 대해서도 얘기하였다. 자비롭고 선량한 공주는 그러나 절망에 찬 눈물을 흘리지 않을 수 없었다. 아내로서 그녀는 남편의 근심과 걱정을 모두 알게 되었으며 장차 무슨 일이 일어날 것인지 확연하게 예감할 수 있었다. 싯다르타의 심중을 헤아리게 된 뒤부터 그녀는 절망에 쌓였다가도, 어떤 때는 행복이 자신의 곁을 떠나지 않을 것이라 확신하였다.

'아니다! 태자는 내게서 떠나지 않는다. 머지않아 태어날 아이를 어찌 애비 없는 자식으로 만들겠는가?'

그런데도 야쇼다라 공주는 싯다르타가 출가하게 되리라는 예감을 정반왕에게 숨김없이 얘기하였다. 그녀는 남편이 자신을 믿고 한 말에 대해 진지하게 비밀을 지켜야 한다고 생각하였으나 그녀 역시 여자이며 아내이고 미래의 어머니였기 때문에 싯다르타를 붙들어 두지 않으면 안 되는 심정이었다. 그녀에게는 싯다르타가 무한히 필요했던 것이다.

며느리의 얘기를 듣고 난 정반왕은 수많은 수비대를 동원하여 싯다르타의 신궁과 각 궁문을 엄히 지키도록 명하였다. 정반왕은 이로부터 싯다르타를 세상과 격리시켜 종신토록 궁중에 가둔 채 향락만을 일삼게 할 작정이었다.

그러나 궁중의 모든 생활에 흥미를 느끼지 못한 싯다르타는 부왕의 연금에 대해 비통함을 금치 못하였다. 그는 더욱 침울하고 과묵하게 되어 언제나 먼 하늘을 바라보며 장탄식을 일삼게 되었다.

바로 이때, 싯다르타와 야쇼다라 공주의 아이가 세상에 태어났다.

자신이 낳은 어린 생명을 대하자 싯다르타의 민감하고 다정한 사랑의 마음은 다시 괴로움으로 차올랐다. 사랑 때문에 다시 고통이 생기게 된 것이다. 싯다르타는 자신의 아들에게 라훌라(羅睺羅)라는 이름을 지어주었다. '라훌라'는 산스크리트어의 음역으로 원래 일식 또는 월식을 뜻하여 '해와 달의 가리움'을 지칭하는 것이었으나, 이로부터 '방해', '저지'라는 뜻이 파생하게 되었다. 왕자의 출생은 싯다르타가 출가하려던 원래의 의지를 바꾸지는 못하였다. 그러나 그로 인하여 다시 또 한 몫의 사랑이 더해져 한 몫의 괴로움이 늘어났으며, 한 몫의 연연함이 더해져 한 겹의 장애가 보태지게 되었다. 라훌라의 이름 속에는 범인으로서 감지하기 어려운 괴로움과 깨닫기 어려운 사랑과 자비가 내포되어 있었던 것이다. 그러나 싯다르타의 입장에서 출가(出家)는 인생을 구제할 수 있는 유일무이한 희망이었다.

  싯다르타는 떠나지 않으면 안 되었다.

  정반왕은 왕손이 태어남으로써 야쇼다라 공주와 싯다르타의 부부지간 정분이 더해져 싯다르타가 천륜의 낙을 즐기게 되리라 생각하였다. 그러던 어느 날 정반왕은 싯다르타를 불러 이렇게 말하였다.

  "태자야! 나는 이제 나이가 많아 어느 날 갑자기 일손을 놓고 세상을 뜨게 될 지 알 수 없게 되었구나. 태자 된 몸으로 너는 나라를 다스리는 중책을 맡게 될 터인데 그렇게 되면 온 카필라파스투국 백성들의 행복과 평안은 모두 너 한 사람의 손에 달리게 된다. 우리 가정으로 말하자면 연만한 왕비와 나약한 네 처자가 모두 너를 떠나 살 수 없다. 부왕인 나로서는 태자의 생각이 어떤지 들어보고 싶구나."

  싯다르타가 말하였다.

  "부왕! 태어나고 죽는 삶의 오묘한 비밀을 알아내는 것이 제 필생의 뜻이옵니다. 미래의 계획으로는 출가하는 것밖에 딴 길이 없습니다."

정반왕은 몸이 떨려 간신히 입을 열었다.

"태자야! 정말로 우리 곁을 떠나야 한단 말이냐? 나라와 부모와 백성들을 버리고 떠나겠단 말이냐? 설마 이 모든 사람들을 사랑하지 않는 것은 아니겠지?"

싯다르타는 무릎을 꿇고 눈물을 씻으며 대답하였다.

"아니옵니다. 부왕! 저는 너무나도 이들을 사랑하고 있습니다. 부모와 처자를 사랑하며 부모님이 제게 주신 모든 것을 사랑합니다. 그러나 그 사랑이 부모처자를 늙지 않게 하며 죽지 않도록 할 수는 없습니다. 물론, 나라가 적군의 발아래 짓밟혀 망하게 되는 것을 막을 수도 없습니다."

정반왕은 아들을 바라보며 무거운 목소리로 말하였다.

"가련한 태자야! 하루도 빠짐없이 깊은 생각에만 잠겨 있던 것이 이런 일 때문이었구나! 내 아들아! 인생이란 태어나면 죽는 것, 나라는 흥하면 망하는 것이 불멸의 진리인데 어찌 이런 일로 근심걱정을 사서 한단 말이냐? 바라건대 목전의 즐거움을 좇고 나라를 다스리며 어린 자식을 기르면서 나이 든 사람을 공경하는 의무감을 가져야 하느니라. 부왕으로서는 네가 즐겁고 행복한 것만이 이 나라에 도움이 되는 일이라 생각해 왔다."

"아닙니다. 부왕! 저로서는 사랑하는 이 모든 것들이 파멸당하는 박해를 바라보고만 있을 수 없습니다. 태어나고 죽는 대사를 해결하지 않고서 향락에만 도취될 수 없습니다. 사랑하는 이 모든 것들이 시달림을 당하는 것을 차마 바라만 볼 수는 없다는 말씀입니다. 원컨대 부왕께서는 소자의 소원이 성취되도록 허락하여 주십시오. 소자의 출가와 수행을 도와주십시오. 한마음 한뜻으로 우주의 진리를 헤아리며 인생의 요체를 알아내고 재앙과 어려움에 빠진 중생을 구원하는 참다운 길을 찾게 해 주십시오!"

정반왕은 눈물을 흘리며 다시 입을 열었다.

"태자야! 네가 이 세상에 태어난 뒤로 나는 네가 하고자 한 일들을 정성껏 보살펴 주었다. 그러나 출가만은 허락할 수 없구나. 나 역시 네 원대한 뜻을 알 수는 있겠다. 그러나 너는 내 하나뿐인 아들인데 어찌 너를 떠나보낼 수 있겠냔 말이다!"

싯다르타는 오래도록 꿇어앉아 이마를 땅에 대고 애걸하였다.

"저의 뜻은 이미 정해졌습니다. 뜻을 이루게 해 주소서!"

정반왕은 반신불수(半身不隨)에 걸린 듯 힘없이 보좌(寶座)에 쓰러졌다.

"시간을 다고. 왕비와 상의해 보자꾸나."

말을 마친 정반왕은 시종들의 부축을 받아 내전으로 들어갔다. 싯다르타는 아무 말 없이 그대로 꿇어앉아 있었다.

그러나 그는 야쇼다라 공주가 그의 옆에서 자신의 모습을 여태껏 지켜보고 있었다는 사실을 늦게야 발견하였다. 그녀의 눈에는 수심에 찬 눈물이 고여 있었다. 그녀가 예감해 왔던 일들이 이제 현실로 나타나게 된 것이다. 그러나 그녀는 이 일로 남편을 괴롭히고 싶지 않았다. 싯다르타의 순정한 마음, 가슴 가득한 자비심, 누구보다도 사랑에 대해 깊은 이해를 가진 사람……. 그녀는 오히려 남편을 동정하는 마음이 가득하게 되었다. 그녀의 남편 싯다르타는 한시도 어김없이 사랑을 위해 언제나 괴로움을 겪어 왔기 때문이다. 야쇼다라 공주는 싯다르타 앞으로 다가서며 입을 열었다.

"태자! 이제 그만 돌아갑시다."

두 사람은 서로 부축하며 신궁으로 들어갔다.

여색의 유혹

그날, 정반왕은 대신들을 불러 모아 비밀회의를 열고 태자의 출가를 어떻게 막을 것인가 상의하게 되었다. 회의석상에서 정반왕은 눈살을 잔뜩 찌푸린 채 슬픔에 젖은 목소리로 입을 열었다.

"태자가 세상 이치를 깨우쳐 태어나고 죽는 고해를 벗어날 도리를 찾는다며 출가를 결심하였소! 짐도 그렇게 하는 것이 중생에게 좋다는 것을 알고는 있지만 태자는 카필라파스투국의 왕위를 계승할 사람이오. 짐에게는 태자 하나만이 아들인데 그가 왕궁을 떠나는 것을 바라만 보고 있을 수는 없소. 경(卿)들은 어떻게 하면 태자가 출가할 생각을 끊어버릴 수 있을지 그 방법을 찾아보도록 하시오!"

'아니! 태자가 출가를 하다니……?'

대신들은 놀라움으로 벌어진 입을 다물지 못한 채 서로의 얼굴을 바라보았으나 그 누구도 선뜻 나서서 입을 여는 사람이 없었다.

싯다르타는 철이 들면서부터 남들과 어울리는 것을 꺼리고 즐거움을 멀리하였으며 담론(談論)을 즐기지 않았다. 평시, 대신들은 싯다르타에 대해 공순함과 존경의 마음을 가졌을 뿐, 이제까지 그가 마음속으로 무엇을 생각하고 있었던지 알 도리가 없었다. 대신들은 속수무책이 된 국왕을 바라만 볼 뿐 위로의 말이나 방법을 생각해낼 수 없었다.

한참 동안을 우물거린 뒤 드디어 덕망 높은 노대신 하나가 수염을 쓰다듬으며 입을 열었다.

"폐하……! 저에게 어리석은 생각이 하나 있기는 있습니다만 말씀을 사뢰어야 할지 심히 주저되옵니다."

정반왕은 손을 내저으며 말을 계속하도록 하였다.

"태자는 심신이 건강하고 기백과 체력이 장대하며 혈기방장하므로 인간의 오욕칠정(五欲七情)이 없을 수 없습니다. 다만 어렸을 적부터 각종 학문에 심취해 왔기 때문에 정신과 영혼만을 중시할 뿐 육체의 쾌락에는 마음이 없을 것입니다. 그런 고로 신은 서둘러 태자의 몸에서 여러 가지 욕망을 유발시켜 심신의 쾌락에 도취되도록 해야 한다고 생각합니다. 이렇게만 된다면 태자께서는 머지않아 태어나고 죽는 문제 따위는 깡그리 잊어버린 채 속인들과 매한가지로 되고 말리라 확신합니다."

정반왕이 다급한 목소리로 물었다.

"그렇다면 어떤 방법으로 태자의 오욕칠정을 끌어낼 수 있겠소?"

노대신은 혀를 끌끌 차더니 눈을 가늘게 뜨고,

"옛말에도 '영웅은 미인의 관문(關門)을 벗어나기 어렵다'고 하였습니다. 전국에서 춤 잘 추고 용모가 뛰어난 미인 백 명을 뽑아 태자와 함께 궁전에 연금하면 된다고 생각합니다. 미인들과 태자가 아침부터 밤까지 상봉하여 즐기도록 하는 것이지요. 또 태자를 즐겁게 해드리는 미녀에게는 후한 상을 내리고 태자의 환심을 사 임신을 하는 경우에는 궁 안으로 맞아들여 비(妃)로 삼는다고 일러 주어야 합니다. 미녀들의 부드러운 사랑과 달콤한 정감이 태자를 고뇌의 명상으로부터 깨어나게 하며 굳어 있는 욕정을 부추기기만 한다면 드디어는 환락만을 좇는 마음이 용솟음치게 될 것입니다. 그때가 되면 폐하께서 태자를 왕궁 밖으로 내쫓는다 한들 태자는 나가려 하지 않을 것입니다."

정반왕은 늙은 대신의 말에 무릎을 치며 탄복하였다.

그날 정반왕은 백만금을 풀어 백 명의 미녀들이 먹고 마시고 즐길 수 있는 여름철의 궁전 하궁(夏宮)을 짓도록 명령하였다.

하궁은 나무가 울창하게 들어선 하산(夏山) 위해 지어졌다. 하산에는 수많은 폭포가 산꼭대기로부터 세차게 흘러내려 한여름 더위에도 서늘한 바람으로 몸이 덜덜 떨릴 지경이었다. 왕궁 안 사람들은 모두가 이곳에서 여름나는 것을 좋아하였기 때문에 이 산의 이름을 '하산'이라 부르게 된 것이다.

정반왕이 싯다르타를 위해 지어준 하궁은 화려하고 정교하며 거대한 몸채가 하늘 높이 우뚝 솟아 있었다. 화원에는 기화요초를 가득 심고 산에서 흘러내린 물길을 끌어들여 호수와 자그마한 산을 만들었다. 호숫가에는 길고 긴 회랑(回廊)을 만들었으며 산 위에는 칠보유리로 정자를 지었다.

호수의 물은 너무 맑아 바닥이 들여다보이고 물고기와 새우들이 떼를 이루었으며 마름과 연꽃으로 가득 들어찼다. 하궁이 준공된 뒤에는 백 명의 미녀들이 선발되었다. 미녀들은 모두가 꽃처럼 아름답고 옥처럼 영롱하며 부드러운 정감이 넘쳐흘러 보는 이로 하여금 찬탄을 금치 못하게 하였다. 그녀들은 목욕을 하고 향유(香油)를 뿌려 단장을 마친 뒤 하궁에 들어 태자를 기다리게 되었다.

그때, 싯다르타는 라훌라의 요람 옆에서 마음속의 일들을 생각하고 있었는데 갑자기 대신 한 사람이 국왕의 명을 받들어 태자를 하궁에 들도록 전갈하였다.

싯다르타는 할 수 없이 대신을 따라 코끼리 수레를 타고 하궁으로 향했다.

그러나 싯다르타는 하궁의 대문에 들어서서도 감흥을 느낄 수 없었다. 더구나 거기에는 국왕이나 왕비의 모습도 보이지 않았다. 싯다르타를 안내한 대신은 그가 이상하게 생각하는 데는 아랑곳하지않은 채 그를 하궁의 정전(正殿)으로 안내하였다. 그곳에는 구름처럼 몰려든 미녀들이 찬란한 불빛 아래 아름다움을 자랑하고 있었다. 싯다르타의 모습을 본 미녀들은 애모의 정을 금치 못하였다.

대신이 입을 열었다.

"태자께서는 앞으로 이곳에서 평안하고 즐거운 시간을 보내십시오. 소신은 상감마마께 이 일을 보고하겠습니다."

궁전을 빠져나간 대신은 다시 돌아오지 않았다.

갑자기 달라진 주변 정경을 대하자 싯다르타는 마음을 안정시키기 위해 안간힘을 쏟았다. 그가 경황 중에 정신을 가다듬고 있을 때 쑨타리(孫陀麗)라는 미녀가 허리를 흔들거리며 싯다르타에게 다가와 부드럽고 통통한 양팔로 그의 고개를 감싸안더니 무릎에 올라앉아 달콤한 목소리로 소곤거렸다.

"태자마마! 인생이 산다면 얼마나 오래 살겠습니까? 태자께서는 젊은 나이이시니 인생을 마음껏 즐기셔야 합니다."

마나(摩邪)라고 불리는 미녀가 다가와 싯다르타의 손목을 잡으며 말했다.

"태자마마! 저와 함께 춤을 추어요!"
다리(多麗)라는 미녀는 이렇게 말하였다.
"태자마마! 피곤하실 테니 소녀가 옥체를 주물러 드리겠사와요."

미녀들이 이처럼 대담하게 굴 수 있었던 것은 국왕의 밀령(密令) 때문이었다. 그러나 그건 그렇다 치고 천하의 여자로서 왕비가 되고 싶지 않은 사람이 어디에 있겠는가! 그 밖의 미녀들도 수줍음과 자존심 같은 것은 깡그리 내동댕이친 채 일시에 싯다르타에게 달려들었다. 향기롭고 부드러운 미녀들의 손길이 몸을 어루만지는 가운데 끝도 없는 애욕의 심연에 빠져드는 길 말고는 딴 도리가 없었다.

싯다르타는 긴 한숨을 내쉬었다. 그리고 몸을 구부려 책상다리로 앉은 뒤 눈을 감고 평정심(平靜心)으로 돌아갔다. 싯다르타의 눈에는 아름답고 선량한 아내 야쇼다라 공주의 모습이 떠올랐다. 그녀는 천천히 그에게 다가왔다. 그녀는 가득이 눈물을 머금고 조용한 목소리로 싯다르타를 불렀다. 싯다르타는 마음속으로 말하였다.

'공주! 어서 이곳을 떠나시오. 여기는 폐허 같은 곳, 당신이 올 데가 못 되오.'

야쇼다라 공주는 눈물을 흘리며 홀연히 사라졌다.

이때 싯다르타의 눈앞에는 상서로운 구름과 오색 무지개, 푸른 산과 강물이 떠오르고 뒤를 이어 아름답고 싱그러운 꽃들로 가득 찬 광야가 펼쳐졌다. 광야에는 뭇짐승들이 뛰어 놀고 햇빛 찬란한 가운데 곳곳에서 새들이 노래하였다. 이것들은 잠시 뒤 천천히 하나로 섞여지더니 찬란한 오색구름으로 변했다가 다시 색깔이 바뀌면서 사라지고 말았다. 이로써 모든 소리·색깔·향내·맛이 없어져버린 가운데 싯다르타는 심신이 순정하게 되고 아무것도 생각지 않는 경지에 이르러 요지부동한 반석처럼 되었다.

한참을 요란하게 떠들던 미녀들도 조용하게 되어 어떤 여자는 그의 품에 머리를 기대고, 어떤 사람은 그의 다리를 베고 누웠다. 어떤 미녀는 그의 허리를 얼싸안고 어떤 아가씨는 그의 손을 끌어당겼으며 어떤 이는 그의 얼굴에 입맞추었다. 그러나 싯다르타는 조금도 동요되지 않았다. 거절하거나 화내지도 않고 즐거워하거나 의념을 품지도 않은 채, 조용이 눈을 감고 정좌하여 심신을 정적 가운데 두었다.

미녀들은 차차 잠들어 갔다. 그녀들의 잠든 모습은 각양각색이었으나 모두가 아름다움에 넘쳐 있었다. 심신이 조용하고 순정하며 깨끗한 모습이었다.

창문 틈으로 싯다르타를 감시하던 시종은 안에서 일어난 정경을 보고 서둘러 정반왕에게 달려갔다.

정반왕은 종자를 보자마자 먼저 입을 열었다.

"자, 자, 아무것도 말하지 마라! 태자가 미녀들을 좋아하고 있다면 고개를 끄덕이는 것만으로 충분하다. 싫어하고 있다면 고개를 가로저어라!"

종자는 다급하게 고개를 좌우로 저어댔다.

놀란 정반왕이 물었다.

"태자는 무엇을 하고 있느냐?"

"태자는 책상다리를 한 채 눈을 감고 정좌 중에 있습니다."

정반왕은 길게 탄식한 뒤 풀죽은 모습으로 자리에 털썩 주저앉았다. 이때 앞서 꾀를 낸 바 있던 노대신이 끼어들었다.

"폐하! 제 생각으로는 싯다르타 태자가 미녀들 가운데서 심신의 안정을 얻으신 모양입니다. 하궁은 아주 조용한 곳이니까요……."

정반왕이 말했다.

"태자는 지금 마음을 안정시켜 미녀들을 거들떠보지도 않고 있소! 딴 방법을 찾아야겠는데 계책이 있으면 빨리 말해보오!"

"폐하! 여인의 아름다움이란 그 생김생김에 있는 것이 아니라 움직이는 동작에 있습니다. 옛말에도 앉아 있는 미인보다 움직이는 촌부(村婦)가 더 예쁘다 하지 않았습니까? 그러하오니 아름다운 음악에 맞춰 미녀들이 너울너울 춤을 추도록 함이 어떨는지요? 폐하! 그리고 또 하나 사뢸 말씀이 있습니다만."

노대신은 무슨 말을 하려다 말고 입을 다물었다.

정반왕이 다그쳤다.

"꾸물대지 말고 무엇이든 말해보시오. 경에게 죄를 묻지는 않겠소."

노대신이 말을 받았다.

"황공하옵니다! 미녀들이 춤을 출 때 옷을 홀랑 벗어버리고 맨살이 들여다보이는 엷은 천만 걸치도록 하는 것이 어떠하올는지요? 폐하! 맨몸의 아가씨들이 태자를 에워싸고 노래와 춤으로 즐겁게 하늘대면 태자의 몸은 사랑스럽고도 다정한 열기에 녹아 불이 붙게 될 것입니다. 애욕의 불씨는 점점 타올라 몸과 마음, 영혼까지도 태워버릴 것이 틀림없습니다."

정반왕이 말했다.

"더 떠벌릴 것 없이 그렇게 하라고 이르시오, 어서!"

이리하여 하궁에는 밤낮 가리지 않고 간드러진 오현금(五絃琴) 소리와 춤판으로 가득 차게 되었다. 오현금은 때로는 길게 때로는 분방하게 어떤 때는 경쾌하게 가락을 내뿜었다. 춤을 추는 미녀들은 하나하나 순결한 꿈속에서 깨어나 싯다르타를 에워싸고 하늘하늘 춤을 추기 시작하였다. 그녀들은 새로운 밀령을 받고 옷을 벗어 버린 뒤 엷은 면사만을 걸친 채 맨몸으로 춤을 추었다.

미녀들의 요염한 자태를 바라보던 싯다르타의 얼굴에는 어둡고 침통한 실망의 빛이 스쳐갔다. 그는 고개를 가로저으며 미녀들을 향해 입을 열었다.

"그대들은 제 몸을 자랑하여 무엇을 하겠다는 것입니까? 사람의 몸뚱이는 한시도 쉬지 않고 죽음을 향해 달려가고 있다는 사실을 모른단 말입니까?"

싯다르타는 다시 연민의 정으로 가득 찬 눈을 들어 춤추는 미녀들을 바라보았다. 싯다르타의 눈에는 생로병사의 한 과정이 재빨리 스쳐갔다. 자신을 에워싼 채 빙글빙글 춤을 추며 돌아가는 여인들은 젊고 발랄한 미녀들이 아니라 뼈와 가죽이 맞붙은, 그리고 늙어 찌그러진 노파들의 모습 그대로였다. 싯다르타의 코에는 썩은 송장으로부터 풍겨오는 역겨운 시취(尸臭)가 물컹 스며들었다.

여러 해가 지나 싯다르타가 성불하였을 때 그는 음욕(淫慾)이 인생의 다섯 가지 죄업(罪業) 중의 하나라 이르고 제자들로 하여금 이를 멀리하도록 가르쳤다.

한 번은 문수보살(文殊菩薩)이 부처님께 모든 죄업 중에서 무엇이 가장 무서운 것인지 여쭈어 보았다.

부처님은 모든 죄업 중에서 살생이 가장 큰 죄이며 그 다음이 도적질, 세 번째가 음욕이라고 대답하셨다. 음욕이란 은애(恩愛)가 서로 달라붙어 천만 번의 삶을 사는 동안에도 떨쳐버릴 수 없다. 그것은 생사의 근본이 음(淫)을 씨앗으로 삼고 있기 때문에 떨치려 해도 떨쳐버릴 수 없는 존재이기 때문이다. 따라서 보살이 생사를 벗어나려면 먼저 애정에 대한 갈망을 끊어야 한다. 이에 대해 불경에서는 다음과 같이 말하고 있다.

다시 부처님께서 말씀하셨다. 여색을 가까이 말고 근신하며 여색과 더불어 얘기를 나누지 마라. 여색과 더불어 말하는 자는 마음속에 사념이 생기나니. 나는 사문(沙門)을 위해 혼탁한 세상에 있었으나 연꽃이 더럽혀지지 않음과 같았고 또 그러기를 바랐으며 스스로에게 이로움이 되도록 올바른 생각을 하였다. 또 여색을 어미·누이·자식으로 생각하여 그들을 제도하고 자비로써 이롭게 하였다. 자신에게 이롭고 남에게 이로운 것이 상응하게 되면 악념(惡念)은 스스로 사라진다.

하궁에서 일어나고 있던 일들을 다시 보고받은 정반왕은 고개를 숙인 채 노대신에게 말하였다.

"이것 말고 또 딴 방법이 없겠소?"

늙은 대신이 낮은 목소리로 말했다.

"심지가 청정한 태자께서는 비범하고 탈속(脫俗)한 대성인이십니다. 그런고로 성인만이 그를 설득하고 만류할 수 있으며 그렇게 하여야만 한 남자로서 속세의 책임을 다할 수 있게 됩니다. 그렇게만 되면 태자는 백성을 위하는 임금으로서 훌륭히 나라를 다스리게 될 것이며, 사람의 아들로서 효도를 다할 것입니다. 또 한 사람의 남편으로 부부의 정을 다할 것이며, 사람의 아버지로서는 양육의 책임을 다하게 될 것입니다. 물론 심지가 선량한 태자께서는 맡은 바 의무를 빠짐없이 다 해낼 것입니다."

정반왕이 물었다.

"그렇다면 왕궁 안에서 어떤 사람이 성인의 지혜를 가지고 있다고 생각하오?"

늙은 대신은 잠시 머뭇거리더니 입을 열었다.

"신의 생각으로 왕궁에는 성인의 지혜를 가진 분이 틀림없이 있습니다. 그분은 다름 아닌 폐하이십니다만 부자간의 관계 때문에 말씀하시기 어려울 것이므로 소신에게 맡겨 주신다면 태자의 마음을 한 번 가늠해 보겠습니다. 신이 비록 성인은 아니오나 이 기회에 한 가닥 충심을 보여드림이 어떨는지요?"

얼마 뒤 이 늙은 대신과 싯다르타는 자리를 함께하게 되었다. 싯다르타는 노대신의 계략에 따라 정반왕이 그와 나체의 미녀들을 하궁 안에 가두도록 하였음을 알고 있었다. 싯다르타가 먼저 입을 열었다.

"대신께서는 일대 충신으로 덕망이 뛰어나신 터에 어찌하여 그렇게 음탕하고 속된 일을 벌이셨습니까?"

늙은 대신은 겸연쩍은 웃음을 띠면서 대답하였다.

"태자마마! 어찌하여 이처럼 고집을 부리고 계십니까? 소신은 이렇게 생각합니다. 태자께서는 존귀하게 태어나신 분이므로 인생의 즐거움이라면 무엇이나 즐기실 수 있습니다. 여인들 쪽에서 보면, 그녀들이 태자와 함께 지낼 수 있는 것도 그녀들이 타고난 복이라 할 수 있습니다. 미녀들과의 사랑이 엄청나게 큰 즐거움이거늘 어찌 이를 마다하십니까? 태자마마! 인생이란 몇 년이나 살며, 청춘은 몇 번이나 되돌아온답니까? 남들은 여색을 가까이 하려 해도 그렇게 하지 못하는데 태자께서 여색을 천리만리 멀리하시는 뜻이 무엇인지 모르겠습니다."

싯다르타는 깊게 한숨을 몰아쉬었다.

"나이 많은 대신께서 이렇게 답답할 줄은 미처 몰랐습니다. 한시바삐 어둠에서 벗어나 광명을 찾기 바랍니다!"

노대신이 아첨하듯 말하였다.

"태자마마! 지당한 말씀입니다. 태자 앞에서 소신은 한낱 범부(凡夫)에 지나지 않으며 눈먼 나귀처럼 사리가 막혀 있습니다. 그러나 저로서는 한 가지 일이 분명치가 않습니다. 태자께서는 도덕이 뛰어나고 명리를 돌보지 않으며, 여색을 탐하지 않아 성현이나 다름없으십니다. 그러나 성현 되시는 분께서 어찌하여 부모처자와 만백성의 생사존망을 모른 체하고 출가할 생각만 하신단 말입니까? 성인이란 향락을 버릴 권리는 있어도 의무와 책임을 버릴 권리는 없다고 생각합니다."

싯다르타가 되물었다.

"대신께서는 내가 당신들 뜻대로 왕궁에 머물면서 임금으로서, 아비로서, 아들로서, 남편으로서의 의무를 다할 때 그들을 죽음에 이르지 않게 할 수 있다고 생각하십니까? 그들을 생사의 괴로움으로부터 구하지 못한다면 짧은 일생 동안 무슨 낯으로 그들을 대하며, 또 그들을 구해내지 못한 마당에 의무를 다하는 것이 무슨 의미가 있다는 것입니까? 당신들이 나에게 베풀어준 부귀영화는 모두 다 태어나고 죽어가는 동안의 한순간에 불과한 것입니다. 짧은 인생, 짧은 생명의 허무한 환상 때문에 나는 괴로움에서 헤어나지 못하고 있습니다. 그것을 알면서도 내 스스로 내 인생을 짓밟으라는 말입니까? 또 당신들의 태어남과 죽음에 대해서도 모르는 척하고 있으란 말입니까?"

노대신은 싯다르타의 말에 부끄러움을 감추지 못하였다. 이때, 정반왕이 두 사람 곁으로 다가왔다.

싯다르타가 왕에게 말하였다.

"부왕께서 베풀어주신 사랑이 얼마나 크고 깊은지 소자는 잘 알고 있습니다. 또 제가 출가함으로써 얼마나 큰 괴로움과 어려움을 안겨드릴 것인지도 잘 알고 있습니다. 그러나 이것들 역시 모두가 허무한 환상에 지나지 않습니다. 모두가 태어나고 죽음에 따라 흩어지고 마는 것이오니 부왕께서는 제발 소자의 소원을 헤아려 주십시오."

정반왕이 말했다.

"방금 태자가 대신과 함께 나눈 얘기는 다 들어서 알고 있다. 나 역시 태자의 뜻을 이해한다만 태자가 왕궁을 떠나는 것만은 허락할 수 없다. 나로서는 태자가 생사의 오묘한 비밀을 탐구하는 데 전심전력을 다하되 우리가 언제나 함께 있을 수 있는 방법을 찾고자 궁리하고 있는 중이다. 이 왕궁에는 태자와 학문을 논할 사람이 없어 외로움을 느낄 것이니 이제 태자의 어렸을 적 스승 바타라니 법사를 왕궁으로 다시 모셔와 좋은 방법을 찾아내도록 할 생각이다. 태자로서도 사제 간에 못다 한 말들이 남아 있을 것이니 법사를 모셔오도록 하자!"

이 말을 들은 싯다르타는 마음속으로 적지 않은 위안을 느꼈다. 여태까지 왕궁에서 사색과 명상을 거듭하여 왔으나 혼자 힘으로는 문제를 해결할 수 없었다. 마음만 괴로웠을 뿐 뜻을 펼 힘이 없지 않았던가! 바타라니 법사가 자신을 도와 부왕을 설득한다면 어느 날엔가는 출가를 허락받을 수도 있을 것이다. 스승이 다시 왕궁에 든다면 함께 학문을 연찬할 수 있을 뿐 아니라 출가 문제를 깊이 있게 논의하여 뜻을 이룰 수도 있다. 바타라니 법사와 헤어진 지 벌써 십 년이 다 되었으니 그의 학문에도 새로운 성취가 있을 것이다.

싯다르타가 입을 열었다.

"그렇다면 바타라니 사부께서 하루 빨리 대궐에 들도록 해 주십시오."

이 말을 들은 정반왕은 마음속이 탁 트이는 것 같았다. 바타라니가 다시 온다면 적어도 싯다르타가 당장 왕궁을 빠져나가지는 않을 것이기 때문이다.

싯다르타는 자신을 일깨워준 스승을 다시 만나게 된다는 기대 속에서 새로운 의욕이 돋아나게 되었다. 그는 정반왕을 부축하여 내전으로 향하였다.

왕과 싯다르타가 손을 맞잡고 다정하게 들어오는 모습을 바라본 마하왕비는 드디어 한바탕 회오리바람이 지나간 것 같은 느낌이 들어 기쁨을 가눌 수 없었다. 왕비는 서둘러 야쇼다라 공주와 라훌라를 침궁으로 불러들였다.

잠시 뒤, 공주가 아직 돌이 지나지 않은 라훌라를 안고 들어왔다. 공주는 만 가지 감회가 교차하는 가운데 아무 말도 꺼낼 수 없었다.

야쇼다라 공주는 싯다르타가 백 명이 넘는 맨몸의 미녀들을 본체만체 아랑곳하지않았던 사실을 잘 알고 있었기 때문에 기쁨과 괴로움을 감내하기 어려웠다. 고귀한 덕성을 지닌 남편이 새까만 늪에 빠졌어도 더럽힘을 당하지 않았던 일은 그녀를 한없이 기쁘게 하였으나, 꽃같이 아름다운 묘령의 소녀들이 애욕에 불을 지피지 못할 만큼 싯다르타의 결심이 강하였으니 그것 또한 막을 수 없는 두려움이었다.

남편의 사람됨이 그처럼 초연하다고 생각하니 공주의 마음은 찢어지는 듯 아파왔다. 사실, 그녀는 절세가인(絶世佳人)들이 싯다르타를 홀려 연연한 마음으로 여색에 심취한 채 언제까지나 왕궁에 머물도록 해 주기를 바라기도 했었다. 어지러운 생각 속에서도 공주는 조용히 마음을 가다듬고 자신에게 물었다.

'싯다르타가 정말로 여색에 빠지더라도 너는 질투하지 않겠느냐?'

공주는 거듭거듭 생각한 뒤 자신에게 대답하였다.

'그렇다! 나 야쇼다라는 질투 같은 건 알지 못한다. 이 야쇼다라는 태자가 출가하지 않기만을 바라며, 라훌라가 언제까지나 아버지의 보살핌 속에서 자라나기만을 소원할 뿐이다.'

싯다르타는 라훌라를 안아 올려 다정하게 두 볼에 입맞춘 뒤 공주의 마음속을 꿰뚫어보듯 다정한 목소리로 입을 열었다.

"그동안 정말로 심려가 많았구려!"

공주가 대답하였다.

"태자께서도 괴로움이 많으셨지요?!"

정반왕은 아들 내외의 다정한 모습을 바라보며 흐뭇한 미소를 지었다.

스승을 찾아

바타라니가 다시 왕궁에 나타났을 때 사람들은 그가 몹시 늙어버린 것을 알 수 있었다. 그러나 그는 백발이 성성한 가운데서도 얼굴에는 혈기가 넘쳤으며 정신 기운이 또렷하고 활력은 충만하였다.

정반왕은 친히 대궐문까지 나아가 이 브라만의 대학자를 영접하였다. 시종들이 법사를 부축하여 수레에서 내리자 정반왕이 다가서서 손을 맞잡았다.

"법사! 적조하였습니다. 그동안 근력은 여전하시고 몸은 성하셨습니까?"

"대왕의 만수무강을 축원합니다."

인사말이 끝나자 정반왕은 바로 말머리를 돌렸다.

"싯다르타는 정말로 세상이 낳은 기인이올시다. 태자는 왕위라는 자리를 싫어하고 노래와 춤, 여색을 증오합니다. 존귀한 태자의 몸으로 하루 종일 아무 말도 하지 않고 사색에 잠겨, 태어나고 죽는 생사의 비밀만을 탐구한다고 합니다. 이거야말로 대단한 문제가 아닐 수 없습니다. 가련한 태자는 제가 생각하는 바를 끝까지 파헤쳐 보겠다고 안간힘을 쓰는 모양입니다만 그것이 어찌 가능한 일이겠습니까? 세상 만물 중에 살아 있는 존재는 어느 것 하나 죽음으로부터 헤어날 길이 없는 것 아닙니까! 법사, 법사께서 태자를 구원해 주시는 길밖에 딴 도리가 없어 이렇게 다시 모시게 되었습니다."

법사는 새하얀 턱수염을 만지작거리며 정반왕을 위로하였다.

"존경하는 국왕폐하! 국왕께서는 세상 만물이 태어나면 죽게 되는 이치를 모두 알고 계십니다. 그런데 무엇 때문에 삶과 죽음 사이, 짧은 시간 동안의 일로 근심걱정을 하신단 말씀이십니까?"

법사는 하늘 높이 솟아오른 에베레스트산을 올려다보며 말을 이었다.

"눈에 덮인 저 산은 의연하게 언제나 요지부동으로 솟아 있을 따름입니다. 저 산의 입장에서 보면 풍진세상의 인생이란 순간적인 것, 눈 깜짝할 사이에 모든 것이 변해버리며 태어나고 죽는 일 역시 헛된 그림자에 불과합니다. 저 산의 일생에서 보면 수많은 중생의 삶과 죽음은 아무 감흥도 없이 이루어졌습니다. 그러나 산은 조용하고 태연하며 아무것도 생각하지 않습니다. 산이 존재해온 시간은 너무 길어서 그걸 가려낼 방도가 없지요.

그런데도 우리 인생은 칠정육욕(七情六慾)을 가슴에 품고 한시도 자신의 존재를 잊은 적이 없습니다. 언제나 저 자신의 괴로움과 즐거움만을 생각하는 인간들……, 우리들의 인생은 너무나 짧은 존재에 불과합니다. 사람의 일생을 산의 입장에서 바라보자면 나타나자마자 사라지는 거품에 지나지 않습니다. 소신은 요즘 그런 문제를 생각하고 있었습니다, 왜 그런고 하니, 존경하는 국왕 폐하! 마음을 가라앉히시고 태자의 생각이 그르다고만 나무라지 마십시오. 사실, 인생이란 모두 이래도 그만 저래도 그만일 수 있는 것이지요. 어차피 한바탕 꿈이잖습니까!?"

정반왕은 법사의 말뜻을 다 알아들을 수 없어 이렇게 부탁하였다.
"방금 하신 말씀을 한 번 더 얘기해 주십시오."
법사가 다시 말했다.
"사람이라면 누구나 국왕께서 태자를 얼마나 사랑하고 계시는지 잘 알고 있습니다. 폐하의 사랑은 그 어느 것과도 비교할 수 없을 만큼 깊고도 큰 사랑입니다. 그러나 태자의 생각은 다릅니다. 소신 역시 카필라파스투국의 국운이 융성하기만을 바라며 왕위를 계승하는 데 어려움이 없기를 희망합니다. 물론 태자의 전도가 끝없이 탄탄하여 훌륭한 군주가 되기만을 누구보다도 원하고 있습니다만 소신으로서도 이제는 어찌할 도리가 없습니다. 소신이 지금까지 익힌 모든 지식은 남김없이 태자께 전수해드린 터라 이제는 아무것도 더 가르칠 게 없습니다. 다시 말씀드리건대 소신의 학문으로써는 태자를 더 이상 궁중에 머물러 있도록 할 계책이 없습니다. 다만 국왕께서 정말로 태자가 학문 연찬을 계속할 수 있도록 희망하신다면 소신보다 열 배나 학문이 뛰어난 사람을 추천해 드릴 수는 있습니다만."

"허허, 그러십니까? 그분이 누구신지……, 학문을 연구하는 것만으로도 태자는 출가 문제를 잊어버릴 수 있을 것이니 원컨대 법사께서는 그분을 접견할 수 있도록 해 주십시오."

"그 사람은 학문이 심오한 은자(隱者)입니다. 어렸을 적 우리들은 동문수학하던 친구 사이였습니다만 그 사람의 천자(天資)는 저보다 훨씬 뛰어나고 재주 역시 제가 따를 수 없을 만큼 탁월했습니다. 제가 수박 겉핥기식으로 공부를 했다면 그 사람은 학문의 밑바닥까지 통달하였습니다. 그는 끈기와 탐구심이 강하고 품덕이 고상한 인물입니다. 세상사에는 아무런 뜻이 없이 오로지 각종 경전만을 수십 년이나 읽어온 대학입지요."

"그렇다면, 법사님! 그분의 함자(銜字)는 무엇이며 지금은 어디에 계십니까?"

"그 사람은 비사미트라(毘奢密多羅) 라는 인물로 지금은 서인도(西天竺)의 미디산(密締山) 위에 머물고 있습니다."

정반왕은 법사의 얘기를 듣고 마음속으로 크게 안심이 되었다. 그는 현자(賢者) 비사미트라를 초빙할 예물과 태자와 법사가 타고 갈 수레를 준비하도록 명령한 뒤 다음날 즉시 그를 찾아 나서게 하였다.

바타라니는 국왕의 뜻을 다시 확인한 뒤 그가 옛날 기거했던 장경루(藏經樓)로 들어갔다. 장경루는 아직까지 싯다르타가 경서(經書)를 공부하며 학문을 연구하는 곳으로 사용하고 있었다.

스승과 제자 두 사람은 오랜만에 다시 만나 만 가지 감회에 젖은 가운데 마음속에 쌓인 얘기들을 나누기 시작하였다.

싯다르타는 여태까지 겪은 인생역정의 의혹과 사색에 대해 끊임없이 토로하기 시작했다. 군웅할거 상태에 있는 인도의 정치형세를 담론하고, 강권으로 폭압을 일삼는 코살라국 군주의 잔혹 행위에 대해 얘기하였다. 또 전쟁이 일어날 수밖에 없는 필연성과 전쟁이 가져올 참화에 대해서도 토론하였다.

싯다르타는 눈물을 머금고 카필라파스투국의 정치적 입지를 분석하였다. 이 작은 속국은 지금까지 타국의 지배하에서 굴욕을 견디며 무거운 부담을 감내하는 가운데 강국의 비위 맞추기에 급급하였다. 종주국인 코살라국은 내우외환으로 시달리고 있는 가운데서도 대외

적으로는 전쟁을 일으켜 작은 나라를 겸병(兼倂)하고, 대내적으로는 정권탈취 음모와 흉계 속에 서로 속이고 속고 죽이고 죽는 아수라장이 되어 있었다.

이러한 상황에서는 고래싸움에 새우 등이 터진다는 말처럼 카필라파스투국은 치명적인 재난을 입을 수밖에 없었다. 그것은 이 나라가 너무나도 힘이 없는 약소국인 때문이었다. 전쟁이 터진다면 카필라파스투국은 강국의 창검과 말발굽 아래 아무런 저항도 하지 못하고 더욱 더 무릎을 꿇어야 할 처지에 놓여 있었던 것이다.

싯다르타는 각국의 정치, 지리적 형세를 자세히 분석한 뒤 카필라파스투국의 멸망이 시간문제라는 인식에 도달하였다. 사랑하는 부모 처자가 전쟁의 재난으로 무참한 죽임을 당하고 아름다운 정원들이 황무지로 돌아가며, 선량한 백성들이 창검과 포연 속에 처참히 도륙될 운명을 생각하면서 싯다르타는 고통과 절망을 떨칠 수 없었다.

싯다르타는 매섭고도 차가운 정치풍운(風雲)을 거론한 뒤, 다시 인생의 생로병사에 대해 얘기하였다. 앞서 오갈 데 없었던 외로운 노인, 배가 부어올라 괴로움에 시달리던 병자, 비통한 장례행렬, 왕궁 안에서 벌어진 우매하고도 얼빠진 갖가지 추태 등에 대해서도 빠짐없이 얘기하였다.

바타라니는 싯다르타의 말을 다 들은 뒤 그의 손을 끌어 잡으며 이렇게 말하였다.

"지금 태자는 가장 어두운 암흑의 골짜기에 빠져 있습니다. 태자께서 이에 대한 수수께끼를 풀고 어둠을 헤쳐낸다면 그때는 영원한 광명을 얻게 될 것입니다."

스승과 제자는 밤이 깊어가는 줄도 모르고 온화하고 화목한 분위기 속에서 오래도록 얘기를 나누었다.

다음날 아침 싯다르타는 바타라니와 더불어 미디산을 행해 길을 떠났다. 출발에 앞서 싯다르타는 신궁을 찾아 야쇼다라 공주와 라훌라에게 작별을 알렸다. 천성이 온유한 공주는 남편이 여행에 나선다는 말을 듣고 섭섭한 마음 억누를 길 없었으나 먼 길의 위험을 겁내어 수다를 떨며 말리지는 않았다. 그녀로서는 남편의 가슴속에 쌓이고 쌓인 고충과 의혹을 너무도 잘 알고 있었던 터라 이번 여행에서 의문을 모두 풀어 산뜻하고 명쾌하며 조용한 심신으로 돌아와 행복하고 평안한 나날들을 함께 즐길 수 있게 되기만을 마음 깊이 기원하였다.

그러나 야쇼다라 공주의 마음속은 모순으로 가득 차 있었다. 한 편으로는 중생을 구제하려는 남편의 위대한 소망을 긍정하면서도 또 한 편으로는 아내와 어미된 여인의 입장에서 부부간의 사랑과 행복이 언제나 이어지기를 바라는 것이었다.

싯다르타는 아내의 눈길 속에 말로는 형언할 수 없는 이별의 슬픔이 고여 있음을 보고 깊고 깊은 고뇌와 우수에 젖어들었다. 그러나 그는 서둘러 떠나야만 하였다.

정반왕은 마하왕비와 함께 성문까지 나와 싯다르타와 바타라니를 배웅하였다.

정반왕은 여행 도중 일어날지도 모를 위험을 염려하여 하인들에게 천 번 만 번 신중히 보살필 것을 당부하고, 수레꾼에게는 천천히 길을 가되 험준한 샛길은 피하도록 명령하였다. 바타라니 법사에게는 존경과 사의를 거듭 표하고, 박학다식한 비사미트라 대사를 만나 태자의 심중에 가득 낀 암울한 안개를 걷어내 줄 수 있도록 할 것을 당부하였다.

바타라니는 마음속으로 탄식하였다.

'인생이란 정말 고독한 것! 아비와 자식 사이 함께 살며 아침저녁으로 만나 오순도순 얘기하고 소통한들 서로의 마음속에 산봉우리 같은 장벽과 건너지 못할 바다가 겹겹이 가로놓여 있음에랴!'

법사는 정반왕을 향해 허리 숙여 절한 뒤 서둘러 수레에 올랐다.

이때 싯다르타는 마하왕비에게 작별을 고하고 있었다. 자신을 지금껏 정성으로 길러준 왕비도 이제는 젊음이 사그라지고 쇠잔한 모습이 되었다. 얼굴에는 노인 특유의 조용함과 자상함이 남아 있을 뿐이었다.

"왕비마마, 제가 돌아올 때까지 부디 평안하소서!"

마하왕비는 싯다르타의 손을 부드럽게 잡은 채 여행 중의 식사와 잠자리 문제에 대하여 하나하나 주의를 일깨웠다. 날씨가 추우면 옷을 껴입고 더워지면 겉옷을 벗을 것이며, 찬 것을 피하고 과일이나 샘물도 함부로 먹어 배탈이 나는 일이 없도록 거듭거듭 당부하였다.

이때 정반왕이 그들 쪽으로 다가와 왕비와 어깨를 나란히 한 뒤 싯다르타를 바라보았다. 그는 갈수록 아들 싯다르타를 이해할 수 없었지만 그 때문에 아들을 사랑하는 마음만은 더욱 뜨겁게 달아올랐다. 그래서 할 말이 너무 많았으나 떠날 임시에는 어찌된 영문인지 아무런 말도 할 수가 없었다.

싯다르타는 점점 노쇠해가는 부왕과 왕비를 바라보며 다시 생로병사의 굴레를 깊이깊이 느끼게 되었다. 그는 마음속으로 다시 다짐하였다.

'더 한층 정진하여 일체중생을 구하리라!'

"스승을 모시러 가는 길에는 많은 하인들과 수레가 따를 뿐 아니라 바타라니 사부께서 함께하시니 아무 염려마시고 보중(保重)하십시오!"

작별을 고한 싯다르타는 수레에 올라 바타라니 옆에 자리를 잡았다.

수레꾼의 채찍 소리와 함께 일행은 느릿느릿 카필라파스투국을 떠났다.

하루, 이틀, 사흘, 나흘……. 얼마나 시간이 지났을까, 수레가 어느 들판을 지나고 있을 때 뜨거운 햇볕 아래 웃통을 벗고 밭을 가는 농사꾼의 모습이 눈에 들어왔다. 쟁기에는 앙상하게 뼈만 남은 소 한 마리가 묶여 있었는데 코에는 거칠게 코뚜레가 꿰여 있어 마음대로 머리를 내두를 수 없게 해 두었다. 흠뻑 땀에 젖은 농사꾼은 거친 숨을 몰아쉬며 채찍으로 사정없이 소를 내갈겼다.

채찍 소리를 들은 싯다르타의 마음은 천 갈래 만 갈래 찢어지는 듯 아파왔다.

그러나 그뿐이 아니었다. 갈아엎은 흙 속에서 벌레들이 꿈틀거리며 기어나오는 순간 들새들이 날아와 사정없이 쪼아대지 않는가! 또 먹이에 홀린 새들이 우왕좌왕하는 틈을 타 땅 구멍에 숨어 있던 뱀들이 날쌔게 기어나와 새들을 집어삼키고 만다.

싯다르타는 생각하였다.

'이 풍진세상(風塵世上)은 어디를 가나 슬픔과 고통으로 가득 차 있다. 그래서 세상은 끝도 없이 넓은 괴로움의 바다와 같은 것! 중생들은 이 희망 없는 고해에서 바둥거리며 평안한 날을 찾을 수 없다.'

싯다르타는 두 손으로 가슴을 억누르며 심장과 폐부가 찢기는 고통을 참아야 했다.

바타라니가 싯다르타의 창백한 얼굴을 쳐다보며 위로하였다.

"태자! 태자께서는 홍진세상의 모든 것이 하늘의 뜻에 따라 태어나면 죽게 된다는 사실을 알고 있지 않습니까!? 더구나 여기서는 강한 자가 약한 자를 잡아먹는 가운데 참혹한 죽임이 있을 뿐입니다. 이 모든 것은 얼이 빠져 정신을 못 차리는 중생들의 악한 마음 때문에 끝없이 계속됩니다. 태자는 뜻을 세워 중생을 고난으로부터 구하고자 하는 분이시니, 먼저 용기를 내어 중생의 고난을 감수하셔야만 합니다."

수레가 산길로 접어들자 길 양옆은 고요한 가운데 아름다운 풍경을 드러내 보였다. 아름드리 나무들이 하늘을 찌를 듯 우뚝우뚝 솟아 있고 짙푸른 나뭇잎이 하늘 땅 사이에 두터운 병풍을 둘렀으며, 바람까지도 파랗게 물들어 있었다. 길 양편에는 향내 나는 풀들이 우거진 가운데 갖가지 꽃들이 피어나며 개울물은 졸졸 풀숲을 헤쳐 아래로 흘러가고 있었다. 양 떼와 소 떼는 산비탈을 거닐며 무성하게 자란 풀을 뜯고 있었다.

조용하고 아름다운 경치 속에서 싯다르타의 사색은 끝없이 이어졌다. 수레가 숲을 빠져나올 무렵, 그의 눈에는 초라한 몰골에 흙과 땀 범벅이 된 양몰이꾼들과 벌거벗은 알몸으로 무거운 짐을 나르는 짐꾼들의 모습이 들어왔다. 싯다르타는 다시 안정을 잃기 시작하였다. 그는 이렇게 생각하였다.

'누구나 다 피와 살점을 가진 몸으로 다 같이 인간이거늘 나는 화려하고 값진 옷을 걸친 몸으로 수레를 타고 가는데, 저들은 왜 맨발로 걸으며 무거운 짐을 날라야 한단 말인가? 모두가 똑같은 중생인데도 무엇 때문에 이토록 불공평하게 살아가야 한단 말이냐?'

싯다르타는 부처님이 된 뒤, 중생이면 누구나 모두 평등하다는 사실을 널리 알리고 이를 불교의 종지로 삼았다. 대승불교(大乘佛敎)에서는 이렇게 말하고 있다.

> 자비심이 많은 보살은 모든 죄업을 참아야 하며 중생을 평등하게 대함이 땅덩이가 견고하여 흔들리지 않음과 같아야 한다.

박애롭고 자비로운 부처님 앞에서 중생은 자상한 어머니의 품에 안기듯 모두가 평등하며 똑같은 존재이다. 불법에서 강조하는 평등이란 만물의 영장인 인간뿐만 아니라 새나 짐승, 벌레에 이르기까지도 똑같이 대등함을 말한다.

싯다르타를 태운 수레는 산을 넘고 물을 건너 밤낮 쉬지 않고 서인도를 향해 달려갔다.

이십여 일 후 그들은 서인도의 미디산 기슭에 도달하였다. 수레 위에 높이 앉은 싯다르타는 고개를 들어 그들 앞에 겹겹으로 가로놓인 험준한 산봉우리를 바라보았다. 가까운 쪽의 산줄기들은 솟았다 갈앉았다 기복을 이루고 있는데 먼 곳의 산들은 구름과 안개에 덮여 그 모습이 아득하고 희미하였다.

싯다르타가 우람하게 치솟은 산세를 바라보며 경탄하고 있을 때 바타라니가 그쪽 봉우리를 손가락질하며 입을 열었다

"저것이 비사미트라가 살고 있는 산입니다."

산은 드높고 우람차게 구름을 뚫고 하늘 위로 솟구쳐 있었다. 수레가 앞으로 더 나갈 수 없음을 알아차린 싯다르타는 코끼리를 풀어 야영을 하도록 이른 뒤, 장막을 치고 불을 지펴 식사준비를 서둘렀다.

식사를 마친 싯다르타와 바타라니는 건장하고 총명한 하인 두 사람을 골라 함께 산에 오를 것을 결정하고 나머지는 그 자리에서 기다리도록 하였다.

네 사람은 산기슭을 반 바퀴나 돌아 드디어 산에 오르는 길을 찾아내었는데 길은 희미하게 흘러내리는 개울을 따라 이리저리 위를 향해 나 있었다. 얼마 걷지 않아 그들은 우뚝우뚝 나무처럼 솟아오른 바위숲 앞에 이르렀다. 그곳에는 각양각색 기이한 형상을 한 바위들이 무수하게 서 있었다. 어떤 것은 성난 사자처럼 사나운 모습이었으며 어

떤 것은 잠든 호랑이처럼 웅크리고 있었다. 또 어떤 것은 어미와 자식이 부둥켜안고 있는 모습이었다. 깊은 생각에 잠긴 노인 형상도 있었으며 놀란 소녀의 모습을 한 것도 있었다. 바위들은 생각하지도, 괴로워하지도 않으며 낳거나 죽지도 않는 것이어서 보는 이의 의념을 이끌어내지 않았다.

일행은 아무 말 없이 구불구불 산길을 따라 정적으로 가득 찬 밀림 가운데 들어섰다. 그곳은 인적이 아주 드문 곳이었다. 우거진 수풀이 바다를 이룬 이곳은 먼 옛날 모습 그대로, 자연 그대로, 스스로 태어나 혼자서 죽어가는 곳이었다. 거대한 나무들은 세속의 때가 묻지 않은 채 생긴 그대로 자라나고 있었으며 늙을 대로 늙어서야 제풀에 넘어진다. 나무는 모두 엄청나게 우람하였으나 속은 비어 있었고 둥치마다 두터운 이끼가 앉아 있었다. 대자연이 나무에게 건네준 하사물 바로 그 이끼는 나무 둥치에 달라붙어 한시도 쉬지 않고 번져가며 싱싱한 기세를 자랑한다.

산속에는 여기저기 거목들의 잔해가 흐트러진 가운데 하나같이 이끼에 덮여 죽음의 음산함과 장엄함, 그리고 숙연한 아름다움을 내뿜고 있었다.

죽은 나무들 사이에서는 그들의 자손들이 생기발랄하게 밤낮 없이 자라고 있었다. 앞에서 쓰러지면 뒤에서 일어나고 그것이 넘어지면 또 다음 것이 일어서는 형국이었다.

싯다르타는 높은 산과 쏟아져내리는 물줄기, 기이한 바위들과 나무들, 이 모든 것이 자신과 같은 심경에 젖어 있다고 생각되었다. 눈앞의 풀포기 · 나뭇잎 · 모래 · 돌까지도 모두가 말 없는 가운데 서로 간에 흉금(胸襟)이 통하는 존재처럼 느껴졌다.

얼마 뒤 평탄한 곳에 이르렀을 때 바타라니가 멀리 절벽 위를 손가락질하며 말하였다.

"저기를 잘 보십시오. 가물가물 보이는 저 돌집이 바로 비사미트라가 기거하며 수양하는 곳입니다."

고개를 들어 스승이 가리키는 곳을 바라보니 아득하게 먼 산꼭대기 우거진 수풀 속에 집 형체가 은연히 아른거렸다.

옆에서 이를 바라보던 두 사람의 하인은 벌린 입을 다물 줄 몰랐다. 미디산 왼편에 솟아 있는 산은 미디산처럼 높고 크지는 않았으나 역시 구름 위로 치솟은 웅장한 거봉이었다. 과연 미디산에 오를 수 있을지, 오를 수 있다면 얼마나 시간이 걸릴지 아득한데 해는 벌써 서쪽으로 기울어 있다.

바타라니는 하인들의 놀란 모습을 바라보고 싱긋이 웃더니 싯다르타에게 말하였다.

"제가 앞서 말씀드린 길은 산에 사는 사람들이 다니는 보통 길입니다. 그러나 태자께서는 이 보통 길을 오르실 수 없습니다. 현세의 생사문제를 깨우쳐 중생을 구원하고자 하시는 분이 어찌 보통 사람처럼 굽이진 길을 돌아 생명을 낭비하실 수 있겠습니까? 우리들은 그 길이 아닌 별난 길로 올라가게 됩니다."

말을 마친 바타라니는 앞장서서 앞으로 나아갔다. 얼마를 걸었을까? 일행은 풀과 나무, 칡넝쿨로 가려진 어느 동굴 앞에 이르렀다.

바타라니가 다시 입을 열었다.

"이 굴은 사자구(獅子口)라고 합니다. 저 위에 있는 돌집까지 직접 이어지는 길이 굴 안에 뚫려 있고, 그 길로 올라가면 바로 돌집의 대청에 다다릅니다."

네 사람은 손을 뻗혀 손가락이 보이지 않을 만큼 깜깜한 동굴 속을 더듬으며 한 발작 한 발작 위를 향해 올라갔다. 바타라니는 태자가 자신의 옷깃을 잡고 따르도록 일렀는데 두 사람의 하인은 싯다르타의 옷깃을 붙들고 뒤를 따랐다.

그런데 이상한 것은 바타라니의 인솔하에 칠흑 같은 어둠을 헤치며 가파른 돌계단을 올라가는데도 피곤한 느낌이 전혀 들지 않았다. 아니, 오히려 몸이 날아오르는 듯 묘한 느낌이 들기까지 하였다. 귓가에는 물소리와 바람 소리가 은은히 들리는데 얼마를 올랐는지 위로부터 밝은 빛 한 가닥이 비쳐들었다. 부드러운 빛살에 젖어 일행은 조용하고 아늑한 가운데 심신이 편안함을 느꼈다.

그런데 이때, 어린 동자의 맑은 목소리가 굴 밖에서 들려왔다.

"손님들은 누구신데 숨겨진 이 길을 올라오셨습니까? 어디서 오신 손님들이신지요?"

바타라니가 굴을 빠져나가면서 서둘러 전말을 알렸다.

싯다르타와 두 사람의 하인은 바타라니를 따라 밖으로 나왔다.

어린 동자는 네 사람을 위아래로 훑어보더니,

"사부께서는 지금 좌선 중이십니다."

바타라니가 말하였다.

"여기서 기다릴 테니 사부께서 좌선이 끝나시는 대로 손님이 왔다고 알려드려라!"

그는 일행에게 자리를 권한 뒤 자신도 마루에 걸터앉았다. 원래 이 돌집은 천연의 석재가 쌓여 이뤄진 것으로 자연 그대로의 모습을 갖추고 있었다. 집 안에는 단출한 집물(什物)들이 있을 뿐이었으나 싯다르타에게는 형언할 수 없는 친근감과 신묘한 기분이 느껴졌다.

싯다르타가 생각에 빠져들려 할 때, 대청 옆 돌문이 열리면서 시원스럽게 탁 트인 웃음소리와 함께 백발에 흰 수염이 성성한 노인 하나가 들어섰다. 그는 자비로 가득 찬 선품도골(仙風道骨)의 풍채 바로 그것이었다. 비사미트라였다.
 바타라니를 발견한 노인은 목청을 높여 소리쳤다.
 "아니, 아니! 무슨 바람이 불어 이 산중까지 왕림하셨소이까? 여기까지 먼 걸음 하신 걸 보니 오늘은 좋은 날임에 틀림없겠구려!"
 두 노인은 다정하게 인사를 나눈 뒤 싯다르타에게 눈길을 돌렸다. 바타라니는 비사미트라에게 싯다르타를 소개하며 방문 취지를 대충 설명하였다.
 얘기를 듣고 난 비사미트라는 지혜로 번득이는 눈길로 한참 동안 싯다르타를 바라본 뒤 너털웃음을 웃으며 이렇게 말하였다.
 "태자께서 속세의 공명을 떨쳐버리기 위해 이 깊은 산속까지 찾아오셨다니 정말 비범하십니다!"
 싯다르타가 겸손하게 응대하였다.
 "이 정도의 고생은 생로병사의 어려움에 비하면 아무것도 아닙니다. 스승께서 저를 문하생으로 받아주시고 중생을 구제할 방법을 깨우쳐 주신다면 그 은혜 백골난망(白骨難忘)이겠습니다!"
 비사미트라는 싯다르타의 각오에 찬 눈길을 바라보며 말하였다.
 "태자께서 큰 뜻을 세워 정진하신다니 이를 돕지 않는 것은 천리에 어긋나는 일이올시다. 고난이 홍진세상을 짓누르고 있으니 사람의 심신이 부서져도 이를 덜어낼 수는 없습니다. 그러하니 태자께서는 먼저 고난을 벗겨내어 이를 버리셔야 합니다. 신의 뜻에 따라 인생은 태어나고 늙고 병들고 죽는 길을 벗어날 수 없으며 괴로움과 즐거움, 영광과 치욕을 떨칠 수 없습니다. 홍진세상은 모두 허망한 꿈과 같은 것, 생명이 일단 사라지게 되면 괴로움은 다시 괴로움이 될 수 없으며 즐거움도 다시 즐거움이 될 수 없는 것입니다. 태어남의 뒤를 쫓아오는 죽음의 허무 속에서 진정 그 누가 무엇이 괴로움이며 즐거움인지를 가려낼 수 있으며, 괴로움과 즐거움이 어디 있는지 알아낼 수 있겠습니까? 태어나고 죽는 허망함이 이와 같을진대 태자께서는 무엇 때문에 살고 죽는 문제를 어렵게 생각하는 것입니까? 그런고로 우리들은 삶과 죽음을 버려야 하며, 무엇을 얻고 얻지 못할 것인지의 소망까지도 내던져야 합니다. 자, 이제 우리 집 안을 구경시켜드릴 테니 이 집 식구들과 만나보도록 하십시오."

비사미트라는 그들을 이끌고 돌 벽에 새겨진 그림들을 둘러보기 시작하였다. 그림들은 거개가 천신과 야수의 형상을 한 것들이었다. 싯다르타는 비사미트라가 일부러 이런 것들을 그려넣은 것인지, 어쩌다가 그렇게 된 것인지 알 수 없어 잠시 의혹에 쌓였다. 천인(天人)과 야수를 함께 그리거나 조각하는 일은 당시 인도 풍습으로 보아 신에 대한 불경(不敬)이었기 때문이다.

다만, 싯다르타는 위대한 자비심을 가진 사람이었으므로 야수는 물론, 모든 생명체가 신과 마찬가지로 사랑과 존중을 받아 마땅하다는 것을 요지부동의 진리로 생각하고 있었다.

그로부터 여러 해 뒤 싯다르타가 성불하였을 때 그는 중생의 평등을 불교의 종지(宗旨)로 삼아 이를 선양하였다. 불경에서는 중생이 모두 불성(佛性)을 가지고 있으며 중생은 강자가 약자를 능욕할 수 없고, 강자로서 권세를 휘두르거나 약자라고 비굴할 수 없음을 설파하고 있다.

그들이 벽화를 둘러보는 데 정신이 팔려 있을 때 커다란 구렁이 한 마리가 그들을 향해 슬슬 다가오는데 뒤를 이어 새끼 사자·원숭이·들개 한 마리씩이 따라 들어왔다. 그들은 여러 사람이 있는데도 거리낌없이 바짝 달라붙었다. 그 가운데 구렁이는 싯다르타를 향해 머리를 치켜들며 빨간 혀가 그의 코에 닿을 만큼 가까이서 날름거렸다.

싯다르타는 엉겁결에 뒤로 물러섰다.
비사미트라가 웃으며 입을 열었다.
"무서워하실 것 없습니다. 이 영물(靈物)들은 모두 우리 집안 식구들로 하나같이 착하기 짝이 없는 것들입니다. 이놈들은 사람을 해치지 않을 뿐 아니라 인간들과 허물없이 지내는 걸 좋아하지요!"
비사미트라의 말을 듣자 싯다르타는 즉시 안정을 되찾아 자비로운 마음으로 구렁이를 내려다보았다. 구렁이도 인간과 마찬가지로 태어나 늙으며 병들어 죽어가는 굴레를 벗어나지 못한다는 사실을 생각하니 그의 마음은 연민으로 차올랐다. 그의 눈앞에는 한 폭의 참혹한 환영이 떠올랐다.
커다란 구렁이 한 마리가 땅 위에 죽어 있는데 수많은 까마귀와 까치들이 이를 에워싸고 살점을 뜯어 삼킨다. 잠깐 사이에 기둥처럼 굵은 구렁이 몸뚱이는 온데간데없이 사라지고 앙상하고 까칠한 등뼈만이 남게 되었다. 배를 채운 까막까치가 날아가자 이번에는 개미 떼들이 몰려들어 남은 찌꺼기를 먹어치우고 마지막엔 뼈까지 갉아대니 모든 것이 흔적도 없이 사라지고 말았다.
싯다르타는 환영에서 깨어나 다시 구렁이를 바라보면서 동병상련(同病相憐)의 정을 느끼게 되었다. 그는 구렁이의 머리를 쓰다듬으며 미소지었다. 이 광경은 인간세에서 찾아보기 어려운 것으로 선과 악이 하나로 용해된 모습이었으며, 인간과 짐승이 한 가지로 뭉쳐진 융해(融解)의 광경이었다.
그들은 집 안 구석구석을 모두 둘러본 뒤 마지막으로 캄캄한 암실로 들어갔다. 방안에는 빛줄기 한 가닥 새어들지 않았다.
비사미트라가 싯다르타에게 물었다.
"태자! 이 방안은 매우 어두운 곳입니다. 태자께서는 어두움을 어떻게 느끼고 있는지 말씀해 주십시오."

눈을 감고 심신을 진정시킨 싯다르타는 자신의 심경이 순정하게 밝아오는 것을 느꼈다.

"햇빛 속에 온 천지가 훤히게 밝아 있습니다."

이 말을 들은 비사미트라는 껄껄대고 웃으며 다시 물었다.

"이곳은 칠흑같이 어두운 곳인데 어찌 온 천지가 훤하다 하십니까?"

"그렇습니다. 여기는 아주 어두운 곳이지만 저의 심중에는 광명이 가득 차 있습니다. 제가 왕궁에 있을 때, 가는 곳마다 등불이 휘황하였으나 심중에는 오로지 어두움뿐이었습니다. 그런데 여기서는 거꾸로 어둠 속에 마음의 광명이 있습니다. 몸은 어두운 곳에 있지만 제 마음은 밝은 곳에 있는 것입니다."

비사미트라가 감탄하며 말을 받았다.

"서로 간에 마음을 알고 이해할 수 있는 사람을 만나기란 정말로 어려운 일인데[知音難遇, 知心難求] 오늘은 여기서 그런 분을 만나게 되었으니 정말로 길상선사(吉祥善事)입니다 그려!"

바타라니는 비사미트라가 싯다르타에게 하는 말을 듣고서야 그를 초빙하러 온 연유를 상세히 설명하였는데 비사미트라는 이를 수락하고 당장 카필라파스투국에 갈 것을 결정하였다.

다음날 아침 일찍 비사미트라는 동자를 시켜 산속에 열린 과일들을 따 모아 먼 여행길의 배고픔과 목마름에 대비토록 하였다. 두 사람의 하인 역시 서둘러 싯다르타와 바타라니의 행장을 정리하였다.

그런데 모든 준비가 다 끝난 뒤까지도 싯다르타는 부들방석 위에 책상다리를 하고 앉아 떠날 생각을 하지 않았다.

비사미트라가 물었다.

"태자, 떠나실 준비가 되었습니까?"

그러나 싯다르타의 대답은 엉뚱하였다.

"저는 왕궁에 돌아가고 싶지 않습니다. 여기 남아 사부님의 가르침을 받고자 할 따름입니다."

비사미트라가 고개를 가로저으면서 반문하였다.

"안 됩니다. 그건 안 될 말씀입니다! 정반왕께서는 태자 스스로 스승을 초빙하여 왕궁으로 돌아와 학문을 연찬토록 명하셨는데 제가 태자를 이곳에 머물게 한다면 군왕을 능욕하는 중죄가 아니고 무엇이겠습니까? 태자는 사람의 아들로서 부명(父命)을, 군주의 아들로서 왕명을 어길 수 없습니다. 더구나 태자와 제가 약속을 어긴다면 어떻게 심지를 바로잡고 수양을 하며, 공부를 할 수 있겠습니까?"

비사미트라의 말에 싯다르타는 아무 대꾸도 할 수 없었다.

비사미트라가 다시 부드러운 목소리로 말하였다.

"사람의 한 세상은 모두 인연으로 얽혀 있습니다. 태자는 범부(凡夫)나 속된 분이 아니지만 속세와의 인연이 따 끝난 것은 아닙니다. 속세와의 인연이 따 끝났대도 끝난 것이 아닙니다. 자, 기다릴 시간이 없으니 어서 빨리 산을 내려가도록 합시다. 먼저 태자는 부왕과 왕비, 그리고 처자와 만나는 것이 급한 일입니다. 자, 갑시다. 산 아래에서 기다리는 사람들도 지루할 것이니 어서 가도록 합시다!"

싯다르타와 바타라니, 비사미트라와 두 사람의 하인 모두 다섯 사람은 앞서 올라왔던 동굴 길을 다시 내려와 산 아래에 이르렀다. 싯다르타는 즉시 하인들에게 수레를 갖추고 차일(遮日)을 거두게 하였다.

귀로에 오른 일행은 수레를 몰아 이십여 일 뒤, 드디어 카필라파스투국의 교외에 다다르게 되었다.

귀환에 앞서 발 빠른 말과 날쌘 하인을 골라 정반왕에게 일행의 환궁을 알렸기 때문에 그들이 성문에 이르렀을 때는 왕과 대신들이 일찌감치 나와 기다리고 있는 중이었다.

  정반왕은 태자를 보자 잃어버린 자식을 다시 찾기라도 한 듯 감격하여 눈물까지 흘렸으나 마음만은 즐거움으로 가득 차 있었다.

  정반왕은 비시미트라의 새하얀 머리와 신선같이 탈속한 용모를 보고 그 인물됨의 비범함과 크나큰 지혜를 직감할 수 있었다. 그는 또 비사미트라의 지혜로써 반드시 싯다르타의 곤혹과 괴로움을 풀어 태자가 현세의 생활에 흥미와 즐거움을 느끼게 되리라고 확신하였다.

  그날 밤, 정반왕은 성대한 연회를 베풀고 멀리서 온 손님을 환대하여 심신의 피로를 풀게 하였다.

10
은자 비사미트라

　자기 대신 태자를 가르칠 스승 비사미트라를 모셔온 바타라니 법사는 이제 더 이상 왕궁에 남아 있을 일이 없게 되었음으로 고향으로 돌아갈 채비를 서둘렀다.
　정반왕과 싯다르타가 여러 번 만류하였으나 법사는 뜻을 굽히지 않았다.
　정반왕은 바타라니가 태자에게 베풀어 준 가르침과 사랑에 보답하기 위해 한 수레가 넘는 오색비단과 황금을 하사하여 감사의 뜻을 표하고, 싯다르타는 문무백관들과 함께 스승의 귀향을 배웅하였다.
　스승과 작별하면서 싯다르타는 실의와 슬픔이 역력한 얼굴로 헤어지는 아쉬움에 눈물을 흘렸다. 이를 본 바타라니가 감개어린 목소리로 입을 열었다.
　"태자! 태자는 매사에 담담하고 강인하여 희노애락의 한 모습을 얼궁에 나타낸 바 없었거늘 오늘은 어찌된 일로 눈물을 비치십니까?"

싯다르타가 서글픈 목소리로 대답하였다.

"망망한 홍진세상은 정말로 고통스러운 곳입니다. 먼저 생로병사가 괴로운 일이며 사랑하고 미워하고 서로 헤어지는 것 또한 괴로움입니다. 회자정리(會者定離), 앞서 사부님과 만났으니 오늘은 헤어져야 한다는 괴로움이 저를 슬프게 합니다. 인생의 괴로움은 정말 한이 없습니다. 앞으로 중생이 고해를 건널 수 있는 배를 찾아 모두가 영생을 얻는 피안(彼岸)에 이르도록 정진하겠습니다."

바타라니는 싯다르타의 손을 움켜쥐었다.

"태자! 태자처럼 하해 같은 자비심을 가진 분을 만났던 게 정말 행운이었습니다. 우리 두 사람 사제 간의 인연은 아직 끝나지 않았습니다. 이 늙은이는 어느 날엔가 태자가 커다란 깨우침에 이를 날을 고대하며 살아갈 것입니다."

바타라니를 배웅하는 길에 싯다르타는 대신들을 먼저 돌려보내고, 다시 십여 리를 걸으며 스승과 단둘이서 마지막 얘기를 나눈 뒤 내키지 않은 작별을 고하였다.

한편, 비사미트라는 국사(國師)가 되어 새로 단장한 장경루에 들어가 살게 되었다. 싯다르타 역시 널리 중생을 구제한다는 큰 뜻을 실현하기 위해서는 밤낮을 가리지 않고 정진해야 할 몸이었기에 장경루로 짐을 옮겨 스승과 제자가 함께 기거하게 되었다.

두 사람은 밤낮 없이 망망하고 끝없는 배움의 바다를 마음껏 헤엄쳐 갔다. 그러나 싯다르타가 떠나온 신궁에서는 때때로 애절한 흐느낌 소리가 고요한 적막 속에서 새어나오곤 하였다. 그것은 야쇼다라 공주가 혼곤한 잠에 빠진 라훌라의 모습을 지켜보며 흐느끼는 울음소리였다.

새 스승을 모셔 온 뒤 남편은 자신에게서 떠나버렸다. 여인의 육감으로 공명과 부귀영화, 자식에 대한 사랑, 이 모든 것들이 남편을 홍진세상에 머무르게 할 수 없을 것임을 거듭 느꼈던 것이다.

아름답고 달콤했던 초혼의 사랑! 그것은 눈앞을 스쳐 지나간 뜬구름이었던가? 더구나 라훌라가 어린 나이에 아버지를 잃게 된다는 사실을 생각하면 야쇼다라 공주의 마음은 찢어질 듯 아파 왔다.

수많은 밤을 그녀는 외로움에 지쳐 꿈속에서 깨어날 때마다 아득한 허공을 바라보며 걷잡을 수 없는 고독에 휩쓸리곤 했다. 그녀로서는 싯다르타처럼 태어나고 죽는 문제를 깨우쳐야 할 엄청난 뜻을 세운 바 없다. 그녀는 태어남에 대한 죽음의 괴멸과 굴레가 무엇인지 알고 있었으나 아직은 나이 젊은 여인이었다. 그녀에게서 죽음이란 아직도 멀고 먼 훗날의 일이었다.

지금 그녀는 하늘 아래 살고 있는 모든 여자들, 아내들과 마찬가지로 남편을 뜨겁게 사랑하며, 어린 자식을 연민하며, 부부간의 사랑과 화목한 가정을 갈망하고 있다. 그녀는 남편의 뜻을 사랑하며 남편이 추구하는 바를 이해하고 있다. 그녀는 삶과 죽음에 관한 수수께끼를 푸는 일이 위대한 사업임을 알고 있으나, 이렇게 남편을 이해하는 것만으로 남편에 대한 연연함과 그를 잃게 될 고독의 괴로움을 덜 수는 없었다.

야쇼다라 공주의 흐느낌은 날마다 밤의 적막 속을 맴돌곤 하였다.

맨 먼저 울음소리를 들은 것은 궁녀들이었다. 그러나 나중에는 잠들지 못하는 왕비와 정반왕까지도 그 소리를 듣게 되었다. 두 노인의 심정 역시 야쇼다라 공주와 마찬가지로 외로웠으며 그들은 자식과 헤어지게 되는 것이 시간문제임을 감지하고 있었다.

늙은이들은 자식을 잃고, 젊은이는 남편을 잃으며, 어린이는 아버지를 잃게 되는, 인생의 모든 것 가운데 가장 큰 불행이 그들의 마음을 짓누르고 있었다. 이런 상황에서는 그들 중 그 누구도 그 누구를 위로할 수 없었다.

그러나 장경루에서 오로지 공부에만 전념하고 있던 싯다르타에게는 잠못 이루는 부왕이나 왕비의 마음속에 숨겨진 아픔, 야쇼다라 공주의 처절하고 괴로운 흐느낌 소리가 들려올 리 없었다.

비사미트라는 장경루에서 하루 종일 싯다르타와 함께 학문을 연찬하는 데 몰두하여 바깥출입은 거의 하지 않는 형편이었다.

그러나 괴상야릇한 한 가지 일 때문에 궁궐 안 사람들은 비사미트라에 대해 관심을 가지기 시작하였으며 나중에는 그를 비방하는 자까지 생겨나게 되었다.

비사미트라는 부엉이 기르는 취미가 있었다. 그는 하인들을 시켜 이놈을 잡아오게 한 뒤, 한쪽 다리를 묶어 창틀에 매어두고 날마다 벽오동 열매를 먹이며 사람들에게 이런 말을 하였다.

"부엉이가 벽오동 열매를 먹으면 꾀꼬리와 마찬가지로 아름다운 노래를 부를 수 있지."

사람들은 이 말을 듣고 그럴 듯하게 느끼는 축들이 있는가 하면, 또 한 편은 엉터리없는 수작이라 하여 이를 비방하였는데 이 일은 나중에 정반왕의 귀에까지 들어가게 되었다. 어느 날 정반왕이 찾아와서 물었다.

"국사께 여쭈어 보겠습니다. 부엉이가 벽오동 씨를 먹으면 정말로 꾀꼬리같이 아름다운 노래를 부를 수 있습니까?"

"그렇습니다. 폐하!"

이 말을 들은 정반왕은 믿을 수 없다는 듯 반문하였다.

"그럴까요? 부엉이란 놈이 날마다 산해진미를 먹는다 해도 꾀꼬리처럼 듣기 좋은 노래를 부를 수는 없을 텐데……."

비사미트라는 잠시 말이 없다가 한참 만에 입을 열었다.

"폐하께서는 천성이란 고칠 수 없다는 사실을 말씀하고 계시는데, 그렇다면 소신의 심중을 말씀드려볼까요?"

"국사께서는 학문이 넓으며 도덕이 뛰어나십니다. 마음 탁 놓고 말씀하십시오!"

"사실대로 사뢰자면 부엉이의 목소리는 고칠 수 없습니다. 같은 이치에서 보면 태자의 심성 역시 고칠 수 없습니다. 옛말에도 사람은 모두가 뜻이 다르다 하였거니와 사람이란 모두 심성이 제각각이며 서로 다른 심성이 각자의 뜻을 결정합니다. 또 살아가는 방식과 추구하는 목표도 이에 따라 달리 결정되는 것입니다. 태자는 마음씨가 깨끗하여 공명에는 욕심이 없고 한 나라의 임금 되기를 원치 않으며, 인생의 진리를 탐구하는 데만 뜻을 두고 있습니다. 이것이야말로 태자의 천성으로 인하여 이루어진 의지이기 때문에 폐하께서는 모든 것을 자연 그대로 처리하시는 것이 마땅하리라 생각됩니다."

정반왕은 비사미트라의 말을 듣자 한참 동안 아무 말도 못하다가 마지막에 가서 흐느끼는 목소리로 입을 열었다.

"국사, 국사! 싯다르타는 정말 내 마음속의 보배올시다. 국사께서는 그가 떠나지 않도록 좀더 만류해주시고 짐을 위해, 또 카필라파스투국을 위해 있는 힘을 다해 주시기 바랍니다. 이것이 제 마지막 소원이니……."

초연하여 이미 완전 탈속한 비사미트라! 이 늙은이의 모습을 바라보며 정반왕은 마음속으로 실망과 낙담과 원망을 금할 길 없었다.

때마침 안으로 들어오던 싯다르타가 두 사람의 모습을 발견하고 자리를 피하려 하였으나 정반왕이 말리며 방문을 나섰다.

"태자! 어서 국사와 함께 공부를 계속하거라!"

비사미트라는 국왕이 수심에 가득 찬 모습을 싯다르타에게 보이지 않기 위해 서둘러 자리를 피하였음을 알아차렸다. 그는 혼잣말로 중얼거렸다.

"하늘 밑의 모든 부모는 자식 때문에 근심걱정을 피할 수 없으니 이 또한 고해란 말인가!"

비사미트라의 말을 들은 싯다르타는 스승에게 다그쳐 물었다.

"사부님! 방금 부왕과의 사이에 무슨 말씀이 있으셨던지요?"

"태자! 나는 부모 된 사람들의 마음고생이 얼마나 심한지를 생각하고 있었습니다. 부모들은 온갖 고생을 참고 견디며 자식들을 기르고 자식들의 일생과 앞날 때문에 무한한 근심걱정에 빠져 있습니다. 그러나 자식 된 인간들은 부모의 고심을 이해하지 못하거나 심지어는 부모의 사랑을 받아들이지 않으려 합니다. 부모 된 사람들이 자식을 사랑하는 것은 자식을 낳아 스스로 길렀기 때문입니다. 피를 이어주고 이어받은 사이인데 부모로서 자식의 일을 모른 체하는 것은 천륜이 아닙니다."

얘기를 듣고 난 싯다르타는 아무 말이 없었다. 스승의 심경이 부왕의 고충으로부터 유래된 것임을 알아차렸기 때문이다.

싯다르타는 점점 깊고 깊은 명상 가운데 빠져들었다. 스승과 제자 두 사람은 오랫동안 말이 없었으나 한참 만에 싯다르타가 입을 열었다.

"사부님! 인생을 고통으로 가득 채운 것은 누구이며 생로병사를 주관하는 존재는 무엇입니까?"

"태자! 모든 것은 신께서 점지하셨습니다. 신이 아니고서는 그 누구도 이처럼 큰 힘을 가질 수 없지요."

"신이 모든 것을 주재한다면 우리들은 어떻게 해야 합니까?"

"우리는 아무런 저항 없이 신이 우리를 위해 점지한 운명을 그대로 따라야 합니다. 신이 우리에게 삶의 고난을 받아들이도록 한 이상, 우리는 그것을 거절할 수 없으며 슬퍼하거나 원망해서도 안 됩니다. 신이 우리를 죽게 한다면 우리는 죽어야 하며 항거하거나 두려워해서는 안 됩니다. 총명한 인간은 사리판단으로써 신의 뜻을 이해하며 상황에 따라 안정을 얻어 태연자약합니다. 그러나 우매한 사람은 고난을 당하여 어찌할 바를 모르고 하늘을 원망하며 남을 탓하게 됩니다. 죽음 앞에서 몸부림치지만 그렇게 한들 아무 소용없을 뿐 아니라 그 누구도 신의 뜻을 거역할 수 없습니다. 신의 법력(法力)을 피할 인간은 어디에도 없습니다."

"사부께서 하신 말씀대로라면 인생 앞에 닥쳐오는 고난과, 태어나서 늙고 병들어 죽게 되는 것은 모두가 신에 의해 관장되는 것이므로 우리들의 생명이 살아 있거나 죽게 되는 것은 모두 중요한 일이 아닙니다. 정말로 그럴까요?"

"그렇습니다, 태자! 우리들이 어떻게 보고, 어떻게 생각하고, 어떻게 하는지는 모두 중요치 않습니다. 다만 우리들은 신의 은혜를 기도로써 구하며 신에 대한 존경과 숭배로써 신을 감화시켜 신으로 하여금 우리들에게 행복과 안녕을 내리도록 하는 것이 중요합니다. 물론 이렇게 하기에는 무척 많은 힘이 들어야 합니다."

"아닙니다, 사부님!"

싯다르타가 격앙된 목소리로 맞받았다.

"저는 이렇게 생각합니다. 신이 죽음으로 우리를 억누르고, 우리들이 평안한 마음으로 그것을 받아들이게 된다면 그것이야말로 너무나

잔인한 일이 아닐 수 없습니다. 온 천하에 지혜로운 심지를 가진 사람들은 모두가 죽음에 대해 공포로 가득 차 있습니다. 더구나 일단 죽음이 닥쳐오면 우리들이 가진 모든 것은 한꺼번에 인멸(湮滅)되고 영원히 사나시게 되니, 우리들의 생명은 물거품처럼 소멸됩니다. 사신이 이러한데 우리들은 무엇 때문에 신에 의지하며, 무엇 때문에 환영 속에서 신의 뜻을 헤아리려 하는 것입니까? 신이 정말로 자비를 베풀어 우리들에게 행복과 안녕을 내려준다 해도 인생이 이처럼 허망한 존재라면 안녕과 행복은 무슨 소용이 있겠습니까? 사부님! 직언을 드린 점 용서하여 주십시오. 저는 신이 근본적으로 인생을 구제할 수 없다고 생각합니다."

비사미트라는 원래 싯다르타에게 브라만교의 숭배 대상인 천신들의 법력을 강의하고자 하였으나 정반왕의 우울한 얼굴이 떠올라 영혼이나 천신 등에 관한 화제는 거론치 않기로 작정하였다. 그것은 싯다르타가 인생의 고뇌를 잊고 향락에 탐닉한 생활을 하도록 정반왕이 희망하였기 때문이었다.

"태자! 태어남과 죽음의 의미에서 말하자면 신은 인생을 구원할 수 없습니다. 생명을 가진 존재에게는 삶이 있으면 죽음도 있는 것입니다. 꽃도 피면 시들게 되는 것인데 어찌하여 태자는 마음을 편히 갖지 못하십니까?"

"사부님! 저는 결코 자신만을 위하여 삶에 미련을 두고 죽기를 두려워하는 것이 아닙니다. 모든 중생이 생로병사 때문에 시달림을 받는 것이 불쌍하고 가련한데 어찌 편안한 마음으로 이를 모른 체할 수 있단 말입니까?"

비사미트라는 긴 턱수염을 쓰다듬으며 깊은 생각에 잠겨 있다가 낮은 소리로 말하였다.

"태자! 나 역시 신에 대해 회의를 가지며 곤혹과 혼돈을 느낍니다. 또 이런 이유로 깊은 산속에 은거하여 인적이 드문 곳에서 신과 만날 것을 희망하였습니다. 나는 신께 인생의 수수께끼를 풀어 주십사 기도하였습니다. 그러나 여러 해가 지나도록 신께서는 응답이 없었습니다. 인생이 다 되어가는 이 나이인데도 지금까지 아무런 소득이 없습니다. 바타라니는 내 학문이 자기보다 열 배 이상 뛰어나다고 하지만 그것은 과찬입니다. 여러 해 동안 나는 속세와 격리된 가운데 거의 모든 서적을 통독하였지만 이 책들이 나에게 무슨 이익이 되었는지 모르겠습니다. 태어남과 죽음의 혼돈세계를 책만으로써 해명할 수는 없는 일이지요. 태자! 사실대로 말하자면 나는 태자의 스승으로 적격이 아닙니다. 이제 다시 산으로 돌아가 일월산천(日月山川)과 함께 고요한 생각에 잠기고 싶습니다."

싯다르타는 이 말을 듣고 엄청난 충격을 받은 나머지 비사미트라의 손을 끌어 잡으며 말했다.

"사부님, 제발 왕궁을 떠나지 마십시오! 이곳은 밤낮 없이 노래와 춤으로 태평세월을 보내며 가는 곳마다 오색 등불에 맞있는 안주와 향기로운 술이 넘쳐 나지만 저는 망망한 사막을 헤매고 있습니다. 사정이 이런데 사부께서는 어찌 이곳을 떠나 산으로 돌아가실 생각을 하십니까?"

비사미트라는 싯다르타의 초조해 하는 모습을 보고 위로하였다.

"좋습니다! 잠시 더 왕궁에 머물도록 하지요."

그 뒤 두 사람은 전과 마찬가지로 조용히 학문 연찬에 정진하였다. 비사미트라는 해가 뜰 때부터 해가 넘어갈 무렵까지 싯다르타에게 베다경(經)을 강술하였다. 그들은 더욱 높고 더욱 넓은 허공에서 괴롭고도 고된 일정을 보내며 진리를 찾아 헤매었다.

그러던 어느 날, 왕궁에는 생각지도 못한 일이 벌어졌다. 검불처럼 머리를 풀어헤치고 온 얼굴에 때가 눌어붙은 실성한 이방인 하나가 찾아온 것이다. 궁궐 안으로 들어가려는 그를 문지기가 가로막자 이 방인은 이렇게 외쳤다.

"카필라파스투국에는 친구를 만나러 온 사람을 막아서는 법이라도 있단 말인가?"

말인 즉 그 사람은 비사미트라 국사의 친구로서 그가 여기서 태자를 가르친다는 얘기를 풍문에 듣고 지나는 길에 들렀다는 것이다.

문지기는 그를 혼자서 밀어낼 계제가 아니라 생각되어 정반왕에게 이를 보고하였다.

"국사의 친구라면 의당 예의범절을 갖추어 모시는 것이 도리 아니겠는가!"

"폐하! 그런데 제가 보기에 이 사람은 국사의 친구가 아닌 것 같습니다. 옷은 갈기갈기 찢겨 너덜거리고 히죽히죽 웃는 것이 미친 사람과 다를 바 없습니다."

정반왕은 한동안 머뭇거리다가 다시 입을 열었다.

"아무튼 어서 가서 그 사람을 이리 데려오도록 하여라. 정말로 국사의 친구라면 소홀하게 대접할 수 있겠느냐?!"

거지꼴인 그가 수위를 따라 안으로 들어왔다.

몇 마디 말을 시켜본 뒤 사람들은 그가 비사미트라 국사와 왕년에 동문수학(同門修學)한 바 있는 아사타(阿私陀)라는 기인(奇人)임을 알 수 있었다. 아사타는 제 스스로를 '운유광선(雲游狂仙)', 즉 구름 속을 노니는 신선이라 불렀다.

이 선인은 길을 걸을 때 비틀비틀 중심을 잡지 못했으며 하는 말에도 전혀 조리가 없었다.

정반왕은 여태까지 이처럼 용모가 허름하고 지저분한 사람을 면대한 적이 없었으나 그가 일단 국사의 친구인 바에야 성깔을 눌러 참고 접견하는 수밖에 별 도리가 없었다. 정반왕이 말하였다.

"선인께서는 구름을 타고 온 세상을 노닐어 견문이 누구보다도 넓으실 텐데 선인의 묘술로써 짐의 안목을 넓혀주시기 바랍니다."

아사타는 이 말을 듣고 머리를 긁적거리더니 괴상한 얼굴이 되어 크게 웃었다.

"소생은 제 자랑을 하고 싶지 않습니다. 그러나 대왕께서 만약 풀기 어려운 문제가 있으시다면 대답은 해드리겠습니다."

정반왕은 그를 국사의 친구로 대접할 요량이었으나 몰골로 보아 국사를 대하듯 할 수 없었을 뿐 아니라, 그가 인생의 난제에 정말로 해답을 줄 수 있을지 의심을 품고 있었다. 정반왕은 시종을 시켜 밀실에서 작은 상자를 가져오게 하고, 그 안에 무엇이 들어 있는지 발설하지 못하도록 명을 내렸다. 상자를 탁자 위에 올려놓은 뒤 정반왕은 아사타로 하여금 무엇이 들어 있는지 알아맞히도록 청하였다.

이 놀이는 순전히 심심풀이삼아 하는 장난이었다.

아사타는 상자를 보자 배를 부둥켜안고 가가대소하더니 이렇게 중얼거렸다.

"번과수(蕃瓜樹) 열매 다섯 개가 달고도 향긋하여 침이 흐를 지경이군……!"

정반왕이 상자를 열게 하자 사람들은 한결같이 감탄을 금치 못하였다. 과연 파파야 다섯 개가 들어 있었다.

"살아 있는 신선임에 틀림없구나!"

정반왕이 다시 사람을 시켜 밀실로부터 여러 개의 상자를 가져오게 한 뒤, 상자마다 무엇이 들어 있는지를 물어보니 어김없이 하나하나 알아맞히었다.

　마지막으로 시종이 화려한 마호가니 상자를 들고 밀실로부터 나오자 아사타는 땅바닥에 주저앉아 더 큰소리로 웃어대며 이렇게 말하였다.

　"하하하……, 구러국의 선각왕이 선사한 옥팔찌올시다. 야쇼다라 공주가 시집올 때 가져온 옥팔찌. 이 팔찌에는 연분이 서려 있지요. 그러나 인연을 다하지 못한다면 어쩔 것입니까? 인연을 다해도 어쩔 수 없고 다하지 못해도 어쩔 수 없는 일……! 수많은 산과 산에는 정이 넘쳐흐르고 늦봄 경치에도 인연이 깃들었는데……, 정과 마음이 깊은들 무슨 대수이며 무정과 무심인들 무슨 허물이겠습니까! 모든 것이 다 인연일 뿐입니다, 인연!"

　막힘없이 술술 새어나오는 아사타의 말에 사람들은 그 뜻을 다 알아들을 수 없었으나 어쩐지 비창한 생각을 억누를 수 없었다.

　아사타의 말을 다 듣고 난 정반왕은 다음과 같은 분부를 내렸다.

> 카필라파스투국이 선인을 맞게 된 것은 일국의 행운이며 만백성의 홍복이니 지금부터 온 나라 생민(生民)은 선인을 예의로써 모시며 상빈(上賓)으로 환대하라.

　정반왕은 즉시 사람을 시켜 아사타를 장경루로 모신 뒤 비사미트라와 만나게 하였다.

　두 노인의 재회는 오랜 시간이 흘러 이루어진 것이었다. 하얗게 센 머리칼과 주름투성이가 된 얼굴들로 보아 그동안 무수한 세월이 흘렀음에 틀림없다. 그러나 그들의 마음에는 전과 마찬가지로 싱그러운 젊음이 남아 있었으며, 기개는 상통하고 의기는 투합되었다.

인사를 나눈 뒤, 비사미트라는 싯다르타의 비범하고도 빼어난 재능과 넓은 사랑의 마음에 대해 얘기하였으며, 그가 인생의 미망과 곤혹을 풀기 위해 남달리 위대한 뜻을 품고 정진 중임을 알렸다.

비사미트라가 말을 이었다.

"태자는 한마음으로 홍진세상을 떠나 깨달음 얻기만을 생각하고 있소. 그러나 태자의 몸으로 머지않아 군왕의 지위를 계승하여야 하기 때문에 국왕은 출가를 못하도록 한사코 말리고 있다오. 따라서 태자가 가야 할 앞길에는 장애가 겹겹으로 쌓여 있는 형국이란 말입니다."

아사타가 말했다.

"태자가 속세와 연분이 없다면 궁중에 가둬둔들 무슨 소용이 있겠소? 싯다르타를 만나보고 그가 무슨 일을 하게 될지 살펴보기로 합시다."

비사미트라가 정반왕을 만나 얘기하였다.

"폐하! 아사타는 선술(仙術)에 능할 뿐 아니라 사람의 상(相)을 볼 줄 압니다. 어떤 사람이 됐건 그가 법안(法眼)으로 한 번 훑어보기만 하면 일생의 길흉화복(吉凶禍福)을 모두 알아낼 수 있을 뿐 아니라 몇 살까지 살게 될지 수명까지도 맞춰냅니다. 소신이 잘못된 말씀을 드리는지 모르겠으나 태자의 앞날에 대해 아사타의 의견을 들어보심이 어떠하올지 폐하의 고견을 듣고 싶습니다."

"아니, 지당한 말씀입니다!"

"폐하! 사실 아사타는 태자의 비범함을 풍문에 듣고 일부러 먼 길을 찾아왔다 하니 이번 기회에 태자와 만나 깊은 얘기를 나누게 하는 것도 좋겠습니다."

비사미트라와 함께 장경루에 당도한 정반왕은 아사타를 향해 기쁜 얼굴로 입을 열었다.

"아사타 선인께서 태자의 상을 보아주신다니 정말로 기쁜 일입니다. 짐도 태자의 장래를 걱정하고 있던 참인데 이번 기회에 선인의 가르침을 받는다면 더없이 보람된 일이라고 생각합니다."

잠시 뒤 시종이 싯다르타를 안내하여 방안으로 들어왔다. 싯다르타는 먼저 아사타를 향해 절하고 다시 스승과 부왕에게 인사한 뒤 아사타의 맞은편에 앉아 그를 바라보았다.

한참 동안 싯다르타를 응시하던 아사타는 그의 두텁고도 순정한 얼굴로부터 깊고 깊은 자상함과 엄숙함을 발견하였다. 순간, 아사타는 세간의 모든 사념(邪念)이 한 줄기 밝음 속에 모두 사라져버리는 것을 느낄 수 있었다.

아사타가 입을 열었다.

"태자께서는 제왕의 가문에 태어났을 뿐 아니라 머지않아 임금이 되실 몸으로 그 부귀가 이미 홍진세상의 극에 달하셨습니다. 전생에 고귀한 덕을 쌓고 선행을 베풀며 수행을 엄격히 하지 않았다면 이처럼 귀한 명을 타고날 수 없었을 것입니다."

정반왕의 얼굴에는 기쁨이 가득 넘쳐흘렀다.

아사타가 말을 이었다.

"그러나 태자께서는 결코 부귀영화를 좇는 범속한 인물이 아니십니다. 보십시오! 넓은 이마에 네모진 얼굴, 맑은 눈에는 광채가 솟구치며 콧날은 매달린 담낭(膽囊)처럼 단정하고 곧으십니다. 두 귀는 어깨까지 내려와 있으며, 입은 방정하고 입술에는 윤색이 돕습니다. 이와 같은 외모는 이 세상 온 나라 주인이 될 상이기도 하지만, 일단 출가하여 수행에 나서면 틀림없이 삼계(三界)의 부처님이 되실 것입니다. 태자의 자태는 사념 없이 텅 비어 있어 남다른 깨달음에 도달할 것이며 하늘과 땅에 사는 모든 사람의 불조(佛祖)가 되실 게 틀림

없습니다"

아사타는 정반왕을 향해 말머리를 돌렸다.

"국왕폐하! 이처럼 훌륭하신 성자(聖子)를 두신 폐하께 축하를 드립니다!"

그러나 아사타의 말을 들은 정반왕은 산이 무너지고 땅이 꺼지듯 크게 놀라 축하는 고사하고 망연자실할 뿐이었다.

"태, 태, 태자의 상에는 정말로 출가하여 수행하는 운이 그려져 있습니까?"

아사타가 느릿느릿 대답하였다.

"이것은 하늘의 뜻입니다. 폐하께서는 자연의 이치대로 따르십시오. 하늘의 뜻은 역행할 수 없는 것입니다. 세상에는 태자와 왕자들이 부지기수인데 싯다르타 태자께서는 장차 삼계의 대성(大聖)이 되실 분이니 얼마나 영광되고 다행한 일입니까? 이는 천지지간에 한번뿐인 일대 경사입니다."

정반왕은 수심 띤 얼굴을 숙이며 탄식하였다.

"천하에는 그렇게도 많은 태자와 왕자들이 있는데 어찌하여 우리 태자만이 삼계의 대성이 되어야 한단 말입니까? 정말로 너무나 불공평한 일입니다! 그렇게 되면 이 나라는 누구에게 넘겨주며 왕위는 누가 계승한단 말입니까."

"아닙니다, 폐하! 그것은 폐하께서 잘못 생각하신 것입니다. 부귀영화는 태어날 때 가져오는 것도 아니고 죽을 때 가져갈 수도 없습니다. 인생은 한바탕 꿈과 같은 것! 꿈속에서 부귀영화를 누린들 무슨 소용이겠습니까? 사람의 생명이란 한 번 죽으면 연기처럼 사라지며 몸뚱이는 진흙 속에 묻혀 흙모래로 변하고 맙니다. 그날이 되면 폐하께서도 당신의 존재를 찾을 길이 없습니다. 폐하의 국토와 왕위, 그 어느 것도 찾아볼 수 없게 됩니다. 태자께서 부귀영화를 마다하고 죽음과 삶의 굴레를 벗어 진리를 찾고자 하시는 일은 정말 더 없이 높고 거룩한 사업이며, 그것으로 폐하는 삼세(三世)에 걸친 행복을 맞이하게 되는 것이므로 대사의 앞길을 가로막아서는 절대 안 됩니다!"

정반왕의 노쇠한 얼굴은 눈물로 뒤범벅이 되어 더는 아무 말도 할 수 없게 되었다. 사실, 정반왕은 선인 아사타가 말한 진리를 이해하지 못한 게 아니라 싯다르타를 떼어 내보낼 수 없는 것이 문제일 따름이었다. 정반왕은 아무 말 없이 자리에서 물러나 밖으로 나갔다.

정반왕이 침궁으로 돌아간 뒤 싯다르타는 비사미트라와 아사타의 고심에 찬 도움에 무한한 감사를 느끼며 그들을 향해 엎드려 절하였다.

며칠이 지난 뒤 두 노인은 아무 말도 남기지 않은 채 왕궁을 빠져나가 어디론가 자취를 감추고 말았다. 싯다르타는 그들을 찾아 여러 곳을 헤매었지만 대궐 안 어디에서도 모습을 찾을 수 없었다.

며칠 전 아사타의 얘기를 들은 뒤, 정반왕은 너무도 슬프고 괴로운 나머지 드디어 몸져눕고 말았다. 그날 이후 더 초췌하고 노쇠해진 부왕의 모습을 바라본 싯다르타의 눈에는 눈물이 가득 고였으나 그를 어떻게 위로할지 입을 열 수 없었다.

싯다르타의 손목을 잡아끌며 정반왕이 떨리는 목소리로 얘기를 꺼냈다.

"태자야! 이 애비를 책망하지 마라. 나는 너 없이 살아갈 수 없다. 야쇼다라 공주와 라훌라, 그리고 왕비도 네가 없어서는 아무 일도 할 수 없다. 궁궐에서 떠나지 말고 제발 여기서 우리와 함께 살아다오. 태자야! 내가 그네들을 대신하여 이렇게 너를 만류하는 거다. 제발 떠나지만 말아다오. 제발! 내 한평생의 소원을 이렇게 눈물로써 애걸

은자 비사미트라 | 157

하는구나. 태자야, 태자야……!"

싯다르타는 정반왕의 침상 아래 꿇어앉아 한없이 눈물을 흘렸다. 그는 부왕의 손을 잡고 그가 잠들기를 기다려 조용히 침궁을 빠져나왔다.

한밤중의 출가

그날 밤 싯다르타는 홀로 장경루 뜰을 배회하고 있었다. 그에게는 죽음과 멸망이 일각도 지체 없이 사랑하는 혈육과 백성들에게 닥쳐오고 있음이 거듭 느껴졌다.

'그렇게 될 수는 없다!'

사신(死神)은 그를 낳아 길러준 고향 땅을 짓밟으며 아름다운 산천을 유린하려 하고 있다. 모든 것은 그것이 뿌린 공포의 그림자로 가득 차 있다.

대자대비한 싯다르타는 마음을 진정할 길이 없었다.

두 스승들까지 모두 떠나고 없으니 이제 그 누가 마음속에 쌓인 절망과 곤혹을 풀어줄 것인가!

싯다르타는 불안과 초조에 휩싸여 갈피를 잡을 수 없는 심정이 되어 앞뒤 뜰을 서성였다.

그날 밤은 칠흑 같은 어둠이 깔려 있었다. 달그림자 별빛 하나 없이 천지가 암담한 채 짙푸른 나무와 아름다운 꽃들도 빛을 잃었다.

'이것이야말로 홍진세상의 참모습이구나! 빛이 사라지고 어둠뿐인 것을……'

무거운 생각으로 정원을 배회하던 싯다르타는 자신도 모르는 사이 신궁의 문전에 와 있음을 발견하였다.

신궁 안은 조용하고 안온한데 희미한 등불 빛이 두터운 휘장 틈으로 새어나오고 있었다. 한동안 불빛을 바라보던 싯다르타의 마음속에는 차차 부드러운 정서가 차오르기 시작하였다. 그는 벅찬 감회에 휘말려들었다.

'가련한 공주, 이 세상에 태어나서 나와 부부의 인연을 맺었으니 장차 남달리 더 많은 어려움을 당하게 되었구나!'

싯다르타는 신궁의 문을 밀치고 가만가만 안으로 들어가 휘장을 제쳤다. 희미한 등불 아래 잠들어 있는 공주의 아름답고 풍만한 모습! 둥그런 어깨와 솟아오른 젖무덤, 나긋한 허리와 부드러운 팔다리! 이 모든 것은 옛날 싯다르타에게 싱싱함과 생동감을 안겨주었었다…….

싯다르타의 마음에는 차차 격정이 차올랐다.

그러나 그 순간 그의 눈에는 새로운 환영이 떠올랐다. 침상 위에 누워 있는 공주의 살갗은 메마르고 쭈그러진 주름투성이가 되었으며 삼단 같은 머리채는 하얗게 변색되었다. 반짝이는 눈동자는 빛을 잃고 시들었으며 윤기 돌던 입술은 금이 가고 메말라 버렸다. 싯다르타의 눈앞에서 공주는 늙고 추한 노파로 변했으며 얼굴은 일그러져 흉물스럽게 되었다.

싯다르타는 눈을 돌려 아들 라훌라를 바라보았다. 자신이 낳은 아들 라훌라 역시 어느새 늙은 모습으로 바뀌어 있었다. 그리고 마지막에 가서는 참혹한 시체로 변해 구더기가 들끓고 썩는 냄새 때문에 숨을 쉴 수가 없었다.

싯다르타는 심장이 터지고 폐부가 찢어지는 듯 참을 수 없는 고통 속에서 혼절하고 말았다.

외마디 소리에 놀라 잠을 깬 야쇼다라 공주는 기절한 남편의 모습을 발견하고 발버둥쳤다. 앞서 싯다르타가 비사미트라를 스승으로 모시고 온 뒤, 야쇼다라 공주는 오늘에야 처음 남편의 얼굴을 대하게 되었으나 이처럼 무서운 광경을 보자 숨이 끊어질 것만 같았다. 공주는 쏟아지는 눈물을 훔치며 남편을 침상에 안아 올린 뒤 그가 깨어나기만을 기다렸다. 그녀는 남편이 자신을 자상하게 돌봐주고 사랑해주기를 간절히 바랐지만 그럴 수 있는 날들이 얼마 남지 않았다는 사실을 잘 알고 있었다.

다음날 아침, 혼수상태에서 깨어난 싯다르타는 우수에 젖어 있는 아내와 천진난만한 라훌라의 얼굴을 보자 지난밤에 겪었던 환영 속의 참상을 떠올렸다. 그것은 눈앞을 스쳐간 환상에 불과하였으나 장차 닥쳐올 실제 정경임에 틀림없었다. 이 세상 사람으로서는 그 누구도 생로병사의 굴레를 거역할 수 없으며 지고한 권력이나 재부와 보물로써도 이를 막아낼 수 없다.

인생의 사멸은 점지된 것이며 절대 예외가 없다. 태어남과 죽음의 거리는 시시각각 좁혀지고 있으며 이로 인하여 싯다르타는 분과 초를 다투게 된 것이다.

싯다르타는 더 이상 지체할 수 없었다. 당장 출가해야 한다고 생각하였다. 그것만이 유일한 희망이기 때문이었다.

그는 몸을 일으켜 침상 아래로 내려섰다. 야쇼다라 공주는 슬픔에 찬 눈길로 문을 향해 걸어가는 남편의 뒷모습을 바라보았다.

몇 발자국을 걷던 싯다르타는 걸음을 멈추고 고개를 돌려 아내와 아들을 응시하였다. 아내의 눈에 가득 고인 눈물과 아들의 천진난만한 얼굴을 바라보며 싯다르타는 벅차오르는 연민의 정을 억눌렀다. 그들을 껴안고 영원히 영원히 서로 사랑하며 저 세상에 이르기까지 헤어지지 않고 싶었다.

그러나 그 순간, 지난밤의 환영이 다시 머리에 떠올랐다. 싯다르타는 긴박하고 중대한 사명감을 의식하면서 신궁을 빠져나와 정반왕에게로 향하였다.

정반왕을 대하자 싯다르타는 거침없이 입을 열었다.

"부왕! 저에게 출가를 허락하여 주십시오. 망망하기 짝없는 이 홍진 세상은 제가 오래 머물 곳이 못 되며 저에게는 이 세상의 모든 일이 한 가지로 무상(無常)에 지나지 않습니다. 나라 · 강산 · 권력 · 부귀, 심지어는 부모님의 은혜 · 부부의 사랑 · 부자간 천륜까지도 눈앞을 스쳐가는 뜬구름이 되어 사라지고 맙니다. 제가 모든 일에 미련을 갖는다 한들 생명은 순식간에 소멸되며 마지막에 가서 몸뚱이는 백골이 되고 말 운명입니다. 인생은 한바탕 꿈이며 꿈속에서는 아무것도 이룰 것이 없습니다."

정반왕은 고통을 참지 못하고 큰소리로 고함쳤다.

"안 된다! 너는 내 자식이 아니냐!? 떠나서는 안 된다. 안 돼!"

싯다르타 역시 고통을 참지 못하고 대꾸하였다.

"부왕! 머지않은 장래에 부왕께서 인간세를 떠나시게 되면 그때는 부왕에 관한 모든 것이 다 사라지게 됩니다!"

"그, 그, 그것은 아직도 먼, 먼 장래의 일이 아니냐!?"

"아닙니다! 시간은 흘러가고 생명은 사라져갑니다. 강물이 흘러 한 번 가면 다시 돌아오지 않는 것과 같습니다. 생로병사는 시시각각 순환하는데 어찌 이를 가만히 바라만 볼 수 있겠습니까? 왕비께서 저를 데리고 화원에서 양 떼들을 바라보던 것이 어제 일 같은데 그 사이 수많은 세월이 흘렀습니다. 우주의 길고 긴 강물에 비하면 인생은 너무나도 짧아 손가락을 튀기는 순간에도 미치지 못합니다. 천 년 묵은 저 나무는 얼마나 많은 생명이 태어나고 죽는 것을 보아왔으며, 저 에베레스트 봉우리는 또 얼마나 많은 생로병사를 보았겠습니까? 태어남과 죽음의 비밀을 파헤쳐 중생구제의 진리를 찾아야 하는 것이 제 임무인데 어찌 태만하게 일을 미룰 수 있겠습니까? 부왕! 제발 이 아들의 출가를 허락하여 주십시오."

정반왕이 눈살을 찌푸리고 긴 한숨을 쉬는데 싯다르타가 목소리를 낮추어 말을 이었다.

"부왕! 부왕께서 정말로 출가를 허락해 줄 수 없으시다면 제 소원 네 가지를 들어주십시오."

정반왕은 고통으로 일그러진 얼굴을 펴면서 반문하였다.

"소원이 있다고? 좋다. 무엇인지 말해 보거라! 네 가지가 아니라 백 가지라도 들어주겠다. 마음을 터놓고 말해보아라."

싯다르타는 소원을 아뢰었다.

"첫째로 늙지 않으며, 둘째로 병들지 않고, 셋째로 죽지 않으며, 마지막으로 만나서 헤어지지 않는 것이 소원입니다."

정반왕은 아무 대꾸도 할 수 없었다. 싯다르타가 얘기를 계속하였다.

"부왕! 그 누구도 이 문제들을 해결하지 못하는 마당에 부왕께서는 어찌 저의 전심득도(專心得道)를 막으려 하십니까? 태어남과 죽음의 근본을 파헤쳐 깨우칠 수 있게 출가를 허락하여 주십시오. 생명이 생겨나지도, 사라지지도 않으며 만났다 헤어지지 않고 병으로 고통받지 않는다면 그보다 더 좋은 일이 또 어디 있겠습니까?"

정반왕은 흐릿한 눈길로 싯다르타를 바라보며 고함쳤다.

"태자야, 싯다르타야!"

말을 마치지 못한 채 정반왕은 그 자리에 쓰러지고 말았다.

시종들이 서둘러 마하왕비에게 사실을 고하자 왕비가 궁녀들을 이끌고 황급히 현장으로 달려왔다.

이 광경을 지켜보던 싯다르타는 비통함과 괴로움으로 숨이 막힐 지경이었다. 마하왕비는 싯다르타에게 매달려 그가 왕궁에 머물러 있어 주기만을 간청하였다.

싯다르타가 말하였다.

"인생은 슬픔과 즐거움, 만남과 헤어짐으로 충만되어 있습니다. 제가 왕궁에 더 머물러 있게 되면 부왕을 일시적으로 위로해 드릴 수는 있겠지만 부왕께서 병들지 않고 늙지 않으며 세상을 하직하지 않으시도록 할 수는 없습니다. 마지막에 가서는 모두가 사별할 수밖에는 없는 일입니다. 왕비께서는 저를 사랑으로 길러주셨으므로 친어머니보다 더 사랑합니다. 왕비께서 궁궐에 드셨을 때는 그렇게도 아름다운 모습이었겠습니다만 지금은 연세 들어 옛날 모습이 아니십니다. 저는 우리 모든 식구들을 사랑합니다. 마음뿐 아니라 영혼까지도 사랑하는 터에 어찌 앞으로 겪게 될 생로병사의 굴레를 바라만 보고 있으란 말입니까? 또 하나, 우리들의 왕국은 약하고 작은 나라입니다. 그러나 이렇게 아름다운 나라가 적국의 능욕을 받아 파망하게 되는 것을 어떻게 바라만 보라십니까? 저는 고난의 근본을 알아내야 하며 극락의 피안을 찾아야만 합니다. 그렇게 함으로써만 저를 길러주신 부모님과 저를 사랑해 준 나라와 백성들을 떳떳하게 대할 수 있을 것입니다."

"태자! 사람이 태어나면 죽게 되는 것이 만고의 진리거늘, 어찌 태자 혼자서 이를 슬퍼해야 한단 말인가! 태자가 왕궁에 남아 있어만 준다면 국왕과 내가 죽고 사는 것은 아무 일도 아니다. 제발 마음을 돌려다오!"

마하왕비는 싯다르타에게 애원하면서 정반왕의 가슴을 쓸어 주었다. 뒤를 이어 당도한 어의는 국왕의 혈색을 살피며 맥을 짚어보더니 왕비를 향해 이렇게 말하였다.

"왕비폐하, 너무 심려치 마십시오! 국왕께서는 며칠 동안 정양을 하시면 아무 일 없이 회복되실 것입니다. 다만, 앞으로는 이런 일이 다시 일어나지 않도록 각별히 보살펴 드려야 할 것입니다."

시종들이 정반왕을 침궁으로 옮기자 싯다르타가 마하왕비를 부축하여 그 뒤를 따랐다. 시종과 대신들이 물러간 뒤 싯다르타는 눈물을 머금고 정반왕이 깨어나기만을 기다렸다.

싯다르타의 모습을 바라보던 왕비는 정반왕이 싯다르타의 출가 문제로 중병이 걸렸기 때문에 싯다르타로서도 정반왕이 쾌차한 뒤에나 문제를 다시 얘기할 수 있으리라 생각하면서 이렇게 말했다.

"태자! 안으로 들어가서 잠시 쉬도록 하거라. 어의는 국왕께서 며칠 동안 정양하셔야 한다고 일렀으나 왕이 깨어나서 태자가 없는 것을 알게 되면 또 마음이 얼마나 아프시겠느냐? 그 일일랑 다음에 얘기하는 것이 좋을 것 같다."

싯다르타가 자리에서 일어나자 마하왕비는 문밖까지 따라 나와 편히 쉬도록 거듭 당부한 뒤 연연한 눈길로 그의 뒷모습을 바라보았다.

신궁으로 돌아온 싯다르타는 비스듬히 침상에 기대고 있던 야쇼다라 공주를 바라보았다. 그녀의 얼굴에는 생기가 사라지고 병색이 완연하였다.

"공주! 어디 몸이 불편하오?"

"몸이 아파서가 아닙니다. 방금 부왕께서 당신의 출가수행 문제로 쓰러지셨다는 얘기를 들었습니다. 저는 태자께서 벌써 이곳을 떠나신 줄로만 알고 태자를 생각하며 일어나지도 못하고 있었습니다."

'아, 괴롭구나! 뼛속까지 사무치는 이별의 괴로움……!'

그는 몸을 굽혀 고통으로 신음하는 아내를 껴안고 흐느꼈다.

싯다르타가 신궁에 돌아왔다는 소식을 들은 궁녀들이 뒤를 이어 라훌라를 안고 달려왔다. 천진난만한 라훌라는 슬픔에 싸인 부모를 보자 덩달아 따라 울었다. 야쇼다라 공주는 궁녀들을 물리치고 둘 사이에 라훌라를 앉혔다. 아내와 어린 아들을 바라보는 싯다르타의 마음에는 천만 가지 감회가 차올랐으나 무슨 말로 그들을 위로할 수 있으랴!

온화한 날씨에 꽃내음 흩날리는 어느 날 밤이었다. 야쇼다라 공주는 라훌라를 안고 싯다르타의 품에 기댄 채 잠들어 있었다. 라훌라도 엄마 품에 안겨 깊은 잠에 빠져 있었다. 그러나 싯다르타는 잠들 수 없었다. 창밖의 맑고 밝은 달빛을 바라보며 그는 다시 태어남과 죽음의 고해 속을 헤매기 시작하였다.

그날은 음력 이월 초파일이었다. 나이 스물아홉! 싯다르타는 조용히 자리에서 일어나 깊은 잠에 빠진 아내와 아들을 바라보며 마음속으로 작별을 고하였다.

'잘 있어요. 야쇼다라 공주! 잘 자라거라. 라훌라야!'

방문을 빠져나온 싯다르타는 궁녀와 문지기들이 깊은 잠에 빠진 것을 확인하고 마음속에 떠오르는 천만 가지 감회를 억눌렀다.

성불(成佛)한 뒤 싯다르타는 제자들에게 이렇게 말하였다.

중생이 술과 고기를 버려 먹지 않고 재물을 버려 탐하지 않으며 부부지간의 사랑을 버려 연연치 않고 갖가지 악행을 버려 행하지 않으며 남과의 다툼을 버려 싸우지 않으면 가장 큰 보시바라밀(布施婆羅蜜)을 얻게 된다.

싯다르타는 곧바로 마구간을 향해 발길을 옮겼다. 싯다르타가 가장 사랑하던 준마 칸다카(犍陟)는 멀리서 주인이 다가오는 것을 본 순간 고개를 쳐들고 코울음소리를 내었다. 싯다르타가 보통 일이 아닌 원대한 사업을 위해 원행(遠行)하는 진의를 알기라도 하는 듯.

찬다카(車匿)는 싯다르타의 가장 충실한 말 시중으로 칸다카만을 돌보는 마부였다. 그는 칸다카의 울음소리를 듣자 다급하게 몸을 일으켜 마구간으로 뛰어와 싯다르타를 발견하였다. 찬다카가 엎드려 절한 뒤 의아한 눈길로 싯다르타를 바라보며 물었다.

"타자마마! 밤이 깊었는데 어떤 일로 주무시지 않고 왕림하셨습니까?"

찬다카에게까지 모든 것을 숨길 수 없다는 생각에서 싯다르타는 이렇게 대답하였다.

"나는 출가하여 수행하기로 결심하였다. 죽음이 없는 진정한 삶의 고향을 찾아 나서기로 한 것이다. 밝은 날이면 모든 사람들이 갈 길을 막아서기 때문에 모두가 잠든 틈을 타 궁궐을 빠져나가려고 여기 온 것이다. 찬다카야! 너는 내 앞길을 가로막지 않겠지!"

태자의 거동을 알아차린 찬다카는 무서움과 괴로움을 참지 못하고 소리죽여 울부짖기 시작하였다. 궁궐 안은 여전히 고요한 채 아무도 그들 앞에 나타나지 않았다.

찬다카는 도리 없이 싯다르타에게 말 채비를 해 드렸다. 그는 느릿느릿 마구를 챙기면서 이렇게 말하였다.

"태자마마! 태자께서는 무궁무진(無窮無盡) 부귀영화를 누리시며 이 나라 강산을 한 몸으로 가지신 터에 어찌 이를 마다하고 떠나십니까?"

"부귀영화란 한 점 뜬구름에 지나지 않는 것, 이것들이 내게 무슨 소용이란 말이냐?!"

"태자께서는 한창 나이에 어찌 인생의 즐거움을 마다하십니까? 늙어 아무것도 할 수 없게 되면 그때 가서 도를 닦더라도 늦을 것이 없지 않습니까?"

싯다르타가 말했다.

"괴로움은 길고 인생은 짧은 것! 세월은 살과 같이 지나가는데 무엇을 더 기다리란 말이냐?"

부처님께서 말씀하셨다. 나는 왕후의 자리를 틈바구니에서 새어나오는 먼지처럼 하찮게 생각하고, 금옥(金玉)과 같은 보물을 기와 부스러기처럼 보았으며 올이 고운 흰 비단으로 만든 옷을 낡고 값싼 천으로 생각하였다.

부처님께서 사문(沙門)에게 물었다.

"사람의 목숨은 얼마나 한 시간인가?"

사문이 대답하였다.

"며칠 동안에 걸치는 시간입니다."

부처님께서 말씀하셨다.

"그대는 알지 못하는구나!"

다시 딴 사문에게 물었다.

"사람의 명은 얼마나 되는 시간인가?"

사문이 대답하였다.

"밥을 먹는 시간 정도입니다."

부처님께서 말씀하셨다.

"그대 역시 모르고 있구나!"

부처님께서 다시 딴 사문에게 물었다.
"인간의 생명은 얼마나 되는 시간인가?"
사문이 대답하였다.
"숨을 한 번 쉬는 순간에 지나지 않습니다!"
부처님께서 말씀하셨다.
"옳도다. 그대는 알고 있구나!"

찬다카는 싯다르타의 말을 완전히 이해할 수 없었으나 싯다르타가 그에게 베푼 은혜를 생각하여 출가를 막아야만 한다고 생각하였다.
대궐에 들어오기 전, 찬다카는 이곳저곳을 유랑하던 고아였다. 그러던 어느 날, 찬다카는 중병을 얻어 왕궁의 문전에 쓰러지게 되었는데 문지기들이 그를 쫓아내려고 고함을 지르며 법석을 부렸다. 사람들의 떠드는 소리에 대문 앞에 당도한 싯다르타는 숨을 헐떡이는 찬다카의 모습을 발견하였다. 연민의 정을 이기지 못한 싯다르타는 그를 부축하여 왕궁에 데려간 뒤 어의를 시켜 병을 고치게 하였다. 오랜 치료 끝에 병이 나은 찬다카는 그로부터 싯다르타의 시중을 들게 되었다. 다음 날, 싯다르타는 칸다카와 찬다카가 가까운 사이가 되어 있는 것을 보고 찬다카로 하여금 칸다카만을 보살피도록 명하였다.
생명의 은인 싯다르타를 찬다카는 충심으로 따랐으며 몸과 마음을 다해 받들었다.
지금, 싯다르타의 출행이 너무도 아쉽고 허전하여 몇 번씩이나 말리려 드는 것이 찬다카의 심정이었다.
"태자마마! 왕궁을 떠나지 않으면 안 됩니까? 제발 여기서 행복하게 지내시기를 거듭 소원합니다!"
싯다르타가 대꾸했다.

"내 결심은 이미 굳어 있어 다시 번복할 수 없다. 인간들의 눈에 비치는 것은 모두가 상처투성이뿐이잖은가! 자연이 준 생로병사 말고도 인간들이 만들어낸 전쟁·살육·약탈·약육강식이 있을 뿐이다. 고난에 찬 인류를 구제하기 위해, 중생의 행복을 위해 나는 출가를 결심하였다. 이젠 그 누구도 내 갈 길을 막을 수 없다!"

찬다카는 싯다르타의 결심이 에베레스트 봉우리와 같이 굳세어 어떤 힘으로도 움직일 수 없음을 알게 되었다. 그러나 그는 땅바닥에 엎드려 애원하였다.

"그렇다면 태자마마! 저도 태자마마를 모시고 갈 수 있게 해 주십시오."

찬다카의 애절한 모습을 바라보던 싯다르타는 그의 충성과 진심에 감동되어 즉시 동행을 허락하였다.

찬다카가 칸다카를 마구간에서 끌어내자 싯다르타는 몸을 날려 말 등에 오른 뒤 북문 쪽 담을 넘어 밖으로 빠져나왔다. 찬다카가 그 뒤를 달음질쳐 따라왔다.

불조 석가모니의 생몰연월(生沒年月)과 출가 때 나이에 대해서는 여러 가지 설이 있어 지금까지도 논쟁이 계속되고 있다. 중국 불교계의 전통적 주장에 의하면 석가모니는 기원전 565년에 태어나 스물아홉 살에 출가하여 수행을 시작하였다고 한다. 이 설에 따르면 출가하던 해는 기원전 536년이어야 한다.

성 밖으로 빠져나온 싯다르타는 땅에 꿇어앉아 자신을 길러준 부모와 도성을 향해 아홉 번 절한 뒤 눈물을 머금고 맹세하였다.

"저 싯다르타는 이로부터 출가하여 득도(得道)를 위한 수행에 들어갑니다. 앞으로 태어남과 죽음에 대한 도리를 깨우치지 않고는 절대

왕궁에 돌아오지 않겠습니다! 불도를 이루지 못한다면 결코 부왕을 뵙지 않을 것이며, 부부간의 사랑을 끊어내지 않고서는 왕비와 처자를 만나지 않을 것입니다. 하늘과 땅·일월성신(日月星辰)은 저의 결심을 살펴주소서!"

싯다르타는 발원(發願)을 한 뒤 다시 말 위에 뛰어올라 길을 재촉하였다. 어둠을 헤치면서 골짜기를 건너고 산을 넘어 그들은 해가 뜨기 전 어느 산기슭에 당도하였다. 그들이 다다른 곳으로부터 머지않은 앞쪽에는 고행림(苦行林)이 기다리고 있었다. 그때, 동쪽 하늘가에는 희미하게 담담한 분홍빛이 감돌아 머지않아 있을 붉은 해의 승천을 알려 주었다. 한 밤을 달려온 사람과 말은 모두 피곤에 지쳐 있었다.

말에서 내린 싯다르타는 칸다카를 강가로 끌고 가 물을 먹인 뒤 풀을 뜯도록 하였다. 그는 말 등을 다독이며 벅찬 감회에 젖어 이렇게 말하였다.

"칸다카야! 너는 정말로 내가 가고자 한 길을 알아내는 명마로구나. 너에게 무어라고 고맙다는 말을 해야 할지."

칸다카가 배를 채우고 있을 무렵, 가쁜 숨을 몰아쉬며 뒤를 따라 달려온 찬다카가 면전에 이르렀다. 그의 얼굴에는 괴로움이 넘쳐나고 눈에서는 눈물이 줄줄 흘러내렸다. 이를 바라보던 싯다르타가 입을 열었다.

"찬다카야! 너는 이제까지 나를 위해 마음과 몸을 바쳐왔다. 너를 영원히 잊지 않으마! 이제부터는 나를 따라올 것 없으니 이 길로 칸다카를 타고 왕궁으로 돌아가거라."

싯다르타의 말을 들은 찬다카는 그 자리에 주저앉아 실성한 사람처럼 울부짖었다. 싯다르타의 마음 역시 이별의 괴로움으로 가득 차올랐다. 그러나 슬퍼할 수만은 없는 일! 그마저 슬퍼하면 찬다카는 돌아갈 생각을 하지 않고 계속 자신을 따르고자 할 것 아닌가. 싯다르타는 부드러운 말로 거듭거듭 찬다카를 달랜 뒤 몸에 걸치고 있던 영락보의(瓔珞寶衣)를 벗어 그의 몸에 걸쳐주었다.

"찬다카야! 우리 둘은 원래 주인과 종 사이었으나 마음으로는 친형제와 다름없었다. 이 옷을 너에게 기념으로 주겠으니 잘 간직도록 하여라!"

싯다르타는 머리에 쓰고 있던 금관과 목에 걸친 보석까지 풀어 찬다카에게 건네면서 말을 이었다.

"이것들을 국왕께 가져다 드려라. 삶과 죽음의 진리를 해탈하기 위해서는 출가수행을 포기할 수 없으니 절대로 사람을 보내 나를 찾지 마시라고 말씀드려라. 생사의 진리를 깨닫기 전에는 결코 왕궁에 되돌아가지 않을 것이다!"

찬다카는 땅에 엎드려 방성대곡하였다. 싯다르타는 그를 일으켜 세우며 재촉하였다.

"착하고 착한 찬다카야, 어서 돌아가거라!"

"태자마마! 당신께서는 어릴 적부터 왕궁에서 자라셨습니다. 잡수시는 것부터 잠자리까지 모두 시종들이 보살펴드렸는데 이제 홀몸으로 산과 들을 헤매며 어떻게 살아가신단 말입니까? 다시 한 번 깊이깊이 생각해 주십시오."

간청하듯 흐느끼는 찬다카를 바라보며 싯다르타가 대답하였다.

"아니다. 너도 보았듯이 산속은 맑고 고요하여 수행에는 이를 데 없이 좋은 곳이다!"

"태자마마! 이처럼 황폐한 산속에서 사나운 짐승과 무서운 독사를 만나게 되면 생각지도 못한 봉변을 당하실 텐데 장차 이 일을 어떻게 한단 말씀입니까?"

"찬다카야! 황량한 산속에는 눈에 보이는 독사와 맹수들이 있지만 왕궁에는 어디에나 보이지 않는 독사와 사나운 짐승들이 우글거리고 있다는 걸 모른단 말이냐? 꾸물거리지 말고 어서 빨리 돌아가도록 하여라!"

"태자마마! 다시 한 번 마음을 돌려 생각해 주십시오. 저는 죽어도 태자마마의 곁을 떠날 수 없습니다."

싯다르타는 찬다카의 충심에 깊은 감동을 받았으나 이렇게만 해서는 그를 설득할 수 없을 것 같아 몸에 지니고 있던 보도(寶刀)를 꺼내 결연히 자신의 머리털을 잘라버렸다.

찬다카가 이를 말리려 하였으나 때는 이미 늦었다. 그는 땅 위에 버려진 싯다르타의 머리털을 움켜쥐고 큰 소리로 울어댔다.

싯다르타는 칼집에 칼을 꽂아 넣은 뒤 고행림을 향해 달려갔다.

땅바닥에서 일어난 찬다카는 멀리 사라져가는 싯다르타의 뒷모습을 바라보며 망연자실한 가운데 그의 머리털과 보의, 금관을 챙겨들고 왕궁으로 발길을 돌렸다.

혼자서 고행림을 헤매던 싯다르타는 몹시 배가 고팠으나 거칠기 짝이 없는 숲 속에서 먹을 것을 구하고 잠자리를 찾기란 쉬운 일이 아니었다. 그는 주린 배를 움켜잡고 앞을 향해 나아갔다. 종일토록 숲 속을 헤매던 싯다르타는 해가 서편에 기울 무렵에야 겨우 움막 하나를 발견할 수 있었다. 수풀을 헤치고 가까이 다가가 보니 누더기를 걸친 노인 하나가 이제 막 밥을 짓고 있는 중이었다. 싯다르타는 앞으로 다가가 공손하게 절한 뒤 입을 열었다.

"노인장! 저는 출가하여 수행을 하는 사람입니다만 몹시 배가 고파 찾아왔으니 요기를 시켜주실 수 있겠습니까?"

노인이 대답했다.

"잘 오셨소이다. 우리 집에서 짓는 밥을 드실 수만 있다면 양껏 들어 보시구려!"

남의 집 밥을 거저 얻어먹을 수 없다고 생각한 싯다르타는 겉옷을 벗어 노인에게 건네주며 다시 입을 열었다.

"노인장! 이 외투로 노인장께서 입고 계신 겉옷과 밥 한 그릇을 바꿀 수 있을는지요?"

노인은 웃음을 지으며,

"그렇게까지 할 건 없소. 젊은이가 좋아한다면 이 누더기를 그냥 드리겠소만 옷이 너무 낡아 길가에 버린대도 주워갈 사람이 없을 것이오. 더구나 젊은이 같은 사람이 걸레처럼 발기발기 찢어진 옷을 입을 수는 없을 텐데……"

노인은 자신이 걸치고 있던 옷을 벗어 싯다르타에게 건네준 뒤 나무그릇 가득 밥을 퍼 담았다.

싯다르타는 노인이 밥을 푸는 동안 겉옷을 벗어던지고 누더기로 바꿔 입었다.

"고맙습니다!"

밥그릇을 건네받은 싯다르타는 커다란 나무 아래에 자리를 잡고 앉았다. 너무나도 배가 고팠던 탓에 한 끼 밥을 배불리 먹을 수 있게 되었다는 기대로 부풀어 있었으나 수저를 드는 순간, 코를 쏘는 악취 때문에 수저를 놓치고 말았다. 뱃속이 뒤틀리고 구역질이 났다.

그는 그릇을 내려놓고 역겨운 냄새가 진동하는 밥을 살펴보았다. 밥그릇 속에는 곡식이 아닌, 산채와 나뭇잎들을 으깨어 지은 밥이 담겨 있었다. 여태까지 궁궐 안에서 산해진미만으로 즐기며 살아온 그로서는 가난한 사람들이 이토록 거친 음식을 먹어 배를 채우며 살아간다는 사실을 알 리 없었다. 모두가 피와 살점을 가진 몸뚱인데 세상에 태어나 살아가는 동안 하늘과 땅 사이만큼 차이가 커서 불공평하기 이를 데 없는 게 인간세란 말인가!

싯다르타의 배에서는 꼬르륵 소리가 연기푼 들려왔다. 그러나 주변에서는 달리 먹을 것을 찾을 수 없었을 뿐 아니라 근처에 또 사람이 살고 있을 것 같지도 않았다. 더구나 이제는 값나갈 만한 물건이 몸에 남아 있지도 않다. 싯다르타는 돌연 자신을 향해 꾸짖었다.

'싯다르타야, 싯다르타야! 냄새나는 밥 한 그릇 먹는 것까지도 참아내지 못한다면 어떻게 수행하여 도를 구하고 중생을 구제할 수 있겠는가!'

뒤를 이어 싯다르타는 악취 진동하는 밥그릇을 서슴없이 비워버렸다. 그러나 이상한 일이었다. 그렇게도 냄새나는 밥은 옛날의 산해진미보다 더더욱 맛이 있었다.

12 고행림

　싯다르타는 고행림 안쪽을 향해 쉬지 않고 앞으로 나아갔다. 그는 목적지도 없이 수풀을 헤치며 고명한 스승을 찾는 데만 정신을 쏟았다.
　얼마나 헤맸던지 싯다르타는 드디어 고행(苦行) 중인 노인 한 사람을 만나게 되었다. 이 노인은 천 년이나 묵은 노송 아래에 결가부좌(結跏趺坐)하고 앉았는데 몸에는 아무것도 걸친 게 없었다. 장작개비처럼 말라빠진 그의 몰골은 해골 바로 그 모습이었다. 하얀 수염과 머리칼은 길게 자라 아무렇게나 흐트러져 덤불을 이뤘으며 메마른 얼굴은 바위처럼 차갑고 딱딱하여 활기가 없었다.
　숲 속 바람이 일 때마다 더부룩한 머리칼이 그의 얼굴을 덮치곤 하였으나 노인은 태곳적부터 그 자리에 앉아 있었던 것처럼, 그리고 영원한 미래까지도 그와 같은 모습으로 남아 있을 듯, 요지부동 흐트러짐 없이 앉아 있었다.

싯다르타는 노인 앞으로 다가가 조용히 입을 열었다.

"사부님! 여기는 어떤 곳입니까?"

노인은 두 눈을 감은 채 아무 말도 들리지 않는 듯, 벙어리처럼 대답이 없었다.

당시의 인도에서 '고행'이란 모든 종교가 공통적으로 숭상하고 실천하던 기풍이었다. 고행자에 관하여 육체란 악의 근원이기 때문에 사람들은 살아 있는 동안 최대한도로 자신의 육신을 학대하여야만 죽은 뒤에 천당에 들어가 사후의 즐거움을 향수하게 된다.

수행자들은 풀로 만든 옷이나 나무껍질을 입었으며 산야초와 꽃·과일·나무의 진을 빨아먹기도 하고 심지어는 대변을 먹는 자도 있었다. 어떤 사람은 하루 한 끼만 먹었으며 어떤 이는 음식 대신 찬물만을 마시면서 굶주림을 참아냈다. 어떤 자는 나무막대기나 가시덤불 위에서 잠을 자고 또 어떤 사람은 더러운 진흙 속에서 밤을 지새웠으며 토굴 안에서 자는 이도 있었다. 먹고 입고 자는 고행 말고도 여러 가지 방법을 고안하여 자신을 괴롭히는 것이 통례였다. 어떤 사람은 하루 종일 차가운 물속에 몸을 담그는가 하면, 어떤 이는 아침부터 밤까지 한쪽 넓적다리를 치켜든 채 서 있었고, 어떤 자는 한곳에 서서 해바라기처럼 뜨거운 햇볕을 향해 몸을 돌리며 하루해를 보냈다.

싯다르타가 만난 수행자는 이른바 침묵으로 도를 닦는, 지어수행자(止語修行者)였다.

이런 유의 수행자는 모두가 큰 소원을 청취하려는 사람들이었다.

그들은 어떤 일을 당하여도 절대 말을 하지 않는다. 설사 몸에 큰 병이 걸리거나 폭도들을 만나 몰매를 맞을지라도 한마디도 말을 하지 않는다. 그렇게 하여 자신의 정신이 극단적인 어려움을 겪도록 한다. 수행자는 이렇게 해야만 원만한 공덕(功德)에 도달할 수 있다고 생각하는 것이었다.

싯다르타는 중생의 고통으로부터 해탈키 위해 이곳을 찾아왔으나 이 노인은 뜻밖에도 고통스러운 인생 가운데서 더 큰 불행을 인위적으로 만들고 있었다.

싯다르타는 긴 한숨을 내쉰 뒤 앞을 향해 걸어갔다. 얼마를 걸었을까. 멀리 보이는 부용(芙蓉)나무 가지에 무엇인가 매달린 모습이 눈에 띄었다. 이상하게 생각하고 다가가보니 양다리를 밧줄로 묶인 젊은이 하나가 거꾸로 매달려 있다.

젊은이는 스무 살 남짓 되었는데 이목구비가 수려하였으나 얼굴은 고통으로 일그러지고 관자놀이에는 지렁이 같은 핏줄이 돋아났으며 눈에는 검붉은 핏발이 서 있었다. 그의 혓바닥은 밖으로 길게 빼물려 목매달아 죽은 귀신 모습 그대로였다.

싯다르타는 젊은이가 어떤 자에게 강제로 묶여 매달린 것이라 생각하며 풀어주려 하였다.

그러나 젊은이는 이를 악물고 눈을 부라리며 싯다르타를 저지하였다.

"매, 매, 매, 매달려 죽는대도 손해 볼 것 없다! 천국에 갈 수만 있다면 죽는 것이 왜 두렵겠는가? 어서 빨리 비키기나 해!"

고통으로 일그러진 젊은이의 얼굴을 바라보며 싯다르타는 불쌍한 생각이 들어 이렇게 물었다.

"젊은이여! 어쩌다가 이 지경이 되었단 말이오? 당신은 무엇 때문에 자신을 괴롭히고 있는 것입니까?"

젊은이는 가쁜 숨을 몰아쉬며 대답하였다.

"나, 나, 나는 지금 수련 중에 있소!"

"설마, 고행에 고행을 거듭하는 수련을 해야만 도를 얻을 수 있단 말입니까? 이렇게 하지 않고는 도를 얻을 수 없습니까?"

젊은이는 고개를 가로저으며 말하였다.

"어, 없습니다! 우리들은 모, 모두가 죄인입니다. 죄를 벗어나기 위해서는 육체로 하여금 괴로움과 고통을 최대로 받도록 하는 길밖에 딴 방도가 없소! 깨끗한 영혼을 얻어야만 하늘나라에 갈 수 있으니."

"아아, 그랬었군!"

싯다르타는 이 망망한 홍진세상에서 자신만이 아니라 많은 사람들이 태어남과 죽음의 굴레를 벗어나기 위해 고통받고 있음을 알게 되었다. 그들은 스스로 영혼을 정화하기 위해 배고픔을 참아내고 몸뚱이를 학대하면서 만 가지 괴로움을 견뎌낸다. 그들은 놀랄 만한 힘으로 인위적인 육신의 고통을 감수한 뒤 하늘나라에 갈 것을 기대하고 있다.

싯다르타는 이렇게 생각하였다.

'나는 중생이 괴로움을 당하지 않도록 하기 위해 출가수행의 길에 들어섰다. 만약 중생들이 모두 다 이렇게 잔인한 방법으로 죄업을 갚고자 영혼을 정화한다면 인간세는 지금보다 더욱 비참하게 될 게 아닌가?!'

싯다르타는 연민의 정을 품은 채 젊은이의 곁을 떠났다.

그때 돌연 밀림 깊은 곳으로부터 떠들썩한 사람 소리가 들려왔다. 그는 소리나는 곳을 향해 발걸음을 옮겼다.

거기서는 풀잎 옷을 걸치고 얼굴에 때가 덕지덕지 묻어 볼썽사나운 몰골을 한 한 떼의 사람들이 무엇인가를 열심히 먹고 있었는데 그들은 아귀걸신(餓鬼乞神)처럼 무섭게 많은 양을 씹지도 않고 꿀꺽꿀꺽 삼키는 중이었다.

싯다르타는 놀라움을 금할 수 없었다. 입이 찢어지도록 먹어대고 있는 것은 더러운 진흙과 이끼·풀잎·죽은 쥐새끼·벌레들이어서 바라만 보아도 오장육부가 뒤틀리고 구역질이 터져나왔다.

싯다르타는 이렇게 생각하였다.

'이렇게 해서 하늘나라에 간들 중생들에게 무슨 도움이 된단 말인가?'

싯다르타는 고행으로써는 진정한 해탈에 도달할 수 없으리라 생각하였다.

싯다르타가 고행림을 떠나려 할 즈음, 다시 폐부를 찢는 듯한 절규가 들려왔다. 고개를 돌려 살펴보니 자욱한 연기 속, 불길이 치솟는 가운데 사람의 것이라기보다는 차라리 악귀의 울부짖음 같은 처절한 울음소리가 귓전을 때렸다.

급히 달려가 살펴보니 통나무 모닥불이 활활 타는 가운데 겨릅처럼 바짝 마른 사나이 하나가 발가벗은 몸으로 불더미 위를 헤집고 걸으면서 숨이 끊어질 듯 악을 쓰고 있었다.

싯다르타는 이 사람 역시 앞서의 사람들처럼 수련 중임을 알 수 있었다. 그 또한 극단적인 고통 속에서 영혼의 해탈을 얻으려 열망하는 사람이었다.

이처럼 처절한 광경을 바라보던 싯다르타는 영생에 대한 자유로운 생명의 지향을 강렬하게 느끼고 고행을 극단적으로 혐오하게 되었다.

'고행을 통하여 정말로 천국에 갈 수 있다 하더라도, 달리 중생을 위해 마음과 몸에 합당한 천국의 문을 찾아내리라!'

대자대비한 그의 마음으로는 고행과 같은 인위적인 고난을 받아들일 수 없었다.

온몸이 타들어간 남자는 이를 악물고 불더미를 빠져나와 커다란 나무 뒤로 걸어가더니 발가벗은 소년 하나를 끌어다가 거침없이 불더미

속에 던져 넣었다. 불구덩에 떨어진 아이는 사력을 다해 빠져나오려 발버둥쳤으나 사나이는 아무렇지 않다는 듯 차갑게 웃으며 소년이 겨우겨우 기어나올 적마다 거침없이 다시 불더미에 밀어넣곤 하였다. 싯다르타는 더는 참을 수 없어 남자를 향해 고함을 질렀다.

"여보시오! 당신은 이 아이를 태워죽일 생각이오?"

남자가 또릿또릿한 목소리로 대답하였다.

"당신은 아무것도 모릅니다. 이 아이가 불에 타 죽으면 그보다 더 좋은 일은 없소! 이렇게 고통을 당하지 않으면 그 애의 죄업을 씻어낼 길이 달리는 없는 것이오. 죄가 있으면 죗값을 치러야 마땅합니다. 죄가 있어도 벌을 받지 않는다면 죄업이 영혼을 억누르게 됩니다. 저 아이는 징벌을 받음으로써 깨끗하게 되며, 모든 억압으로부터 풀려나게 됩니다. 그렇게 해야만 광명을 찾아 천국에 들어가 영원한 행복을 누릴 수 있는 것이오!"

가련한 소년은 끝내 불에 타 죽고 말았다.

불더미에 떨어져 울부짖던 소년의 모습은 순식간에 사라지고 말았다. 처음에는 찌그러져 형체를 알 수 없게 된 잔해만이 타고 있었으나 그것도 잠시, 마지막에 가서는 재와 더불어 한 가닥 연기로 사라지고 말았다.

싯다르타의 마음은 슬픔으로 가득 차올랐다. 그는 다시 한 번 인생의 허무와 생명의 미망(迷妄)을 뼈저리게 느꼈다. 그렇다! 태어남과 죽음은 환영과 꿈 같은 것이다. 부귀영화도 일장춘몽이며 참지 못할 괴로움도 한바탕 꿈에 지나지 않는다.

그러나 그렇게 해야만 천국에 들어갈 수 있단 말인가? 그래, 그 아이는 정말로 천국에 들었단 말인가?

이처럼 비참한 수련으로써는 향락에 빠진 중생들을 거둘 수 없다!

그것이 옳다 하더라도 천국에는 무엇이 있단 말인가? 천국의 생명은 정말로 생사의 굴레를 벗어날 수 있는가? 싯다르타는 원만한 해답을 갈망하였다.

싯다르타가 비통한 생각에 젖어 모닥불 곁을 떠나려 할 때 중년의 남자 또 한 사람이 불더미에 뛰어들어 스스로 목숨을 끊었다.

'고행림은 사람을 죽이는 사형림(死刑林)이로구나!'

싯다르타는 이렇게 생각하며 고행림을 떠났다.

오랜 시간이 지나 성불하였을 때 석가모니께서는 살생을 금하고, 이를 출가 제자와 재가(在家) 제자의 계율로 삼았다. 생명은 인연으로부터 생겨나거니와 자살하는 자는 인위적으로 인연을 절단하는 것이니 이는 바로 살생하여 죄업을 만드는 행위에 다름 아니다. 석가모니께서는 또 한편으로 사이비들의 그릇된 도리와 미신을 반대하였다. 불경에는 이렇게 적혀 있다.

> 세간에는 그릇된 스승과 잘못된 도리가 많으며 선악인과(善惡因果)와 윤회응보(輪廻應報)를 알지 못하고 오로지 미친 마음으로 그릇됨을 믿고 거꾸로 생각하여 귀신의 명을 따라 귀신의 법을 가르치며 혹세무민한다. 생명을 죽이고 생명을 구하는 절대자는 언제나 이 세상에 있다. 윤리도덕으로 인간을 구제하면 그릇된 스승도 승천한다. 세상 사람들은 미망(迷妄)하여 그릇된 생각을 믿어 다 함께 지옥에 들어가는데 한 번 몸을 잃으면 만겁을 거쳐도 되살아나지 못한다. 왜 그러한가? 복을 구하는 것으로 재계하고 보시하는 것보다 더 나은 것이 없으며, 장수를 구하는 것으로 살생하지 않고 방생하는 것보다 나은 것이 없다. 지혜를 구하는 것으로 널리 배우고 견문을 넓히는 것보다 나은 것이 없으며, 편안함을 구하는 것으로 시비를 반성하고 금단하는 것보다 나은 것이 없다. 따라서 정도를 구하려면 그릇됨을 믿지 말며, 윤회를 벗어나려면 인과를 범해서는 안 된다. 죄와 복에는 그림

자가 몸을 따르듯 응보가 따른다. 사도와 정도는 정반대이며 고락은 서로가 다르다.

싯다르타는 서둘러 앞을 향해 걸어갔다.
고행림에는 사신(死神)의 비웃음이 있을 뿐 진리의 목소리를 들을 수 없다. 우매함과 잔인함만 눈에 뜨일 뿐 지혜와 자애는 찾아볼 수 없었다.
싯다르타는 모든 것을 떨치고 그의 왕국과 부모처자 곁을 떠나 왔다. 그것은 그가 초연하고 삭막했던 때문이 아니라 그들을 너무나도 사랑했기 때문이었다. 그것은 범인으로서는 이해하기 어려운 깊고 깊은, 넓고 넓은 사랑 때문이었다. 그는 생명이 괴롭힘을 당하고 소멸되며, 또다시 재난을 당하게 된다는 생각 때문에 괴로워하였다. 그런데 고행림에서의 고난은 펄펄 살아 있는 사람이 죽어가는 가운데 일어나고 있었다.
망연한 가운데 싯다르타가 서둘러 길을 걷고 있을 때 돌연, 한 사람의 노인이 길을 막고 나섰다. 노인은 고행림의 모든 사람들이 그랬듯이 피골이 상접하고 얼굴은 온통 주름투성이었다. 그의 표정은 엄숙하였으며 움푹 파인 눈에서는 일체를 초월한 탈속(脫俗)의 기운이 돌아나고 있었다. 노인이 입을 열었다.
"젊은 양반! 고행하려고 여기 왔는가?"
"아닙니다!"
싯다르타가 단호하게 대답하였다.
"그렇다면 여기서는 무얼하려는가?"
"중생들이 고통과 번뇌, 생사의 굴레를 영원히 벗어날 수 있게 하는 진제(眞諦)를 찾으려고 이곳에 왔습니다."

노인은 고개를 가로저으며 낮은 음성으로 말하였다.

"생명의 괴로움은 영원한 것이야! 고통으로부터 해탈키 위해서는 생명 자체의 고통보다 천만 배나 강한 고통을 체험해야 하거늘……. 생명의 쓴 잔을 실컷 들이킴으로써만 생명을 버릴 수 있는 초인이 되며, 여러 가지 집착과 연연함을 버림으로써만 생명은 영생을 얻게 되는 것이라네. 젊은이! 당신이 일편단심 중생의 번뇌를 씻어내기 위해 노력한대도 그것은 불가능한 일이야. 인생이란 자기 스스로만 자기 문제를 해결할 수 있는 존재니까! 내 말이 무슨 뜻인지 알아듣겠나?"

싯다르타는 고행의 수련에 대해 찬동할 수 없었기 때문에 노인의 말을 받아 이렇게 대답하였다.

"노인장! 저는 이치를 모르나 이 두 눈으로 모든 것을 보았습니다!"

후일, 싯다르타는 제자들을 향해 무엇이 인생이며 무엇이 지혜인지, 우매함과 깨달음이 무엇인지에 대해 뚜렷하게 밝히셨다.

> 부처님께서 문수사리(文殊師利)에게 이르셨다. 지옥·아귀·축생·수라·인간·천상[六道]과 사람과 같은 태생(胎生), 새와 같은 난생(卵生), 개구리와 같은 습생(濕生), 나비와 같은 화생(化生)[四生] 가운데 사람만이 가장 귀하며 가장 영민하다. 부처는 사람 가운데서 수양을 통해 이루어지며 업(業)은 사람 가운데서 지어진다. 사람이 복을 지을 수 있다면 틀림없이 천상에 태어나고 악을 만들게 되면 지옥에 떨어진다. 덕을 가지면 신이 되고 도를 행하면 성인이 된다.
>
> 부처님께서 말씀하셨다. 지혜는 앎이다. 지혜로운 자는 닦을 수 있는 불도가 있음을 알고 배울 수 있는 성교(聖敎)가 있음을 알며 구할 수 있는 스승이 있음을 안다. 지을 수 있는 복이 있음을 알고 참회해야 할 죄가 있음을 알며 번뇌고(煩惱苦)·미(迷)의 세간을 버리고 무위적멸로 들어가는 세상이 있음을 안다. 윤회인과는 하늘에 해가 있음과 같고 어둠 속에 등불이 있는 것과 같으

며 알 수도 있고 볼 수도 있다. 선악응보를 알고 난 뒤에는 악을 버리고 선을 따르며 사악함을 고쳐 바른 것을 좇는다. 비리를 논하지 않으며 부당한 일을 하지 않고 도리 아닌 것은 행하지 않는다. 부당한 재물은 취하지 않으며 항상 옳은 것만을 생각하고 진실만을 추구하여 덕을 쌓아 이름을 얻어 후세까지 전한다. 이를 명지인(明智人)이라 부른다.

어리석음은 어둠이다. 어리석은 자는 몽매하여 높고 낮음을 알지 못하고 천당과 지옥이 있음을 알지 못하며 죄와 복이 있어 윤회함을 믿지 않고 항상 주색만을 탐한다. 육근(六根)을 추종하며 육진(六塵)을 탐하고 쾌락만을 취하며 사악함과 거짓이 넘쳐 수없이 전도(顚倒)한다. 오로지 눈앞의 향락만을 생각하고 후일의 재앙을 근심치 않으며 진실에 어두워 망념됨을 따른다. 깨달음을 등지고 세속에 영합하며 성현을 만나도 구제받을 수 없어 오래오래 고해에 빠져 영원히 진성(眞性)을 잃는다. 한 번 윤회에 들면 만겁 동안 제자리에 돌아오지 못한다.

깨달음이란 깨우침이다. 깨달은 자는 자신의 마음이 부처임을 깨우쳐 알고 도를 숭상하여 수행하며 몸·입·마음으로 인한 죄업을 짓지 않고 눈·귀·코·혀·몸·뜻은 깨끗하다. 중생을 제도하는 수단을 가져 나와 남이 합체되어 자신을 구제하고 남을 구원하여 함께 불도를 이룬다. 세간일지라도 세상에 물들지 않고 홍진 속에서도 마음을 다스려 대 법륜(法輪)을 돌려 속세를 도화(道化)하며 극락으로 지옥을 바꾸고 천당으로 미망을 교체한다. 불성을 발현하여 불사를 행하고 생령을 제도하되 자비를 버리지 않고 서로 간에 구원한다.

싯다르타가 고행림을 빠져나올 때, 하늘에서는 돌연 천둥소리가 울리고 흙비가 퍼부어 고행림은 더욱 음산하고 어두운 모습이 되었다. 한 줄기 번갯불이 하늘을 가로지르더니 뒤를 이어 천지를 뒤엎을 듯 거창한 우레 소리와 더불어 봇물 터지듯 거세게 빗물이 쏟아져내린 것이다. 싯다르타는 강풍과 빗줄기를 무릅쓰고 고행림에서 달려 나왔다.

정반왕의 편지

싯다르타가 출가한 뒤 카필라파스투국 왕궁은 극심한 고통과 혼란 속에 빠져들었다.

총민하고 지혜로운 야쇼다라 공주는 눈물로 세월을 보내며 침식까지 잊게 되었다. 그녀는 남편의 출가를 마음으로 이겨낼 힘이 없었다.

마하왕비는 절망에 빠진 며느리와 가련한 왕손 라훌라, 괴로움을 감내치 못하는 남편을 바라보며 하염없이 눈물 흘리는 가운데 싯다르타에 대한 얘기를 늘어놓곤 하였다. 싯다르타가 은혜를 모르는 사람으로 양심이 없다고 책망까지 하였다.

그러나 가장 마음 아파하는 이는 정반왕이었다.

나이 들어 늦게야 외아들을 얻은 그는 보배처럼 보살피면서 싯다르타의 행복과 즐거움을 위해 온갖 정성을 쏟아부었다. 그런데도 싯다르타는 부귀영화를 뜬구름 보듯 하였으며 왕위까지도 안중에 없었다.

요 몇 년 동안 정반왕은 싯다르타의 생각을 바꾸기 위해 무진 애를 써왔다. 싯다르타가 왕위를 계승하여 조상으로부터 이어받은 강토와 백성들을 잘 다스려주도록 무한히 소망하지 않았던가! 싯다르타가 왕궁을 떠닌 현세로서도 가견힌 정반왕은 같은 생각을 버릴 수 없었다. 그는 싯다르타가 자신의 괴로운 마음을 끝내 이해해 줄 것으로 믿고 또 믿었다. 따라서 정반왕은 싯다르타를 되찾아오리라 굳게굳게 맹세하였다.

정반왕은 즉시 근신들을 불러 모아 방법을 찾기로 하였다. 분분한 논의 속에 일치된 결론을 내리지 못하고 있을 때 찬다카가 돌아왔다.

여러 사람들은 그를 둘러싼 채 다급하게 따져 물었다.

"찬다카야! 태자는 지금 어디 계시냐?"

"태자를 어디까지 모시고 갔어?"

"찬다카, 이놈! 태자가 떠나도록 바라만 본 네놈의 죄는 대역(大逆)이다."

"간덩이가 부어터진 찬다카 이놈아, 더 살 생각일랑 말아!"

"…………."

뭇사람들이 윽박지르는 바람에 찬다카가 어찌할 바를 모르고 있을 때, 정반왕은 대신들을 저지하며 따져 물었다.

찬다카는 땅 위에 엎드려 정반왕에게 죄를 청한 뒤 싯다르타가 밤중에 왕궁을 빠져나간 경위를 처음부터 끝까지 숨김없이 고하였다.

정반왕은 눈물을 흘리면서 아사타 선인의 말을 떠올렸다. 그때 아사타는 이렇게 말했었다.

관상으로 보아 태자는 부귀영화를 탐하는 속인과는 다르며, 색상(色相)이 모두 비어 있어 출가하게 되면 커다란 깨달음을 이뤄 천인의 불조가 될 것이다.

그러나 정반왕은 자신의 아들이 하늘에 올라 부처가 되는 것에는 관심이 없었으며 하늘 아래 살고 있는 모든 사람들과 마찬가지로 향락을 즐기며 영화를 좇기만을 희망하였다. 이렇게 함으로써만 싯다르타를 그의 곁에 붙들어 두어 국토와 왕위를 계승할 수 있기 때문이었다.

그러나 이제는 싯다르타가 출가하여 이곳에는 없다. 정반왕은 눈앞이 텅 비어 허무로 가득 차 있음을 보았다. 그는 애절한 마음으로 소리없이 외쳤다.

'싯다르타야! 너는 어찌하여 다 늙은 나를 버리고 집을 나갔단 말이냐?'

정반왕은 슬픔을 억누르며 근신들을 향해 입을 열었다.

"어떤 일이 있더라도 싯다르타를 찾아와야 한다! 싯다르타가 없으면 카필라파스투국의 강산은 주인을 잃게 된다. 이 정반왕도 왕관을 잃은 것이나 다름없다. 여러 신하들은 머리를 짜내 싯다르타를 찾아올 방법을 생각해내도록 하라. 이것이 그대들의 충심과 성의를 시험하는 기회인 것이다!"

근신들은 머리를 싸매고 궁리에 궁리를 거듭하였다. 논의 끝에 대신들은 교진여(憍陳如)·아사파서(阿舍婆誓)·마하발제(摩訶跋提)·십력가섭(十力迦葉)·마남구리(摩男俱利) 등 다섯 사람의 신하를 파견하여 고행림으로부터 싯다르타를 찾아오도록 의견을 모았다.

싯다르타의 출가는 왕궁 안의 모든 사람에게 근심과 슬픔을 안겨주었다. 그들은 싯다르타의 여러 가지 미덕과 온유한 정을 떠올렸다. 그런데도 싯다르타의 사촌동생 데바닷타만은 남몰래 희희낙락 즐거움 속에 빠져들었다. 그는 이렇게 생각하였다.

'싯다르타는 정반왕의 외아들로 카필라파스투국의 유일한 계승자다. 그러나 이제는 왕궁을 떠나 다시 돌아오지 않게 되었다. 나는 정반왕의 조카로서 싯다르타를 대신할 자격이 있는 사람이다. 이렇게 되면 카필라파스투국의 왕좌와 강산은 남김없이 내 것이 되고 만다!'

데바닷타는 흥분을 감추지 못한 채 가까운 사람들을 불러 술과 안 주를 즐기면서 왕이 다 된 기분이었다.

득의양양, 데바닷타가 제 풀에 들떠 있을 때 시종이 달려와 다섯 사람의 신하가 싯다르타를 찾으러 떠나게 되었음을 알렸다.

순간적으로 데바닷타는 이렇게 생각하였다.

'싯다르타가 다시 돌아오게 되면 임금이 되는 꿈은 깨져버리고 만 다.'

그는 시종의 전언을 듣는 순간 술기운이 싹 가셔버리는 것을 느꼈 다. 데바닷타는 주안상을 땅바닥에 내동댕이치며 미친 듯 소리쳤다.

"싯다르타가 다시 돌아와서는 안 돼! 그가 출가하여 수행에 들어간 것은 하늘의 뜻이며, 내가 왕위를 계승하는 것 또한 하늘의 마음이다. 싯다르타가 돌아오게 해서는 절대 안 된다. 다신 돌아올 수 없어!"

데바닷타의 고함소리에 모여 있던 사람들은 망지소조(罔之所措), 어떻게 해야 할지 갈피를 잡을 수 없었다. 그들은 자리를 떠나려 했으 나 데바닷타의 노염이 제 몸에 미칠까 두려워 감히 자리를 뜨지 못 하였다. 그렇다고 가만 있자니 데바닷타의 고함소리가 바깥까지 들리 게 된다.

그렇게 되면 사실이 국왕에게 보고되어 떼죽음을 당하게 된다. 데 바닷타의 작태를 바라보던 패거리들은 온몸이 땀에 흠뻑 젖은 채 가 슴만 졸였다. 그러나 나중 담력 큰 친구 하나가 데바닷타에게 다가가 무엇인가 귀에 대고 소곤거리자 변덕스럽게도 언제 그랬느냐는 듯 다 시 즐거운 표정이 되었다.

그 자가 데바닷타에게 들려준 말은 고행림에 파견되는 다섯 신하

중 마남구리를 매수하자는 것이었다. 두 사람은 마남구리가 돈 앞에 의리까지 져버리는 소인배임을 잘 알고 있었다.

　다섯 사람의 신하가 떠나기 전 데바닷타는 마남구리를 밀실로 불러, 은밀한 가운데 엄청난 황금 보석을 그에게 안겨주었다. 데바닷타는 마남구리가 싯다르타를 찾는 즉시 죽여 없앨 것을 거듭 당부하였다. 물론 일이 성사되면 다시 더 많은 상금을 내릴 뿐 아니라 왕위를 차지한 뒤에 그를 중용한다는 약속을 잊지 않았다.

　마남구리는 돈을 건네받자 데바닷타에게 충성을 맹세하며 이렇게 말하였다.

　"데바닷타왕자께서 저를 신임하신 데 대해 무한한 감사를 드립니다. 왕자께서 카필라파스투국의 왕이 되시도록 전심전력, 뼈가 가루 되도록 충성을 다하여 몸 바치겠습니다."

　그러나 싯다르타의 모해계획은 보통 일이 아니었다. 데바닷타는 반역음모에 마음이 놓이지 않아 마남구리에게 조심하여 거사할 것을 여러 차례 당부하고 비밀을 엄수하도록 겁까지 주었다.

　"마남구리! 내 목숨과 앞길은 오로지 그대 한 몸의 처신에 달려 있다. 절대 마각(馬脚)이 드러나서는 안 된다. 일단 탄로가 나면 너 나 없이 당장 떼죽음을 당하게 되고, 그렇게 되면 우리는 아무것도 부지할 수 없다. 성공하면 왕공이 되고 실패하면 역적이 된다는 옛말을 잊지 마라!"

　밤 말은 쥐가 듣고 낮 말은 새가 듣는다! 두 사람의 얘기는 어떤 경로를 거쳐 고행림에 파견될 또 하나의 신하 교진여의 귀에 들어갔다. 그러나 교진여는 이를 왕에게 보고하지 않았다. 그것은 사건의 내용이 남의 입을 거쳐 들려온 말일 뿐 증거가 없는데다 데바닷타가 왕의 근친이었기 때문이었다. 일이 잘못될 경우 자신은 데바닷타를 모함하고 군왕을 기만한 죄를 뒤집어쓴 채 불측(不測)의 화를 당하게 된다. 그러나 그보다도 더 중요한 것은 교진여 자신이 죄를 뒤집어쓰고 죽게 되는 경우, 데바닷타의 음모는 영원히 가려져 싯다르타를 구할 수 없게 된다. 생각에 생각을 거듭한 뒤, 교진여는 비밀을 가슴속 깊이깊이 간직한 채 소리없이 싯다르타를 보호하리라 마음먹었다.

다음날, 다섯 사람의 신하는 싯다르타에게 전할 왕의 친필을 가지고 길을 떠났다.

길을 가면서 교진여는 한시도 쉬지 않고 마남구리의 일거일동을 주시하였다.

일행은 험준한 산을 넘고 개울을 건너, 다시 울창한 숲을 지나 여러 마을을 거쳐 고행림을 향해 앞으로 나아갔다.

어느 날, 일행은 통나무를 걸쳐 만든 다리를 건너게 되었는데 이 다리는 고행림으로 들어가는 단 하나의 통로였다. 그들은 뒤따라오는 교진여를 기다리기 위해 다리를 건너기 전, 나무 그늘에서 쉬게 되었다.

앞서, 마을을 지날 때 교진여는 노독 때문에 더는 걸을 수 없다며 말을 빌어 탈 수 있도록 마을 사람에게 청탁을 하였다. 그러나 한참을 기다려도 소식이 없자 십력가섭이 교진여에게 말을 얻어 타고 뒤 따라 오라며 나머지 사람들과 먼저 그곳을 떠났다.

그러나 일행이 고행림의 통로에 당도할 때까지 교진여의 모습은 보이지 않았다. 망망한 고행림은 인적이 드물고 길이 험한 데다 단체행동 때문에 일행은 그곳에서 교진여를 기다릴 수밖에 없었다.

한참을 기다리자 교진여를 등에 태운 백마가 나는 듯 달려왔다. 다리 앞에 당도한 교진여는 무슨 생각을 하였던지 갑자기 말에서 뛰어내리며 채찍으로 말 엉덩이를 세차게 갈겼다. 놀란 백마가 비명을 지르며 다리를 향해 돌진했다. 바로 그때였다!

'꽈다당!' 소리와 함께 다리가 무너지고 백마는 낭떠러지 아래로 아득히 굴러떨어졌다.

일행은 아연실색, 벌린 입을 다물지 못하였다. 일행은 다리를 건너지 않은 것을 다행스럽게 생각하였다. 그러지 않았다면 다리 아래 골짜기로 굴러떨어져 모두가 불귀의 객이 되고 말았을 것이다.

한동안 넋을 잃고 있던 일행 중 한 사람이 입을 열었다.

"휴……. 저, 정말, 큰일 날 뻔했구려! 아슬아슬하게 목숨을 건지다니. 그런데 다리가 무너질 줄을 어찌 알고 백마만 내 몰았소이까?"

교진여는 묵묵부답 입을 열지 않았다.

다리가 무너져내린 이 사건은 원래 데바닷타가 꾸민 계략 중의 하나였다. 싯다르타를 찾아나선 일행이 다리에서 떨어져 몰살당하면 싯다르타는 왕궁으로 돌아올 수 없게 된다! 교진여는 이 음모를 간파하고 있었으나 그는 모르는 척 치밀한 사전계획을 세워 사고를 미연에 방지할 수 있었다. 그러고도 그는 이 패역행위를 발설하지 않았다.

다리가 없어진 뒤라 일행은 아슬아슬한 절벽을 타고 내린 뒤 다시 등나무줄기와 나무뿌리를 붙들고 기어올라 산 넘고 개울 건너 겨우겨우 고행림에 들어섰다. 고행림에서 그들은 괴이하기 짝 없는 수행자들의 모습과 마주치며 싯다르타의 종적을 수소문하였으나 그의 행적을 아는 사람은 아무도 없었다.

숲 속 깊숙이 들어간 일행은 싯다르타를 찾아내지 못한 채 첫날밤을 우람한 거목 아래에서 지새게 되었다. 고행림의 여름밤은 산들바람이 일어 잠들기 알맞았다. 피곤에 지친 다섯 사람은 저녁을 마치자마자 코를 골며 하나같이 나가떨어졌다.

그런데 한밤중 잠에서 깨어난 교진여가 살펴보니 마남구리의 모습이 보이지 않았다. 괴이한 생각이 들어 사방을 두리번거리는데 이때 어디서가 짐승의 울음 같은 괴성이 들려왔다. 귀를 기울여 들어보니 소리는 서목 위에서 나고 있었다. 교진어는 바짝 긴장한 채 휠과 장검을 걸쳐메고 가만가만 나무 위로 기어올랐다. 그런데 어찌된 일인가? 등에 활을 멘 마남구리가 나뭇가지에 몸을 걸친 채 잠들어 코를 고는 중이었다. 교진여는 불길한 생각에 재빨리 나무둥치 뒤로 몸을 숨기고 그를 감시하기 시작하였다.

동편 하늘이 밝아오기 시작할 때 마남구리가 잠에서 깨어났다. 그리고 해괴한 정경이 벌어졌다. 마남구리는 밝기 전 미명을 틈타 나무 아래 곯아떨어진 일행에게 화살을 겨누었다. 팽팽한 긴장감이 일며 시위가 당겨지고 화살이 튀겨지려는 찰라, 그의 팔을 억세게 내리치는 무엇이 있었다. 화살은 바람을 가르며 빗나가고 말았다.

교진여가 마남구리를 덮치고 마남구리가 교진여를 들이밀면서 두 사람은 한꺼번에 나무 아래로 떨어지고 말았다. 아사파서·십력가섭·마하발제 세 사람이 놀라 잠을 깨었으나 마남구리의 음모를 알 리 없는 가운데 둘을 떼어 말린 뒤, 경위를 따져 물었다. 교진여가 흥분된 어조로 입을 열었다.

"이 자는 몰래 나무 위에 올라가 잠들어 있는 당신들을 쏘아 죽이려 하였소. 내가 미리 알고 덮치지 않았다면 몰살을 면치 못했을 거요. 세어들 보시오. 이 자의 화살이 우리들 것보다 하나가 모자란 것을."

마남구리도 지지 않았다.

"믿지 마시오, 이 자는 거짓말쟁이요! 내가 나무 위로 올라간 건 망을 보기 위한 때문이었소. 모두 잠든 틈에 산짐승이 달려들까 염려했던 때문이었소. 화살 하나는 멧돼지 사냥 때 날려버려 모자라게 됐소.”
 두 사람이 언성을 높여 제 주장을 하였으나 잘잘못을 가려낼 수는 없었다. 나머지 세 사람은 반신반의 마음속으로 이렇게 생각하였다.
 '모두가 정반왕의 신하로서 여러 해를 함께 지냈거늘 마남구리가 무슨 일로 우리들을 모해하려 했겠는가? 그러나 낌새는 좀 이상했어! 평소 거짓이 많은 놈인데 여기까지 오는 동안 내내 들뜬 모습이었거든! 뱃속을 들여다볼 수 없으니……. 그렇다고 교진여의 말만을 믿을 수도 없다.'
 싸움을 뜯어 말린 뒤 일행은 서둘러 아침을 들고 싯다르타를 찾아 다시 길을 재촉하였다.
 아침 햇살이 비쳐오자 고행림의 나무 꼭대기는 새빨갛게 물들어 올랐다.

 고행림을 헤매는 동안 수행자들의 비참한 모습을 목도한 싯다르타는 고행에 회의를 품고 진정한 스승을 찾아 헤매면서 태어남과 죽음에 관해 거듭거듭 명상하였다. 출가 이후 지금까지 싯다르타는 굴 속에 은거한 아라라가라마(阿羅邏迦羅摩)와 오타가라마(烏陀迦羅摩)에게 선정(禪定)을 배웠다. 아라라가라마는 싯다르타에게 심사묵상(深思黙想)의 순서를 가르쳐 '공적왕국(空寂王國)'을 깨우치게 하였으며, 오타가라마는 '심리작용이 아니면서도 심리작용이 아니지 않는 상태'를 가르쳐 주었다.
 그때 싯다르타는 왕사성(王舍城) 부근의 영취산(靈鷲山) 꼭대기에서 굴 하나를 찾아내었다. 그는 굴에 들어 결가부좌한 뒤 마음을 가다듬고 벽을 향해 도를 구하였다.
 그러나 봄·여름·가을이 지나 겨울이 될 때까지 아무것도 얻은 바가 없었다. 고행수업을 마땅치 않게 생각한 싯다르타는 그러나 몸소 금욕과 고행을 시험해보기로 작정하였다. 싯다르타의 고행수업은 당시의 사회풍조로부터 받은 영향이 컸던 것으로, 고행이 출가자에게 커다란 유혹이 되어 있었음을 말해주는 것이다.

싯다르타의 수행법은 기아법(飢餓法)이었다. 영양실조로 싯다르타의 몸은 피골이 상접하게 되었으며 체력은 크게 줄어들었다.

한편, 교진여 일행은 네이란자라(尼連禪) 강가에 이르러 싯다르타를 찾아 헤매고 있었다. 그때 싯다르타는 눈을 감고 두 손을 모아 합장한 채 한 그루의 나무 아래 조용히 앉아 있었다. 일행은 장작개비처럼 말라빠진 싯다르타의 모습을 발견하자 울음을 터뜨리고 말았다.

그들은 싯다르타 앞에 꿇어앉아 한 목소리로 외쳤다.

"태자마마, 태자마마! 절 받으십시오!"

싯다르타는 지그시 눈을 감고 표정 없이 입을 열었다.

"무엇하러 여기까지 왔습니까?"

교진여가 두 손으로 정반왕의 친서를 받쳐 올리며 이렇게 말하였다.

"소신들은 국왕폐하의 명을 받들어 여기까지 왔습니다. 폐하의 서찰(書札)을 펼쳐보십시오."

싯다르타가 부드럽게 대꾸하였다.

"나 대신 당신들 중 누가 읽어보십시오!"

"제가 읽어드리겠습니다."

교진여가 두 손으로 편지를 받쳐 들고 감개어린 목소리로 읽어내려갔다.

총명하고 효순한 태자야. 네가 갑자기 왕궁을 떠난 뒤 부왕의 마음은 칼로 찢는 듯 아파 숨이 넘어갈 지경이었다. 왕비는 하루 종일 슬픔에 겨워 눈물 마를 새가 없구나. 너의 처 야쇼다라 공주는 더 상심하여 몸을 가눌 수조차 없게 되었다.

싯다르타야! 부왕은 도를 구하려는 너의 소원이 네 진심과 양지(良知)로부터 우러나왔음을 이해하며 중생을 구제하려는 선량하고도 인자한 마음을 극찬하여 마지않는다. 그러나 부모처자와의 인연을 버리고 깊은 산중에 은거하여 널리 중생을 구제한다는 네가 하루 종일 슬픔 속에 빠져 있는 부왕과 왕비, 아내와 아들을 돌보지 않겠다는 것은 무슨 까닭이냐? 너의 부모처자는 이 시간에도 엄청난 비통에 쌓여 있는데 너는 어찌하여 우리들을 구원하지 않는단 말인가? 너의 돌연한 출가는 재앙을 몰아오는 갠지스 강의 홍수가 범람하듯 카필라파스투국의 조정과 백성들 마음의 제방을 무너뜨리고 마지막에는 왕실을 허물어 나라를 망치게 할 것이다.

너의 출가수행은 거친 산과 들에서 독사와 맹수의 위협을 받으며 광풍폭우를 만나게 될 것이니 보통사람으로서는 참을 수 없는 재앙인 것이다. 이 모든 것은 한시도 쉴새없이 부왕의 가슴을 갈기갈기 찢고 있다! 이 아비의 심경을 헤아린다면 이 시간 당장 마음을 고쳐먹고 왕성으로 돌아와 왕위를 계승하여 국정을 관리토록 하거라. 네가 나의 권유를 따르지 않고 나라를 버리고 처자를 팽개친다면 어떻게 중생구제를 논할 수 있을 것이며 대자대비심으로 널리 세인을 제도할 수 있겠느냐?

정반왕의 편지를 읽던 교진여의 눈에서는 샘물 솟듯 눈물이 쏟아졌다. 그는 나이 들어 자식을 잃게 된 정반왕의 불행을 괴로워 하였으며, 피골이 상접한 싯다르타의 몰골을 가슴 아파했다. 그는 정반왕의 편지를 받아본 싯다르타가 부자의 정에 끌려 궁궐로 돌라가리라 굳게 믿어 의심치 않았다. 그러나 싯다르타는 조용한 목소리로 이렇게 말하였다.

"돌아가서 부왕께 전하십시오. 나는 이미 하늘을 향해 맹세하였습니다. 천하의 남자는 모두가 내 아버지이며 천하의 여자는 모두가 나의 어머니라고. 인생의 진제를 깨우치기 위해 생사를 초월하여 중생을 구제하며 대중의 병고를 생각할지언정 한 집안의 은혜와 정리는 깨끗이 버리기로 결심하였습니다."

교진여 일행은 이 말을 듣는 순간 또다시 울음을 터뜨리고 말았다.

"존경하는 태자마마! 태자께서 출가하신 뒤 왕궁 안팎은 한숨과 슬픔으로 가득 차게 되었습니다. 국왕폐하께서는 태자를 생각하시느라 온종일 얼굴에 수심을 띠우시며 마하왕비와 야쇼다라 공주께서는 눈물로 세월을 보내고 계십니다. 태자마마, 그분들을 불쌍히 여겨주십시오! 태자께서 돌아가지 않으시면 구천(九泉)에 계시는 마야왕비께서도 마음을 놓지 못하실 것입니다. 태자마마! 제발 저희들과 함께 궁궐로 돌아가 주십시오!"

싯다르타는 마음속의 아픔을 가누며 대답하였다.

"다섯 분께서 온갖 어려움을 무릅쓰고 먼 길을 걸어 찾아주신 정에 깊이깊이 감사드립니다. 그러나 나는 이미 결심했습니다. 도를 깨우치지 않는 한 결코 궁궐에 돌아가지 않겠다고! 부왕께는 제가 아무 일 없이 잘 지내고 있다고 전해주십시오. 왕비께는 길러주신 은혜에 감사한다는 말씀을 올려주십시오. 야쇼다라 공주에게는 이제 두 사람 사이의 인연이 다 되었으니 내 일일랑 더는 마음에 두지 말라고 전해주십시오!"

싯다르타는 아들 라훌라의 일을 물어보고 싶었으나 이렇게 되면 처자에 대한 그리움을 억제할 수 없을 것 같았다. 신하들 면전에서 눈물이라도 흘리게 되면 수행하는 마음이 흔들리게 될 것은 물론, 그들 다섯 사람도 쉽사리 물러가지 않을 것이라 생각하면서 마음을 독하게 다져먹었다. 마남구리는 싯다르타가 부귀영화에 전혀 관심을 두지 않는 것을 보고 아무리 생각해도 그 까닭을 알 수 없었다.

'데바닷타는 왕위를 얻기 위해 백만 거금을 들여 살인까지도 저지르는 판인데 싯다르타는 손안에 들어온 왕위를 헌신짝 버리듯 내동댕이치지 않는가!'

마남구리는 싯다르타를 향해 입을 열었다.

"태자마마! 드릴 말씀이 있습니다."

싯다르타가 고개를 끄덕이자 마남구리가 다시 입을 열었다.

"태자마마! 소신은 태자께서 복록과 영화를 마다하시고 이처럼 황량한 산속에 들어와 풍찬노숙(風餐露宿)하시는 뜻을 알 수 없습니다. 태자마마께서 깨우치고자 하시는 진리는 왕위보다, 재산보다, 아름다운 여인보다 더 좋은 것입니까?"

"마남구리여!"

싯다르타는 잠시 숨을 돌린 뒤 다음 말을 이었다.

"그대는 헛된 인생의 짧은 영화에 집착해 있을 뿐, 인생 모두가 태어남으로부터 죽어가는 여정에서 총총히 왔다가 바쁘게 떠나는 길손임을 생각지 못하고 있습니다. 사람이란 일단 어머니의 몸을 떠나면 그로부터 죽음을 향해 한 걸음 한 걸음씩 다가가게 됩니다. 마치 죽음을 위해 태어나기라도 한 것처럼. 당신이 늙어 죽게 되면 부귀영화라는 것이 어디 있을지 생각해 보십시오. 나라와 왕위·재산·아름다운 여인도 온데간데없이 사라져 버립니다. 지금 나는 왕위를 마다하고 출가하여 수행하고 있지만 이는 영원히 생사의 굴레를 벗어나 인생의 진제를 깨달으며 중생을 구제하려는 데 목적이 있는 것입니다. 이것은 순간적인 영화에 비하면 너무나 위대하고 너무나 신성한 것입니다. 마남구리여, 내 말 뜻을 알아듣겠습니까?"

마남구리는 싯다르타의 말을 듣자 데바닷타와의 음모를 떠올리고 부끄러움을 느꼈다. 그는 몸을 굽혀 싯다르타를 향해 절하였다.

　그 밖의 신하들도 싯다르타의 말씀을 음미하며 그를 향해 무릎 꿇고 두 팔로 땅을 짚어 머리를 조아렸다. 그들은 하나같이 싯다르타의 고상하기 이를 데 없는 행위와 원대한 이상에 감동하였다.

　싯다르타는 흔들림 없는 모습으로 다시 입을 열었다.

　"여러 신하들이시어! 이제 마지막으로 한 마디 이르리다. 해와 달은 뜨면 지는 것이며 높은 산도 바다로 변할 수 있습니다. 그러나 출가하여 수행하는 내 마음은 영원히 변치 않습니다. 나를 이 자리에서 물러나게 하는 사람이 있다면 나는 차라리 뜨거운 불구덩이에 몸을 던져 한 줌 재가 될 것입니다. 자, 이제 돌아가십시오!"

　교진여 등 다섯 사람은 싯다르타의 말에 감복하여 흐릿한 꿈길로부터 깨어난 기분이 되었다. 그들은 약속이나 한 듯 다함께 그의 면전에 엎드려 눈물을 흘렸다. 싯다르타가 의아하게 생각하며 물었다.

　"당신들은 어인 일로 떠나지 않습니까?"

　"태자마마! 저희들도 왕궁으로 돌아가지 않겠습니다. 여기 머물면서 영원히 태자마마를 모시겠습니다. 저희들 모두가 수행하여 도를 깨우치게 해 주십시오."

　"…………."

　한참 뒤에 싯다르타가 입을 열었다.

　"수행은 보통 사람에게 아주 힘든 일입니다. 다시 말하건대 당신들은 가정이 있고 처자가 있는 카필라파스투국의 중신들입니다. 서둘러 돌아가 주십시오!"

　교진여가 말했다.

　"태자마마! 태자께서는 나라와 왕위까지 버리셨는데 저희들로서 버리지 못할 것이 어디 있겠습니까? 제발 저희들을 제자로 거두어 주십시오."

싯다르타는 그들의 진심을 알아차리고 더는 돌아가기를 권하지 않았다. 다만, 마남구리만은 마음속에 켕기는 무엇이 있었으나 모두가 머물기를 원하는 터에 여러 말할 수 없어 어거지로 따라 남게 되었다.

이때, 싯다르타가 말하였다.

모든 중생에게는 불성이 있느니라.

14 육 년간의 고행

싯다르타의 고행은 극단적인 공허와 배고픔 속에서 한 해, 두 해 이어져 갔다. 육 년 세월이면 이천 번이 넘는 낮과 밤! 싯다르타는 일각도 쉬지 않고 태어남과 죽음에 관한 명상을 계속하였다.

전하는 바에 의하면 수행 중의 싯다르타는 나무 아래에서 홀로 결가부좌하였다. 몸에는 걸친 것이 없었으며 비바람을 피하지 않았고 눈은 순시도 깜빡이지 않았으며 마음은 공포를 느끼지 않았다. 모든 의념(意念)을 떨쳐버렸다. 때로는 호흡을 정지하여 골이 떨리고 바늘이 뼈를 찌르듯 아프게 하였으며 때로는 혀끝으로 턱을 받쳐 내심을 억제하여 땀이 샘물처럼 돋게 하였다. 싯다르타는 마음을 정결하게 한 채, 계율을 지켜 눕지도 일어나지도 않았으므로 수리가 머리에 집을 지어 새끼를 기르는 바람에 온몸이 새 똥으로 더럽혀졌으나 아랑곳하지 않았다.

처음 고행을 시작할 때는 날마다 삼 씨 하나와 보리 한 알을 먹었으나 시간이 지나자 이레 만에 한 알씩을 먹다가 마지막에 가서는 마시지도 먹지도 않게 되었다. 극단적인 영양부족으로 싯다르타의 몸은 고목처럼 말라 손으로 배를 만질라치면 등뼈가 닿을 지경이었다.

드디어 싯다르타는 육체적인 고난으로는 진정한 해탈에 도달할 수 없음을 깨닫게 되었다. 인생의 번뇌는 근본적으로 심지가 정결치 못한 데 있다. 심령에 낀 때를 벗겨내기 위해서는 절식고행(絕食苦行)만으로는 무익하다.

싯다르타는 심사숙고한 뒤 고행을 그만둘 결심을 하였다. 그는 좌선하던 자리에서 일어나 비틀비틀 네이란자라 강물을 향해 걸음을 옮겼다.

싯다르타는 옷을 벗어던지고 강에 뛰어들어 맑고 깨끗한 물로 온몸의 때를 벗겨냈다.

몸을 씻고 난 싯다르타는 강물 속에 조용히 앉아 하늘 위의 흰 구름과 공중을 나는 새, 아득히 물결치듯 사방을 에워싼 산 둘레·강가의 꽃들·물속을 노니는 고기 떼를 바라보았다. 그는 싱싱한 삶이 다시 다가와 자신을 감싸주는 것을 느꼈다.

싯다르타는 새로운 수행방법을 생각하기 시작하였다.

그동안 싯다르타의 몸은 지탱할 수 없을 만큼 쇠약해져 있었다. 강가의 언덕을 걸어 오르려 몇 발자국을 걷는 순간, 싯다르타는 눈앞이 캄캄해짐을 느끼면서 이내 의식을 잃고 말았다. 그러고는 아무것도 알 수 없게 되었다.

난타바라(難陀波羅)라고 부르는 소치기 처녀가 있었다. 머리에 우유 통을 이고 강가를 걸어가던 그녀는 눈앞 모래톱에 사람 하나가 쓰러져 있는 것을 발견하였다.

가까이 다가가 살펴보니 장작개비처럼 말라빠진 행자(行者)의 몸은 당장 숨이 끊어질 지경에 이르러 있었다.

'고행수련을 하는 행자시구나…….'

난디비라는 마음속에 공경의 정이 돋아 우유 통을 내려놓고 싯다르타의 머리를 두 손으로 받쳐 올린 뒤 조심조심 그의 입에 우유를 부어 넣었다.

우유를 받아 마신 싯다르타는 한참 만에 천천히 정신을 차리기 시작하였다.

교진여 등 일행은 싯다르타가 자리를 떠난 뒤 오래도록 돌아오지 않자 강가로 나아가 그를 찾기 시작하였다. 그런데 이게 어찌된 일인가! 싯다르타는 소치기 처녀 난타바라의 품에 안겨 우유를 마시고 있지 않은가! 이 광경을 본 다섯 사람은 몹시 놀라 싯다르타가 필시 여색에 빠진 것이라 생각하였다. 이렇게 되면 도행(道行)은 어지럽혀져 결딴나고 만다!

교진여가 실망한 목소리로 입을 열었다.

"할 수 없군! 태자는 여전히 태자일 뿐이야! 육 년 동안 고행을 했어도 여자 앞에선 맥을 추지 못하시니. 태자의 부인 야쇼다라 공주는 선녀처럼 아름다운데 육 년을 헤어져 살았으니 어찌 여자 생각이 안 났겠는가? 눈앞에 꽃처럼 아름다운 처녀를 만났으니 애련한 생각이 날 수밖에 없었겠지!"

십력가섭도 교진여의 말이 이치에 맞다고 생각하며 불만을 터뜨렸다.

"태자의 의지가 이렇게 약할 줄은 미처 몰랐어! 그런 분이 무슨 고행을 한답시고 여기까지 와 계셨담? 왕궁에서 편안한 생활을 하시는 게 더 나았지!"

다섯 사람은 태자가 그들을 속인 것이라고 단정하면서 끓어오르는 분노를 가누지 못했다.

"태자도 거짓말쟁이야! 우리들이 나무 아래 앉아 눈을 감고 고행을 할 때, 몰래 강가로 빠져나가 아가씨와 남몰래 만났단 말이지……. 태자는 진짜 위선자였소! 어서 빨리 이곳에서 빠져나갑시다!"

그들은 싯다르타와 함께 있음으로써 감당키 어려운 재난을 당할 수밖에 없을 것이라 생각하였다. 그들은 간다 온다 말없이 싯다르타의 곁을 떠나고 말았다.

마남구리는 원래 데바닷타를 대신하여 싯다르타를 죽이려 하였으나 싯다르타의 고상한 품격과 널리 중생을 구제한다는 이상에 감동되어 잠시 악심을 버리고 출가하여 그를 스승으로 받들어 왔다. 그러나 이제 싯다르타가 수행하는 도중 하잘 것 없는 여색에 빠져 파계하였으므로 그의 마음에는 다시 싯다르타를 죽이겠다는 의념이 되살아나기 시작하였다. 싯다르타를 죽이기만 하면 당장 왕궁으로 돌아가 데바닷타에게 전말을 보고한 뒤 후한 상을 받고 말단 벼슬자리라도 차지하게 되면 왕국의 부귀영화를 누릴 수 있을 것이다. 그는 이렇게 생각하며 입을 열었다.

"그때, 당신들이 왕궁에 돌아가지 말고 싯다르타를 따르자 한 것이 잘못이었소. 결과적으로 육 년 세월에 아무것도 얻지 못하고 헛고생만 했으니 원통할 따름입니다. 두 번 다시 싯다르타에게 속아서는 안 됩니다!"

일행은 잠시 상의한 뒤 녹야원(綠野苑)에 들어가 수행을 계속하기로 결정하였다.

어느 날, 마남구리는 나머지 네 사람이 주의하지 않는 틈을 타 몰래 도망을 치고 말았다. 살기가 되살아난 그는 네 사람과 헤어진 뒤 한 그루 큰 나무 뒤에 숨어 싯다르타가 지나가기를 기다렸다가 그를 해치우기로 작정하였다.

그러나 아무리 기다려도 싯다르타의 모습은 나타나지 않았다. 기다림에 지친 마남구리는 싯다르타의 행적을 찾아 이리저리 헤매던 중 우여곡절 끝에 드디어 싯다르타가 가야산(伽倻山) 기슭에 있는 커다란 필발라수(蓽鉢羅樹) 아래에서 수행하고 있다는 사실을 알아내게 되었다.

마남구리는 사람 죽이는 일이 몹시 급하였으나 남에게 들킬까 두려워 앞쪽 길을 피해 뒤편 오솔길을 타고 가야산에 당도한 뒤 싯다르타를 모살하기로 작심하였다.

가야산은 등나무와 칡넝쿨이 빽빽이 들어찬 원시림 숲으로 앞쪽 길이 오르기에 편하다고 하나 무성한 나무와 덩굴·풀숲으로 덮여져 있고, 뒤쪽은 말로 못할 험로여서 앞을 내다보기조차 어려운 형편이었다. 마남구리는 원숭이 새끼처럼 앞을 향해 기어갔다. 밀림의 깊은 곳에 이르자 얼키설키 나뭇가지와 넝쿨들이 한데 엉켜 더는 나갈 수 없게 되자 마남구리는 칼을 뽑아 수풀을 후려치며 전진하였다. 이처럼 나무숲을 헤치며 앞으로 나아가는 동안 어느덧 해는 서산에 기울고 저녁 빛이 희뿌옇게 일기 시작하였다.

그때 거대한 절벽 하나가 그의 앞을 가로막고 나섰다. 다급해진 마남구리는 이리저리 서로 얽혀 위로 뻗친 등나무 줄기를 휘어잡고 절벽 꼭대기를 향해 기어오르기 시작했다. 날이 어두워지면 산을 넘을 수 없게 되니 일각을 지체할 수 없다. 그러나 그가 절벽을 절반쯤 기어올랐을 때 그의 모습은 공교롭게도 교진여 등 일행에게 발각되고 말았다.

앞서, 교진여 일행은 마남구리가 보이지 않자 그가 길을 잃은 것으로 생각하고 오던 길을 되돌아 찾아 헤맸으나 끝내 사람을 발견하지 못하였다. 그들은 무거운 마음으로 발걸음을 돌리면서 마남구리가 무사하기만을 빌 수밖에 없었다. 그런데 공교롭게도 이때 교진여의 눈에 절벽을 타고 오르던 마남구리의 모습이 비치게 된 것이다. 교진여는 크게 놀라 다급한 목소리로 외쳤다.

"저것 봐. 저 건너 절벽에 사람이 기어 올라가고 있소!"

"아니! 저건, 저건 마남구리가 아니오?"

"그래, 그래, 마남구리가 맞군!"

아사파서는 시력이 뛰어나 당장 마남구리를 알아보았는데 그의 손에 장검이 쥐어져 있는 것을 보고 깜짝 놀라 말하였다.

"잘들 보시오. 마남구리의 손에 검이 쥐어져 있소! 칼을 가지고 누구를 어쩌겠다는 거야?"

"칼을 쥐었으면 좋은 일보다는 나쁜 쪽이야!"

싯다르타를 따라 출가하여 수행하던 그날로부터 그들은 쇠붙이로 만든 것들을 모두 내동댕이쳐 버렸었다. 그런데 이제 마남구리가 다시 칼을 쥐었으니 불길한 예감이 들 수밖에…….

네 사람은 당장 절벽을 향해 달리기 시작하였다.

낭떠러지를 타고 올라가던 마남구리는 목이 마르고 몸이 지쳐 벌써부터 맥이 풀린 상태였다. 그러나 그는 이를 악물고 산을 넘어갈 작정이었는데 일이 잘못되느라 교진여 등에게 발각되고 말았다. 그는 조급하고 무서웠다. 공포에 빠진 순간 그의 몸에서는 마지막 힘까지 모조리 빠져나가 다음 넝쿨을 쥐어 잡을 기력까지 없어지고 말았다.

그런데 이때 그의 눈에 느닷없는 환영(幻影)이 나타났다. 마남구리는 면전에 다가오는 싯다르타를 보자 차가운 웃음을 지으며 대갈일성(大喝一聲) 고함을 질러댔다.

"이놈! 거짓말쟁이 태자야! 네놈의 목을 이리 바쳐라!"

마남구리는 칼을 쳐들어 싯다르타를 내리쳤다.

그러나 장검을 휘두른 순간 마남구리는 환상으로부터 깨어남과 동시에 너 무서운 공포의 늪에 빠져들고 말았다. 그가 후려친 것은 왼손으로 붙잡고 있던 등나무 줄기였던 것이다. 마남구리는 절망적으로 부르짖었다.

"사, 사람 살려!"

마남구리의 몸뚱이는 절벽 아래로 아득히 떨어져내렸다.

절벽을 향해 달리던 교진여 일행은 위로부터 무엇인지 떨어지고 있다는 것을 육감으로 느낄 수 있었다. 교진여는 마남구리가 바위를 굴려 자신들을 모살하려는 것으로 생각하고 급히 팔을 벌려 세 사람을 떠밀쳤다.

"바위가 떨어진다, 어서들 피해!"

그 순간, "첨벙!" 소리가 귓전을 때렸다.

영문을 깨우치게 되었을 때 그들은 마남구리가 절벽 아래 웅덩이에 빠져 허우적거리고 있는 모습을 볼 수 있었다. 맑고 잔잔하던 웅덩이에서는 갑자기 거센 물결이 일어 물방울이 사방으로 흩어지는데 물에 빠진 마남구리는 죽어라 헤엄을 쳤으나 힘이 부쳐 빠져죽을 지경이 되고 말았다.

일행은 서둘러 마남구리를 건져낸 뒤 풀밭 위에 뉘였다. 몸에는 별 상처가 없었으나 너무 지치고 놀란 마남구리는 이내 정신을 잃고 말았다.

그는 인사불성에서도 손에서 장검을 놓지 않고 있었다. 아사파서가 소리쳤다.

"이 자가 몰래 도망을 친 데는 필시 무슨 곡절이 있을 것이오. 칼을 쥐고 있는 걸 보면 못된 짓을 생각한 게 틀림없으니 버려두고 갑시다!"

그러나 후덕한 마하발제가 가로막았다.

"아닙니다! 마남구리가 심술이 사나운 사람이라 할지라도 이대로 두고 가서는 안 됩니다. 기다렸다 정신을 차리면 다시 얘기합시다."

마하발제가 아사파서에게 말했다.

"사실, 그동안 마남구리는 못된 짓만 골라 했습니다. 그러나 이것이 마남구리의 진정한 본성은 아닐 것입니다. 이 자는 원래 재물을 좋아했으니 아마도 돈의 유혹에 놀아나 그렇게 되었을 겁니다."

교진여와 십력가섭은 마남구리가 마음에 들지 않았으나 사람이 죽어가도록 내버려 둘 수는 없는 노릇이므로 그를 데려가기로 하였다.

밤이 깊어짐에 따라 더위도 식어갔다. 그들은 번갈아 마남구리를 등에 업고 가야산으로 가는 길을 더듬어 앞으로 나아갔다. 하룻밤을 걷고 걸어 동쪽 하늘이 뿌옇게 밝아 올 무렵 일행은 평지에 다다르게 되었다. 너무 지쳐버린 네 사람은 마남구리를 바위 위에 내려놓고 잠시 쉬면서 다음 문제를 상의하게 되었다.

아사파서는 여기까지 오는 동안 마남구리를 돌보지 말자고 계속 우겼으나 남들보다 힘이 센 덕분에 거의 도맡아 업고 와 온몸이 땀으로 흠뻑 젖어 있었다. 그는 손등으로 이마를 닦으며 이렇게 말하였다.

"이 사람을 업고 평지까지 왔으니 이제는 짐승에게 잡아먹힐 염려는 없소. 여기 내려놓고 가더라도 혼자서 깨어날 수 있을 것이니 더 걱정할 것 없습니다. 우리가 이 정도 고생을 했으니 사람이 죽어도 구하지 않았다는 욕은 먹지 않을 것이오. 출가한 사람으로 손에 칼을 들고 사람을 죽이려는 자와는 더 이상 함께 있을 수 없으니 자, 이제라도 태자의 행방을 찾는 것이 어떻겠소?"

교진여·마하발제와 십력가섭은 아사파서의 말에 동의하지 않았다. 태자를 찾아야 할 값어치가 어디 있단 말인가? 네이란자라 강가에서 한 여자와 정분을 나눈 태자의 행위는 고행을 하는 사람의 입장에서 결코 용서할 수 없는 일이있다.

그런데 이때, 마남구리가 정신을 차리고 눈을 떴다. 그는 이를 악물고 안간힘을 다해 일어나더니 네 사람을 향해 머리를 조아리고 목숨을 구해 준 은혜에 감사하면서 동행할 것을 간청하였다.

"네 분 형님들! 모든 것이 제 잘못이었습니다. 어디를 가든지 저를 버리지 말아주십시오. 목숨을 구해주신 은혜는 반드시 갚겠습니다."

마남구리의 넋두리를 들은 아사파서는 마음이 당장 약해져서 더 이상 그를 떼어놓고 가자는 주장을 할 수 없게 되었다. 교진여는 마남구리를 믿을 수 없었으나 그를 혼자 버리고 간다는 것이 사람으로서 할 일이 아니라고 생각하여 동행할 의사를 내비쳤다.

"마남구리가 잘못을 깨우쳤으니 함께 가도록 합시다!"

네 사람은 번갈아가며 다시 그를 등에 업고 녹야원을 향해 발길을 재촉하였다.

15
보리수 아래의 깨달음

싯다르타는 소치기 처녀 난타바라의 우유를 마시고 기운을 되찾게 되었다. 그는 목숨을 구해준 처녀의 은혜에 거듭거듭 감사한 뒤, 깨우친 바를 알려주기 위해 교진여 일행을 찾아 나섰다. 그러나 싯다르타는 그들을 찾아낼 수 없었다. 뒷날이 되어서야 싯다르타는 그들이 자신에 대한 오해 때문에 서둘러 그곳을 떠났음을 알게 되었다.

그들을 기다려도 다시 만날 수 없다는 사실을 알게 된 싯다르타는 홀로 네이란자라 강을 건너 가야산으로 들어갔다.

몸이 허약해진 싯다르타는 발걸음을 옮길 때마다 점점 더 기운이 빠지고 지쳐 옴을 느꼈다. 그때, 싯다르타는 앞쪽에 가지와 잎이 무성하여 푸른색 우산을 드리운 듯 드높고 우람한 필발라나무 한 그루가 서 있는 것을 발견하였다. 나무를 본 싯다르타는 기운을 되찾았다. 아름다운 가지와 잎사귀가 바람에 흔들리는 필발라나무의 모습은 싯다르타를 행해 손짓하는 것만 같았다.

'귀하신 태자시여, 미래의 불타시여! 어서 이리 오십시오!'

앞으로 다가간 싯다르타는 나무둥치를 쓸어안고 고개를 들어 꼭대기를 쳐다보았다. 형언할 수 없는 친근감이 싯다르타의 몸과 마음을 감싸안았다. 나무 주위를 한 바퀴 돌아본 싯다르타는 그 밑에 자리를 잡을 만한 크고도 평탄한 바위를 발견하였다. 겹겹이 주위를 둘러싼 산에는 나무들이 빽빽이 들어차 빼어난 경관을 이루고 있었다. 싯다르타는 이곳이 수행하기에 더 없이 좋은 자리임을 깨닫고 다시 앞으로 나가지 않았다.

필발라나무는 산스크리트어 피팔라(pippala)를 음역한 것으로 중국의 불경에서는 아패다라수(阿沛多羅樹)·패다수(貝多樹)·아수타수(阿輸陀樹) 등으로 불리나 이 말들은 모두가 산스크리트에 근거하여 음역된 것이다. 그러나 어떤 경문에서는 이를 도수(道樹)·각수(覺樹)라 부르기도 하는데 이 같은 경우는 의역되어 이루어진 이름들이다. 가장 널리 알려진 필발라나무의 이름은 보리수(菩提樹)이다. 그러면 왜 보리수라고 부르게 되었는가? '보리'는 산스크리트어 보디(Bodhi)의 음역으로 그 뜻은 '깨달음'·'지혜'를 의미하나 후일에 이르러 주로 불교의 진리에 대한 깨달음을 가리키게 되었다. 석가모니가 이 나무 아래에서 깨달음을 얻어 진리를 간파하였기 때문이다. 따라서 이 나무는 성인 석가모니로 인하여 보리수로 불리게 되었으나 중국에서는 그 원명이 널리 알려져 있지 않다.

보리수는 열대 상록교목으로 씨는 둥글고 단단하다. 씨에는 윤기가 흐르며 염주를 만드는 데 쓰인다. 나뭇잎은 타원형으로 아주 넓고 크다. 나무줄기는 황백색으로 특히 키가 크고 굵직하다. 전하는 바에 의하면 부처님께서 그 아래에 앉아 수행을 하셨던 보리수는 높이가 수백 자에 달했으며 당나라 현장법사(玄奘法師)는 실제로 현지에 가서 그 나무를 보았다고 한다. 그러나 여러 차례 부러지고 베어졌기 때문에 현장법사가 당지에 이르렀을 때는 원형이 크게 훼손된 상태였으며 그런데도 그 높이가 40-50자는 되었다고 한다.

싯다르타가 필발라나무 아래에 자리를 잡으려 할 때 갑자기 큰소리로 그를 향해 외치는 이가 있었다.

"수행자 어르신, 잠깐만 기다리십시오."

싯다르타가 소리 나는 쪽을 바라보니 건초를 가득 담은 대광우리를 멘 소년 하나가 그에게 다가오고 있었다. 필발라나무 아래에 다다른 소년은 대광우리를 내려놓고 싯다르타를 향해 다시 입을 열었다.

"수행자 어르신! 이곳을 수행하는 곳으로 쓰시겠다면 이 건초를 돌 위에 깔아 방석으로 삼으십시오. 이 바위는 금강성(金剛石)이라 부르며 이 풀은 길상초(吉祥草)라 합니다. 길상초 방석에 앉아 있으면 모든 일이 길하고 뜻대로 이루어진답니다."

싯다르타는 천진하고 선량한 소년을 바라보며 웃음 가득한 얼굴로 고마움을 표시하였다.

길상초 풀 자리에 정좌한 싯다르타는 솜 방석에 앉은 것처럼 부드럽고 편안함을 느꼈다.

"정말로 고맙구나. 이렇게 좋은 방석을 주었으니 보답을 해야 할 일이로되 몸에 지닌 것이 없으니 대신 길상초 한 광우리를 베어주기로 하마!"

"수행자 어르신, 그러실 것 없습니다. 제가 원해서 길상초를 드린 것뿐입니다. 다시 가서 베면 금방 한 광우리가 되는 걸요!"

싯다르타는 길상초 자리에 앉아 마음을 가라앉히고 기운을 안정시킨 뒤 고요히 눈을 감고 합장하였다. 수행을 시작한 싯다르타의 모습을 바라보던 소년은 아무 말 없이 가만히 자리에서 물러났다.

싯다르타는 필발라수의 금강석 위에 앉아 일념으로 정신을 모은 뒤 소리없이 맹세하였다.

"나 싯다르타는 모든 진리를 철저히 깨닫지 않는 한, 영원히 이곳을 떠나지 않으리라!"

싯다르타의 신념은 더욱 충만하게 되었다. 그는 정신을 집중하여 점차 괴로움도 즐거움도 없는 경지에 들어섰다.

그러면 싯다르타는 도대체 얼마 동안이나 보리수 아래에 앉아 있다 도를 깨우쳐 부처님이 되셨던가? 불교경전에는 기록이 각각 다르게 되어 있다. 어떤 경전에서는 이레 동안, 또 어떤 불경에서는 이레가 네 번 지나서였다고 하나 어떤 경에서는 마흔아흐레 만에 모든 것을 깨달았다고 적혀 있다. 그해, 싯다르타의 나이는 서른다섯, 그날은 음력 십이월 초파일이었다. 그로부터 매년 같은 때가 되면 모든 절이나 암자에서는 불사를 올려 기념행사를 벌인다. 음력 십이월 초파일은 성도절(成道節)로서 각종 잡곡으로 유죽(乳粥)을 끓여 소치기 처녀 난타바라의 불주(佛主)에 대한 공양과 구명의 은혜를 기념한다. 이날은 섣달 초파일이었으므로 중국의 민간에서는 납팔죽(臘八粥)을 끓여먹는 것이 풍습으로 되어 있다.

부처란 인생을 '깨우친 사람[覺者]'으로 이미 깨달음을 얻은 중생이며, 중생은 아직 깨달음을 얻지 못한 부처이다. 이렇게 보면 부처는 신이 아니며 우리들과 같은 범인이었다. 싯다르타는 생사에 대한 길고 긴 사고를 통해 인생의 진제를 깨달으신 분이다. 따라서 싯다르타가 성불하신 과정은 심적인 사상활동에 해당하는 것이었으나 활동 내용은 쉽사리 확인하기 어렵다. 그러나 불경에는 그가 마왕을 항복시킨 얘기들이 기록되어 있다. 이는 싯다르타가 성불하는 과정에서 극복한 사상투쟁이었을 것이다.

싯다르타가 보리수 아래 앉아 도를 닦은 지 엿새 되는 날, 마왕 파순(波旬)의 궁전은 지진이 난 듯 갑자기 뒤흔들렸다. 마왕은 마음이 불안하고 초조하여 식음을 전폐하였을 뿐 아니라 일상의 노래와 여색까지도 재미가 없게 되었다.

그는 궁전이 흔들린 까닭이 무엇인지 그 원인을 찾아 헤매다가 드디어 카필라파스투국 태자로 보리수 아래에서 좌선 중인 싯다르타 때문임을 알게 되었다. 마왕은 싯다르타가 속세의 모든 욕망을 버리고 흔들림 없이 사유하여 정진하면 머지않아 정각(正覺)의 도를 얻게 되리라는 사실을 확인하였다. 마왕은 이렇게 생각하였다.

'싯다르타가 정말로 대도(大道)를 성취하게 된다면 내 궁전이 흔들리는 것은 물론, 일체 중생이 마경(魔境)을 극복하게 될 것이다. 그렇게 되면 중생은 모두가 그를 향해 무릎을 꿇게 되며 마왕으로서 나는 아무도 지배할 수 없게 된다. 그날이 오면 이 나라는 끝장이 나고 만다!'

마왕은 싯다르타가 도를 깨우치지 못하도록 당장 마군을 출동하리라 결심하였다.

마왕에게는 염욕(染欲)·열인(悅人)·가애락(可愛樂)이라는 이름을 가진 아름다운 딸들이 있었는데 아버지의 얼굴에 수심이 가득 차 있는 것을 보고 한 목소리로 물었다.

"아바마마, 무슨 걱정거리라도 있으신지요?"

마왕 파순이 대답하였다.

"지금 인간세에는 고다마 싯다르타라는 사람이 수행을 하고 있다. 그는 몸에 불교의 갑옷을 두르고 손에 자재궁(自在弓)을 들어 지혜의 화살로써 중생을 항복시키며, 우리나라 영토를 파멸시키려 하고 있다. 지금 당장 그를 저지하지 못한다면 중생은 모두 그에게 귀순하여 그를 신앙하게 될 것이다. 그렇게 되면 우리들의 왕국은 유명무실하게 되고 말 텐데 어찌 걱정이 안 되겠냔 말이다."

얘기를 듣고 난 딸들은 마왕을 위로한 뒤, 최대로 노력하여 아버지를 돕기로 결심하였다. 이리하여 마왕은 세 사람의 딸들을 중심으로 아들·손자·장군과 병사들을 이끌고 서둘러 보리수를 향해 달려갔다.

이때, 맑은 하늘은 만 리에 걸쳐 펼쳐졌으며 바람은 산들산들 나뭇가지를 흔들고 산새가 낮은 소리로 지저귀는 가운데 야수들은 느긋하게 땅 위에 누워 있었다.

싯다르타는 깨끗한 정신으로 오로지 한 가지에만 마음을 집중시킨 삼매(三昧)에 들어 사견·망집(妄執)으로 모든 법의 진리가 어두워진 무명(無明)을 향해 최후의 충격을 가하고 있었다. 삼라만상이 고요한 가운데 처음이자 마지막인 일대 결투를 벌이고 있었던 것이다. 이는 생사와 열반(涅槃), 번뇌와 보리의 마지막 결투였다. 이처럼 중대한 시간에 마왕 일행은 거침없이 달려들어 싯다르타를 포위하였다.

마왕은 먼저 예의로써 싯다르타를 대하고 일이 잘못되면 군사로써 공파할 심산이었다. 그는 처음, 권력을 미끼로 하여 싯다르타에게 도 닦는 일을 포기하도록 종용하고 이를 응낙할 경우 전륜성왕(轉輪聖王)의 자리를 주겠다고 꼬드겼다.

전륜성왕은 옛날 인도의 신화에 나오는 인물로서 무궁한 위력으로 사방을 제압할 수 있는 무기 즉, 보륜(寶輪)을 손에 쥐고 있었다. 그는 하늘이 받아주지 않고 땅이 돌보지 않았으나 자유자재로 공중을 날아다니는 신이었기 때문에 비행황제(飛行皇帝)라고도 불렸다. 싯다르타는 마왕의 제의를 단호하게 거절하였다.

마왕이 다시 말했다.

"그대가 비행황제를 마다한다면 그 대신 내 왕위를 내놓겠소! 이렇게 되면 당신은 날마다 천궁(天宮)에서 오욕(五欲)의 즐거움을 누릴 수 있을 것이오."

전설에 의하면 당시 온 세계는 마왕에 의해 다스려지고 있었다. 마왕은 서유기(西遊記)에 나오는 옥황상제와 비슷한 존재로 천상의 궁궐에 살면서 모든 신선의 천계(天界)를 다스리는 존재였다. 오욕이란 색·성·향·미·촉의 다섯 가지 경지를 추구함으로써 생기는 정념과 욕구를 가리킨다. 오욕의 즐거움은 인간의 상상 가운데 존재하는 것이지만 천궁에서는 무엇이든지 다할 수 있는 쾌락이었다. 그러나 싯다르타는 옥황상제 자리까지도 단호하게 거절하였다.

권력의 미끼로서도 싯다르타를 움직일 수 없음을 깨닫게 된 마왕은 방법을 바꾸어 미인계로써 그를 유혹고자 하였다. 마왕은 세 딸이 온갖 수단 방법을 동원하여 싯다르타가 계속 수행하지 못하도록 할 것을 명령하였다.

세 사람의 미녀는 반쯤 발가벗은 몸으로 싯다르타를 에워싼 채 노래 부르고 춤추면서 팔과 다리를 치켜올리고 허리를 비비 꼬아댔다. 여인들의 동작에 따라 팔찌와 발찌에서는 짤랑짤랑 아름다운 음률이 흘러나왔다. 그러나 이를 바라보면서도 싯다르타의 마음이 전혀 동요되지 않자 이제는 차라리 옷을 홀랑 벗어던지고 미친 듯이 노래하며 춤을 추기 시작하였다. 그런데도 눈썹 하나 까딱 않고 수도에만 정진하는 싯다르타를 바라본 미녀들은 교태가 뚝뚝 떨어지는 몸뚱이를 싯다르타에게 내던지며 아양을 떨기 시작했다. 바람에 나풀거리는 짙은 향기는 마음을 흔들어 조용히 앉아 있을 수 없도록 만들고 말 것만 같았다.

그러나 싯다르타의 정신은 맑은 거울처럼 흐트러짐이 없었다. 그의 눈에는 세 사람의 미녀가 모든 인간들과 마찬가지로 더럽고 정결하지 못하며 추악하기 이를 데 없는 모습으로 비쳐졌다. 그는 대자비심을 돈구어 평정한 마음과 다정한 자세로 미녀들에게 도덕과 윤리·명교(名敎)의 삼강오륜을 차근사근 일러주었다. 인과의 철리(哲理)를 강술하고 삼계(三界) 안의 생령들 모두가 얼마나 슬픈 존재인지를 알려주었다. 싯다르타의 말을 듣자 세 사람의 여인은 점차 마성(魔性)이 소멸되고 요염한 교태가 사라지면서 부끄러움을 못 이겨 도망치고 말았다.

어떤 수단을 쓴들 싯다르타는 요지부동이었다. 그러나 책략이 궁하면 비수를 보이는 법! 마왕은 도리 없이 마군의 무력을 발동하였다. 마귀들의 모습은 영악하기 그지없어 바라보기만 하여도 치가 떨렸다. 그들은 한꺼번에 달려들었다. 어떤 자는 활로 쏘고 어떤 마귀는 장검으로 찌르며 어떤 것은 쇠 절굿공이로 내리쳤다. 마군의 진중에는 사방에서 바람과 연기가 일고 사자와 호랑이, 수많은 맹수들의 울부짖음이 무섭게 울려나왔다.

그러나 싯다르타의 공력(功力)은 이들로부터 전혀 영향을 받지 않았다. 그는 여전히 유열(愉悅)한 모습으로 정좌한 채 마군의 공격을 없는 것이나 매한가지로 묵살하였다.

그런데 이상하게도 모든 마귀와 맹수들이 각양각색의 무기를 들고 싯다르타에게 접근하는 순간, 봄바람에 눈 녹듯 당장 형체가 없어지고 마는 게 아닌가!

화가 머리끝까지 치민 마왕이 활에 살을 재어 힘껏 쏘아대자 졸개들도 일제히 싯다르타를 향해 활시위를 당겼다. 그러나 날카로운 화살들은 싯다르타의 면전에 이르는 순간 모두가 연꽃송이로 변하여 하늘하늘 날아 움직이는 가운데 아늑한 꽃 바다를 이루었다.

마왕은 드디어 자신의 힘으로는 아무것도 해낼 수 없음을 깨닫고 참담한 모습이 되어 물러나고 말았다. 마왕과의 전쟁에서 승리를 거둔 싯다르타는 수행이 크게 진작되어 무명을 타파하고 정각(正覺)을 성취함으로써 인류에게 새로운 정신세계를 열어주었을 뿐 아니라 엄청난 복음을 안겨 주었다. 이는 인류 역사상 가장 위대한 인물이 등장하였음을 뜻하는 것으로 신앙의 입장에서는 석가모니에 의해 인간세의 길고도 끝없는 어둠이 헤쳐지게 되었음을 의미하는 것이었다.

석가모니께서 마왕 파순을 퇴치한 고사에서 마(魔)란 외부의 요인이 아닌, 인간의 마음속에 도사리고 있는 번뇌 그 자체이다. ≪주유마경(註維魔經)≫ 제4권에는 다음과 같이 기록되어 있다.

> 무엇이 파순인가? 진(秦)에서는 살수(殺手)를 말하며, 살수는 사람의 혜명(慧命)을 끊는 것이므로 이를 살수라 부른다.

즉, '마'란 불교의 지혜에 대한 망나니이다. 보통 사람의 마음에는 늘 권력에 대한 야욕과 정욕・탐욕 등 여러 가지 욕망이 솟아나는데 이것들은 모두가 지혜의 작용을 저지하므로 모두가 마장(魔障)에 속하며 모두가 마이다. 싯다르타가 마왕을 물리친 것은 실제에 있어서 스스로를 극복한 위대한 각성이었다.

세상에서 가장 어려운 일은 자신을 극복하는 것으로 수행과정이란 바로 극기(克己) 과정이다.

위의 고사에서 마왕이 싯다르타에게 전륜왕위와 천위(天位)를 주겠다고 한 것은 인간의 권력욕을 상징한다. 천궁(天宮)에서의 오욕의 즐거움이란 육체적인 향락에 대한 욕망을 상징하며 세 사람의 마녀 염욕・열인과 가애락은 정욕을 상징한다. 마왕의 무력침공은 분노・겁약·산란(散亂) 등 번뇌와 인생에게 달라붙은 미진(未盡)을 상징하는 것이다. 따라서 싯다르타가 마왕을 제압한 사실은 이들 모든 번뇌와 미진함이 극복되었음을 의미한다.

 싯다르타가 싸움에서 이기자 기적이 나타나 요염한 마녀들은 마성을 잃게 되고 악념(惡念)은 모두 사라지게 되었다. 마왕이 싯다르타를 향해 쏜 화살은 모두가 연꽃으로 변하였는데 이는 선과 악·더러움과 깨끗함이 본래 일체로서 더럽고 악한 것이 다하면 깨끗하고 선해지며, 속됨이 물러가면 고상함이 나타남을 상징하는 것이다.

 싯다르타가 눈을 뜨고 사방을 둘러보았을 때 거기에는 어느 누구의 그림자도 보이지 않았다. 그는 고개를 들어 창공을 바라보았다. 동방의 하늘가에는 태백성(太白星)이 조용히 금빛 광채를 발하고 있었으며 뭇별들이 모인 은하계에서 그 별은 가장 밝게 반짝였다. 태백성의 밝은 빛을 바라보는 순간 싯다르타는 갑자기 마음속이 탁 트이는 것을 느꼈다. 그것은 위대한 깨달음의 순간이며 광명이 비친 찰라였다. 그에게서는 모든 근심·걱정·괴로움·즐거움이 사라지고 심령은 동방에서 떠오르는 혜성처럼 밝고 깨끗하며 조용하게 되었다. 홍진세상의 인생이란 짧디짧은 순간에 불과하며 삶과 죽음이 무상한 가운데 업보는 윤회한다.

 싯다르타는 자아를 관철하고 범속한 세상을 꿰뚫어봄으로써 문득 깨우쳐 무상의 정각·무상의 원만(圓滿)을 이루게 되었다. 그는 자신을 우주 속으로 융화시켰으며 우주를 마음속에 용해시켰다. 그는 바로 천지만물이었으며 천지만물은 바로 그 자신이 되었다. 그와 우주는 하나로 합쳐지고 해와 달과 함께 빛을 발하며 산천과 함께 흐르게 되었다. 그는 영원 이전의 자신과 무한한 옛날로부터 지금까지에 이르는 생사윤회의 역사를 깨우치게 되었다. 과거·현재·미래는 모두가 마음과 함께 융합되었다. 싯다르타는 이 세상에서 가장 행복한 인간이 바로 자신임을 강하게 느꼈다. 세상을 가슴으로 포옹하고 지혜의 마음으로 생사의 진제를 이해한 것은 바로 싯다르타였다.

≪불설사십이장경해(佛說四十二章經解)≫에는 다음과 같은 글이 적혀 있다.

> 사선(四禪)에 깊이 들어 사제(四諦)를 바라보고 섣달 초파일 밤 샛별이 떠오를 때, 문득 깨달음을 얻어 번뇌의 실체[漏道]를 알아내니 이것이 불보(佛寶)가 처음으로 세상에 나타남이었다. 다음은 이 같은 사유들을 적은 것으로 불타께서 보리수 아래에 앉아 스승의 가르침 없이 자연지(自然智)로써 욕(欲)을 떠나 정적 속에 승리하였음을 적은 것이다.
> 먼저 욕계(欲界)·악·선하지 못한 법을 버리고 살핌[覺觀]과 함께 첫 번째 선(禪)에 들었다.
> 다시 살핌으로부터 떠나 일심으로 마음을 정하게 하여 두 번째 선에 들었다.
> 다시 희(喜)를 떠나 묘한 환락[妙樂]을 깨우쳐 세 번째 선에 들었다.
> 다시 고(苦)와 낙(樂)을 다 버리며 청정(淸淨)을 생각하는 마음을 버리고 네 번째 선에 들었다. 네 번째 선에서는 즉시 천안(天眼)·숙명(宿命)·누진(漏盡)의 삼명(三明)을 발하여 애정의 굴레와 불교 아닌 사교의 속박을 끊었다.
> 처음 이루어진 도구(道句)는 근본지(根本智)로서 스스로 깨우침을 얻은 것이며 그 다음은 사유(思維) 등 태어난 뒤 얻은 지혜로 사제를 중시한 설법의 본이다.

싯다르타는 깨달음을 얻어 성불함으로써 석가족의 성현 석가모니가 되셨는데 여기서 '모니(牟尼)'란 바로 현인·성인을 일컫는 말로서 이로부터 영원히 사람들의 존경을 한몸에 받게 되었다.

도를 이루어 성불한 석가모니는 금강석 자리에서 천천히 일어났다. 그는 만면에 붉은색 밝은 빛이 돋아 더욱 장중하고 자상하게 되었으며 성불하기 이전의 싯다르타와는 딴판인 모습으로 바뀌었다. 이로써 석가모니는 끊임없는 괴로움 속에서 진리를 발견하여 미혹과 전도(顚倒)에 빠진 중생을 구원하게 되었다. 이제 석가모니는 보리수 숲을 떠나 중생이 살고 있는 곳을 찾아 나서야만 하였다.

그렇다면 석가모니가 얻은 깨달음이란 무엇인가? 불경에 기록된 지혜의 과실은 너무도 신묘하여 말로써는 형언할 수 없다. 분명코 그것은 인간의 사유를 초월한 것으로 뜻을 짐작하더라도 필설로써는 표현하기 어렵다. 그러나 궁극의 영명각지(靈明覺知) 외에도 그 가운데에는 언어와 문자로 해명하거나 사유의 논리로 파악할 수 있는 내용들이 있다.

처음 법륜(法輪)을 설법할 때 석가모니는 제자들을 향해 자신이 깨달은 생명의 흐름에 관한 비밀을 강술하였는데 이것이 바로 십이인연(十二因緣)의 인과의 사슬 - 만법연기(萬法緣起)의 이치이다.

이는 불타께서 이레 낮 이레 밤을 깊이깊이 사색하여 얻어낸 성과로서 이로부터 생명의 비밀이 파헤쳐지고 인간의 이성과 사유의 극한이 돌파되어 부처의 경지에 비약하게 되었다.

≪과거현재인과경(過去現在因果經)≫에는 당시의 상황이 이렇게 묘사되어 있다.

> 이때 보살께서는 세 번째 밤을 맞으셨다. 중생의 본질[生性]은 어떤 인연으로 늙음과 죽음을 가지게 되는가? 늙음과 죽음은 태어남을 근원으로 한다. 태어남을 떠나면 늙음과 죽음이 없다. 다음 세상에 다시 태어나는 것은 하늘에서 태어나는 것도 아니고 저절로 태어나는 것도 아니며 인연으로써

만 태어난다. 욕(欲)은 유색(有色)·유무색(有無色)·유업생(有業生)이기 때문이다.

그러면 삼유업(三有業)은 어디에서 생기는가? 삼유업은 사취(四取)로부터 생긴다. 사취는 어디에서 생기는가? 사취는 애(愛)에서 생긴다. 애는 어디서 생기는가? 애는 수(受)에서 생긴다. 수는 어디에서 생기는가? 수는 촉(觸)에서 생긴다. 촉은 어디에서 생기는가? 촉은 육입(六入)에서 생긴다. 육입은 어디에서 생기는가? 육입은 명색(名色)에서 생긴다. 명색은 어디에서 생기는가? 명색은 식(識)에서 생긴다. 식은 어디에서 생기는가? 식은 행(行)에서 생긴다. 행은 어디에서 생기는가? 행은 무명에서 생긴다.

따라서 무명이 멸하면 행이 멸하고 행이 멸하면 식이 멸하며 식이 멸하면 명색이 멸한다. 명색이 멸하면 육입이 멸하고 육입이 멸하면 촉이 멸하며 촉이 멸하면 수가 멸하고 수가 멸하면 애가 멸하며 애가 멸하면 취가 멸한다. 취가 멸하면 유가 멸하고 유가 멸하면 생이 멸하며 생이 멸하면 늙음과 죽음·근심과 슬픔·고와 낙이 멸한다.

이처럼 순서나 역순으로 십이인연을 살펴볼 수 있다. 세 번째 밤은 무명에서 깨어졌다. 밝은 별이 나타날 때 슬기의 빛을 얻어 습장(習障)을 끊고 모든 지혜를 이루었다.

칼을 버리고 부처가 되다

 교진여 일행은 마남구리를 데리고 녹야원에 이르러 수행을 계속하였다.
 그러던 어느 날 십력가섭이 산에 올라 땔감을 거두던 중 싯다르타가 깨달음을 얻어 성불하였다는 소문을 듣게 되었다. 그는 이 소식을 당장 일행에게 알렸다.
 소식을 들은 일행은 반신반의, 의론이 분분하였다. 교진여가 말했다.
 "그렇다면 지금 당장 태자를 찾아 나서기로 합시다! 태자께서 정말로 성불하셨다면 즉시 참회하고 그분을 따라 수행을 계속해야 하는 것 아닙니까?"
 그러나 아사파서는 미심쩍은 표정으로,
 "소문이란 거짓이 많은 법! 나로서는 도대체 믿을 수가 없소. 그날 우리들 모두가 두 눈으로 똑똑하게 본 바로는 태자와 여자가 함께 부둥켜안고 있지 않았소? 그래서 우리들만 이곳으로 떠나온 것 아닙니까?"

여러 차례 싯다르타를 죽이려 했던 마남구리는 싯다르타를 감히 면대할 수 없는 입장이어서 이간조로 이렇게 말하였다.

"태자와 소치기 처녀가 함께 붙어 있었던 것은 우리들이 너무나도 확실하게 보았던 일이오. 세속의 탐욕을 조금치도 버리지 못한 마당에 무슨 엉터리없는 성불이겠소?!"

마하발제도 거들었다.

"그렇소. 여색을 껴안고 뒹굴던 것이 언젠데 느닷없이 부처님이 되었단 말인가? 태자를 만나 따져 볼 일이오!"

교진여는 마남구리의 속마음을 꿰뚫어보고 있는 터라 이렇게 말하였다.

"이렇게 하면 어떻겠소? 태자의 위인이 어떻든 간에 먼저 그를 찾아 나서기로 합시다. 태자를 찾고 싶은 사람은 함께 가고, 가기 싫은 사람은 빠지면 될 게 아니오?"

십력가섭과 아사파서, 마하발제는 교진여와 함께 싯다르타를 찾아 나서기로 하였으나 마남구리만은 동행을 거부하고 어디론가 다시 자취를 감추고 말았다.

보리수 아래에서 우주와 인생의 진리를 깨우친 석가모니는 한시라도 빨리 이를 일체중생에게 알리고 싶은 마음이었다. 이 세상에 살고 있는 모든 중생은 밝은 불심을 가지고 있으나 여러 가지 번뇌와 욕망에 가려 불성이 나타나지 않을 뿐이다. 어떤 중생이건 마음을 밝혀 견성(見性)하면 모두 불타인 것이다.

석가모니는 이와 같은 도리를 교진여 등 제자들에게 한시 바삐 알리고 싶은 심정이었다. 그들은 모두가 싯다르타로 인해 가정과 자녀들을 버리고 출가한 사람들이 아니었던가! 석가모니는 이곳저곳을 돌아다니며 물어물어 그들이 녹야원에서 수행 중인 사실을 알아내었다. 그는 당장 녹야원으로 발길을 돌렸다.

교진여 등 일행이 가야산에 있는 석가모니를 찾으러 출발하기 위해 행장을 차리고 있을 때 돌연 대문을 밀고 들어오는 행자 한 사람이 있었다. 눈을 들어 살펴보니 그는 다른 사람이 아닌 싯다르타 태자, 바로 석가모니였다.

석가모니의 얼굴에는 발그레 윤기가 돌았으며 거동에는 활기가 넘쳐 고행하던 때와는 판이한 모습이었다. 교진여 일행은 순간적으로 이렇게 생각하였다.

'태자는 사문의 몸으로 고행을 싫어하고 구복지락(口福之樂)과 애욕을 추구함으로써 수행을 시작할 때의 마음을 스스로 어겼다. 자, 이제 변명을 들어보자!'

그러나 석가모니가 다가서자 그들은 알 수 없는 위압에 눌려 자신들도 모르게 자리에서 벌떡 일어났다. 그러면서도 표정만은 한결같이 일그러져 있었다. 석가모니는 그들의 계면쩍은 모습을 바라보며 부드럽게 입을 열었다.

"그대들은 부족한 지혜를 가지고 나의 성도(成道) 여부를 따지지 말라!"

뒤를 이어 석가모니는 행중도(行中道)를 설법하기 시작하였다.

괴로움과 즐거움은 모두가 한 마음에 있다. 고통을 추구하고 육체를 학대하거나 행복을 추구하고 향락을 탐하는 것은 모두가 어리석은 미망에 집착한 때문이며 심지가 깨끗치 못한 때문이다. 심지가 순정무위(純淨無爲)하여야만 마음을 밝게 하고 본질을 안정시킬 수 있으며 삶과 죽음의 이치를 깨달을 수 있다.

설법을 들은 네 사람은 희열과 감복에 겨워 무릎을 꿇고 양팔을 짚어 머리를 땅에 박은 채 석가모니에게 경배하였다.

예불이 끝난 뒤 네 사람은 다시 석가모니 면전에 엎드려 소치기 처녀가 우유를 공양함으로써 생겨난 오해에 대해 깊이깊이 참회하였다.

인생의 진상은 원래 무상이다. 봄이 오면 봄이 가고, 잎이 피면 잎이 지는 것과 같다. 무상은 고(苦)이며 생로병사와 희노애락의 흐름 또한 고로서 이것이 생명의 실상이다. 정도를 배워 익힘으로써만 깨끗하고 조용한 즐거움을 얻을 수 있는 것이다.

스승과 제자가 오랜만에 만나 오해를 풀게 되었으니 그들의 마음은 즐거움으로 충만되었다. 석가모니는 일행 중 한 사람이 자리에 없는 것을 알고 입을 열었다.

"어찌하여 그대들 네 사람만 보이고 마남구리는 여기 없는가? 그는 어디 가고 함께 있지 않는가?"

교진여가 사실을 아뢰었다.

"자비로운 불타시어! 그를 용서하여 주소서!"

뒤를 이어 교진여는 데바닷타와 마남구리 사이에 이루어진 음모와 다리에서 일어난 사건, 마남구리가 여러 차례 자리를 떴던 경위들을 석가모니께 아뢰었다.

석가모니는 한숨을 쉬며 말하였다.

"마남구리가 나를 죽이려 한 것은 나와의 업장(業障) 때문이며 그와 나는 정과 연분을 가진 사이이다. 마남구리가 어디 있는지 알 수 없다면 뒤에 다시 천천히 찾도록 하자. 나는 지금 그대들 네 사람을 첫 번째 제자로 삼고자 한다."

이로써 교진여·십력가섭·아사파서·마하발제 네 사람은 석가모니 성불 후 첫 번째 제자가 되었다.

녹야원은 푸른 산에 둘러싸여 물줄기가 굽이굽이 흘러내리는 골짜기 아래에 있었다. 초목은 무성하고 새들이 지저귀며 온갖 꽃들이 피어나 향기를 내뿜는 가운데 무리지은 사슴들이 풀을 뜯다 내달리며 뛰어 노는 곳……. 상서롭고 아름다운 풍경을 둘러본 석가모니는 잠시 그곳에 머물면서 네 사람의 제자들에게 설법할 것을 결정하였다. 그 뒤, 녹야원은 수많은 불도들이 동경해 마지않는 불교성지가 되었다.

그날, 마남구리는 네 사람의 곁을 떠나 갈 곳을 생각해 보았으나 아무래도 갈 만한 곳이 없었다. 그는 할 수 없이 카필라파스투국으로 돌아가 자신의 주인 데바닷타를 만나고자 길을 떠났다.

데바닷타는 일찍이 석가모니의 성불 소식을 들어 알고 있었다. 그는 자신을 찾아온 마남구리를 향해 욕지거리를 퍼부으면서 큰소리로 고함쳤다.

"이 쓸개 빠진 인간아! 그렇게 많은 황금을 탕진하고도 성사를 못했단 말이냐? 그동안 무엇을 했는지 말해 보렴. 왜 그렇게 소식도 없었나?"

궁지에 빠진 마남구리는 변명할 길이 없어 고개를 떨어뜨리고 책망을 들을 수밖에 없었다.

데바닷타는 한참 동안 욕설을 퍼부은 뒤 노기가 가시자 마남구리의 면전을 왔다갔다하더니 마음속으로 새로운 계략을 궁리하기 시작하였다. 데바닷타의 음산하고 흉측스런 눈길을 바라보는 순간 마남구리는 제대로 숨을 쉴 수도 없었다. 데바닷타가 자신을 징벌할 궁리를 하고 있는 것으로 생각하였기 때문이다.

데바닷타가 마남구리를 향해 벽력같이 소리쳤다.

"이 멍텅구리야! 잘 들어봐. 본시부터 나는 네 놈의 대가리를 쪼개 놓을 생각이었다."

이 말을 들은 마남구리는 당장 땅바닥에 꿇어앉아 애걸하였다.

"제발 한 번만 용서해 주십시오, 한 번만! 목숨만 살려주신다면 주인님을 위해 소나 말처럼 무엇이건 다 하겠습니다."

데바닷타는 마남구리의 겁에 질린 모습을 보고 짐짓 장검을 빼어 칼끝으로 그의 얼굴을 겨냥했다.

"좋다! 네가 죄 갚음 할 기회를 주마. 오늘부터 열흘 안에 싯다르타의 머리를 베어 내게 바치도록 하라! 네가 뜻을 이루어 준다면 내가 국왕이 될 때 대원수로 삼을 것이나 성사치 못하면 네 목숨뿐 아니라 네 어미 목줄까지도 따 놓고 말겠다! 오늘부터 당장 사람을 시켜 네 집에 머물게 하되 어미를 감시할 생각이다. 열흘 안에 돌아오지 않는다면 먼저 어미를 죽이고 나서 네 놈까지 박살낼 테니!"

마남구리는 심술이 바르지 못한 위인으로 재물에 눈이 어두운 인간이었으나 어미에 대한 효성만은 지극하였다. 데바닷타는 일찍이 이 사실을 알고 있었기 때문에 이를 기화로 그를 협박하였던 것이다.

마남구리는 데바닷타와 헤어진 뒤 공포와 초조 속에 시간을 보냈다. 자신의 능력으로서는 어미의 죽음을 막을 수 없을 뿐 아니라 석가모니를 모살할 방법도 생각해낼 수 없었다. 더군다나 이미 성불한 석가모니를 죽이는 것은 쉬운 일이 아니다. 머리를 쥐어짜며 궁리에 궁리를 거듭했으나 두 가지 모두를 해결할 수 있는 묘방은 떠오르지 않았다. 마남구리는 땅을 치며 한숨을 내쉬었다.

"아, 이렇게 될 줄 알았더라면 차라리 죽어나 버릴 것을! 이제는 내

한 목숨 보전은 고사하고 늙은 어머니까지도 재앙을 피할 수 없게 되었으니……. 나 때문에 어머니가 목숨을 잃게 된다면 죽어서도 죄를 갚을 길이 없게 되는구나!"

그러나 마남구리에게 선량한 근본이 없었던 것은 아니었다. 그가 이 세상에 막 태어났을 때 그의 아버지는 국왕의 싸움터에 따라갔다가 제 명대로 살지 못하고 목숨을 잃었다. 홀로 된 어머니는 천신만고 어려움 속에서 마남구리를 길러냈다. 간고한 가운데 자라난 마남구리는 어머니에게 지극한 효성을 바쳐 인근 마을에 아름다운 이야기가 자자하게 되었다. 이 일이 정반왕의 귀에 들어가자 임금은 그 아비의 진충보국(盡忠報國)과 마남구리의 효성을 기려 그를 즉시 대궐로 불러들인 뒤 시종 자리를 주었다. 그러나 관방(官房)의 호화로움에 접하자 마남구리는 부귀영화를 탐하는 마음이 생기게 되었다. 그는 차차 타락하여 기회 있을 때마다 촌장들이나 하급 벼슬아치들을 상대로 금품을 우려내게 되었으며, 수단방법을 가리지 않고 재물을 갈취하여 더 높은 자리에 오르는 뇌물공세를 서슴지 않았다. 마지막에 가서 그는 야심만만한 데바닷타에게 마음을 팔게 된 것이다.

마남구리는 데바닷타의 흉악함을 증오하면서도 일이 성사된 뒤 새 벼슬자리를 얻게 된다는 생각에서 계속 그를 받들어 모실 수밖에 없었다. 내가 더 높은 자리에 오르게 되면 어머니께서 얼마나 기뻐하실까! 그러나 당장 발등에 떨어진 불은 석가모니를 어서 빨리 죽여 없애는 일이었다. 그는 감히 어머니를 만날 수 없었다. 몰래 도성에 들어왔기 때문에 사람들의 눈에 띄기라도 한다면 임금에게 불려가 마음대로 운신할 수 없게 된다.

마남구리는 어머니가 살고 있는 곳을 감회어린 눈길로 바라본 뒤 그곳을 떠나 망망한 황야를 내달렸다. 그는 석가모니를 모해할 계책을 궁리하면서 앞으로 나아갔다.

　마남구리는 며칠 동안이나 밀림 속을 헤매었다. 그러던 어느 날 석양빛이 어두운데 주위에 온통 고목과 등나무가 들어차 음산하기 이를 데 없는 곳에 당도한 자신을 발견하였다. 그는 길을 잃었음을 직감하였다. 멀리서는 원숭이의 울부짖음이 애절하게 들려오고 머리 위에서는 까막까치가 둥지를 찾아 무기미한 소리로 우짖고 있었다. 공포에 가득 찬 마남구리는 어찌하면 좋을지 갈피를 잡을 수 없었다. 그런데 이때, 산이라도 무너뜨릴 듯 엄청난 고함소리가 귓전을 때렸다.

　"네 이놈! 너는 누구냐, 도망갈 생각 말고 게 섯거라, 이 노옴!"

　얼떨결에 바라보니 팔척장신에 어두귀면(魚頭鬼面), 우락부락 흉칙하게 생긴 거인 하나가 이쪽을 향해 달려오고 있지 않은가! 사내의 몸집은 바위처럼 우람하였으며 이빨 드러낸 아래턱은 고릴라 같은 모습이었다. 이 괴물은 고대 인도에서 악명이 높아 그 이름만 들어도 몸이 덜덜 떨리는 대도적 앙굴마라(央崛魔羅)였다.

　혼비백산(魂飛魄散), 마남구리의 머리에서는 이런 생각이 스쳐갔다.

　'끝장이로다. 이 목숨 오늘로 끝나는구나! 데바닷타의 손에 죽지 않고 괴물에게 잡혀 죽다니 이것 또한 절통하구나.'

　마남구리 앞에 다가선 앙굴마라는 기둥 같은 검을 치켜들고 큰 몸집을 뒤뚱거리며 천둥소리로 웃어댔다.

　"허허허허."

　앙굴마라는 한 손으로 마남구리의 머리칼을 움켜잡아 공중 높이 치켜들더니 이렇게 말하였다.

　"이 쥐새끼 같은 놈, 정말 잘도 왔다! 한 놈이 모자라 백 개를 채우지 못했는데 네 놈이 제 발로 걸어 들어왔으니 천행이로다. 천행이로다!"

마남구리는 죽어라 발버둥쳐 앙굴마라의 손에서 겨우 빠져나왔으나 그것도 헛수고, 몸집 크고 발 빠른 앙굴마라는 두어 걸음에 마남구리를 쫓아 고양이 쥐 덮치듯 한 움큼에 낚아채고 말았다.

"허허허허, 도망을 가다니 이놈! 오늘, 네 놈을 잡아 백 개의 해골을 채우면 평생소원이 성취되는데 가긴 어디로 도망간단 말이냐!"

도적 앙굴마라는 미친 듯 웃어대며 마남구리를 향해 검을 겨누었다. 마남구리는 원래 석가모니를 살해할 생각으로 산속에 들어왔으나 엉뚱하게도 앙굴마라를 만나 죽임을 당하게 되었다. 죽음을 앞에 둔 마남구리의 머릿속에는 만 가지 감회가 스쳐갔다. 그러나 그는 순간적으로 용기를 내어 부르짖었다.

"앙굴마라님! 나도 사람을 죽여 소원을 성취하려 이렇게 산속을 헤매고 있는 중이었소. 그런데 날벼락으로 당신에게 걸려 칼을 맞게 되었으니 죽기 전에 앙굴라마님 소원이 무엇인지나 알고 싶습니다."

앙굴마라는 마남구리를 땅에 내려놓으며 대꾸하였다.

"좋다. 네놈에게 말해 주마! 내 얘기를 들으면 네놈이 왜 죽지 않으면 안 되는지 알게 될 거다. 잘 듣거라! 어느 날 밤, 천신이 내게 약속하였다. 사내놈 백 명을 죽이면 천 살까지 살 수 있는 명을 내려준다고. 나는 천 살을 살기 위해 지금까지 아흔아홉 놈을 죽였으나 한 놈을 채우지 못하고 있다가 오늘에야 네놈을 만나 소원을 이루게 되었다. 알아듣겠느냐? 네 목숨이 떨어지는 순간부터 내 나이는 다시 한 살부터 시작되는 거다!"

말을 마친 앙굴마라는 마남구리를 향해 다시 검을 겨누었다. 마남구리는 더 이상 피할 수 없음을 깨달았으나 목숨을 구하려는 본능이 죽음의 신을 가로막고 나섰다. 급한 가운데 묘책을 생각해낸 마남구리가 다시 물었다.

"앙굴마라님! 정말로 나를 죽여 소원을 성취할 생각이오?"

앙굴마라는 껄껄대며,

"재미있는 녀석이로군! 네놈을 잡아 목줄을 따지 않고는 어떻게 백 개의 대가리를 채울 수 있단 말이냐?"

"앙굴마라님! 당신이 천 살을 살도록 해드리기 위해서는 기꺼이 머리를 바치겠소만 나 같은 비천한 몸을 천신이 좋아할지 한 번 더 생각해 보십시오. 천신의 환심을 사려거든 정정당당한 대장부의 머리를 바치는 것이 좋을 것이며, 대장부의 목으로 백 번째를 채운다면 천신은 틀림없이 기뻐할 것입니다. 그렇게 되면 당신은 천 살 아니라 만 살까지도 살 수 있을 것입니다. 잘 생각해서 만수(萬壽)를 누리십시오!"

앙굴마라는 천하의 모든 괴물과 마찬가지로 몸뚱어리는 탄탄했으나 대가리가 어리숙한 놈이었다. 그는 마남구리의 말을 듣자 그럴듯한 생각이 들었던지 검을 내려놓으며 이렇게 물었다.

"쥐새끼 같은 이놈아! 그렇다면 천하의 대장부란 어느 누구를 가리키는 것이냐?"

"그 사람은 고다마 싯다르타입니다! 싯다르타는 원래 카필라파스투국의 태자였으나 지금은 대도(大道)를 깨우친 불타이기 때문에 그의 머리는 내 것보다 몇만 배 가치가 있습니다!"

앙굴마라가 다급하게 물었다.

"그렇다면 싯다르타는 지금 어디 있느냐? 가까운 곳에 있느냐?"

"아니오! 이 근처가 아니라 녹야원에 있다는 말을 들었습니다. 앙굴마라님, 걱정 마십시오! 당신이 만 살까지 살도록 천신께 맹세합니다만 반드시 싯다르타를 찾아내어 이곳으로 데리고 오겠습니다."

마남구리는 도망갈 궁리로 이렇게 말하였다. 그러나 앙굴마라는 마남구리가 없게 되면 손아귀에 들어온 보배를 놓치는 꼴이 됨으로 벽력같이 고함을 쳤다.

"그건 안 돼! 네놈은 나를 속이고 있어! 그렇게 해서 도망을 칠 생각이냐? 당상 네놈부터 도륙내고 볼 일이다."

마남구리가 황급히 무릎을 꿇었다.

"아닙니다, 아닙니다. 앙굴마라님! 하늘에 맹세코 그럴 리가 없습니다. 당신은 이 땅 위 대왕이신데 어느 존전이라고 감히 속임수를 쓰겠습니까? 모래 밤까지는 틀림없이 싯다르타를 데리고 이곳으로 돌아오겠습니다."

앙굴마라는 잠시 주저하더니 다시 입을 열었다.

"그렇다면 좋다. 한 번만 믿어주마! 그러나 네놈이 나를 속이고 도망질을 친다면 네 더러운 몸뚱어리는 고기다짐이 될 줄 알아라!"

마남구리는 연신 머리를 조아리며 맹세하였다.

"틀림없이 때를 맞춰 싯다르타를 데리고 오겠습니다!"

앙굴마라의 마수를 빠져나온 마남구리는 한참 동안이나 정신을 차릴 수 없었다. 그는 거듭거듭 자신의 목덜미를 더듬으며 그것이 아직도 어깨에 붙어 있는지 확인하였다.

다음날, 녹야원에 다다른 마남구리는 덥석부리 가난뱅이로 변장한 뒤 교진여 일행이 외출한 사실을 확인하고 석가모니를 찾아갔다. 그는 목소리를 바꾸어 이렇게 애원하였다.

"자비로우신 불타시여! 불쌍한 저의 어머니를 살려주십시오. 제 어머니는 병이 들어 당장 죽을 지경에 빠져 있습니다."

석가모니는 가난뱅이를 바라보는 순간 모든 것을 알아차렸으나 내색을 하지 않고 이렇게 물었다.

"멀리서 온 인자(仁者)시어! 당신의 어머니께서는 무슨 병에 걸렸습니까?"

"제 어머니는 올해 나이 일흔, 아니 여든 살이 되었는데 중병에 걸려 걸음을 걸을 수도 없고 먹고 마시지 못해 숨만 깔딱거리고 있습니다. 자비로우신 불타께서는 저의 집까지 가셔서 어머니의 병을 고쳐주십시오."

마남구리는 몸을 낮춰 땅에 머리를 대고 거듭 애걸하였다.

"제발 불타께서 어머니를 살려주십시오!"

석가모니는 그의 애원을 받아들였다.

"좋소. 인자에게 묻노니 그대의 집은 어디에 있습니까? 여기서 얼마나 멉니까?"

마남구리는 석가모니가 이렇게도 쉽사리 속임수에 빠질 줄은 미처 몰랐다.

"멀지 않습니다. 바로 앞쪽 산속입니다. 고맙습니다. 감사합니다! 부처님께서는 정말 대자대비하신 어른이십니다!"

마남구리는 건너편 숲을 가리키며 길을 재촉하였다.

"부처님께서는 지금 당장 가셔야 합니다. 시간이 지체되면 어머니의 병은 다스릴 수 없게 됩니다."

석가모니가 말하였다.

"좋소. 당장 떠납시다."

마남구리는 마음속으로 이렇게 생각하였다.

'석가모니가 내 대신 죽게 될 줄이야 어느 누가 생각이나 했겠나! 이것은 내 명이 질기고 출세 길이 탄탄하다는 증거 아니고 무엇이겠는가!'

그런데 마남구리와 석가모니가 녹야원의 대문을 빠져나오는 순간 누군가의 목소리가 등 뒤에서 들려왔다.

"부처님이시어! 저희들이 돌아왔습니다."

교진여 일행을 확인한 석가모니는 부드러운 목소리로 이렇게 물었다.

"마남구리의 소식을 들었는가?"

"어디로 갔는지 행방을 알 수 없습니다."

석가모니는 자비로운 음성으로 나지막하게 탄식했다.

"불쌍한 마남구리야! 너는 지금 어디를 헤매고 있는 중이냐?"

석가모니는 잠시 침묵하더니 다시 말을 이었다.

"오늘 일을 마치게 되면 다시 마남구리를 찾아 나서기로 하자. 마남구리를 내버려 두어서는 안 된다. 마남구리는 소문난 효자인데 그를 찾지 못한다면 길러주신 어머니에게 무슨 면목이 있겠느냐?"

교진여 일행이 한 목소리로 위로하였다.

"불타시어 안심하십시오! 틀림없이 그를 찾아오겠습니다."

마남구리는 원래 교진여 일행과 만나는 것이 두려웠기 때문에 석가모니를 꼬드겨 일찌감치 길을 떠나려 하였으나 뜻밖에도 그들과 마주치게 되었다. 그런데 석가모니가 그들을 시켜 자신을 찾고 있었다는 것을 알게 되자 더욱 무서운 생각이 들어 고개를 떨군 채 땅만 바라볼 뿐이었다.

이때 석가모니는 네 사람에게 덥석부리 가난뱅이를 소개하며 이렇게 말하였다.

"이분의 어머니는 병이 들어 치료를 하지 않으면 안 된다. 그대들은 내가 돌아올 때까지 조용히 기다리되 함부로 문 밖을 나서지 마라."

변장한 덥석부리 마남구리를 자세히 뜯어보던 교진여는 그의 눈빛이 안정되지 못한 데다 기색이 어지러운 것으로 보아 인성이 착하지 못한 자라고 생각하였다. 그는 석가모니를 말리려고 입을 열었다.

"부처님이시어! 시간이 너무 늦었으니 저희들이 이분의 모친을 모셔다가 치료하는 것이 좋겠습니다.”

교진여의 심중을 꿰뚫어 보고 있던 석가모니는 자상하게 웃음지으며 이렇게 말하였다.

“그대들은 여러 말할 것 없다. 이분과 약속을 하였으니 가봐야만 한다. 일을 마치고 지체 없이 돌아오마!”

석가모니는 마남구리를 향해 길을 재촉하였다.

“인자여! 어서 갑시다.”

제자들은 대문을 나선 석가모니와 마남구리의 뒷모습을 바라보며 그들의 그림자가 나무숲에 가리어 보이지 않을 때까지 한 자리에 서 있었다.

그런데 이때 교진여가 갑자기 큰소리로 외쳤다.

“아, 그 자는 마남구리가 틀림없다! 얼굴에 수염을 달고 변장을 했지만 걸음걸이가 틀림없는 마남구리였어!”

교진여의 말을 들은 십력가섭이 다급하게 소리쳤다.

“맞다. 마남구리가 변장을 하고 부처님을 속이다니! 맹랑한 일이 벌어질 게 틀림없소. 어서 가서 부처님을 모셔옵시다.”

교진여가 말했다.

“십력가섭, 마하발제 두 분은 녹야원에 남아 집을 지키십시오. 아사파서와 나는 당장 부처님을 모시러 가겠습니다.”

두 사람은 나는 듯 밀림을 향해 달려갔다.

“부처님, 부처님……!”

어둠이 깔리자 달빛이 밀림 속 나뭇잎을 헤치고 듬성듬성 아래쪽을 향해 쏟아져내렸다. 두 사람은 이곳저곳 산속을 뒤지며 외쳐댔으나 텅 빈 메아리만 되돌아올 뿐 아무런 대답도 들려오지 않았다.

도적 앙굴마라는 동굴 안에서 술을 마시며 마남구리가 석가모니를 데리고 오기만을 기다리고 있었다. 희미한 등잔불에 비친 앙굴마라의 얼굴은 술에 취해 더 흉칙하게 일그러졌는데 기다리는 사람들의 모습이 나타나지 않자 조급한 생각이 들었던지 사발을 집어던지고 문 쪽으로 절이니갔다. 바로 그때 사람 발자국 소리가 먼 곳으로부터 들려왔다. 앙굴마라는 마남구리가 돌아온 줄 알고 당장 기분이 좋아져 큰 소리로 외쳤다.

"거기 누구냐? 어서 빨리 들어오지 못할까!"

앙굴마라의 목소리가 우레처럼 울려퍼지는 순간, 교진여와 아사파서는 깜짝 놀라 도적의 산채에 잘못 들어선 것을 깨닫게 되었다. 누구나 다 알다시피 앙굴마라는 사람을 죽이고도 눈썹 하나 깜짝하지 않는 마왕이었기 때문에 평시 이곳을 찾는 사람은 아무도 없었다.

교진여와 아사파서는 아름드리나무 뒤에 급히 몸을 숨겼으나 당장 발각되고 말았다.

"이놈들! 숨기는 어디 숨어?! 네놈들이 누군지 다 알고 있다. 마남구리야! 어서 빨리 싯다르타를 끌고 이리 나와 봐!"

교진여가 대답했다.

"아니다! 우리는 부처님이 아니라 그 어른의 제자들이다. 그런데 네가 부처님을 찾아 무엇 한단 말이냐?"

교진여의 목소리를 듣고 마남구리 아닌 딴 사람임을 알아차린 앙굴마라가 소리쳤다.

"허허! 이놈들, 오늘은 네놈들 운수대통한 날이로구나. 네놈들이 어제 나를 만났더라면 목숨을 부지하지 못하였을 텐데 말이다. 오늘은 네놈들을 죽일 생각이 없으니 잔말 말고 빨랑 꺼지기나 해. 쥐새끼같은 놈들!"

앙굴마라의 말을 듣고 마음을 가라앉힌 교진여는 담량을 키워 이렇게 물었다.

"그대가 마남구리를 시켜 부처님을 모셔오도록 하였는가?"

"그렇다! 그런데 그놈들은 어찌하여 여태껏 오지를 않고 네 놈들이 왔단 말이냐?"

앙굴마라의 물음에는 대답하지 않고 교진여와 아사파서는 손목을 잡아끌며 줄행랑을 쳤다.

"어서 가서 부처님을 찾읍시다. 마남구리 이놈이 부처님을 모살하려 합니다!"

한편, 부처님을 이끌고 앙굴마라의 동굴 근처까지 다다른 마남구리는 갑자기 또 다른 생각을 하게 되었다.

'만약 앙굴마라가 싯다르타를 죽이게 되면 교진여 일당이 나를 그냥 놓아둘 리 없다. 또 이 소식이 정반왕의 귀에 들어가면 구족(九族)이 연좌되어 어머니와 처자까지도 몰살을 당하게 된다.'

여기까지 생각이 미친 마남구리는 더 이상 앞으로 나아갈 용기를 잃고 말았다. 그는 한 그루 고목에 기대선 채 깊은 생각에 빠져들었다.

가난뱅이로 변장한 마남구리가 가던 길을 멈추고 생각에 잠기자 석가모니는 정다운 목소리로 이렇게 물었다.

"인자여! 어찌된 일인가? 그대는 지금 어머니를 생각하고 있는가?"

마남구리는 고개를 떨군 채 아무 대답도 할 수 없었다. 석가모니가 말을 이었다.

"인자여! 그대는 효성스러운 아들이니 슬퍼할 것 없다. 어떤 일이 있어도 당신 어머니의 병을 고쳐 주마."

석가모니의 자비롭고 온화한 음성을 듣고 있던 마남구리는 점차 양심이 되살아나면서 터져나오는 울음을 참을 수 없게 되었다.

　석가모니는 그의 어깨에 손을 얹고 가볍게 토닥이며,

　"어리석은 자여! 그러나 걱정할 것 없다. 모든 일이 잘 풀릴 것이다."

　마남구리는 석가모니 앞에 무릎을 꿇고 큰소리로 울부짖었다.

　"자비로운 불타시여! 저, 저는 당신을 속였습니다. 당신을 기망(欺罔)했습니다."

　마남구리는 통곡하며 석가모니에게 죄과를 참회하였다.

　그런데 바로 이때 교진여와 아사파서가 그들이 있는 곳을 찾아 달려왔다. 그들은 마남구리의 울음일랑 아랑곳하지않고 큰소리로 꾸짖어댔다.

　"비루한 인간아! 재물에 눈이 어둬 의리를 버리고 몇 번씩이나 부처님을 죽이려 한 짐승 같은 인간아! 오늘도 부처님을 여기까지 유인하여 앙굴마라의 손에 죽도록 계책을 꾸몄구나. 양심이라고는 손톱만치도 없는 네놈은 울면서 또 무슨 속임수를 쓰겠다는 거냐?"

　이때 아사파서가 느닷없이 달려들어 마남구리를 두들겨패기 시작하였다.

　그러나 재빨리 아사파서의 손을 빠져나온 마남구리는 걸음아 날 살려라, 앙굴마라가 은신하고 있는 동굴을 향해 달려갔다. 교진여와 아사파서가 허둥대고 있는 가운데 석가모니도 동굴을 향해 달려갔다.

　이를 본 교진여가 큰소리로 외쳤다.

　"부처님! 안 됩니다. 굴 속에는 살인마 앙굴마라가 숨어 있습니다!"

　"…………."

　동굴 앞에 다다른 석가모니는 입구를 막아선 마남구리의 어깨를 낚아채며 호령하였다.

"마남구리야! 비켜라. 내가 굴 속에 들어가마!"

마남구리가 무엇인가 말을 하려 하였으나 석가모니는 그를 밀어붙이고 동굴 안으로 걸어 들어갔다. 석가모니가 앙굴마라에게 물었다.

"앙굴마라 선생! 나는 고다마 싯다르타인데 당신은 정말로 내 목숨이 필요합니까?"

앙굴마라가 커다란 목소리로 고함쳤다.

"암, 그렇고 말고, 제 발로 걸어 들어왔군!"

석가모니는 평화로운 음성으로,

"좋소! 천 년을 사는 생명을 얻기 위해 당신은 아흔아홉 사람의 목숨을 빼앗았습니다. 이제 한 사람을 더 죽여야만 백 개의 머리가 채워진다니 나를 죽이도록 하시오!"

석가모니의 말이 채 끝나기도 전에 앙굴마라가 검을 집어들었다. 한구석에 웅크리고 서서 이 광경을 지켜보던 마남구리는 몸을 덜덜 떨며 눈을 내리감았다.

"앙굴마라 선생, 잠깐만! 죽기 전에 당신에게 할 말이 있소."

석가모니가 손을 휘젓자 앙굴마라가 다급한 목소리로 고함을 쳤다.

"어서 말해라! 머리가 땅에 떨어지면 할 말이 있어도 할 수 없게 된다. 자, 어서!"

자비롭고 화기에 찬 목소리로 석가모니가 말하였다.

"당신이 나를 죽이면 백 사람을 죽이는 소원이 성취됩니다. 그러나 앙굴마라 선생! 내일부터는 다시 사람을 죽이지 않는다고 약속해 주시오. 사람은 물론, 작은 벌레까지도 다쳐서는 안 됩니다. 약속하겠소?"

이때 마남구리가 울부짖었다.

"부처님, 부처님……!"

말을 마치기도 전에 마남구리가 두 사람 사이에 뛰어들어 앙굴마라를 가로막았다.

"나를 죽여라! 나는 원래 쓸모없는 인간, 백 번 죽어도 남는 죄가 태산이다. 부처님은 대자대비하신 중생의 구세주이시다. 앙굴마라야, 어서 나를 죽여다고!"

대도 앙굴마라는 어찌하여 백 사람을 죽이려 하였던가?

앙굴마라의 아버지는 본래 착실한 농민이었다. 그들 일가는 네이란자라 강가의 농촌에 살면서 지주 보라(菩羅)의 땅을 부쳐먹고 살았다.

앙굴마라는 태어날 때부터 보통 아이들보다 키가 컸으며, 열 살 무렵에는 스무 살 넘은 청년처럼 우람하고 굵직하게 자랐다. 일을 하는 데는 엄청나게 힘이 세어 집안 살림을 꾸려가는 데 어려움이 없었으며 그럭저럭 여유 있는 생활을 할 수 있었다. 그러나 그가 열다섯 살 나던 해에 불행한 일이 닥치고 말았다. 그들의 주인 보라가 파판니차란(帕凡尼査蘭)이라는 자와 싸움을 벌이다 사람을 죽인 것이다. 이 두 사람은 모두가 크샤트리아에 속하는 종족이었다. 당시의 법률에 따라 살인사건을 해결하기 위해서는 보라 편에서 한 사람을 내놓아 죽은 사람의 목숨을 갚아야만 하였다. 보라는 돈으로 촌장을 구워삶아 앙굴마라의 아버지를 크샤트리아로 가장시킨 뒤 자기 대신 죽도록 하였다. 이 사건은 앙굴마라에게 커다란 재난을 안겨 주었다. 머지않아 그의 어머니와 누이동생마저 병들어 죽자 앙굴마라는 몹시 고단하고 괴로운 신세가 되었다. 나중에는 너무나도 벅찬 슬픔을 이기지 못해 앙굴마라 역시 중병에 걸리게 되었는데 이때 브라만의 사제 한 사람이 그의 죽음을 예언해 주었다. 앙굴마라의 아버지가 바이샤의 몸으로 크샤트리아로 가장하여 천신에게 죄를 지었기 때문에 아들 앙굴마라도 죽어야 한다는 것이 예언의 내용이었다. 그는 사제 앞에 무릎을 꿇고 목숨만은 살려 주십사 애원하였다. 사제는 그에게 남자 백 명의 머리로써 천신께 제사를 지내면 모든 재앙을 면할 뿐 아니라 천 살까지 살 수 있다고 일러주며 그것이 신의 계시라고 말하였다.

그로부터 앙굴마라는 살인 마왕으로 변하였다. 처음 시작할 때는 사람의 목숨을 빼앗는 데 두려움이 앞섰으나 죽은 아버지의 한까지 풀겠노라 생각하면서 하나, 둘, 셋…… 아무 연고나 죄 없는 사람까지 붙들어다 죽이기 시작하였다. 그는 오로지 억장이 무너지는 한을 풀고 목숨을 늘리기 위해 살인강도 생활에 깊이깊이 빠져들었다.

마남구리가 앙굴마라를 가로막아 석가모니를 감싸자, 석가모니는 다시 그를 밀쳐내며 앙굴마라에게 말하였다.

"앙굴마라 선생, 어서 나를 죽이시오! 무엇을 꾸물거리고 있는 거요? 그러나 당신이 나를 죽여 백 사람의 머리를 채운다 해도 사제의 말은 믿을 수가 없소. 이 세상에 악을 버리고 선을 따르도록 가르치는 것이 신인데 어찌하여 신의 몸으로 남의 목숨을 해치라고 가르쳤겠소? 악을 행하고 살인하도록 가르치는 신이 있다면 그것은 신이 아니고 마귀입니다. 백 사람의 생명으로 한 사람의 장수를 바꾼다면, 그리고 그것이 신의 뜻이라 할지라도 살인을 가르치는 신이라면 당신은 그 신을 믿을 수 있겠소? 앙굴마라 선생! 어떻게 생각합니까?"

석가모니의 얘기를 듣고 난 앙굴마라는 참다운 인성을 되찾아 검을 버리고 땅 위에 털썩 엎드렸다. 그리고 큰소리로 울부짖었다.

"불타시여! 이제 알겠습니다. 그와 같은 신은 믿을 수가 없습니다. 불타시여, 불타시여! 모든 것이 제 잘못이었습니다. 저는 사람을 죽이라고 가르치는 신을 믿고 그렇게 무고한 인명을 수도 없이 죽였습니다. 지금부터 저는 어떻게 해야 합니까?"

석가모니는 부드러운 음성으로 대답하였다.

"잘못은 고치면 되는 것, 고개를 돌리면 바로 그곳에 피안이 있소! 그러나 다시는 잘못을 저질러서는 안 되오!"

"붇타시어! 세손이시어! 저는 아흔아홉 생명을 죽였습니다. 아흔아홉 사람이 저의 칼날에 죽임을 당했습니다. 저의 죄가 이렇게도 무거운데 이 죄를 어떻게 씻을 수 있단 말입니까? 이제 죽는 길밖에는 도리가 없습니다. 저를 죽게 해 주십시오!"

석가모니가 큰소리로 외쳤다.

"어리석은 말은 하지 마십시오! 그대가 죽게 되면 앞서 저지른 죄는 영원히 씻을 기회를 놓치고 맙니다. 이제부터 시작하여 새로운 사람, 선한 사람이 되어 중생에게 쓸모 있는 인간으로 살아가십시오. 정말로 선을 행하고 어리석음과 집착을 버린다면 이보다 큰 죄도 씻을 수가 있습니다!"

앙굴마라는 땅에서 일어나 검을 주워들고 무명지를 자른 뒤 붉은 피로 두건 위에 다음과 같이 썼다.

칼을 버리고 새로운 사람이 되겠습니다!

악을 버리고 선을 맹세한 앙굴마라를 바라보며 석가모니는 지극히 즐거운 마음이 되었다.

"이와 같은 결심이 있다면 새로운 사람이 될 수 있을 뿐 아니라 당장 성불하게 됩니다!"

칼을 버리면 바로 성불한다!

불타는 마남구리와 교진여·아사파서를 데리고 녹야원으로 돌아갔다. 앙굴마라는 자신의 죄얼(罪孼)을 씻어내는 데 급급한 나머지 불타를 따라가지 않았다.

녹야원에 돌아온 마남구리는 며칠 동안이나 마음이 가라앉지 않았다. 낮 동안은 딴 사람들과 함께 일하며 생활하는 가운데 정상을 되찾았으나 밤이 되어 잠자리에 들게 되면 마음을 진정할 수 없었다. 그는 여러 가지 일들을 회상하였다. 정반왕이 그와 교진여 등을 고행림으로 보내어 태자를 찾도록 한 일, 데바닷타가 왕위를 차지하기 위해 태자를 음해하도록 교사한 일, 중생을 제도하기 위해 석가모니가 앙굴마라에게 죽임을 자청한 일……. 앙굴마라와 같은 살인 마왕까지도 불타의 감화로 악을 버리고 선을 따라 새로운 사람이 되었는데 자신은 살인마만도 못한 인간인가?!

마남구리는 드디어 불타에게 간구하여 머리를 깎고 승려가 되었다.

얼마 지나지 않아 불타는 교진여 등 다섯 사람을 위해 녹야원에 강단을 마련하고 도를 가르치게 되었는데 이것이 유명한 초전법륜(初轉法輪)이다.

초전법륜

 '윤(輪)'은 고대 인도의 전쟁터에서 사용되던 무기로 형상이 수레의 바퀴와 흡사하다. 인도의 신화에서는 사방을 정복한 천신을 전륜왕(轉輪王)이라 불렀다. 전륜왕이 태어났을 때 공중에는 불의 수레바퀴가 나타나 아무도 전륜왕의 무공에 대항하여 이길 수 없다는 사실을 알려 주었다. 이로써 윤은 불타의 설법에 비유되어 불법이 세상에 나타나면 모든 사악함이 격파되고 분쇄됨을 뜻하게 되었으며 이에 따라 불경에서는 석가모니 성불 후 처음 이루어진 포교와 설법을 초전법륜이라 부르게 되었다. 또 석가모니는 제자들이 강술 내용을 깊이 있게 이해하지 못할 것을 염려하여 같은 내용을 세 번씩 반복하여 가르쳤는데 이를 삼전법륜(三轉法輪)이라 한다.
 석가모니는 녹야원에 돌아간 뒤 자신이 보리수 아래에서 깨우친 진리를 새롭게 정리하였다. 그는 생명 유전(流轉)의 경과가 십이인연이며 유전의 주체가 고, 고의 구체적 현상이 생로병사임을 알아내었다. 마지막으로 석가모니는 자신이 깨우친 인생의 진제를 사제·팔정도(八正道)·십이인연으로 귀납하였다. 그 뒤, 석가모니는 강단을 마련하여 교진여 등에게 포교와 설법을 함으로써 최초의 승단(僧團)을 건립, 불교의 서막을 열게 되었다.

초전법륜을 말할 때 석가모니는 먼저 제자들에게 팔정도를 강술하였다.

팔정도란 중도(中道)이며 석가모니가 사유를 통해 얻어낸 주요 성과로서 그의 진실 사상을 대표한다. 석가모니는 누구나 팔정도를 지켜 행위하면 정법(正法)을 원만하게 융합하여 미망을 벗어나 깨달음에 이른다고 하였다.

팔정도는 팔성도(八聖道)라 부르기도 하는데 정견(正見)·정사(正思)·정어(正語)·정업(正業)·정명(正命)·정정진(正精進)·정념(正念)과 정정(正定)이 이에 해당한다.

1. 정견

수행하는 자는 우주·인생·사회 등 항상 보고 들어 익숙하며 습관되어 있는 현상에 대해 정확한 인식과 이해를 해야 하며 우주와 인생의 진상 및 실상이 고·공(空)·무상임을 간파해야 한다. 작은 것으로는 먼지, 큰 것으로는 무궁한 천체·우주에 이르기까지 영원히 변치 않는 것이란 아무것도 없다. 따라서 짧고도 순간적인 인생을 명확하게 이해하고 파악하며 순결과 선량함을 유지하여 욕심과 연연함을 없애고 시세에 따라 악에 물들지 않음으로써 정견을 확립하여야 한다. 개인의 욕망을 억눌러 공리(公利)를 생각하고 사악함과 올바름을 식별하며 선악의 인과를 믿어 삼세의 업보로써 법리(法理)를 삼아야 한다. 덕을 키우고 선을 쌓으며 지혜를 늘리고 어리석음을 끊어 올바름에 입각하여 정도를 행하되 광명 속에서 정견을 가진 엄숙하고 단정한 인간이 되어야 한다.

2. 정사

정욕(正欲)·정지(正志)라고도 부른다. 즉 정견을 자신의 사상으로 만들며 정확한 사상으로써 정확한 행동을 지도한다. 정욕이라 부르는 까닭은 공평한 선욕(善欲)이 아닌 이기심의 악욕이 있기 때문이다. 악욕은 욕심·어리석음과 게으름·의심과 질투 등 악견(惡見)을 만들어 재앙과 환난을 불러오며 스스로 번뇌를 일으킨다. 이에 대해 정사와 정욕은 자신에게 이롭지 않으나 오로지 남을 위해 이롭도록 하는 것이다. 정사·정욕을 가지면 마음이 평온하고 태도가 온화하게 되어 번뇌를 몰아낸다.

3. 정어

하는 말이 단정하고 선하여 험담으로 남을 상하게 하지 않는 것이다. 언어란 마음의 소리이며 마음의 운율로서 마음속에서 사유된 표현이다. 험하고 망녕된 말, 더러운 말은 남을 해치며 자신에게까지 해를 입혀 돌발적인 재앙을 불러온다. 마음과 뜻이 바르면 입으로 좋은 말을 하게 되고 좋은 마음으로 사람을 대하면 언어에는 진실과 성의가 담긴다. 마음에 악념이 있으면 남을 해치는 말을 하게 된다. 말이란 사리에 따라 나오는 것이며 높고 깊은 경지가 있다. 나오는 대로 뱉아내면 일을 그르친다. 두 가지 사이는 천양지차이다.

4. 정업

자신을 맑고 깨끗하게 하는 직업에 종사하는 것이 정업이며 살인·강도·음일(淫逸)·절도는 부정업(不正業)이다. 좀도둑·강탈·마약판매·도박·창기(娼妓)·매음·사기·재물갈취·유괴는 모두가 부정업이다. 정당한 직업에 종사하는 것은 중생에 대해 이로우며, 힘써 일하면 행하는 바가 평안하고 잠을 자는 데도 편안하다. 교활한 속임수로 중생을 해하며 음모로써 권력을 탈취하고 이득을 얻는 자는 모진 응보를 맞게 된다.

5. 정명

신성하고 순결한 생명을 가지고 평탄함을 유지하는 인생을 가리킨다. 홍진세상에는 허위·속임수·협잡·음모가 충만되어 있다. 이는 죄악의 손으로써 자신의 순결한 생명을 더럽힘에 다름 아니다. 교묘한 수단이나 힘을 가지고 남의 것을 빼앗아 제 것으로 만들면 머지않아 중생으로부터 경멸과 능욕을 당하게 된다. 따라서 정명은 정견·정사·정어·정업의 융합체이다.

6. 정정진

악을 버리고 선을 향해 용맹하게 정진하는 것을 말한다. 참선하고 선을 행하는 것은 배로 물을 거슬러 오르는 것과 같아 앞으로 나아가지 않으면 물러나고 만다. 방만하고 안일하여 닦아나가지 않고 되는 대로 지내면서 구차하게 안일을 구하면 영원히 피안에 이르지 못한다. 모든 악행을 억누르고 일체의 불도를 정성들여 닦아가는 것이 근본이다.

7. 정념

사람의 정신은 시시각각 활동하고 있다. 즉 밤낮 없이 심장이 고동하는 가운데 언제나 무엇인가를 생각하고 있다. 마음속의 생각은 언제나 정지하지 않으며 쉼속에시노 맴돌고 있다. 사람이 정직하고 존엄한가 또는 지극히 비루한가는 그의 사상, 그의 마음에 따라 결정된다. 불경에서는 다음과 같이 말하고 있다.

> 무엇을 금강심(金剛心)이라 하는가?
> 사람은 누구에게나 금강심이 있다. 모든 중생은 마땅히 해야 할 일을 알고 깨달아야 한다. 모든 선악이 모두 다 스스로의 마음에서 나오기 때문이다. 마음에서 우러나 선을 닦으면 몸이 안락하다. 마음에서 우러나 악을 지으면 몸이 괴로움을 받게 된다. 마음은 몸의 주인이요 몸은 마음의 하인이다. 왜 그러한가? 부처는 마음으로부터 이루어지고 도는 마음으로부터 배우며, 덕은 마음으로부터 쌓이고 공은 마음으로부터 닦으며 복은 마음으로부터 짓고 화는 마음으로부터 이루어지기 때문이다. 마음은 천당을 만들 수도 있고 지옥을 만들 수도 있다. 마음은 부처를 만들 수도 있고 중생을 만들 수도 있다. 따라서 마음이 바르면 부처가 되고 마음이 악하면 악마가 된다. 마음이 자비로운 것이 천인이며 마음이 악한 것이 나찰(羅刹)이니 마음은 모든 죄와 복의 씨앗이다.
> 일신의 정력이 강하면 오욕의 무리 가운데 빠져도 해를 입지 않는다. 갑옷을 입고 적진에 들어가면 두려울 것이 없는 것과 같다.

위의 인용문에서는 견고한 정념을 가짐으로써만 외부의 유혹을 막아낼 수 있음을 강조하고 있다. 정념은 정직한 마음, 사악함을 몰아내고 악을 제압하는 마음이다.

8. 정정

오로지 한 마음으로 완벽하게 청정함을 보존하고 희노애락과 칠정육욕의 교란을 배제하면 인생 최고의 경지에 도달하여 생사의 고해를 벗어나 무상의 깨달음을 이루게 된다.

사람으로서 온갖 노력을 다해 원만하게 팔정도를 실천하면 자신을 깨끗이 할 수 있을 뿐 아니라 사회를 정화시키며, 중생으로 하여금 사도(邪道)를 버리고 정도를 행하게 할 수 있다. 그렇게 되면 이 세상은 안락하고 화기애애하며 행복한 대가정을 이루게 된다.

석가모니는 팔정도의 강술을 마치고 잠시 휴식을 취한 뒤 다시 제자들에게 사정제를 강술하였다.

제(諦)는 진실·실재·진리의 뜻을 가지고 있다. 사제란 네 가지 진실하고 허황되지 않은 진리를 뜻하며 사성제(四聖諦)라고도 부른다. 사제는 순서대로 고제(苦諦)·집제(集諦)·멸제(滅諦)·도제(道諦)이다. 고제·집제는 인생의 본질 및 그 형성 원인과 형성 과정을 설명하며 멸제와 도제는 해탈의 과정과 귀착점을 해명하고 있다.

불교 이론의 출발점은 고통이며 초전법륜 때 석가모니께서 맨 먼저 강술한 것이 고제이다.

석가모니는 생명 존재의 본신이 바로 고이며 사회와 인간의 진실 현상 역시 고라고 생각하였다. 인간이 태어나면 각종 느낌[感受]을 가지게 되는데 불교에서는 인간의 느낌을 고수(苦受)·낙수(樂受)·불고불락수(不苦不樂受)의 세 가지로 나누었다. 그러나 근본적으로 어떠한 감수이건 모두가 고이다. 넓고 넓은 우주, 망망한 인간세상은 고가 모이고, 고가 모여진 것을 벗어나지 못한 장소이다. 석가모니는 고를 생고(生苦)·노고(老苦)·병고(病苦)·사고(死苦)·원증회고(怨憎會

苦) · 애별리고(愛別離苦) · 구부득고(求不得苦) · 오성음고(五盛陰苦)의 여덟 가지로 나누었다.

1) 생고

태아일 때, 인간은 어머니 몸 안에 있었으나 그곳은 어두운 지옥과 같아 한량없는 괴로움을 당한다. 태어날 때는 연약한 피부가 갑자기 외계의 덥고 추운 공기와 접하게 되어 극심한 괴로움을 참지 못하고 큰소리로 울어댄다. 생명의 본질에서 보면 인간은 어머니의 몸을 빠져나오면서부터 생로병사의 여정을 걷기 시작한다. 따라서 태어나는 것은 고의 근원이다.

2) 노고

인간이 늙어지면 각종 기능이 쇠퇴하고 정신이 혼미해지며 언제나 병으로 괴로움을 당하게 된다. 심리 및 생리적인 노쇠가 인간에게 주는 고통은 어느 누구도 벗어날 수 없다. 공평한 도리로서 인간의 머리칼은 희게 변하며, 귀인의 머리라고 백발이 안 될 수 없다.

3) 병고

사람은 태어나면서부터 병마와 끊을 수 없는 인연을 맺게 된다. 갓 태어나 죽는 아이를 빼고는 죽을 때까지 누구나 병에 시달리지 않는 이가 없다. 인류의 병은 동물에 비해 다양하기 이를 데 없으며 몇 배나 더 복잡하다. 병이 날 때는 너무 고통스러워 참아내기 어렵다. 구역질이 나거나 머리가 어지럽고 몸이 불덩어리처럼 달아오르기도 하며, 극심한 통증 가운데 허약하게 되면 그 괴로움은 말로 다할 수 없다.

4) 사고

사람이 태어나면 몸뚱이는 만고불변의 목표를 향해 달려간다. 이 목표는 죽음이다. 태산처럼 중대한 일생이건, 머리칼처럼 가벼운 한 평생이건 모두가 죽음을 벗어나지 못한 채 필연의 귀결에 도달한다. 죽음에 이르면 사지는 떨어져나가고 혼백은 도망쳐버리며 모든 것을 내동댕이치게 된다. 목소리와 모습을 가진 인간이 어느 날 한 줌의 흙으로 돌아간다고 생각하면 얼마나 슬프고 통절한가!

5) 원증회고

사람은 일생 동안 자신이 증오하는 사람들이나 싫어하는 일들에 부딪히게 되지만 이를 피할 길이 없다. 원수는 외나무다리에서 만나게 되며, 열 가지 일 가운데 뜻대로 되는 일은 한두 가지에도 이르지 못한다. 인생에게 맑고 조용한 날은 영원히 있을 수 없다. "비가 새는 집에 밤새도록 폭우가 퍼부으며, 배가 깨어져 부서졌는데 맞바람을 맞는 것[屋漏偏遭連夜雨, 船破又遇頂頭風]"이나 다름없다.

6) 애별리고

인생이란 사랑하는 사람이나 사물과 헤어져야 하는 괴로움을 벗어날 수 없다. "달은 밝았다가 어두워지며, 차면 기운다. 인생은 기쁘다가 슬퍼지는 가운데 만나면 헤어지는 것[月有陰晴圓缺, 人有悲歡離合]으로 옛적부터 절대적인 온전함이란 있을 수 없다." 일가친척·친구·애인·가정·고향과 헤어지는 것은 슬프고도 괴로운 일이다.

7) 구부득고

사람은 살아가면서 무엇인가를 추구하고 욕구하며 즐겨한다. 그러나 만족은 채워질 수 없다. 어떤 자는 먹는 것과 입는 것을 추구하고 어떤 이는 세상 만민을 구제코자 희망한다. 어떤 사람은 고관대작이 되기를 꿈꾸며 어떤 자는 남의 환심을 사기 위해 백방으로 애를 쓴다. 어떤 이는 목숨을 걸고 돈을 모아 오랫동안 갈망하던 물건을 사고자 한다. 어떤 사람은 도박장을 헤매며 운수 대통하여 벼락부자가 되고자 한다.

아무튼 모든 사람은 무엇인가를 추구하며 살아간다. 무엇인가를 추구하는 것은 부족함이 있기 때문이며, 부족함이 없다면 추구할 일이 있을 수 없다. 추구하는 과정은 모두가 괴로움과 어려움으로 가득 차 있으며 추구의 결과는 환멸로 끝난다. 그러나 생존 과정에서 인간은 희망을 가지며 희망을 달성키 위해 무엇인가를 추구한다. 그 누구도 인간의 욕망을 억제할 수 없으며 그 누구도 환멸의 고뇌에서 빠져나갈 수 없다.

8) 오성음고

오음(五陰)은 색·수(受)·상(想)·행(行)·식(識)을 포괄한다. 그 가운데 색온(色蘊)이란 인간의 신체를 구성하는 피나 살과 같은 물질, 즉 인간의 육신을 말한다. 수온(受蘊)이란 외계의 영향으로 생기는 아픔·가려움·괴로움·즐거움·울적함과 기쁨·좋아하고 싫어함과 같은 느낌(생리적인 느낌과 윤리적인 느낌)을 말한다. 상온(想蘊)이란 인식반응으로 감각과 지각·개념·표상 등과 같은 것들을 일컫는다. 외계의 사물이 푸르거나 누렇거나, 남자 또는 여자, 길거나 짧거나, 가깝거나 싫거나 하는 것으로 느껴지는 것은 모두가 상온의 작용 때문이다. 행온(行蘊)이란 의지활동으로 사려·기획·판단·의향·동기 등의 사유활동을 말한다. 식온(識蘊)이란 수·상·행 등 몇 가지

활동을 통일한 근본의식을 가리킨다. 오온(五蘊)이 마음과 몸 두 방면을 합친 것이라면 색은 인간의 신체를, 수·상·행·식은 정신현상을 가리키는 것이다. 석가모니는 오온으로 생명을 가진 인간이 본질적으로 허망한 존재임을 증명하였다. 오온은 인간의 심신을 합성한 것으로서 불과 같이 뜨겁게 연소되어 탐욕과 불행을 일으키며 고통의 결과를 만들어내게 된다. 색이 불타고 사대(四大 : 땅·물·불·바람 등 물질요소)가 조화되지 않으면 질병과 고통을 일으키며 노쇠에 이른다. 수가 성하면 여러 가지 고통의 느낌을 받게 된다. 상이 열렬하면 탐욕과 추구를 낳아 별리·원증회·구불득 등의 고에 처하게 된다. 결국 인간의 심신은 고통을 만들어낼 뿐 아니라 고통이 저장되거나 모이는 곳을 제공하게 된다. 아아, 오온이 합쳐진 심신이란 불타고 있는 괴로움의 용광로인가!

고제의 여덟 가지 고는 두 가지로 대별할 수 있다. 생로병사는 육체적·생리적인 고이며 애별리·원증회·구불득의 세 가지 고는 정신적·심리적인 고이다. 오성음고는 심신상의 여러 가지 고를 포괄한다.

석가모니는 심신상의 활동이 모두 업을 만드는 과정으로 연쇄적인 인과반응을 일으키며 장래 또는 내세의 고통을 끌어내기 때문에 오성음고는 각종 괴로움을 모아들이는 근원일 뿐 아니라 고통을 연속 부단하게, 영원히 끊이지 않도록 하는 근원이라고 생각하였다. 태어나서 죽음에 이르는 인생은 길고 긴 고통의 어둠 속을 헤매고 있는 것과 같다.

≪불설사십이장경(佛說四十二章經)≫에는 이렇게 기록되어 있다.

> 부처님께서 말씀하셨다. 사람에게는 열두 가지 어려움이 있다. 가난한 자에게 보시하는 어려움, 세력 있고 귀한 몸으로 도를 배우는 어려움, 목숨

을 던져 죽어야 할 때 죽지 못하는 어려움, 불경을 구하여 읽을 수 없는 어려움, 부처님 세상에 태어나는 어려움, 색을 참고 욕을 끊는 어려움, 좋은 것을 보고도 가지려 하지 않는 어려움, 욕을 당하고도 성내지 않는 어려움, 시세에 따르지 않고 견뎌내는 어려움, 일을 당해서노 마음을 쓰지 않는 어려움, 널리 배우고 연구하는 어려움, 자만을 소멸하는 어려움, 나라가 위험에 처하여 배우지 못하는 어려움, 마음과 행동이 일치되지 않는 어려움, 시비를 가리지 않는 어려움, 선지식(善知識)을 만나는 어려움, 견성하여 도를 배우는 어려움, 도에 융화되어 인간을 구제하는 어려움, 좋은 것을 보고도 움직이지 않는 어려움, 중생구제 방도를 알아내는 어려움이 그것들이다.

홍진세상의 감미로운 행복은 눈 깜짝할 사이 사라지고 마는 것! 그러나 고는 영원히 사라지지 않고 시작도 끝도 없이 무한한 흐름을 이루고 있다.

그렇다면 고는 왜 이다지도 고집스러운 것인가?

이 문제에 대한 해답은 사제 중의 두 번째인 집제에 있다. 집제는 홍진세상과 인생 고제의 원인을 만든다. 집은 고의 원인이며 고는 집의 결과이다.

중생에게는 불성이 있으며 인간의 품성은 본래 선하다. 그러나 망망한 인간세에서는 욕심이 횡행하며 서로가 속이고 속는다. 이처럼 더러운 삶의 현장에서 중생은 망상에 집착, 취생몽사하며 우주의 영원함과 생명의 짧음을 깨닫지 못하고 생사의 윤회에 빠져들어 헤어나지 못한다.

이것이 바로 고제가 뿌린 악의 씨앗이다.

석가모니는 눈과 귀가 어두워 사리를 가리지 못하고 환상 속을 헤매는 중생을 위해 간곡하게 이르셨다.

성불하지 않으면 업채(業債)가 넓고 많다. 왜 그런가? 일체중생은 미완 전도(迷頑顚倒)하여 시작할 때는 아무것이나 선한 근본을 뿌리지 않고 악업만을 지어 원한 가운데 이어가고 업보에 휘말린다. 네가 그를 놓지 않고 그가 너를 받아들이지 않으니 업의 그물을 만들어 세상을 가득 덮었다. 이에 따라 지옥·축생·아귀도를 들락이고 육도를 내왕하며 서로 만나 해치고 집어삼키며 서로 간에 응보함이 끝이지 않는다.

콩 심은 데 콩 나고 팥 심은 데 팥 나는 법! 착하지 못한 집제는 끝없는 고제를 위해 착하지 못한 원인을 뿌린다.
고제와 집제는 깊은 뿌리가 휘감기고 줄기가 얽혀 인생을 칭칭 감고 있다. 원인이 결과를 낳는 가운데 윤회는 끝없이, 한없이 이어진다.
그렇다면 쌓이고 쌓인 선하지 못한 원인 집제를 어떻게 쓸어낼 것인가? 인생으로 하여금 영원한 고통을 어떻게 떨쳐버리도록 할 것인가? 석가모니는 교진여 등 제자들에게 이렇게 말하였다.

오로지 사제의 세 번째 제, 즉 멸제(滅諦)로써 생사윤회를 철저히 해탈하여 무상의 원만정각(圓滿正覺)을 얻을 수 있다.

멸제는 수도자가 깨달은 첫 번째 성과이다. 아무 구속도 없고 자유자재인 무생무사(無生無死)의 피안에 도달할 수 있는 것이다.
사성제의 마지막 제는 도제(道諦)로서 정도를 가리킨다. 도에는 여러 가지가 있으며 여러 군데의 문이 있으나 도제는 주로 팔정도의 수행을 가리킨다. 팔정도를 닦으면 반야지혜(般若智慧)를 얻어 전도(顚倒)를 청정(淸淨)으로, 번뇌를 안락으로 바꾸며 선으로써 악을 끊고 여러 가지 괴로움을 해탈하여 청정안락한 열반 피안에 도달한다.
마지막으로 석가모니는 자상한 모습과 잔잔한 목소리로 제자들에게 말하였다.

> 땅이 생명을 잉태하는 것처럼 내가 깨달은 연기정법(緣起正法)은 어렵고도 길고 긴 명상과 수도를 통해 얻어낸 것이다. 사제법(四諦法)은 우주와 인생의 확고부동한 진리이며 법칙이다. 결국 집은 고의 근원이며 이 두 제는 다시 인과로 유전한다. 집을 끊음으로써만 고를 떠나게 되며 여러 가지 고를 벗어날 수 있다. 그렇다면 멸은 어떠한가? 멸은 도의 수확이다. 이 두 제를 깨달으면 저절로 인과를 초월하여 멸을 구함으로써 도를 닦고 일심으로 도를 닦아 멸을 구하여 마지막으로 생사고액(生死苦厄)이 없는 열반을 얻는다.

석가모니의 사제팔정도를 듣고 난 다섯 사람의 비구는 기쁨에 넘쳐 눈에서는 광채가 나고 얼굴에는 웃음이 물결쳤다. 특히 마납구리는 비통에 젖어서가 아니라, 깨달음에 감격하여 하염없이 눈물을 흘렸다. 그들은 자비롭고 지혜로운 석가모니를 우러러보며 경건하게 끝없이 끝없이 배례하였다.

18
옛터를 찾아

　어느 날 불타는 포교를 위해 제자들을 이끌고 교외로 나갔다. 그들은 부지불식간에 가야산의 네이란자라 일대에 당도하였다. 이곳은 부처님이 도를 닦던 옛터. 불타는 가야산 아래에 서 있는 우람하고 무성한 보리수를 다시 만나게 되었다. 풀과 나무들도 생각을 하는 양 보리수 잎들은 살랑살랑, 그 옛날 아침저녁으로 함께 지내던 싯다르타를 반겨 그가 떠난 뒤의 고독과 적막을 하소연하는 듯했다. 불타는 보리수의 몸통을 어루만지면서 지난날 그를 위해 비바람을 막아주고 해를 가려주던 나뭇가지와 잎사귀들을 올려다본 뒤, 장중하게 자리잡은 금강석 위에 올라앉아 지난날을 회상하였다.
　그때, 소년이 베어다 준 길상초는 바람에 흩날려 사라지고 없었으나 그의 귓가에는 아직도 순진하고 선량한 소년의 목소리가 들리는 듯하였다. 얼마나 사랑스러운 아이였던가! 불타는 소년과 다시 만날 연분이 있기를 기원하였다.

　불타는 보리수 곁을 떠나 네이란자라 강가에 이르러 굽이돌아 흘러가는 강물을 바라보면서 우유 통을 머리에 인 처녀의 아름다운 모습을 떠올렸다.

　그는 발길 닫는 대로 강가를 거닐며 지난 일들을 회상하였다. 그러는 사이, 어느덧 해가 서산에 기울고 저녁놀이 강물 위에 드리워졌다. 노을이 물 위를 가득 덮어 새빨간 광채를 발하는 모습은 소치기 처녀의 찬란한 청춘을 말하는 듯, 그러면서 노을은 차차 어두운 빛으로 바뀌어 갔다. 공중을 나는 새들이 울어울어 수풀로 돌아가자 사면팔방에서 밤의 장막이 드리워지기 시작했다. 불타는 날이 저물었음을 알고 제자들과 함께 하룻밤 쉴 곳을 찾기로 하였다. 그는 옛날 이곳에서 탁발할 때 근처에 배화교(拜火敎)의 대수령 우루빈라가섭(優樓頻羅迦葉)이 있었던 일을 생각하고 이 기회에 그를 방문할 겸 하룻밤 묵을 것을 청기로 하였다.

　배화교는 맨 처음 고대 페르시아와 중앙아시아 등지에서 유행한 종교였다. 기원전 6세기에는 조로아스터가 페르시아 동부에서 종교를 창건하고 그 뒤 점차 발전을 거듭하게 되었으며 신도들은 ≪페르시아 고경≫을 경전으로 받들었다. 배화교는 선악이원론(善惡二元論)을 주장하여 불·광명·청정·태어남을 선의 단서로, 암흑·악·흐림·부정(不淨)·파괴·죽음을 악의 단서라고 생각하였다. 선단(善端)의 최고신은 아후라 마즈다(阿胡拉瑪茲達)라고 부르는 지혜의 신이었다. 그들의 교의에서는 선과 악 양자의 싸움에서 모든 사람이 자유로운 선택의지를 가지며 자신의 운명을 결정하는 권한을 갖는다고 생각하였다. 사람이 죽은 뒤에는 선단의 최고신 아후라 마즈다가 사자가 살았을 적 언행에 근거하여 말일심판을 진행한 뒤, '재판의 다리'를 통과

하면 천당에 오르게 하거나 지옥으로 떨어뜨린다.

불타가 포교를 하던 당시 인도에는 배화교가 성행하였다. 우루빈라가섭에게는 오백여 명의 제자가 있었으며 당지의 국왕과 대신들은 배화교 지도자를 극진히 존경하였다.

그날 밤, 불타가 교진여 등 제자들을 이끌고 배화교 마을에 들어섰을 때 우루빈라가섭은 마침 제자들과 배화수도(拜火修道)를 진행하고 있었다. 신도들은 활활 타오르는 불더미를 둘러싸고 꿇어앉은 자세로 끊임없이 머리를 조아려 예배하면서 입으로는 중얼중얼 주문을 외우고 있었다.

우루빈라가섭은 멀리서 자신들의 마을을 향해 걸어오고 있는 사람들을 불빛으로 확인하던 중 방문객이 불타임을 알게 되자 서둘러 문간으로 나와 영접하였다.

피차간에 예를 갖추어 인사를 나누고 좌정한 뒤 불타가 말하였다.

"교주님! 교주님의 땅을 지나다가 날이 어두워 하룻밤을 드새고자 들렀으니 선처해 주시면 고맙겠습니다."

우루빈라가섭은 서둘러 대답하였다.

"무슨 겸사의 말씀을! 불타께서 누추한 이곳을 찾아주신 것만도 크나큰 영광이올시다."

말을 마친 우루빈라가섭은 제자들에게 불타 일행의 저녁을 준비토록 분부하였다.

우루빈라가섭은 일찍이 석가모니의 훌륭한 품덕과 명성을 들어 알고 있었다. 특히 사람을 죽이고도 눈 하나 깜짝 않는 마왕 앙굴마라를 설복하여 칼을 내던지고 바른 길을 가도록 하였다는 얘기를 듣고 싯다르타의 덕망을 은근히 시기하던 터였다. 물론, 배화교의 제자들 사이에서도 이 얘기는 널리 퍼져 석가모니의 두려움 없는 덕망을 존경하고 있었다.

'그러나 이 모든 것들은 한낱 뜬소문에 지나지 않은 것!'

우루빈라가섭은 석가모니의 대지혜를 의심하는 외에도 남몰래 그를 실부하고 있었나. 그는 오늘 이 기회를 이용하여 붇타의 신력(神力)을 시험하고 싶은 생각이 들었다.

이런저런 생각을 하면서 그는 불타에게 말했다.

"존경하는 불타시여! 누추한 이곳에서 하룻밤을 쉬시는데 의당 좋은 방을 골라 모셔야 마땅하나 유감스럽게도 오늘은 방마다 사람이 들어차고 석실(石室) 한 곳만이 비어 있습니다. 그곳은 원래 배화도구를 보관하는 곳으로 밤이면 사람을 통째로 집어삼키는 독사가 출몰합니다. 그놈은 지금까지 죄 없는 생명을 무수하게 잡아먹었습니다만 불타의 법력(法力)이 어떠실지 염려가 됩니다. 만약 법력이 약하시다면 그곳에 들지 않는 것만 같지 못하니 심사숙고하십시오. 불타께서 뜻밖의 변고라도 당하신다면 이 일을 어떻게 감내할 수 있겠습니까?"

불타는 너그럽게 웃으며 대답하였다.

"교주님의 호의에 감사합니다. 그러나 밤이 깊었으니 그 방에라도 들어 하루를 지새우고 가도록 허락하여 주십시오!"

교진여를 위시한 제자들은 불타가 하는 말을 듣고 마음속으로 몹시 꺼려 석실에 들지 못하도록 만류하였다. 그러나 불타는 태연하게 제자들을 향해 말하였다.

"걱정할 것 없다. 적당한 곳을 잡아 편안하게 잠을 자고 내일 아침 일찍 길을 떠나면 되는 것 아닌가!"

말을 마친 불타는 음산한 석실을 향해 걸어갔다.

이를 바라보던 우루빈라가섭은 불타가 살아나올 가망이 없으며 굶주린 독사가 한 끼를 포식할 것으로 생각하였다. 마남구리는 부처님께 은혜를 갚는다는 일념으로 대신 죽기를 각오하고 말렸으나 불타는 손을 내저으며 거절하였다.

"아니다! 고마운 생각이다만 교주님의 호의에 내가 직접 보답해야 한다."

제자들은 답답하여 죽을 지경이었다. 불타가 스스로 죽음의 신을 찾아 나섰다고 생각하며 안절부절 마음을 진정할 수 없었다.

석실로 들어선 불타가 무거운 돌문을 닫자 방안은 당장 칠흑 같은 어둠으로 뒤바뀌었다. 코를 쏘는 악취가 물씬 풍겨왔다.

얼마나 지났을까……. 벽 귀퉁이에서 '스르륵 스르륵……' 뱀 꿈틀거리는 소리가 들려왔다. 음산한 바람이 거세게 스치면서 냉기가 몸을 휘감았다. 만물에는 영(靈)이 있고 기(氣)가 있는 법! 순간의 생각으로 불타는 모든 것을 알게 되었다. 원래 우루빈라가섭은 이 석실을 이교도에게만 내주어 잠을 자도록 하였는데 이로써 이교도 수행자의 공력과 담량을 시험해 보곤 하였다.

이교도로서 어떤 이는 이곳에 들어오면 죽는 줄 알고 피하는 사람도 있었으며 어떤 사람은 자신의 능력을 가늠하지 못하고 경솔하게 덤벼들었다가 하룻밤 사이 독사의 밥이 되어 불귀의 객이 되기도 하였다. 펄펄 살아 있는 수많은 사람의 살덩이가 독사를 먹여 살리고 살찌워 그놈을 더욱 흉포하게 만들었다.

우루빈라가섭은 이 독사를 새끼 때부터 길러왔기 때문에 독사는 주인의 몸에서 나는 냄새를 알아보고 그를 해치지 않았다. 우루빈라가섭은 이를 이용하여 갖가지 모습으로 현신(現身)하면서 여러 사람에게 설법을 하였는데, 온 천하에서 배화교의 신력이 가장 위대하며 배화교만이 천도(天道)와 상통한다고 주장하였다. 대지대각(大智大覺)하신 부처님은 우루빈라가섭의 마음을 꿰뚫어 알고 있었다. 속언에는 이런 말이 있다.

> 천 날을 수련하면 공 이룰 날이 있으며, 만 가지 인연을 터놓으면 마귀 떼가 있되 세력을 다툴 수 있다.

석가모니는 결가부좌, 받침돌 위해 좌정한 뒤 지그시 눈을 감고 양손을 합장한 채 조용히 정신을 모았다. 어둠 속에서 그의 혜안(慧眼)은 굵고 큰 한 마리의 독사를 바라볼 수 있었다. 고개를 치켜든 독사는 눈에서 푸른 빛을 내뿜으며 긴 혀를 날름날름, 번쩍거리는 몸뚱이를 끌고 석가모니 쪽으로 슬슬 다가왔다.

밤은 깊어 자시가 넘었는데 석실 안에서는 아무런 기척도 없었다. 밖에서 기다리던 제자들은 모두가 안절부절못하며 무슨 소리라도 들려오는지 귀를 모으고 신경을 곤두세웠다. 우루빈라가섭은 석가모니가 벌써 독사의 밥이 되고 말았으리라 생각하며 남몰래 회심(會心)의 미소를 지었다.

칠흑같이 어두운 밤, 삼라만상이 정적 속에 잠들었는데 불타의 제자들은 고통을 억누른 채 울음을 참고 있었다. 공포와 비애가 음산하기 이를 데 없는 배화교의 석실을 언제까지나 덮어 누르고 있었다.

그런데 이때 석실로부터 돌연 낭랑한 송경(誦經)소리가 흘러나왔다. 그 소리는 온화하면서도 청순하며 구름이 흐르고 물결이 출렁이듯 도도하게 이어졌다.

우루빈라가섭은 대경실색, 자신도 모르는 사이 석실 문짝에 바짝 붙어 문틈으로 안을 들여다보았다. 징그럽고 굵은 독사는 석가모니의 면전에 따리를 틀고 그 쪽으로 고개를 돌린 채 미동도 하지 않는다. 무엇인가 불타의 가르침을 받는 듯한 모습이었다.

너도나도 석실 문틈에 눈을 대고 안쪽을 들여다보던 사람들은 거기에서 벌어지고 있는 야릇한 광경에 너무나도 놀라 벌어진 입을 다물지 못하였다.
　두 손을 모은 채 조용히 앉아 있는 석가모니의 머리에서는 밝은 광채가 돋아나고 있었다. 그는 눈을 아래로 내리 뜨고 이렇게 말하는 것이었다.

> 청정한 마음으로 뜻을 깊이 하면 무상의 지각(智覺)과 혜명(慧明)을 얻게 된다. 천 사람이 천 번을 닦고 가면, 만 번을 닦아 만 사람이 온다! 관자재보살 행심야바라밀다시 조견오온개공 도일체고액 사리자 색불이공 공불이색 색즉시공 공즉시색 수상행식 역부여시 사리자 시제법공상 불생불멸 불구부정 부증불감 시고 공중무색 무수상행식 무안이비설신의 무색성향미촉법 무안계내지무의식계 무무명역무무명진 내지무노사역무노사진 무고집멸도 무지역무득 이무소득고 보리살타 의반야바라밀다 고심무과애 무과애고무유공포 원리전도몽상 구경열반 삼세제불 의반야바라밀다 고득아누다라삼막삼보리 고지반야바라밀다 시대신주 시대명주 시무상주 시무등등주 능제일체고진실불허……. 나는 모든 곳, 모든 만물을 제도한다…….

　독사는 석가모니의 말씀을 알아듣기라도 하는 양 치켜든 머리를 까딱대더니 더 가까이서 똑똑하게 들으려는 듯 그의 앞을 이리저리 기어다녔다.
　독경을 마친 불타는 독사의 머리를 부드럽게 어루만지며 이렇게 물었다.
　"방금 내가 한 말들을 다 알아들었느냐?"
　머리를 끄덕이는 독사의 모습은 살생하고 남을 해치는 것이 용서받을 수 없는 죄업임을 깨달은 것 같았다. 사람이 몸을 한 번 잃게 되면 만 겁이 지나도 되돌아오기 어렵다! 불경에서는 이렇게 말하고 있다.

　……나아가 사람이 사람 아닌 것과 수행하더라도 정법(正法) 얻으면 성
　불한다.

　마도(魔道)는 지혜의 힘으로 종적을 감추며 보살은 선심(禪心)으로 길을 연다.
　불타는 당장 독사를 불문에 귀의케 하고 그로 하여금 자마금(紫磨金) 사발에 담긴 밥과 채소를 쓸어 먹도록 하였다. 잠시 뒤 독사는 온순하게 고개를 내려뜨리고 굴 속으로 기어들어갔다.
　다음날 아침 해가 동녘에 떠오를 때 석가모니는 석실 문을 열고 평안한 모습으로 여러 사람 앞에 나타났다.
　이때 배화교주 우루빈라가섭은 오백 명의 제자를 이끌고 문 밖에서 기다리고 있다가 불타를 보자 그 자리에 꿇어앉아 배례하였다.
　불타가 물었다.
　"그대들은 밤낮 식음을 전폐하다시피 불을 섬겨 신으로 모시는데 오늘은 어찌 나에게 배례를 합니까?"
　우루빈라가섭은 얼굴이 홍당무가 되어 아무 대답도 하지 못하였다.
　석가모니가 말을 이었다.
　"가섭교주! 세상의 모든 종교와 신앙은 자비심으로 중생을 교화하고 덕을 쌓으며 선행을 하는 것이 목표로 되어 있습니다. 그런데 당신은 교주의 몸으로 이교도를 질투하여 해를 끼쳐 왔습니다. 교주께서는 마음이 좁아 자비심이나 세상을 구원하고 싶은 선심을 가지지 못한 터에 어떻게 원만한 도를 깨우쳐 정과(正果)를 얻을 수 있겠습니까?"

우루빈라가섭은 부끄러움을 참지 못하고 불타께 자비심과 관용을 구한 뒤 불문에 귀의하여 제자가 될 것을 맹세하였다.

"불타시여, 불타시여! 자비로우신 불타시여! 저의 잘못을 용서하여 주십시오. 이제부터 배화교를 버리고 불타께 귀의하니 제발 저의 소원을 들어주십시오!"

석가모니는 우루빈라가섭이 진심으로 간구하는 말을 듣고 그를 제자로 받아들였다.

"좋습니다. 가섭이여! 이제 미망을 버리고 내게로 돌아오겠다고 하니 그대의 뜻을 받아주겠습니다. 그러나 그대가 거느리고 있는 오백 명의 제자들은 어떻게 할 것입니까?"

우루빈라가섭은 즉시 모든 제자들을 한곳으로 모아놓고 이렇게 말하였다.

"오늘, 나 우루빈라가섭은 불타께 귀의할 것을 결심하였소! 나를 따라 불문에 귀의하고 싶은 이들은 여기 남아야 하나 그렇지 않은 사람은 각자의 뜻대로 떠나도 좋습니다!"

오백 명의 제자들은 한 목소리로 말했다.

"저희들도 교주를 따라 불타께 귀의합니다!"

불타는 즉시 그들을 받아들인 뒤 손수 머리를 깎아주었다. 이리하여 불타는 하룻밤 사이에 오백 명의 제자를 얻게 되었다.

머리를 깎은 뒤 불타는 당장 그들을 위해 집을 마련하고 포교를 시작하였다. 이들은 과거 배화교만을 숭상하여 불법에 대해서는 아무것도 알지 못하였으나 오늘 석가모니의 절묘한 가르침을 받들어 진리를 깨우치게 되었다. 그들은 감로로 몸을 적시고 영지선초(靈芝仙草)를 먹은 것처럼 기쁨으로 가득 차 불타를 향해 끊임없이 감사의 합장을 하였다.

불경에서는 선을 행하며 어두운 것을 떠나 밝은 삶을 살라는 권유를 하고 있다.

> 불타께서 말씀하셨다. 고해는 끝이 없으나 고개를 돌리면 바로 그곳이 피안이다. 마음을 바로잡아 수행을 발원하고, 그릇됨을 버리고 올바름을 따르며 악을 버리고 선을 지향해야 한다. 오랫동안 재계(齋戒)하고 술을 끊으며 훌륭한 스승을 찾아 정견을 얻는 자는 노소에 관계없이 모두 성불한다.
> 남자나 여자나 스승을 가까이 법을 들을지라도 믿음을 가지고도 믿지 않으며, 귀의를 하였으나 귀의치 않고, 예배를 하면서도 마음으로 희의를 품고 도를 깨우치지 못하면……, 이 같은 남녀는 도탈(度脫)할 수 없다. 세존께서 말씀하셨다. 이 같은 사람들은 박복하다. 지혜가 모자란 중생은 아무것도 깨닫지 못한 채 서로 간에 집착하여 사견(邪見)과 자만에 빠지게 된다.
> 본심이 가리우면 그 끝을 얻지 못한다.

우루빈라가섭과 그의 제자들은 부처님의 가르침을 받고 잘못을 철저히 회개하였다. 그들은 불문에 귀의하였을 뿐 아니라 옛날 신물(神物)로 여겼던 배화 도구를 모두 부셔서 네이란자라강에 던져버리니 강물도 이들을 깨끗이 쓸어가 버렸다. 물론, 그들의 어리석음도 강물에 함께 씻겨 정화됨으로써 즐거움 속에서 선(禪)의 경지에 들게 되었다.

한편, 네이란자라강 하류에서는 우루빈라가섭의 큰아우 나제가섭(邢提迦葉)과 둘째아우 가야가섭(伽耶迦葉)이 수행하고 있었다. 그들 역시 배화교를 신봉하는 두목들로 각각 제자 이백 명씩을 거느리고 있었다.

어느 날, 네이란자라강에 물을 길러 갔던 제자 몇 사람이 강물에 떠내려온 여러 가지 배화교의 도구와 법기(法器)들을 발견하게 되었다. 제자들은 그 중 몇 가지를 건저올린 뒤 나제가섭과 가야가섭에게 상황을 보고하였다.

두 형제는 대경실색, 우루빈라가섭 쪽에 큰 변고가 일어난 것으로 판단하여 제자들을 거느리고 구원을 위해 밤낮 없이 달려가게 되었다. 현장에 다다른 두 동생은 형과 오백 제자들이 모두 머리와 수염을 깎고 노란색 가사를 몸에 걸친 채 한 자리에 앉아 의기양양하게 독경하는 모습을 발견하였다. 크게 화가 난 두 동생이 큰형에게 소리쳤다.

"형님! 어떤 일로 마귀에게 홀려 이지경이 되었소? 장형의 몸으로 한 마디 상의도 없이 경전의 말씀을 벗어나 상도를 어기고 경솔하게 신앙을 배반하였으니 천벌을 받아 마땅합니다!"

우루빈라가섭은 평정한 모습으로 조용히 대답하였다.

"아우들은 듣거라! 나는 그동안 미망에 빠졌다가 이제 도를 얻었다. 너희들은 형이 깨우침을 얻었으니 기뻐해야 할 일이로되 어찌 무엄하게 책망을 한단 말이냐?"

그는 두 동생을 달래어 의자에 앉힌 뒤 계속 말을 이어갔다.

"원래, 우리들이 믿었던 종교는 중심에 더러움이 충만해 있었기 때문에 생사의 윤회를 해탈할 길이 없었다. 그런데 다행히도 불타를 뵈옵고 그분께서 밝혀내신 법음(法音)을 들어 막힌 것이 뚫리고 어리석음을 몰아내 지혜를 얻었으니 내 인생에는 장애가 사라졌다. 이제 무상의 소각묘경(昭覺妙境)을 대하게 되었으며 낡은 것을 버리고 새로운 것을 좇아 불교를 믿게 된 것이 얼마나 다행한 일인지 모르겠다. 불교만이 인간의 마음속을 청정하게 하며 행복과 슬기를 내려 정과(正果)를 이룰 수 있게 하기 때문이다."

나디가섭과 가야가섭 두 형제는 장형의 말을 듣고 고개를 떨군 채 아무 말도 하지 않았다. 우루빈라가섭은 즉시 그들을 이끌고 불타에게 달려갔다. 불타는 의중을 확인한 뒤 그들을 위해 사성제를 강술하였다.

나제가섭과 가야가섭은 불타의 법음을 대하자 갑자기 가슴이 확 트이는 것을 느꼈다. 그들 두 동생도 큰형과 마찬가지로 낡은 것을 버리고 새 것을 찾게 되었으며 악을 고쳐 바름을 따르게 되었다. 물론 그들이 데리고 온 제자들도 모두 불타께 귀의하였다.

당시 인도에서는 브라만교가 주요한 종교였으며 이 밖에도 여러 가지 종교들이 유행하고 있었으나 불교와 배화교는 중심 세력을 이루지 못하였다. 불타는 공개적으로 브라만의 교의에 반대하였으며 배화교도 반대하였다. 따라서 그는 일생 동안 각종 이교도의 공격을 감내하지 않으면 안 되었다. 그러나 후일, 수많은 브라만의 교도와 학자들이 불교의 진리에 감화되어 종래의 신앙을 버리고 불문에 귀의하였다. 그 밖에도 수많은 잡교(雜敎)의 두목들이 원래의 신앙을 버리고 불교로 개종하였다.

그러나 가섭 삼 형제가 제자 일천 명을 데리고 불타께 귀의한 사건은 당시의 인도 종교계를 발칵 뒤집어놓고 말았다.

당시의 불교는 한편으로 브라만의 교의를 비판함과 동시에 브라만교 및 각 교파의 사상을 수용하였는데, 예를 들면 삼세인과(三世因果)와 육도윤회(六道輪廻) 및 땅·물·불·바람의 사대화합(四大和合) 등과 천시지리(天時地利)에 대한 전통적인 주장을 수용하였다. 브라만교는 인류의 현실세계 외에도 초자연·초인간적인 신비의 세계와 힘이 존재하며 일종의 인연과보(因緣果報) 관계가 자연계와 인류사회를 주재한다고 믿어 이를 경외하고 숭배하였다. 불교에서는 이와 같은 사상을 전반적으로 섭렵하여 불경의 내용을 풍부하게 하였는데 특히 인연에 관한 설은 두드러진 부분이다.

> 이것이 있으면 저것이 있고, 이것이 생겨나면 저것이 생겨난다.
> 이것이 없으면 저것도 없고, 이것이 사라지면 저것도 사라진다.
> 제법(諸法)은 인연법이며 인연이 시들면 법도 사라진다.
> 대사문이신 내 스승은 항상 그렇게 말씀하셨다.

위의 구절들은 불타사상의 정수라 할 수 있는 것으로 불타께서 널리 발양하신 전체 기본교의의 철학사상이다.

위 문장은 동시 또는 서로 다른 시간의 상호관계를 나타낸다.

간단한 예를 들어보자. 부모와 자녀의 관계에서 부모가 있으면 자녀가 있고, 자녀가 있으면 부모가 있다. 부모가 없으면 자녀가 생겨날 수 없으며, 자녀가 없다면 부모가 존재할 수 없다.

그렇다면 서로 다른 시간에 있어서의 상호관계란 무엇인가?

씨앗과 싹의 관계를 예로 들어보자. 처음, 땅에 씨앗을 뿌렸기 때문에 비로소 싹이 트게 된다. 바로 오늘 어린 싹이 텄기 때문에 과거의 씨앗은 씨앗이 되는 것이다. 이것은 서로 다른 시간의 상호관계로서 서로 다른 표현시기의 의존관계이다. 딴 측면에서 보면 씨앗이 소멸되는 때에 어린 싹은 자라며 어린 싹이 태어날 때, 씨앗은 소멸되어 양자는 동시적으로 존재할 수 없다. 어린 싹과 씨앗의 생멸현상은 서로 떼어 놓을 수 없는 것이다.

이에 따라 불타는 번거롭게 느끼지 않고 자신의 진리를 선양하였다. 동시적이거나 서로 다른 시간이거나 관계없이 세상의 모든 현상, 모든 불법이 모두 상호의존관계 가운데 존재하며 어떤 현상이건 고립적으로 존재하지 않는다는 사실을 선양한 것이다. 먹고 사는 일로부터 우주·천체에 이르기까지 모두가 다 그러하다. 불타의 생각은 극히 과학적이어서 이천여 년이 지난 오늘에 이르기까지 모든 우주와 인류에 대한 절대 진리로 살아 있다. 불타의 관점은 고도 개괄적인 것으로 전 우주와 인류 자체의 특성 및 그 본래의 면목을 반영하고 있다.

당시, 인생의 고해를 초탈코자 어떤 종교에서는 욕망을 고취하고, 어떤 것은 고행을 주장하였으며, 어떤 종교는 은둔(隱遁)을 제일로 생각하는 등 그 주장이 가지각색이었다. 그러나 이들 종교는 하나같이 평민의 입장을 무시하고 부녀자를 멸시하였으며 심지어는 알아듣지 못할 브라만의 고상한 언어로써 설법하고 포교하였다. 이에 대해 유독 석가모니만은 귀족 아닌 천민에 접근하여 평민의 속어로써 전도하고 설법하였다. 그는 감히 자신과 만날 수 없는 노예들을 위해 강술하였으며 이들을 귀의시켜 제자가 되게 하였다.

그는 모든 불행한 사람을 평등하게 대하였다. 그의 제자 가운데 어떤 이는 거지 출신이었으며 어떤 자는 죄인이거나 백정이었다. 어느 땐가 불타는 어떤 국왕의 초청을 완곡하게 거절하고 그 대신 도둑 떼를 찾아 이들을 도화(道化)하였다. 당시의 인도에서 여자는 천한 존재로 간주되어 어떤 교단에서건 여자의 입교를 받아주지 않았다. 그러나 불교만은 모든 종교의 선례를 깨뜨리고 여자의 귀의를 받아주었으며 이를 비구니(比丘尼)라 불렀다. 불타께서 수행한 선구자적 행위는 당시 인도 종교계에 대한 일대 혁명이었다.

19 영취산 설법

영취산(靈鷲山)은 일명 기사굴산(耆闍崛山)이라 부르기도 하였는데 고대 인도 마갈타국(摩竭陀國) 왕사성 동북쪽에 위치하였다. 산꼭대기의 형상이 독수리와 닮은 데다 독수리 떼들이 항상 산중을 날고 있다 하여 붙여진 이름이다.

영취산은 높고 험준하며 우람하고 아름다운 데다 영감이 감도는 산이다. 언제나 구름과 안개를 머리에 이고 있는 웅장한 기상은 딴 산들에서는 볼 수 없는 걸출한 모습이었다. 석가모니가 제자들을 데리고 이곳에 왔을 때 그는 영취산의 아름다움에 감복하여 움막을 짓고 잠시 머물 것을 결정하였다.

불타가 영취산에 올랐다는 소식이 마갈타국 왕사성에 전해지자 소문은 삽시간에 온 성안에 퍼져 사람들은 너나 할 것 없이 영취산을 찾아 도를 구하게 되었다.

≪묘법연화경(妙法蓮花經)≫에는 당시의 감격스러운 정경이 적절하게 묘사되어 있다.

> 나는 이렇게 들었다. 불타께서는 한때 왕사성 기사굴산에서 제자 일만이천 명과 함께 계셨는데 그들은 모두 온갖 더러움을 씻어버려 더는 번뇌하지 않고 자신에게 이로운 것을 얻어 마음으로 즐거움을 느끼는 아라한(阿羅漢)들이었다. 불문에 든 제자들이 이처럼 많은 것은 종래 없었던 일로 모든 제자들은 환희 속에 합장하여 일심으로 부처님을 바라보았다. 이때 불타의 두 눈썹 사이 백호(白毫)가 빛을 발하여 동방 일만 팔천세계를 비추었다.

위의 인용문에서는 영취산의 불타께서 일만이천 명의 선남선녀에게 설법하여 그들이 무진장한 생사의 고해로부터 해탈토록 하였음을 말해주고 있다. 불타께서 강술하실 때 그의 눈썹 언저리에서는 화려한 광채가 돋아 홍진세상을 널리 비추었으며 천지우주와 하나 되고 일월과 더불어 빛을 발하였다. 역사 기록에 따르면 석가모니의 눈썹 언저리와 머리에서 돋아난 광채는 남색·노랑색·붉은색·흰색·종려색과 이 다섯 가지가 혼합된 색깔이었다.

불타가 영취산에서 포교한다는 소식은 국왕의 귀에까지 들어갔다. 국왕 빈바사라(頻婆娑羅)는 크게 기뻐하여 즉시 대신과 천자가 타는 수레를 파견, 밤을 도와 영취산으로 달려가 불타를 환영하였다.

원래 빈바사라 국왕은 옛날 싯다르타와 한 차례 만난 적이 있었는데, 불타가 왕년의 태자로서 지금은 아무도 비견할 수 없는 성인이 되었음을 생각하고 천만 가지 감회에 젖어들었다. 그로부터 빈바사라는 시간이 날 때마다 왕비와 시종들을 데리고 영취산에 올라가 불타의 가르침을 경청하였다. 어느 땐가 일체만법(一切萬法)은 인연화합을 따라 생겨나며 모든 물체의 본성이 원래 공허하다는 연생성공(緣生性空)의 설법을 듣고 난 빈바사라왕은 하늘과 땅이 빙빙 돌며 머리가 어지럽고 눈이 가물가물함을 느꼈다. 국왕은 눈물을 머금고 슬픈 목소리로 불타에게 물었다.

"존경하는 불타시여! 이 '연생성공'은 짐의 왕국과 부귀영화가 그 안에 있음을 비유한 것이 아닌지요?"

석가모니가 감개어린 목소리로 대답하였다.

"폐하! 직간(直諫)의 말씀을 드리게 된 것을 용서하여 주십시오. 폐하의 말씀대로 의당 그렇게 보아야 합니다."

"그렇다면 저……, 저의 왕국과 금은보화나 아름다운 여인들은 어떻게 되는 것입니까?"

"폐하! 이 모든 것들은 인연으로 생겨나서 인연으로 소멸되며 결국은 사라지고 마는 것입니다. 조대(朝代)가 바뀌다 보면 언젠가는 폐하의 왕위까지도 붕괴되어버릴 것인즉 꿈처럼 허망할 따름입니다."

빈바사라왕은 이 말을 듣고 청천벽력이나 만난 듯 놀라움과 슬픔으로 쓰러지고 말았다. 그는 석가모니 앞에 꿇어앉아 가사(袈裟)를 거머쥐며 애걸하였다.

"불타시여! 불타시여! 불문에 귀의하겠으니 저를 받아주소서. 현세의 편안함, 내세의 태어남과 죽음으로부터 해탈하겠습니다."

불타는 빈바사라왕을 부축해 일으키며 조용한 목소리로 말하였다.

"폐하! 폐하의 의사를 존중하겠습니다. 그러나 폐하의 연분은 아직 다 끝나지 않았기 때문에 머리를 깎고 출가하실 것까지는 없습니다. 나의 재가제자가 되어 집에서 수행하십시오."

석가모니는 당장 빈바사라왕을 위해 삼보귀의(三寶歸依) 의식을 베풀었다.

불타의 면전에서 중생은 평등하다. 따라서 이 지고무상한 국왕은 모든 귀의제자들과 마찬가지로 두 무릎을 땅에 꿇은 채 귀의의식을 받게 되었다.

얼마 지나지 않아 불타는 선남선녀들을 위해 십이인연법의 강술을 준비하게 되었다. 그날은 부슬부슬 가랑비가 내려 길바닥이 무척 질었다. 그러나 석가모니에 대한 숭배와 진리를 향한 동경은 비로 인하여 사라질 수 없었다.

빈바사라왕과 왕비도 수많은 선남선녀 가운데 섞여 불타의 법음을 듣게 되었다. 빈바사라왕은 현장이 너무 비좁고 비까지 뿌리는 것이 마음에 걸려 불타에게 말하였다.

"불타시여! 홍진세상에 사는 인생의 진리는 모두가 불타의 머리 안에 있습니다. 저는 매번 법음을 들을 때마다 삼생(三生)의 행운으로 생각하고 있습니다. 그러나 불타께서 하루 종일 이처럼 황량한 곳에서 진리의 법을 설파하시는 것은 정말로 지나친 고생이라 생각합니다. 깨끗하고 조용한 가란타(迦蘭陀) 숲에 정사(精舍)를 마련하여 불타를 공양하고자 하오니 이를 받아주십시오."

불타는 고개를 가로저으며 말하였다.

"진리의 법음을 널리 알리는 것은 장소의 황량함이나 호화로움과는 아무 관계가 없습니다. 중생들이 어리석음을 멀리할 수 있다면 어떤 곳이나 강술하는 데 무리가 없습니다."

빈바사라는 진지하게 말하였다.

"이 말씀은 짐이 간절히 바라는 보시입니다. 불타께서는 거절치 마시고 제발 저의 청을 받아주십시오!"

빈바사라왕이 재삼 애원하자 불타는 진실을 뿌리칠 수 없어 이를 받아들였다.

불타는 물을 끼얹은 듯 조용한 가운데 십이인연법을 강술하였다. 높았다 낮았다, 멈췄다 바뀌는 불타의 법음은 부슬부슬 내리는 가랑비를 헤치고 느릿느릿 천지간에 맴돌았다.

　살아 있는 모든 것은 일만 겁을 윤회하며 끝없는 인과응보 가운데 놓이게 된다. 원인이 있으면 결과가 있고 결과가 있으면 반드시 원인이 있다. 원인이 없다면 결과가 있을 수 없고 결과가 없는 한 원인도 있을 수 없다. 인과는 십이인연에 응보한다. 이 십이인연은 과거인(因)·현재과(果), 현재인·미래과로 나뉜다. 십이인연은 무명·행·식·명색·육입·촉·수·애·취(取)·유(有)·생·노사이다. 그 중에서 무명과 행은 과거인이며 식·명색·육입·촉·수는 현재과이다. 애·취·유는 현재인이며 행·노사는 미래과이다.
　십이인연의 연쇄관계는 무명이 행에서 연유하며 행은 식에서, 식은 명색에서 기인한다. 명색은 육입에서 기인하고 육입은 촉에서, 촉은 수에서, 수는 애에서, 애는 취에서, 취는 유에서, 유는 생에서, 생은 노사로부터 연유한다. 여기서 '연'은 생겨난다, 일어난다는 뜻이다. 무명이 행에서 연유한다는 말은 무명은 행으로부터 기인한다는 말이며, 행이 식에서 기인한다는 것은 행이 식으로부터 연유한다는 뜻이다. 여기서 전자는 원인이며 후자는 결과이다.

　첫 번째 인연은 '무명'으로서 과거의 번뇌를 총칭하는 것이며 무지·어리석음 암매(暗昧)를 의미한다. 이로부터 중생의 태어남과 죽음은 계속되며 고해는 끊임없이 유전한다. 명예를 탐하고 이익을 노리며 색을 밝히고 향을 좇으며 맛을 탐하고 즐거움을 추구하되 조금이라도 모자라면 분노하는 마음이 돋아난다. 분노는 악심을 일으키고 인과를 두려워하지 않아 제멋대로 날뛴다. 무명은 살아 있는 모든 것이 죽게 되는 근본이다.

두 번째 인연은 행으로서 행위와 만듦을 뜻한다. 과거의 무명에 따라 번뇌는 항상 몸[身]·입[口]·뜻[意]의 세 가지 업을 발동하여 때로는 선을 행하나 때로는 악을 행한다. 이로 인하여 살아 있는 모든 것의 업은 산처럼 쌓여 인이 누적된다. 이 행과 무명은 과거인을 이룬다.

세 번째 인연은 식이다. 업을 만들고 쌓아 크고 작은 묘진여심(妙眞如心)으로 업의 쌓임을 구성하며, 인연을 만나 태(胎)에 들어감으로써 생명체의 원형을 완성한다. 이것이 바로 생명의 시작이다.

네 번째 인연은 명색이다. 태에 들어간 뒤 육근은 아직 생겨나지 않으나 수·상·행·식의 본능을 갖게 되며 붉은색과 흰색이 승화한 물질을 갖게 된다. 이것이 바로 부모의 정혈(精血)이다. 이는 욕정 생명체의 요소로서 태의 모습이 처음 이루어진 것이므로 명색이라 부른다.

다섯 번째 인연은 육입이다. 열 달 동안에 태를 품어 눈·귀·코·혀·몸·뜻의 육근이 점차 형성되어 태아의 몸을 이루며 외계에 대한 감각과 육근이 미세한 반응을 일으킨다. 이는 인생 초기의 배태기이므로 육입이라 한다.

여섯 번째 인연은 촉으로서 몸 밖의 사물과 접촉하는 최초의 감각이다. 세계를 인식하기 시작하나 울음과 웃음만을 알 뿐 괴로움과 즐거움은 아직 알지 못한다. 태어난 하루부터 두 살까지의 유아기에는 외계와 접촉하여 단순한 감각만이 생기며 어느 것이 옳고 그름을 가려내지 못한다. 증오와 사랑의 감정도 없다. 제멋대로 울고 웃으며 행동거지는 천진난만하다. 얼마 뒤, 세 살에서 다섯 살까지의 유동기(幼童期)에는 외계와의 접촉지각이 점차 많아져서 혼돈 가운데 처음으로 세계를 알게 되나 그 실체가 무엇인지는 알지 못한다. 따라서 이를 촉이라 부른다.

일곱 번째 인연은 수이다. 아동기에서 청년기까지는 몸과 마음의 인식(心識)이 점차 발육하고 환경의 범위가 확대되는 상황을 수용하여 기거·음식·독서·놀이·사교 및 기타 행위를 추구하며 시간의 추이에 따라 행위가 늘어난다. 환경에 순응하면 즐거우며 역경에는 고뇌함으로써 고수·낙수·불고불락수의 감각이 생기게 된다. 수는 외부환경에 대한 접촉 감수로서 예컨대 고·낙·사(舍)이므로 수라고 부른다.

여덟 번째 인연은 애이다. 수가 발전된 것으로서 느끼게 되는 상황을 간절히 추구한다. 옷·음식·주거·행은 애를 낳는다. 배가 고프면 먹고 싶고 목이 마르면 마실 것을 찾으며 피곤하면 잠잘 것을 생각한다. 재물을 원하고 색을 탐한다. 욕애(欲愛)란 점유이며 욕고(欲苦)는 사리(思離)인데 정욕이 충동하고 언행이 고집스러워 청소년기의 특징을 이루므로 이를 애라 한다.

아홉 번째 인연은 취이다. 인간이 청장년기가 되면 사랑하는 범위 및 사물에 대해 집요하게 추구하며 탐하는 바가 끝이 없고 욕심이 도를 넘는다. 이 시기는 나이가 차 정신이 왕성하고 혈기가 방장하며 소유에 집착하고 점유를 갈망한다. 따라서 삼업(三業)이 부정하며 탐하는 마음을 채울 수 없어 죄업을 짓게 된다. 이로써 미래 심신의 고인(苦因)을 모아들이게 되는데 이는 모두가 애와 취로부터 연유한다.

열 번째 인연은 유이다. 현존하는 업력(業力)으로서 일생 동안에 한 일, 선하거나 악하거나 유익하거나 무익한 것들은 모두가 잠재적인 업력을 만든다. 모든 것은 내세의 과보를 기다리기 때문에 이를 유라고 부른다.

열한 번째 인연은 생으로서, 즉 미래의 태어남이다. 인연이 성숙하면 모태에 들어가 환생하게 됨으로써 미래의 새생명을 완성하고 인과응보를 받아들이게 된다.

열두 번째 인연은 노사이다. 한 번 태어나면 죽음을 면할 수 없다. 인과는 순환하고 생사는 유전한다. 전생의 잘못된 업[惑業]은 금생(今生)의 인과응보와 마주치게 되며, 금생의 그릇된 업은 내세의 인과응보를 만나게 되는데 이렇게 몇 번이고 다시 환생하여 업보는 순환을 끝이지 않는다.

불타는 위와 같이 궁극적으로 인생을 해명하여 그 오묘함을 밝히고 근원을 찾아 특수한 서술로써 표현하였다. 독특한 사유방식과 비범한 통찰력은 그 가운데 거대한 지혜와 과학을 함축하여 인생을 두텁고도 신비한 면사포로 가렸다.

불타가 강술을 마쳤을 때 비는 그치고 하늘은 맑게 개었다. 아름다운 무지개가 공중에 드리워지고 대지 위의 만물은 말쑥하고 산뜻한 모습이 되었다. 선남선녀들은 모두 뿔뿔이 흩어져 제 갈 길로 돌아갔다. 그러나 빈바사라왕만은 여전히 그곳에 앉아 떠날 줄을 몰랐다. 그는 반복하여 환몽 같은 인생과 생사의 유전을 반추하였다. 그의 마음은 안정을 찾지 못하였다.

불타가 그에게 다가가 물었다.

"폐하! 어찌하여 돌아가지 않으십니까?"

빈바사라왕은 깊은 생각에서 깨어나 곤혹과 비애에 잠긴 눈으로 석가모니를 올려다보았다.

"존경하는 불타시여! 중생의 몸으로서는 십이인연을 해탈할 수 없습니다. 저는 부부의 사랑을 떠나고, 일가를 버리며 나라를 등져 불타께서 하셨던 대로 왕궁을 떠나 영원히 출가함으로써 다시는 오욕의 구렁텅이에 들고 싶지 않습니다. 불타시여! 어떻게 하면 되겠습니까?"

불타가 말하였다.

"폐하! 제 말씀을 들어보십시오. 세상의 모든 잘못 가운데 탐욕보다 더한 것이 없습니다. 지금 폐하의 마음은 이미 물욕의 지배를 벗어나 있습니다. 이는 폐하의 마음 바탕이 완벽하게 되고 오성(悟性)이 고상하게 되었음을 말하는 것입니다. 그러나 원래의 상태로 돌아가기 위해서는 태어남과 죽음을 떠나야만 하며, 출가 여부가 아니라 모든 번뇌의 근원이며 사견·망집 때문에 법의 진리를 보지 못하는 무명을 깨뜨리는 것이 문제가 됩니다. 무명을 깨뜨리지 않는다면 삭발하여 출가하더라도 아무 소용없으며 무명을 깨뜨리면 몸이 비록 홍진세상에 있다 하더라도 아무런 문제가 없는 것입니다."

불타는 빈바사라왕에게 이렇게 게시하였다. 불법이 세상에 있는데 모든 것을 철저히 깨닫지 않으면 삭발하여 출가한들 무의미한 일이다. 이날, 불타는 빈바사라왕에게 또 하나의 비밀을 게시하였다. 그것은 아뢰야식(阿賴耶識)으로 아뢰야식은 의식을 벗어난 마음의 주체이다. 이는 열두 법문 가운데 유전하여 불멸한다. 석가모니는 사람이 죽은 뒤 아뢰야식이 썩거나 불에 타버린 육체를 떠난다고 생각하였다. 아뢰야식은 모든 생명을 파악하는 영원한 씨앗으로 물질세계의 근원이며 중음신(中陰身)이라고도 부른다. 아뢰야식은 인류 이외의 모든 생물을 포괄하여 부모에 적합한 인연을 기다렸다가 전생의 업보에 따라 순간적으로 모태 안에 들어가게 된다. 현세에서 수행하지 않는 자는 누구나 다시 내세의 윤회에 빠지게 된다.

빈바사라왕은 불타의 말을 듣고 천진한 어린애처럼 물었다.

"불타시여! 그렇다면 저는 전생이 생멸한 뒤 아뢰야식이 되었습니까?"

불타가 대답하였다.

"그렇습니다, 폐하! 생사의 윤회를 벗어나지 않는 한 모든 생명에는 예외가 없습니다."

불타는 법안(法眼)을 통해 빈바사라왕의 전생이 수드라였음을 간파하였다.

수드라는 노예로서 고대 인도에서 가장 억압받던, 피착취계급이며 멸시받아온 천인이다. 그러나 빈바사라왕은 전생에 착한 일을 많이 하고 남을 돕는 것을 즐겨하였다. 그는 괴로움을 받는 여러 동료를 구한 결과, 브라만의 분노를 사 펄펄 끓는 기름을 귀에 부어넣는 형벌을 당하게 되었다.

그런데도 이 수드라는 일생 동안 보시를 즐겨 제 몸을 돌보지 않고 남을 이롭게함으로써 복덕을 쌓았기 때문에 사후에 남겨진 아뢰야식의 인연으로 모태에 들어가 제왕의 집안에 태어나게 되었다. 전생은 원인이며 후생은 결과이다. 인과는 보응하여 태어나고 소멸되는 것이 끊이지 않는다.

불타는 조용한 목소리로 빈바사라왕을 훈계하였다. 현세에서 모진 원인을 뿌리면 악업이 만들어진다. 온 나라의 재부와 향락은 모두가 그 한 사람의 수중에 집중되어 있어 왕궁 안의 재물은 써도 써도 없어지지 않는다. 무진장한 보물창고와 사랑해도 사랑해도 끝이 없는 미녀, 마셔도 마셔도 다 마실 수 없는 향기로운 술이 얼마든지 있다. 이 모든 것은 왕자를 방만과 안일에 빠뜨리며 내세를 향한 악업의 씨를 뿌려 열두 법문에 들게 한다. 열두 가지 인연은 괴로움과 즐거움, 태어남과 죽음을 낳는다.

불타의 교화로 빈바사라왕은 섬광 같은 영감을 얻어 실상을 깨우치게 되었다. 그는 삭발 출가하지는 않았으나 재가거사(居士)의 신분으로 자비로써 소원을 빌고 탐욕을 버려 무상각지(無上覺知)의 훌륭한 경지를 향해 달려갔다. 빈바사라왕은 궁궐로 돌아간 뒤 즉시 불타를 위해 정사를 짓도록 전국에 명령을 내렸다.

가란타 숲 속에는 일시에 집짓는 역사가 벌어졌다. 성 안의 백성들은 이 소식을 듣고 기쁜 나머지 자발적으로 벽돌과 기와·목재를 날라오기도 하였다. 집짓는 공사는 밤낮을 가리지 않고 진행되어 머지않아 산뜻하고 참신한 정사가 낙성되었다. 새로 지은 정사는 규모가 방대할 뿐 아니라 호화찬란하여 장관을 이루었다.

정사는 모두 열여섯 채의 큰 집으로 이루어졌으며 각 동마다 예순 칸의 방이 들어서서 모두 구백예순 칸을 이루었다. 이와 동시에 누각 오백 채와 일흔두 곳의 강당이 마련되었다. 국왕이 불타에게 정사의 이름을 짓도록 청하자 불타는 흔연히 붓을 들어 '죽림정사(竹林精舍)' 네 글자를 적어주었다. 이를 받든 국왕은 정성스럽게 돌에 새겨 대문 위에 높이높이 안치함으로써 이를 만천하에 알렸다.

죽림정사가 낙성된 뒤 장중한 입주의식이 거행되었는데 국왕과 문무대신들은 문 앞에 줄지어 서서 불타와 제자들이 정사에 들 것을 청하였다. 정사는 불교사원의 전신이며, 불교사원은 정사의 기초 위에서 발전, 변천되었다. 죽림정사는 석가모니가 불교를 창립한 뒤 건축된 첫 번째 정사였다.

불타는 일천 명의 제자를 데리고 정사에 들어 수도와 강술 활동을 대규모로 벌이기 시작하였다.

죽림정사

　죽림정사가 낙성된 뒤, 빈바사라왕은 친히 성문을 나와 불타의 입경(入京)을 영접하였다.

　불타를 모신 수레가 도성에 당도할 무렵, 부녀자들은 너나 할 것 없이 성 밖으로 나가 길 양편에 늘어서서 그를 환영하고 예배하였다. 부녀자들이 불타를 이렇게 공경하는 것은 불타의 자상한 법음이 선포되어 여자도 남자와 마찬가지로 불문에 귀의할 수 있게 되었기 때문이다. 남자나 여자를 막론하고 선을 행하여 정진하면 누구나 극락의 피안에 이를 수 있으며, 마음을 밝혀 견성하면 누구든지 도를 구할 수 있다. 빈바사라왕은 한길 가득 몰려든 부녀들이 머리채를 날리며 끝없이 배례하고 환호하는 모습을 보자 마음속에 언짢은 생각이 들어 이렇게 말하였다.

　"미천한 계집들이 여기 와서 무엇들을 하고 있는 거냐?"

종신이 대답하였다.

"폐하! 저 여인들은 불타를 환영하러 나온 사람들로 불타께 경건한 성의와 존경의 뜻을 나타내고 있는 중입니다."

빈바사라왕은 여자를 멸시하는 감정이 몸에 배어 있던 터라 부녀자들이 번화가에 나와 도성의 아름다움을 손상시켰다고 생각하면서 거친 목소리로 외쳤다.

"아니! 어찌 이럴 수 있단 말인가! 천한 계집들이 이런 성대한 자리에 어떻게 뛰어들 수 있단 말이냐?"

이 말을 들은 불타가 입을 열었다.

"폐하! 여인도 사람이며 남자들과 마찬가지로 중생입니다. 중생에게는 누구나 불성이 있으며 모두가 평등합니다. 자비로써 수행하면 부귀에 관계없이 아무나 피안에 이릅니다."

빈바사라왕은 이 말을 듣자 마음속으로 커다란 의문이 생겨 석가모니께 물었다.

"불타시여! 여자들도 마음을 조용히 하여 수련하면 성불할 수 있단 말씀이십니까?"

"그렇습니다. 여인들도 마음을 밝혀 견성하면 저절로 성불할 수 있습니다."

빈바사라왕은 마음이 내키지 않았으나 고개를 끄덕였다.

환영 인파는 영취산 기슭으로부터 왕사성의 일월문(日月門)에 이르기까지 수십 리에 걸쳐 인산인해를 이루었다. 왕사성은 온통 사람으로 북적거렸다.

불타의 제자들은 수레 뒤를 바짝 따르며 서서히 성안으로 들어섰다. 장중하고 우아하며 생기찬 불타의 얼굴에서는 광채가 돌고 있었다. 그는 자상한 눈길로 길 양편에 늘어선 중생들을 바라보며 고개를 끄덕였다. 그런데 수레가 번화가를 지나갈 무렵 남루한 옷을 걸친 불구의 여인 한 사람이 수레를 가로막고 나섰다. 그녀는 몸을 웅크리고 땅 위에 꿇어앉아 큰소리로 외쳤다.

"불타시여, 불타시여……!"

갈 길이 막히자 빈바사라왕은 머리끝까지 화가 치밀어,

"누가 감히 수레를 멈추게 하느냐?! 무슨 사고라도 났단 말이냐?"

종신들이 대경실색하여 보고하였다.

"폐하! 여자 거지 하나가 앞길을 가로막고 있습니다."

"밥 비렁뱅이 주제에 길을 막아? 빨리 치워버려!"

"끌어내도 말을 듣지 않고 부처님만을 뵙자고 합니다."

"뭐라고? 부처님을 뵙겠다고?"

빈바사라왕은 단호한 목소리로 말하였다.

"누구든지 짐의 수레를 가로막는 자는 당장 목을 자르도록 해!"

하늘을 나는 새까지도 떨어뜨릴 권력을 가진 임금으로서 미천한 계집 하나 죽이는 것은 파리 한 마리 잡는 것보다 쉬운 일이었다.

그러나 불타는 이를 말리며 서둘러 수레에서 몸을 내렸다. 불타가 면전에 이르렀을 때 여인은 만면에 눈물을 흘리며 괴로움에 빠져 있었다. 여인은 꿇어앉아 머리를 땅에 짓찧어대며 울음 섞인 목소리로 애원하였다.

"불타시여! 불타시여! 미천한 이 목숨을 받아주소서. 저도 출가하여 부처님 곁으로 가겠습니다."

불타는 자비에 넘친 목소리로 물었다.

"신녀(信女)여! 당신은 무엇을 하는 사람입니까?"

"부처님! 저는, 저는……."

여인의 말소리는 울음에 가려 들리지 않았다. 그녀는 눈물이 흘러

넘치는 큰 눈을 들어 망연히 불타를 올려다보다가 갑자기 얼굴 위의 면사포를 벗어던졌다. 홀랑 벗겨진 정수리를 내비치며 그녀는 절망적으로 울부짖었다.

"부처님! 저는 말도 못하게 불행한 인간입니다. 저는 이 세상에 살면서 죄라는 죄는 모두 저질렀으며 괴로움이란 괴로움은 모두 겪었습니다. 이 세상에서 저와 같이 박명한 계집이 어디 또 있겠습니까?"

그녀는 다라니다(陀羅尼達)라는 이름을 가진 여자였다. 일찍이 부모를 여의고 갠지스강 하류의 한 마을에 홀로 살아왔으나 강도를 당한 뒤 살 길이 없어 기방(妓房)을 드나들며 이십 년 동안 몸을 팔아오다가 어느 날 밤 어둠을 틈타 줄행랑을 침으로써 기방을 빠져나왔다. 그러나 머지않아 배고픔을 견디다 못해 밥 한 그릇을 훔쳐 먹은 벌로 죄인의 몸이 되어 감옥에 들어가게 되었다. 삼 년의 형기가 끝나자 그녀는 다시 거리에 내동댕이쳐져 밥 비럭질하는 거지 신세로 영락하였다. 그러던 중 얼마 전 위대하고 자비로운 마음으로 널리 중생을 구제하는 불타께서 이곳에 오신다는 소문을 들었다. 그녀는 이날을 기다려 삭발하고 비구니가 될 것을 작정한 터였다.

불타는 혜안으로 여인의 상(相)을 바라보았다. 땅바닥에 꿇어앉은 이 여인은 세상의 모든 것과 우주만물의 색상(色相)을 간파한 사람이었다. 따라서 불국정도(佛國淨土)는 여인에게 성제(聖諦)를 활짝 트여 주고 네 대문을 크게 열어 주었다.

불타는 자상한 눈길로 다라니다를 바라보며 그녀의 번들거리는 민머리를 가볍게 쓰다듬어 주었다. 석가모니는 자비로운 음성으로 입을 열었다.

"불문의 제자 다라니다여! 그대가 괴로움을 떠나 즐거움을 얻게 된 것을 기쁘게 생각합니다. 이제 삼보(三寶)에 귀의하십시오!"

다라니다는 생전 처음 이처럼 다정한 목소리를 들어보았다. 눈물 젖은 초췌한 얼굴에는 당장 행복의 미소가 떠올랐다. 그것은 반평생을 풍진에 휩쓸려 살아온 한 여인의 순정에 찬 회심의 미소였다.

불타가 빈바사라왕이 기증한 새 정사에 들어간 뒤, 불법을 알리는 일은 더욱 편리하게 되었다. 그러나 당시 인도의 종교계에는 엄청난 파문이 일고 있었다. 먼저 브라만의 지고무상한 지배자의 지위가 심각하게 위협당한 상황에서 분노한 교도들은 마누법전을 치켜들고 중생을 향해 고함을 쳐댔다.

"믿는 자는 하늘이 내려주신 이 경(經)을 읽을 것이며, 의심하는 자는 칼끝에 모가지를 내맡겨라!"

불타의 제자인 아사파서는 어느 날 손에 발우(鉢盂)를 들고 왕사성 거리를 돌며 밥을 빌고 있었다. 그가 걸친 의복이나 외모는 그가 석가모니의 제자라는 사실을 말해주고 있었다.

당시 왕사성 학술계의 권위자 사리불(舍利弗)과 목건련(目犍連)은 모두 브라만의 수령으로 여러 제자들을 거느리고 있었다. 이 두 사람은 타고난 자질이 총명 민활한 데다 박학다식하고 경륜이 뛰어난 인물이었다. 이들은 일찍이 인도의 대학자 산사야(刪闍耶)의 문하에서 공부한 뒤, 지혜와 깨우침이 남달라 누구나 공경하는 학자가 되었다. 인도의 각 제후왕국에서는 그 누구도 도덕과 학문에서 그들을 능가할 사람이 없었다. 따라서 근본적으로 이 두 사람은 불타의 존재를 안중에 두지 않고 있었다.

이날, 사리불은 대학자의 신분으로 대로상을 방약무인(傍若無人)하게 거닐고 있었는데 이쪽으로 다가오던 아사파서를 발견하자 다그쳐 물었다.

"여보쇼! 당신은 죽림정사에 사는 출가인이시오?"

아사파서가 고개를 끄덕였다.

"그렇습니다만."

"그렇다면 그 시골뜨기 석가모니가 바로 당신의 선생이란 말이오?"

젊은 출가인 아사파서는 긍지를 가지고 고개를 가로저으며 평정한 목소리로 대꾸하였다.

"저의 스승 석가모니께서는 시골뜨기가 아니십니다. 그분은 원래 카필라파스투국의 태자였으나 지금은 큰 도를 깨우치신 불타이십니다."

"음, 그가 태자였다는 것은 나도 알고 있소. 그러나 내가 알기로 천하의 태자들은 모두가 난봉꾼들이란 말이야!"

아사파서는 정색을 하며 그의 말을 맞받았다.

"선생! 말씀을 삼가십시오! 불타는 난봉꾼이 아니십니다. 그분은 현세에서 가장 지혜로우신 대학자이며 대스승이십니다. 그분은 덕이 높고 명망이 두터우며 공력이 뛰어난 하나뿐인 대성인이십니다."

"그렇다면 죽림정사에서는 그가 무엇을 강술하오?"

"출가한 지 얼마 되지 않아 불타의 홍법(弘法)을 다 알아 듣지 못하므로 스승의 절묘하신 법리를 몇 마디로 요약할 수는 없는 일입니다."

"음!"

대학자 사리불은 검은 두 눈썹을 바짝 조이면서 말을 이었다.

"출가인! 당신은 불법의 이치가 절묘하다고 하였는데 배운 것 가운데 몇 마디라도 설명할 수 있겠소?"

아사파서는 잠시 마음을 가다듬고 생각을 한 뒤 입을 열었다.

"불타께서는 '모든 법이 인연으로 생겨나며 인연이 시들면 법 또한 소멸된다'고 하셨습니다. 또 '우주만물은 항상 돌고돌아 한 모양으로 머물러 있지 않으며 전변, 생멸하여 변치 않는 것이 없다. 생명이 멸하면 자신도 멸하며 모든 것이 멸하면 극락에 든다'고 하셨습니다. 어제의 강술에서는 '몸 가운데 사대(四大)에는 각각 이름이 있으되 모두 내 것이 없으며 내가 모두 없으니 흰영과 같음을 생각하라'고 가르치셨습니다."

아사파서는 기억을 더듬으며 불타로부터 배웠던 몇 가지 내용들을 사리불에게 들려주었다.

지혜가 비범한 사리불은 이 말을 듣자마자 몸과 마음이 편안해지면서 천지가 광명으로 가득 차 옴을 느꼈다. 대학자 사리불은 놀라움을 금치 못하였다. 그는 털썩 땅에 꿇어앉아 죽림정사 쪽을 향해 끊임없이 절하였다.

"불타시여! 온 천하의 성인이시여! 천 년 만대의 현인이시여! 이 사리불은 너무나도 천박하고 무도하여 부끄러움을 감출 길 없습니다."

사리불은 마음이 확 트이면서 희열을 가누지 못한 채 친구인 목건련을 찾아 아사파서에게 들은 불법의 내용을 거듭거듭 일러주었다. 목건련 역시 크게 놀랐다. 두 사람은 상의한 뒤 제자들을 이끌고 석가모니를 찾아뵙기로 하였다.

그날, 불타는 강단에 앉아 제자들에게 설법을 하던 중 한 무리의 브라만교도들이 그곳을 향해 걸어오고 있는 것을 보았다. 두목인 듯한 두 사람의 중년 남자는 용모가 뛰어나고 기개와 도량이 비범해 보였다. 제자들로부터 그 중 하나가 사리불, 나머지 하나가 목건련임을 확인한 석가모니는 그들이 박학다식하여 온 나라 백성들의 존경의 대상이 되어 있는 인물들임을 알 수 있었다. 동시에 이 두 사람은 청렴하고 고결하였으나 더 없이 오만방자(傲慢放恣)하여 안하무인격인 존재라는 사실도 알게 되었다.

불타의 면전에 다다른 그들은 두말 없이 꿇어앉아 경건하게 간구하였다.

"불타시여! 불타의 기개와 도량은 무한하시고 학문은 세인을 초탈하셨으니 감복을 금할 수 없습니다. 저희들은 새로운 배움을 좇고자 이곳을 찾았으니 불타를 따라 출가하여 도를 배우게 해주십시오."

불타는 그들이 정말로 영혼을 비운 가운데 망혹(妄惑)을 떨치고 본연의 천성을 깨달을 수 있을지 시험하기 위해 이렇게 물었다.

"전날, 내 제자 아사파서가 사리불께 무어라고 말하였습니까?"

불타는 사리불의 대답을 듣고 난 뒤 다시 그들에게 물었다.

"'몸 가운데 사대가 있어 각자가 이름을 가지되 모두가 무아이다. 내게 아무것도 없으니 환영과 같도다'. 이 말은 무엇을 뜻합니까?"

사리불과 목건련은 긴장된 가운데 신비와 존경의 마음으로 이렇게 대답하였다.

"세상 사람은 사대관신(四大觀身)으로 환영과 같은 법문에 듭니다. 사대란 몸 가운데 단단한 것은 땅이요 윤기 있는 것은 물이며 따뜻한 것은 불이고 움직이는 것은 바람이라는 것입니다. 각자가 각기 명목을 가지나 환영과 같아서 있는 것도 같고 없는 것도 같습니다."

마음의 영감이 통하는 것 같았다.

그들의 해석은 상당한 식견을 가진 것이어서 불타는 만족한 표정으로 고개를 끄덕였다. 과연 그들은 브라만의 빼어난 학자들이었다.

한동안의 담론이 이루어지자 불타에 대한 사리불과 목건련의 감복과 숭배는 더 한층 깊게 되었다. 그들은 다시 불문귀의를 간구하였다. 불타는 그들의 진정을 뿌리치지 않고 받아들였다. 사리불과 목건련은 후일 석가모니의 십대제자가 되었다.

두 사람이 여러 제자를 이끌고 브라만을 떠나 불타께 귀의함으로써 인도의 종교계에는 극심한 동요가 일어났다. 중생은 앞을 다투어 불타를 신앙하고 불문에 귀의하였다. 매일매일 예배하는 자들과 법을 듣고 귀의하려는 중생들의 대열이 끊이지 않아 죽림정사는 문전성시를 이루었다. 왕사성의 백성들은 모두가 고액(苦厄)을 해탈기 위해 죽림정사를 동경하고 내심의 안정과 평안을 갈망하였다.

 죽림정사에는 나이가 다른 여러 사람의 비구니들이 있었다. 그 가운데는 왕사성으로 들어가는 한길 가에서 귀의한 다라니다가 있었으며, 바라카르(縛羅迦) 강가에서 만난 푸리(弗麗)도 들어 있었다.

 푸리와 불타의 연분은 맑고 깨끗한 이른 아침에 이루어졌다.

 그날 불타는 선정(禪定)을 마친 뒤 홀로 바라카르 강가에 이르러 세수를 하게 되었다. 이때 돌연 젊은 여자 한 사람이 커다란 보따리를 안고 그의 옆을 허겁지겁 반달음질로 지나쳐 갔다. 그녀의 표정과 산만한 발걸음으로 보아 누군가에게 쫓기고 있는 것이 분명하였다.

 잠시 뒤 우악스럽게 생긴 덩치 큰 사내 하나가 헐레벌떡 뒤쫓아 오더니 흐트러진 모습으로 사방을 두리번거리며 석가모니께 외쳐 물었다.

 "저, 출가인 양반! 조금 전에 빨간 보따리를 들고 이곳을 지나간 여자를 못 보았습니까?"

 "글쎄요. 방금 어떤 여자가 지나간 것도 같습니다만."

 "어느 쪽으로 갔습니까?"

 "............"

 불타는 여인이 사라진 방향을 손가락질로 가리켰다.

 사내는 그 쪽을 향해 상스러운 욕설을 퍼부으며 달음박질쳤다.

 잠시 뒤 건너편 언덕 쪽에서 찢어지는 듯한 울음소리와 사내의 욕지거리가 들리더니 앞서의 남자가 솔개 병아리 낚아채 듯 여자의 머리채를 감아쥐고 강으로 내려오는 모습이 보였다. 발버둥치며 큰 소리로 울어대던 여인은 보따리가 풀 섶으로 굴러떨어져도 주울 엄두를 내지 못하는데 우악스런 남자가 험한 막말을 퍼부으며 주먹으로 치고 발로 차는 동안 여인은 머리칼이 흐트러지고 피범벅이 되어 온몸에 퍼런 멍이 들었다. 얼마를 때리고 얼마를 울부짖었던지 한 참이 지나 잠잠한 듯 하더니 두 사람이 석가모니 앞으로 다가와 시비를 가려달라는 부탁을 해 왔다.

땅에 엎드린 여인이 눈물을 흘리며 입을 열었다.

"대자비하신 출가인 어른, 제발 사람 좀 살려주세요!"

남자가 씩씩거리며 말하였다.

"출가인 양반! 이년은 동정할 것이 없습니다. 내 얼굴에 통칠한 갈보년이란 말입니다!"

불타는 엉뚱하게도 싸움판에 말려든 형국이 되었으나 마음을 진정하고 자상한 눈길로 음해(淫海)에 빠져 허우적거리는 두 남녀를 바라보며 이렇게 생각하였다.

'홍진세상의 정욕에 빠졌으니 얼마나 추잡한 재난이겠느냐!'

남자는 야사(耶舍)라는 이름을 가진 자로서 바라카르강 동편 마을에 사는 농민이었다. 그의 마을에는 쉰 명 정도의 남자들이 있었으나 모두 장가를 들었는데 야사만은 얼마 전까지 아내를 맞지 못해 홀로 지내고 있었다.

날이면 날마다 해가 서산을 넘어가면 남자들은 농구를 챙겨 집으로 돌아가 피곤한 몸을 쉬면서 가정의 즐거움을 누릴 수 있었다. 밤이 되면 부드럽고 온유한 아내가 따스하게 시중을 드는 가운데 하루하루를 보내는 게 그들의 단란한 삶이었다.

그러나 장가들지 못한 야사는 그 누구로부터도 위로를 받을 수 없었다. 하루 농사일이 끝나고 해가 져 밤이 올 때마다 야사의 심정은 암담하고 망연하기만 하였다. 밤이 되면 외로이 자리에 누워 전전반측(輾轉反側)하는 가운데 날이 새기만을 기다리는 것이 정해진 일과였다.

어떤 때는 자신의 품속에 따뜻하고 부드러운 여인이 안겨 있는 꿈을 꾸는 수도 있었다. 그러나 여인이 부드럽게 감싸 녹아나는 듯 흥분과 격동으로 몸을 가누지 못할 지경에 이르면 퍼뜩 꿈을 깨고 만다. 꿈을 깨면 끝도 없는 어둠 속에 길고 긴 밤이 그를 괴롭혀 오는 것이다.

그러나 야사에게도 행운이 닥쳐왔다. 우연하게도 그는 아름다운 여인 하나를 만나 너무나도 쉽사리 그녀를 아내로 맞게 되었다.

아름다운 여인이 바로 푸리였다.

신혼의 밀월 속에서 야사는 날마다 기쁘고 즐거운 생활을 만끽하게 되었다.

푸리는 원래 성정이 경박하고 방탕스런 여인이었다. 이런 이유로 야사는 푸리의 함정에 쉽사리 빠져들었다. 그녀는 야사의 생활에 남녀 간의 즐거움과 살아가는 재미를 안겨다 주었다.

푸리가 몸을 씻을 때면 야사는 참지를 못하고 물속에 뛰어들어 그녀를 끌어내곤 하였는데 푸리의 몸에서 피어나는 향긋한 내음과 부드러움에 끊임없이 탐닉하였다. 그는 푸리를 사랑하였다. 아니 미칠 듯이 사랑하고 목숨 바쳐 사랑하였다. 마치 주정뱅이가 독주에 미쳐 빠져버리듯…….

경박하고 아름다운 아내에 대한 색정은 날이 갈수록 더해 갔다. 그러나 남편에 대한 푸리의 정은 갈수록 차갑게 식어갔다. 결과적으로 머지않아 즐거움은 사라지고 끝없는 괴로움이 뒤를 이었다.

어느 날 이 마을에는 은을 다루는 은장(銀匠) 한 사람이 나타났다. 나이 젊은 은장은 이목구비(耳目口鼻)가 훤칠한데다 구변이 남달라 마을 여인들의 환심을 독차지하게 되었다. 푸리 역시 여인인지라 금은 팔찌나 귀고리를 좋아할 수밖에 없었다. 아름다운 푸리는 틈 날 때마다 동네 여자들과 어울려 은장의 작업장을 찾곤 하였다. 한 번 가고, 두 번 만나게 되면서부터 두 사람은 얼굴을 익히게 되고 드디어는 눈짓으로 마음을 전하게 되었다. 얼마 가지 못해 두 남녀는 드디어 잠자리까지 같이하는 지경에 이르고 말았다. 그러나 꼬리가 길면 밟히는 법……! 두 사람의 밀회는 야사에 의해 발각되고 말았다.

야사는 발광하여 살림살이를 부셔대고 푸리를 두들겨팼다.

비겁한 은장은 몰골이 우람하고 험악한 야사를 적으로 맞아 싸울 수 없음을 알아차리고 어둠을 틈타 줄행랑을 쳐버렸다.

결국 은장은 도주를 하고 말았지만 푸리의 방탕과 욕정만은 어쩔 수가 없었다. 그녀는 야사 아닌 남자를 다시 그리워하였다. 그러던 어느 날 아침 야사가 꿈결에 눈을 떠보니 푸리의 모습이 보이지 않았다. 집안 곳곳을 뒤져 찾아보았으나 삼십육계 도망쳐버린 그녀를 다시 찾을 수는 없었다. 야사는 가슴이 찢어지는 아픔을 참으면서 미친 듯 그녀를 찾아 온 천지를 뒤지기 시작하였다. 날이면 날마다 이곳저곳을 헤매던 어느 날 야사는 드디어 멀리 떨어진 어느 저잣거리 술파는 주막에서 푸리와 마주치게 되었다. 야사의 몰골을 바라본 푸리는 행여나 붙들릴세라 보따리 하나를 챙겨들고 걸음아 날 살려라 다시 도망을 쳤다. 이것이 그때 일어난 일의 줄거리이다.

불타는 손가락으로 사내를 가리키며 말하였다.

"묻노니, 당신은 아내를 붙들고 집으로 돌아갈 생각입니까?"

야사가 결연하게 대답하였다.

"그렇습니다!"

불타가 푸리에게 물었다.

"그대에게 묻노니, 당신은 딴 남자를 쫓아갈 생각입니까?"

푸리도 단호한 목소리로 대답하였다.

"그렇습니다!"

불타는 잠시 생각에 잠겼다가 조용한 목소리로 입을 열었다.

"남자는 여자를 쫓고 여자는 딴 남자를 쫓다니……. 차라리 당신들 자신의 심성을 제대로 쫓기나 하십시오!"

야사와 푸리는 이 말을 듣자 안개구름 속으로 떨어지는 듯한 기분이 되었다.

"…………."

불타는 연민의 눈길을 들어 그들을 바라본 뒤, 양손을 두 사람의 정수리에 하나씩 얹으면서 진리의 법음으로 경박하고 초조한 두 심령을 적셔 주었다. 그들은 일시에 이 출가인이 불타임을 알아보게 되고 아울러 도리를 깨달아 참회의 눈물을 흘렸다.

"불타시여, 불타시여……!"

불타는 삼 검불처럼 흐트러진 머리와 괴로움으로 일그러진 푸리의 얼굴을 바라보며 이렇게 말하였다.

"잘 들어 보십시오! 젊은이들은 영원토록 젊어 있어 언제나 말쑥하고 의젓한 모습일 것 같습니까? 그대들의 청춘과 애정이 영원히 당신들 것이라고 할 수 있겠습니까? 절대로 그렇지 않습니다!"

푸리는 부끄러움을 참지 못한 가운데 뜨거운 눈물을 흘리며 고개를 끄덕였다.

"…………."

불타가 야사에게 말하였다.

"야사여, 선남자여! 그대와 사랑하는 아내 푸리의 연분은 이제 다 끝났습니다. 마음을 진정하여 어거지로 구하지 말고 모든 것을 순리대로 놔두십시오!"

덩치 큰 야사는 쑥스러운 모습으로 고개를 끄덕이는 품이 다소나마 화가 풀린 듯하였다.

야사와 푸리는 정욕의 재난 속에 심신이 지칠 대로 지쳤으나 마음을 진정하여 다시 한 번 자신들의 인생을 살펴보게 되었다.

석가모니의 법음은 봄바람처럼 그들의 꽉 막힌 심령 안에 잦아들었다. 푸리는 가슴이 찢어지는 회한 속에서 눈물을 흘리며 통곡하였다.

"불타시여……, 불타시여! 저, 저는 육근이 부정한 몸으로 지은 죄가 태산입니다. 저는 이제 어찌해야 합니까, 어떻게 살아가야 합니까?"

불타가 위로하였다.

"선과 악은 종이 한 장의 차이에 불과합니다. 사람과 부처 사이에도 깨닫고 깨닫지 못한 차이가 있을 뿐입니다. 그대가 지난날의 잘못을 회개하고 연분에 따라 깨우치면 성색(聲色)과 번뇌에서 벗어날 수 있습니다. 그러나 옛날처럼 미망에 깊이 빠져 헤어나지 못한다면 지금이라도 젊은 남자를 찾아나서는 편이 좋을 것입니다."

푸리는 힘껏 머리를 가로저으며 말했다.

"아닙니다, 아닙니다. 불타시여! 이제는 죽어도 남자를 따라가지 않겠습니다. 영원히 그들을 찾지 않겠습니다."

불타가 말했다.

"선녀(善女)여! 그렇다면 당신의 남편을 따라 집으로 돌아가십시오!"

"아닙니다, 불타시여! 집으로도 돌아가지 않겠습니다."

불타가 걱정스럽게 물었다.

"그렇다면, 선녀여! 어떻게 할 작정입니까?"

푸리가 간구하였다.

"불타시여! 불문에 귀의하겠나이다. 당신의 제자가 되겠으니 저를 거두어 주십시오."

석가모니는 이 말을 듣고 너그러운 미소를 지었다.

그러나 야사는 푸리가 출가한다는 말을 듣고 주먹을 부르쥐며 다시 눈을 부라렸다.

불타는 이를 말리며 장중한 목소리로 타일렀다.

"사람은 누구나 불성을 가지고 있습니다. 천한 여자와 음탕한 여인, 강도와 살인자에게도 불성은 있습니다. 악을 버리고 선을 따른다면 번뇌의 구렁텅이를 빠져나와 인생의 피안에 이를 수 있는 것입니다. 푸리 선녀가 잘못을 깨닫고 올바른 길로 들어섰으니 얼마나 즐거운 일입니까?"

야사는 끝내 집착과 어리석음을 버리지 못한 채 황량하고도 외로운 산촌의 초가집으로 돌아갔다.

불타 곁에 서서 멀리 사라져가는 남편의 뒷모습을 망연하게 바라보던 푸리는 떨리는 음성으로 부르짖었다.

"야사여, 야사여……!"

야사는 모든 것을 떨쳐버린 듯 뒤돌아보지 않고 제 갈 길을 걸어갔다.

불타가 중얼거렸다.

"푸리여! 걱정할 것 없습니다. 어느 날엔가 그는 돌아올 것입니다. 그대들은 모두 선남선녀가 아닙니까?!"

삼 년 뒤, 야사는 푸리가 불타의 감화를 받아 지혜와 복덕을 원만히

함으로써 나한과(羅漢果)를 얻게 되었다는 소식을 들었다. 그는 옛날 바라카르 강변에서 불타의 가르침을 받아 미망을 벗어난 일을 간절히 회상하였다. 꿈에서 깨어난 야사는 크게 깨달은 바 있어 재빠른 걸음으로 석가모니의 홍법도량(弘法道場)을 찾아나섰다.

물론 야사도 불문에 귀의하였다.

어느 날 불타는 사성제와 팔정도를 강술한 뒤 마음이 트이고 기분이 즐겁게 되어 영취산에 올랐다. 눈을 들어 바라보니 영취봉 위에는 독수리들이 무리지어 날고 있었는데 무엇인가 그들의 속마음을 호소하듯 울부짖고 있었다.

불타는 자신도 모르게 그들을 향해 중얼거렸다.

"독수리들아, 나에게 무슨 말을 하고 싶으냐?"

그는 발길 가는 대로 산꼭대기를 향해 걸음을 옮기면서 왕사성의 경치를 내려다보았다.

독수리들은 떼를 지어 울면서 영취봉을 맴돌더니 잠시 뒤 불타 옆에 내려앉아 날개를 편 채 경중경중 뛰면서 머리를 그의 팔에 부딪혔다.

불타가 손을 들어 정답게 쓰다듬자 독수리들은 줄을 지어 머리를 조아렸다.

불타는 혼잣말로 중얼거렸다.

"음! 너희들도 불문에 귀의하겠다는 뜻이구나!"

그런데 이때 기적이 나타났다. 불타가 쓰다듬는 순간, 독수리들의 머리는 하나같이 털이 빠져 모두 대머리가 되었다. 전설에 의하면 세계 각지의 독수리들은 불원천리, 영취봉으로 날아와 불타의 삭발도화(削髮度化)를 받았다 한다.

이로부터 독수리의 머리에는 털이 나지 않게 되었으며, 영취봉 역시 독수리의 고사로부터 이 이름을 얻게 되었다 한다.

빈바사라왕은 불타가 독수리를 제도한 일을 전해들은 뒤, 무슨 계시를 받았던지 영취산 꼭대기에 정사 한 채를 지어 불타기 독수리들을 위해 경을 강술하고 도화하는 데 어려움이 없도록 하였다.

21
기수·급고독원

　왕사성의 동쪽에 있는 한 마을에는 대가섭(大迦葉)이라는 이름을 가진 브라만의 대부호가 살고 있었다. 불타가 죽림정사에 들던 그날로부터 대가섭은 사람들과 함께 불타의 강술을 들어 왔다. 대가섭은 어김없이 강술에 참여하였으며 바람이 불고 비가 내려도 빠짐이 없었다. 지혜로 충만한 불타의 법음을 듣고 너무나도 큰 감화를 받은 나머지, 그는 비구들과 비구니들의 가사를 만들어 귀한 비단과 함께 수레에 가득 실어 죽림정사로 보냈다. 그러나 불타는 여러 차례 완곡하게 사절하여 되돌려 보내곤 하였다.

　대가섭은 불타의 처사에 깊이 감동한 결과 드디어 불문귀의를 결심하게 되었다. 그는 불타가 다니던 길바닥에 꿇어앉아 경건하게 간구하였다.

　"존경하는 불타시여! 대가섭의 귀의를 받아주소서!"

불타는 기쁨에 넘쳐 그를 붙들어 일으키며 말하였다.

"당신의 슬기로움은 일찍부터 알고 있었습니다. 귀의하신다니 불문의 영광이 아닐 수 없습니다."

대가섭은 눈물이 나도록 감격하여 배례하였다.

"불타시여! 제 전 재산을 죽림정사에 희사하겠으니 받아주십시오!"

불타가 말했다.

"대가섭이시어! 그것은 잘못된 생각입니다. 죽림정사는 순결하고 깨끗한 당신의 마음만이 필요할 뿐, 당신의 돈과 재산을 바라는 것이 아닙니다!"

부호 대가섭은 드디어 처첩과 재산을 버리고 삭발하여 승려가 되었다.

대가섭과 같은 명인(名人)의 불문귀의는 마갈타국에 있어서 불타의 명망을 더욱 높게 하였다. 일시에 국왕과 대신·학자와 명사들이 꼬리를 물고 귀의를 청원하였으며 이를 희망하는 사람들이 너무 많아 죽림정사는 당장 만원사태가 되고 말았다. 그러나 다행히도 영취산에 지은 정사가 낙성되었기 때문에 불도들의 주거문제에는 별 어려움이 없었다.

왕사성의 또 하나의 부호는 수라(首羅)라는 사람이었다. 그 역시 불타의 계도와 교화를 받아온지라 마음속 깊이 큰 은혜에 감사하고 있었으나 이를 갚지 못함을 못내 괴로워하고 있었다.

어느 날 수라는 성대한 연회를 준비한 뒤 불타를 집으로 모셔 공양을 올릴 계획을 세웠다.

불타는 수라장자(長者)의 청원을 받아들였다.

수라는 무상의 영광으로 생각하고 불타의 광림(光臨)을 영접하기 위해 정원을 청소하고 강단을 설치하며 문 앞에 등을 달고 뜰에는 오색 비단 천을 둘러 장식하였다. 준비가 한창 진행되고 있을 때 갑자기 손님 하나가 찾아왔다. 이 사람은 수라의 친구 수다타(須達多) 장자였다. 수다타는 수라의 집 안이 분주하게 돌아가는 것을 보고 이렇게 물었다.

"댁내에 등을 달고 오색 천을 두르며 사람들의 얼굴에 희색이 도는 걸 보니 필시 무슨 경사가 있는 것 아닙니까?"

수라가 미소지으며 대답했다.

"예! 사실은 귀한 손님 한 분을 모시려고 준비를 하는 중입니다."

수다타가 물었다.

"어느 귀빈이신데 이처럼 바삐 서두신단 말입니까?"

수라가 흥분된 어조로 말했다.

"그분에 대해서는 당신도 잘 아실 것입니다. 그분은 왕년 카필라파스투국의 태자였으나 오늘날은 대승대각(大乘大覺)하신 불타이십니다. 그 어른과 제자들을 집으로 초청하여 공양을 바칠 생각입니다. 그 어른이 초청을 응낙하셨으므로 귀빈에게 융숭한 대접을 하는 것이 도리 아니겠습니까?"

수다타 장자는 자신의 행운을 기뻐하였다. 친구의 집에서 직접 불타를 만나 뵙게 된다면 이는 전생의 연분이 아니고 무엇이겠는가! 그는 처음 불타가 어떤 사람인지 알지 못했다. 불타가 성불한 뒤 아직까지 수다타의 나라에는 이르지 않았기 때문이었다. 그러나 그는 싯다르타·석가모니·불타와 같은 이름을 여러 번 들어 알고 있었으며, 오늘 친구의 얘기를 듣자 잠 이루지 못할 만큼 흥분되어 한시 바삐 불타를 만나고 싶은 생각으로 들뜨게 되었다.

수다타는 생각할수록 솟구치는 기쁨을 억누를 길 없어 옷을 챙겨 입고 달빛 아래 말을 달려 죽림정사로 치쳐갔다.

수다타는 사위성(舍衛城)에서 으뜸가는 부자였다. 그는 왕실보다

부유하고 재상보다 귀한 존재였다. 집안에는 진주와 마노(瑪瑙)·황금과 보석이 산처럼 쌓여 있어 인도에서 제일가는 갑부로 통하였다. 수다타 장자는 부자로서만 소문이 나 있는 게 아니라 착한 일을 좋아하고 보시를 즐겨하는 대 선인(善人)으로도 유명한 사람이었니. 언제나 고독하고 빈곤한 사람들을 위해 재물을 희사하였기 때문에 사람들은 그를 기리는 별명을 붙여 급고독(給孤獨)이라 부르기도 하였다.

수다타는 주마가편(走馬加鞭)으로 길을 달렸다.

말을 달려 죽림정사의 대문 앞에 이르렀을 때, 빗장이 걸리지 않은 문 안쪽 멀리 한 사람이 달빛을 받으며 뜨락을 거닐고 있었다. 말에서 내린 수다타는 안으로 들어가 그 사람 앞으로 다가갔다. 그는 비범한 모습에 얼굴 가득 자상함을 띠고 있었다. 순간, 수다타는 그가 불타임을 직감하고 당장 땅에 엎드려 감격에 겨운 목소리로 외쳤다.

"불타시여! 수다타가 문안드리옵니다!"

느릿느릿 산보 중이던 불타는 갑자기 나타난 낯선 사람을 보고,

"선남이시여, 그대는 누구십니까? 밤이 깊었는데 무슨 일로 나를 찾아왔습니까?"

수다타는 재배한 뒤 다시 입을 열었다.

"저는 수다타라고 부르는 사람으로 급고독이라는 별명을 가지고 있습니다. 오늘 저는 코살라국의 사위성으로부터 왕사성의 친구 수라장자를 만나러 갔다가 그의 집에 오색 등불이 걸리고 화려한 천이 둘러쳐진 가운데 온 집안사람들이 기쁨에 들떠 있는 것을 보았습니다. 수라에게 무슨 좋은 일이 있기에 집안이 떠들썩한가 물었더니 불타의 말씀을 자세히 일러 주었습니다. 수라의 말을 듣고 불타를 앙모하는 마음 가눌 길 없어 잠을 이루지 못하다가 달빛에 길을 물어 이렇게 달려온 것입니다. 원래는 내일 아침 날이 밝기를 기다려 불타를 배알

하려 하였으나 이렇게 존안을 뵙게 되니 삼생의 행운이 아닐 수 없습니다. 불타의 가르침을 천 번 만 번 바라옵니다!"

불타는 수다타 장자의 진정에 감동하여 달빛 아래 설법할 것을 응낙하였다.

불타의 강술을 듣고 난 수다타의 마음은 기쁨으로 가득 차게 되었으며, 앞서 수라가 하였던 대로 불문에 귀의하였다. 그는 또 불타가 코살라국에 이르러 설법하여 백성들을 제도해 줄 것을 간청하였다.

불타가 말했다.

"일찍이 북쪽 지방에 갈 생각이었습니다만 제자들의 수가 많고 넓은 도량이 없어 많은 승려들을 적절히 안배하지 못할 것 같아 지금까지 가지 못하고 있었습니다."

수다타가 말했다.

"코살라국은 기후풍토가 사람 살기에 알맞고 풍속이 순박합니다. 수도 사위성은 불타의 고향이신 카필라파스투국과도 아주 가깝습니다. 바라옵건대 저의 나라에 오셔서 불법을 홍양(弘揚)하시고 중생을 제도하여 주십시오. 머지않아 크고 넓은 정사를 지어 올리겠으니 승려들의 숙식문제는 염려하실 것 없습니다."

수다타는 대보시를 행하되 탐심을 갖지 않고 과보(果報)를 구하지 않았다.

불타는 정사가 낙성되는 즉시 제자들을 이끌고 포교할 것을 응낙하였다.

코살라국의 수도 사위성은 그 규모가 방대하였으나 널찍한 원림(園林)이 많지 않았다. 수다타는 여러 차례 현지를 답사한 뒤 국왕 바사닉(波斯匿)의 아들 기타(祇陀) 태자의 원림이 가장 적합하다는 사실을 알게 되었다.

기타 태자의 원림은 기원(祇園)이라 부르는 곳이었다. 이곳은 산세가 수려하고 물길이 맑아 경치가 뛰어났으며 산죽과 잣나무가 무성한 가운데 빈터가 널려 있어 정사를 짓는 데 안성맞춤이었다.

수다티는 즉시 기다 대자를 배알하고, 기원을 구입한 뒤 그곳에 정사를 지어 불타와 제자들의 불법 홍양도량으로 사용할 계획을 말하였다.

기원은 기타 태자가 가장 좋아하는 원림이었다. 그러나 체면으로 보아 수다타 장자의 청을 한마디로 거절할 수 없어 아주 까다로운 조건을 내걸었다.

"급고독자시여! 기원은 제가 가장 사랑하는 원림입니다. 장자께서 이 원림을 기어이 사고 싶으시다면 그렇게 할 수는 있습니다. 그러나 한 가지 조건이 있습니다. 장자께서는 황금 벽돌로써 원림의 빈터를 모두 메우셔야 합니다. 만약 그렇게만 할 수 있다면 저는 한 푼의 돈도 받지 않고 원림을 당신께 드리겠습니다."

기타 태자는 수다타가 이렇게 많은 황금 벽돌을 조달할 수 없을 것으로 생각하였다. 그렇게 되면 기원은 여전히 기타 태자 것으로 남게 된다.

그러나 수다타는 지체 없이 대답하였다.

"좋습니다. 태자마마! 남자의 말 한마디는 천금보다 무겁습니다. 태자께서 하신 말씀대로 돌아가는 즉시 황금 벽돌을 날라 기원의 빈터에 깔도록 하겠습니다."

기타 태자는 그래도 수다타에게 이처럼 많은 황금이 있을 수 없다고 생각하여 거듭 약속을 확인하였다.

수다타는 집으로 돌아와 황금 창고를 열어젖힌 뒤 성안의 모든 백우(白牛)수레를 빌려 황금을 기원으로 옮기게 하였다. 황금을 깔아 임원을 산다는 소문은 온 성안을 떠들썩하게 만들었다. 사위성의 백성들은 흥분하여 남녀노소를 막론하고 한길 양옆으로 몰려나와 황금을 실어 나르는 상황을 지켜보게 되었다.

아직까지 황금을 구경한 적이 없던 사람들은 금빛 수레가 끊임없이 기원을 향해 몰려가는 가운데 상서로운 기운이 천 갈래 만 갈래 뻗어 나는 광경을 바라보았다.

기타 태자는 이를 보고 크게 놀라 수다타가 미쳤다고 생각하였다.

그러나 수다타는 얼굴 가득 웃음을 띤 채 이렇게 말하였다.

"태자마마! 저의 황금 창고가 무상한 불길에 타 재가 되지 말라는 법이 어디 있겠습니까? 또 불에 타지 않는다 하더라도 죽은 뒤에 이것들을 어디로 가지고 가겠습니까? 황금을 자손들에게 남겨주어 호의호식을 시킨다면 아무도 노력하여 열심히 살 궁리는 하지 않고 낭비만 하며 죄를 지을 것입니다. 태자마마! 그렇다면 사람을 구제하고 세상을 구원하는 것만이 진정한 적덕이며 보물을 거두는 길 아니겠습니까?!"

기타 태자는 이 말을 듣고 크게 감동하였다.

"존경하는 수다타 장자시여! 이제 기원은 당신의 것이 되었습니다. 이 땅 위에 가득한 황금 벽돌도 제게는 아무 소용이 없습니다. 이 황금벽돌로는 정사를 짓도록 하십시오! 그런데 원림 가운데 나무가 자라는 곳에는 황금 벽돌을 깔 수 없습니다. 그러니까 원림 중의 나무는 종전과 같이 저의 소유로 놔두시는 것이 어떻겠습니까?"

수다타 장자는 태자의 말을 듣고 어리둥절하여 어찌할 바를 몰랐다.

기타 태자는 웃으며 말을 이었다.

"이렇게 하면 어떨까요? 원림의 빈터는 장자께서 보시한 걸로 하고, 이 나무들은 제가 공양(供養)하는 것으로 하면 되지 않겠습니까?"

수다타 장자는 이 말을 듣고 가슴이 탁 트여 웃음을 터뜨렸다.

"태자마마의 말씀이 옳습니다. 정말 그렇게 하는 것이 좋겠습니다. 이제 일은 원만히 해결되었습니다!"

수디타는 기원에 정사를 수축한다는 사실을 불타께 전하고 불타께서 정사의 이름을 지어주시도록 청원하였다.

정사의 이름은 '기수(祇樹)·급고독원(給孤獨園)'으로 정해졌다.

정사를 짓는 데 나무는 기타 태자가 희사하고, 부지는 급고독 장자가 바친다는 뜻이었다.

불타는 정사의 조기 낙성을 위해 제자 사리불과 목건련을 수다타 장자에게 보내 정사를 설계하고 공사를 감독게 하였다.

기수·급고독원이 낙성된 뒤 불타는 여러 제자들을 이끌고 죽림정사를 떠나 코살라국의 사위성으로 향했다.

불타가 사위성에 이르렀을 때 성안 백성들은 좋은 옷을 입고 싱싱한 꽃다발을 받든 채 거리로 쏟아져나와 불타를 영접하였다.

사위성의 기원정사와 왕사성의 죽림정사는 남북으로 대응하여 불타의 초기 홍법이 이루어진 이대(二大) 정사로서 역사적으로 유명한 불교성지이다.

기원정사는 은은하고 아름다울 뿐 아니라 경치가 뛰어난 이상적인 홍법도량이었다.

기원정사에는 불타의 포교와 강술을 듣기 위해 매일 많은 사람들이 몰려들었으며, 머지않아 국왕 바사닉도 불타의 감화를 받아 불문에 귀의하였다.

환궁

　불타가 영취산에서 설법하실 때, 수만 명의 제자들이 불타 앞에 앉아 강술을 기다리고 있었으나 불타는 오랫동안 아무 말도 하지 않다가 우바라(優波蘿) 꽃 한 송이를 집어 여러 사람에게 비쳐보였다. 불타의 몸짓은 여유가 있었으며 모습은 편안하였다.

　여러 제자들은 불타의 심중에 무슨 뜻이 담겨 있는지를 몰라 어리둥절할 뿐이었다.

　불타가 보인 것은 무언의 심법(心法)으로 선어사유(禪語思維)를 표현코자 한 것이며, 생각과 정신으로 이해할 수 있으되 언어로써 표현할 수 없는 선경(禪境)을 마음으로부터 마음에 비추는 것이었다.

　당시 뭇 제자들은 불타의 심중을 전혀 헤아리지 못한 채 대부분 흐릿하고 망연하게 앉아 있었는데, 어떤 사람은 불타가 몹시 피곤하여 강술을 할 수 없다고 지레짐작하여 자리를 뜨려고까지 하였다.

그러나 불타는 여러 제자를 향해 여전히 꽃을 쥐고 미소를 지었다.
그때, 불타가 홍양하고자 한 법(法)은 어디 있었던가?
소리도 없고 발자국도 없으니 아무도 알 수 없구나!
그러나 마하가섭(摩訶迦葉)만은 마음속으로 그 뜻을 깊이깊이 이해할 수 있었다. 그는 불타를 바라보며 미소한 뒤 앞으로 나아가 계면쩍은 듯 낮은 목소리로 입을 열었다.
"사부님! 오늘 이 무언의 가르치심을 저는 마음속으로 다 알고 있습니다."
불타는 이제 막 피어나는 우바라 꽃송이를 쥔 채 자상한 모습으로 고개를 끄덕였다.
"나는 눈으로 열반묘심을 본다. 실상은 상이 없으며 미묘한 법문에서 글자를 쓰지 않고도 남에게 전하는 요지를 가르쳐 마음으로 마음을 찍는 법을 그대들에게 전해 주어 도를 크게 이루도록 할 것이다!"
그로부터 기원정사에서는 '선어사유'의 역사가 시작되었다.

불타는 선정하는 중에서도 정반왕이 언제나 그의 환궁(還宮)을 기원하고 있음을 알게 되었다. 그는 부왕의 모습이 이미 초췌하게 되고 온몸에 병이 들었음을 알 수 있었다.
정반왕은 태가가 성불하였다는 소식을 들은 뒤 그가 한시 바삐 돌아올 것을 간절히 소망하였다. 정반왕은 신하를 보내 태자를 데려오고 싶은 생각이었으나 교진여처럼 한 번 간 뒤 돌아오지 않을 것을 염려하여 누구를 보내야 할지 걱정이 크게 되었다.
후일, 정반왕은 코살라국 사위성의 기수·급고독정사가 낙성되어 태자와 제자들이 그곳에 머물고 있다는 사실을 알게 되었다. 사위성은 카필라파스투국에서 아주 가까운 거리에 있었다. 태자에 대한 그리움이 갈수록 더해진 정반왕은 드디어 노대신 우타이(優陀夷)를 보내 태자의 환궁을 종용토록 결정하였다.

그러나 우타이 역시 함흥차사(咸興差使)가 될 것을 걱정하여 그가 떠나기 전 이렇게 당부하였다.

"우타이여! 짐이 태자를 데려오는 데 왜 당신을 골랐는지 짐작하겠소?"

우타이가 말했다.

"폐하께서 저를 보내시는 것은 소신이 나이 들어 일을 신중히 처리할 수 있기 때문이라고 생각합니다."

정반왕이 말했다.

"그대는 수십 년 동안이나 짐을 수행하여 착실하고 충성스럽게 모든 일을 보필하였소. 오늘, 경에게 중임을 맡긴 것은 어떤 일이 있더라도 태자를 데리고 돌아오라는 데 그 뜻이 있는 거요. 절대로 교진여처럼 머리를 깎고 출가하는 일이 있어서는 안 되오. 우타이여! 그렇게 할 수 있겠소?"

우타이는 크게 고개를 끄덕이며 대답했다.

"폐하! 안심하십시오. 문제없이 태자를 모시고 돌아오겠습니다!"

정반왕이 다시 다짐하였다.

"짐은 경만을 믿겠소. 신하된 몸으로 경이 짐을 속인다면 어떻게 되는지를 마음 깊이 명심하시오!"

우타이는 머리를 조아리며,

"잘 알겠습니다. 폐하, 폐하를 기망하는 일은 역모나 다름없는 일입니다. 부디 안심하시고 평안히 계십시오!"

우타이는 정반왕의 친필 편지와 하인들을 이끌고 기원정사를 향해 말을 달렸다.

기원정사 가까이에 이르자 사리불이 여러 비구들을 거느리고 목탁소리에 맞춰 경을 외우는 소리가 은은하게 들려왔다.

사바세계에 전쟁이 일어나니 공연한 번뇌가 이는구나. 모든 것은 환영과 같은데 이제 풍진세상의 고단함을 깨달았다. 인간세는 꿈과 같으니 시비를 가리지 마라. 마음이 조용하여 밝은 달이 비치고 뜻이 비어 있어 소란함이 없다. 청정법을 수행하니 번뇌 없는 경지로다. 홍진세상은 망망한데 진리를 바로 못 보고 헛수고만 하다니.

우타이 일행은 독경소리에 마음이 당장 확 트이는 것을 느꼈다.

새벽 종소리가 꿈길 속의 길손을 깨우고
독경 소리가 길 잃은 나그네를 이끌어준다.

우타이 일행이 불타를 만나게 되었을 때 그들은 완전히 본분을 망각하고 말았다. 그들은 불타가 자신들에게 삭발하고 불문에 귀의토록 허락할 것만을 간구하였다.

이때 마침 교진여가 우타이를 알아보고 놀란 목소리로 물었다.

"아, 아니! 당신은 우타이가 아니십니까? 어떤 일로 여기까지 오셨습니까?"

그때야 정신이 든 우타이는 자신이 공무를 띠고 온 사실을 상기하며 정반왕의 친필을 꺼내 불타께 드렸다.

"저는 원래 국왕의 명령을 받들어 불타께서 궁궐로 돌아가실 것을 청하러 왔습니다. 그러나 제 결심은 이미 굳어졌습니다. 불문에 귀의하여 영생영세(永生永世)토록 불타의 제자가 되겠습니다!"

불타는 편지를 받아들며 자상하게 말하였다.

"불문은 선을 행하는 모든 중생에게 활짝 열려 있습니다. 그러나 먼저 부왕의 편지를 읽어본 뒤 다시 얘기를 나누도록 합시다."

사랑하는 싯다르타야!
너는 옛날 나의 태자였지만 지금은 너를 무엇이라 불러야 할지 모르겠구나.
태자야! 네가 고향을 떠난 지 어언 이십 년이 흘러버린 지금까지 아무 소식도 접하지 못하다가 이제야 네가 기원정사에 있다는 걸 알게 되었다. 나는 너로 인하여 항상 마음 편할 날이 없었다. 풍문에 의하면 지금까지 객지를 유랑하며 길가에서 걸식까지 하였다는구나! 그러던 중 간난신고(艱難辛苦)를 다 거쳐 지고무상한 인생의 진제를 깨우침으로써 세상에서 가장 훌륭한 인물 불타가 되었다는 소문을 들었다. 이 일로 인하여 나는 커다란 위안을 받기도 하였다.
네가 아무 말 없이 떠난 뒤, 왕궁에는 고통스러운 나날이 시작되었다. 마하파사파제 왕비는 밤낮 없이 너를 생각하며 울부짖었다. 너를 키울 때의 정경을 떠올리며 비통으로 목이 메었다. 네 아내 야쇼다라 공주는 울다 지쳐서 눈물까지 말라버렸구나. 네 아들 라훌라는 장성하여 어른이 되었다. 라훌라는 총명하고 공부를 좋아하는 아이로 네가 이곳을 떠난 일에 대해 여러 가지를 물어보곤 한다. 그러나 우리들은 라훌라에게 원만한 대답을 못하고 있다. 그 아이도 네 일 때문에 항상 깊은 생각에 잠기곤 한다. 다행히 '불타'라는 두 글자에 대해 불가사의한 매력을 느끼고 있는지 아비인 불타를 자랑스럽게도 생각하는 모양이다.
싯다르타야! 우리들은 모두가 너를 자랑스럽게 생각하고 있다.
싯다르타야! 나도 이제는 늙어 꿈길 같은 옛날 일들만 되돌아보게 되었다. 이제 다시 너를 만날 수 없을까 조바심이 드는구나.
싯다르타야, 효성스러운 싯다르타야! 제발 돌아와서 우리들을 만나주지 않겠느냐?
…………

정반왕의 편지를 다 읽고 난 싯다르타는 우타이에게 말했다.

"우타이시여! 부왕께 전해주십시오. 제가 될 수 있는 한 빨리 왕궁에 돌아가 가족들을 만나 뵙겠다고."

그러나 우타이는 고개를 가로저었다.

"불타시여! 저희들은 돌아가지 않기로 결심하였습니다. 제발 딴 사람을 보내도록 해 주십시오. 불타시여, 저희 일행을 제자로 받아주소서!"

불타는 우타이의 말을 듣자 마음에 걸린 바를 토로하였다.

"우타이시여! 당신은 정반왕의 특명을 받들고 기원정사에 오셨습니다. 만약 삭발하여 귀의하고 돌아가지 않는다면 부왕에 대한 무례가 아니겠습니까?!"

우타이 일행은 이 말을 듣자 일이 꼬였음을 알고 성난 얼굴이 되어 객사 안으로 들어가 버렸다.

그러나 다음날 아침 불타가 선당(禪堂)에 들어 좌정하려 할 즈음, 우타이 일행이 느닷없이 뛰어들더니 불타 앞에 넙죽 엎드렸다.

"불타시여, 불타시여! 저희들은 이미 삭발하였습니다. 이제는 귀의를 허락하여 주십시오!"

불타가 살펴보니 우타이와 그의 종자들은 수염과 머리털을 모두 깎아버린 터! 이제 가사를 걸치기만 하면 갈 데 없는 승려의 모습이었다. 불타는 오랜 생각 끝에 드디어 그들의 청원을 들어주기로 하였다.

불타는 궁궐로 돌아가 양친과 처자를 만나기로 작정하고 우타이를 먼저 보낸 뒤, 자신은 그 뒤를 따라가기로 하였다.

우타이는 가사를 입고 종자들과 함께 왕궁으로 돌아가 이레 안으로 불타가 돌아온다는 사실을 보고하였다.

정반왕은 삭발하고 가사를 입어 완전히 승려가 되어버린 우타이의 모습을 보자 화가 치밀었지만 태자가 돌아온다는 말에 더는 나무랄 수 없었다. 왕은 두 번씩이나 사람을 보내 태자를 데려오려 했으나 그 때마다 모두가 불문에 귀의해버린 일들을 생각하고 불타의 법력에 은근히 감복하였다.

싯다르타 태자가 왕궁으로 돌아온다는 소식은 봄바람과 함께 카필라파스투국의 온 강산에 퍼져나갔다. 사람들은 너도나도 이 소식을 서로에게 알렸다. 집집마다 뜨락을 비질하고 사람마다 길거리를 다듬었으며 싱싱한 꽃을 준비하고 얼굴에는 희색이 가득하였다. 그들은 옛날의 태자, 아니 성불한 석가모니의 영접 준비에 마음이 들뜰 대로 들떠 있었다.

불타가 돌아온다는 소식은 데바닷타의 귀에도 들어가 그를 괴롭히게 되었다. 이 사람은 인성이 사악하고 죄업을 끝도 없이 지어내는 인간으로 카필라파스투국의 왕위를 계승한다는 일념 속에 하루하루를 보내고 있었으나 불타의 귀향 소식을 듣자 마음속에 불 같은 살심(殺心)이 다시 끓어오르게 되었다. 그에게 있어서 불타는 영원한 눈 속의 가시였다. 그는 당장 도당을 불러모아 불타를 모해할 계획을 세웠다.

그들은 태자가 오는 길목에다 한 떼의 사나운 독각수(獨角獸)를 매복시켰다. 독각수들을 대바구니 우리에 가둬놓고 뚜껑에는 가느다란 새끼줄을 연결한 뒤 나무 위에서 이를 잡아당기기로 하였다. 불타가 지나갈 때 새끼를 잡아당기기만 하면 우리 속의 독각수들이 튀어나와 불타를 해치게 되는 것이다.

그러나 예정된 곳에 매복하여 오랜 동안 기다려도 불타의 모습은 보이지 않았다. 똑같은 옷을 입은 수많은 승려들이 몰려올 뿐이었다.

데바닷타는 긴장되고 흥분되어 날뛰다가 하마터면 독각수에게 물려 죽을 뻔하였다.

그날, 카필라파스투국 백성들은 손에손에 꽃을 들고 길가로 몰려나왔다. 그들은 너나 할 것 없이 불타의 광림을 애타게 기다리고 있었다. 그러나 점심때가 되어도 불타의 그림자는 보이지 않고 한길을 메운 승려들의 모습만이 가득히 눈에 들어왔다. 어리둥절한 사람들은 승려들과 마주칠 때마다 이렇게 물었다.

"멀리서 오시는 사문이시여! 당신은 싯다르타 태자가 아니십니까?"

그러나 그들의 대답은 한결같았다.

"저는 싯다르타가 아닙니다!"

온 나라 백성들은 미망 속에서 싯다르타 태자를 기다리기에 지쳐 있었다. 싯다르타 태자는 어디로 갔는가? 도대체 어느 분이 싯다르타 태자란 말인가? 어느 분이 오늘날의 불타이신가?

그들은 옛날의 태자, 오늘날의 불타가 승려들과 똑같이 붉은색 가사를 입고 손에 구릿빛 바리때를 든 채 제자들과 한가지로 거리를 돌며 탁발을 하리라고는 꿈에도 생각지 못하였다.

정반왕은 도성에 들어온 승려들 모두가 길거리에서 동냥을 하는데 거기에 싯다르타가 끼어 있지 않기만을 희망하였다. 만약 한 무리 속에서 걸식을 한다면 이건 어불성설이다. 고귀한 태자의 몸으로 거리를 헤매며 밥을 빌다니, 왕실의 가풍을 훼손하는 일이 아닌가!

이런 생각이 머리에 떠오르자 정반왕은 당장 얼굴이 새하얗게 질리고 눈앞이 캄캄했다. 그는 거친 목소리로 명령하였다.

"어서 수레를 준비토록 하라!"

대신이 물었다.

"폐하! 어디로 납시옵니까?"

"태자를 찾아서 왕궁으로 데려 오련다!"

정반왕의 결연한 목소리에 대신이 대답하였다.

"폐하! 사람을 보내면 안 되겠습니까?"

정반왕이 말했다.

"아니! 내가 직접 찾아 나서야겠다!"

궁궐을 나가 한길에 들어선 정반왕은 얼마 지나지 않아 불타와 마주치게 되었다. 한 사람은 가사를 몸에 걸치고 손에 바리때를 든 단장(端莊)한 승려, 또 한 사람은 늙어 행동거지가 굼뜨면서도 기세만은 등등한 국왕! 불타에게는 허름한 옷을 걸친 제자들이 함께 있었으나, 정반왕은 화려한 조복을 입은 백관들에 둘러싸여 있었다. 두 무리는 말없이 상대편을 바라볼 뿐이었다.

수레에서 내려 싯다르타를 만나려던 정반왕은 눈앞의 정경을 보고 아연실색하였다. 승려들은 똑같은 가사와 바리때를 들었으며 심지어는 모습도 거의 같아 누가 누군지 분간할 수 없었기 때문이다. 더군다나 오랜 세월이 지나 외모가 크게 변해 버렸음에랴!

초조해진 정반왕이 두리번거리며 소리쳤다.

"싯다르타, 싯다르타야!"

이때, 불타가 겸허하고 공경스런 모습으로 승려들 가운데서 걸어 나왔다.

그를 보는 순간 정반왕의 심장은 격렬하게 고동쳤다. 그는 장중하고 자상하며 이목이 수려한 눈앞의 출가인이 자신의 아들인지 믿을 수가 없었다. 그러나 그는 출가인의 눈길 속에서 깊고도 지혜로운 기상을 발견하고 그가 자신의 아들 싯다르타임을 확신할 수 있었다. 정반왕은 흥분한 나머지 실성한 사람처럼 외쳤다.

"아! 내 아들, 싯다르타야!"

그러나 싯다르타는 그 자리에 선 채 움직이지 않았다.

정반왕은 어리둥절한 가운데 이렇게 생각하였다.

'아니, 아니! 너는 내, 내 아들! 오랜만에 만났거늘 어찌하여 무릎 꿇고 배례하지 않는 거냐?'

이때, 무리로부터 젊은 출가인 한 사람이 걸어나왔다. 그는 사리불로서 얼굴 가득 화기를 띠며 국왕을 향해 말하였다.

"폐하! 불타께 예를 올리십시오!"

정반왕은 너무 놀라 벌어진 입을 다물지 못할 지경이었다.

"뭐라고? 예를 올리라고? 그대는 내가 누군지 모르고 한 말인가?"

사리불은 온화한 목소리로 대답하였다.

"불타께서는 인생의 지고지상(至高至上)한 지혜를 대표하십니다. 아무도 따를 수 없는 불법과 무상한 덕성, 중생이 추구하는 최고의 진리를 대표하십니다. 불타를 향한 예배는 진리에 대한 앙모와 인류 오성(悟性)에 대한 숭배를 나타냅니다. 존귀하신 국왕께서는 불타의 아버지이시지만 중생의 일원에 불과합니다. 불문에서 인간은 누구나 평등한 존재입니다. 해와 달이 바뀐들 이 진리는 변치 않습니다!"

사리불의 말을 듣자 정반왕은 자만심이 당장 사라져 불타를 향해 배례하였다.

불타는 겸허한 모습으로 부왕을 바라보며 입을 열었다.

<u>스스로를 구제하고 남을 제도하니 다함께 불도를 이룹니다.</u>

말을 마친 불타는 합장하고 허리 굽혀 반례하였다.

함께 왕궁으로 돌아온 뒤 정반왕은 자신의 아들 싯다르타에게 이렇게 말하였다.

"싯다르타여! 옛날에는 그대가 짐의 태자였으나 이제는 성불하였으니 무엇이라 불러야 할지 모르겠구나. 그러나 제자들을 데리고 성으로 돌아왔으면 바로 대궐로 들어올 일이지 거리를 헤매며 밥을 빈 이유가 무엇인지? 또 태자의 몸으로 동냥을 하였으니 왕실이 욕을 보게 된 건 아닌지?"

불타가 대답했다.

"부왕폐하! 불문의 제자는 중생에 의지하여 공양을 받습니다. 탁발을 하지 않고 어떻게 생명을 부지하며 불법을 전하겠습니까? 내일도 제자들과 함께 탁발하지 않으면 안 됩니다!"

정반왕이 애절하게 입을 열었다.

"지, 지난 이십 년 동안 이런 식으로 살아왔단 말인가?"

"그렇습니다. 부왕폐하!"

정반왕은 마음을 가라앉히고 말머리를 돌렸다.

"싯다르타! 알겠다. 그런데 지난 이십 년 동안 어떻게 살아왔는지 그것이 궁금하구나! 소문에 의하면 하루에 쌀 한 톨을 먹고 살았다는데 그게 사실인가?"

"그렇습니다. 사욕은 먼지와 같고 사정(私情)은 대변과 같은 것입니다. 맛없는 것을 달다 하고 몸과 입과 뜻의 세 가지 업을 청정하게 하여 십선행위(十善行爲)를 쌓고 자비의 덕성을 닦아 육진(六塵)의 경지에 동요되지 않으며 무명망상에 현혹되지 않아야 합니다. 천지의 영기를 흡수하고 일월의 정화를 취하되 시시각각 이렇게 하고 밤낮으로 이렇게 하여 무한량의 자비를 베풀고 중생을 제도하며 모든 남자를 아버지로, 모든 여자를 어머니로 생각해야 합니다."

그러나 정반왕은 싯다르타의 말을 쉽게 이해할 수 없었다.

"뭐라, 뭐라? 하늘 아래 남자들이 모두 애비라고?"

"그렇습니다. 부왕폐하! 저의 모든 것은 이제 제 것이 아니라 모든 중생의 것입니다."

정반왕은 들을수록 말뜻을 가려내기 어려울 뿐 아니라 싯다르타의 주장이 하나같이 도리에 어긋나며 황당하게 여겨졌다. 부자 두 사람의 의기는 투합되기는커녕 더욱 더 빗나갔다.

23 재회

이어서 불타는 왕비를 뵙기 위해 침궁으로 향하였다.

마하파사파제 왕비는 일찌감치 의상을 정제하고 불타의 왕림을 기다리는 중이었다. 태어난 지 이레 만에 어머니와 사별한 불타를 그녀는 친자식 이상으로 애지중지 길러 장성시켰으며 그가 장가들고 아들을 낳는 동안 정성을 다해 보살폈다. 그러기에 후일 싯다르타가 왕궁을 떠난 뒤 왕비의 생활은 고독과 공허로 가득 차게 되었다.

왕비는 싯다르타를 기다리며 그의 어렸을 적 음성과 모습을 떠올리고 있었다. 바로 이때, 불타가 침궁으로 들어왔다.

왕비는 기개와 도량이 비범하고 용모가 수려한 이 출가인을 어떻게 대해야 할지 몸둘 바를 몰랐다. 더구나 몸에 가사를 두른 이 승려와 기억 속의 싯다르타를 어떻게 연결해야 할지 갈피를 잡을 수 없었다. 무슨 말을 해야 할지 입을 열지 못하는 왕비를 바라보며 불타는 부드러운 음성으로 화두를 꺼냈다.

"왕비마마, 그동안 몸 성히 지내셨습니까?"

정신이 퍼뜩 든 왕비가 부르짖었다.

"싯다르타, 싯다르타야! 드디어 돌아왔구나. 우리, 우리들은 다 잘, 잘 있었어!"

싯다르타는 왕비가 진정하기를 기다려 그녀의 의문에 자상하게 답하고 지난 일들을 한 가지 한 가지씩 들려주었다. 천천히 얘기를 나누던 왕비가 새 정신이 드는 듯 소리쳤다.

"아이고! 어서 가서 야쇼다라 공주와 라훌라를 만나야지! 그동안 살아가는 데 답답한 일이 너무나도 많았었지……."

왕비의 말을 듣는 순간 불타의 마음속에는 순간적인 격정이 스쳤으나 이내 평정한 상태로 돌아갔다.

아내와 자식에 대한 그리움의 정이 없을 수 없었으나 그것은 자비로 가득 찬, 중생 제도라는 차원에서의 그리움과 사랑이었다. 불타는 대자대비한 마음으로 모든 생명을 사랑하였다.

앞서 카필라파스투국으로 돌아오던 중, 불타 일행은 황량한 산골짜기를 지나야만 하였다. 그때 불타와 승려들은 하나같이 굶주림에 지쳐 당장 쓰러질 지경에 이르러 있었다. 싱싱하고 연한 씀바귀가 떨기를 지어 길가 바위틈에 자라고 있었지만 불타는 이를 손대지 못하도록 일렀다. 그것은 황량한 산골짝에 살아 있는 유일한 생명체였기 때문이다. 불타는 그렇게 모든 생명을 소중하게 아끼고 사랑하였다.

달빛이 차갑고 맑은 그날 밤, 왕궁은 모든 것이 잠들어 있는데 야쇼다라 공주와 라훌라 모자는 잠을 이룰 수 없었다. 공주는 지척 간에 남편이 와 있다는 사실을 알고 있었으나 한걸음에 달려가 그를 만날 수 없었다. 그는 이제 온 세상 사람들이 우러러 받드는 불타로서 국왕까지도 배례하는 존재가 되었으며 수많은 중생을 구원하는 구세주로서 범인이 가까이 범접할 수 없게 되었다! 이렇게 생각하자 공주는 남편과 자신 사이가 너무나 멀어 바라는 보아도 가까이는 이를 수 없다는 생각이 들었다.

그런데 이때 갑자기 멀리 떨어진 장경루 쪽에서 은은한 독경소리가 들려왔다. 독경소리는 느릿느릿 하늘을 날아가는 구름, 유유히 흐르는 물소리와도 같이 막힘없이 이어져 갔다. 그것은 공주의 참담한 마음의 상처를 달래주기라도 하듯 봄바람처럼 따스하고 부드러운 소리였다.

이때 라훌라가 놀라 물었다.

"어마마마! 저건 무슨 소리입니까?"

야쇼다라 공주는 조용히 대답하였다.

"저건 네 아버지께서 경을 외우시는 소리이시다."

밤은 깊고 달빛은 교교하였다. 왕궁은 혼곤한 잠에 빠져 있는데 들려오는 부엉이 울음이 독경소리에 섞여 단조로운 밤공기를 깨뜨리고 있었다. 두 모자는 청정하고 장엄한 독경소리에 이끌려 자신들도 모르는 사이 옷을 차려입고 검은 숲에 둘러싸인 장경루를 향하여 발걸음을 옮겨놓았다.

장경루의 문은 빗장이 풀려 있었다. 철인(哲人)의 입맞춤으로 우주를 향해 묻는 듯, 독경소리는 더욱 유유하고 장엄하게 울려 퍼졌다.

…………

장경루 안을 들여다본 두 모자는 소스라치게 놀라 선 자리에서 움직일 수가 없었다. 불타의 몸에서는 아침 햇살처럼 찬란한 황금빛 광채가 사방으로 퍼져나갔으며 눈에서는 자비로운 정기가 솟아나고 있었다. 그는 수만 정령(精靈)의 도움을 구하고 우주의 보시를 갈망하는 중이었다.

당시, 카필라파스투국에는 몇 달 동안 계속하여 가뭄이 들었다. 이를 알게 된 불타는 좌선 속에서 천지와 교통하였으며 우주이 한 가지로 정령을 끌어안았다. 천인이 감응하고 천심·민심과 석가모니의 대자대비한 불심이 감응하여 교류하였다. 그리하여 몇 달씩이나 가뭄에 시달려온 카필라파스투국은 불타가 돌아온 뒤 갑자기 큰 비를 만나 삼라만상(森羅萬象)이 산뜻한 생명을 되찾게 되었다.

어느 날, 불타와 제자들이 빗속을 헤매며 보시를 구하고 있을 때 사리불이 다가와 불타께 여쭈었다.

"불타시여! 저 앞쪽에 낯선 사미승(沙彌僧) 하나가 우리들과 마찬가지로 탁발을 하고 있습니다. 앞뒤로 뛰어다니며 승려들에게 길을 가리켜 주고 있습니다."

불타는 이 말을 듣고 잠시 침묵한 뒤 사리불에게 일렀다.

"그대가 가서 사미승을 데려 오도록 하십시오. 그가 누군지……."

사리불은 잠시 망설이더니,

"사미승은 심성이 착해 보이는데 웬일인지 거짓말을 하고 있다는 느낌이 들었습니다."

"무엇을 속였기에 그러십니까?"

"정반왕의 손자를 사칭하고 있습니다.

불타가 외쳤다.

"아아, 라훌라……!"

"라훌라가 누굽니까?"

불타의 얼굴에는 광채가 돋아나고 잔잔한 웃음이 감돌았다.

"라훌라는 내 외아들입니다!"

침착하고 지혜로운 사리불의 마음은 당장 기쁨으로 가득 차게 되었다.

"불성은 하늘의 뜻으로 이루어지며 밝은 마음으로 견성합니다. 카필라파스투국의 왕손이 출가를 한 것입니다!"

잠시 뒤 손에 바리때를 들고 몸에는 가사를 걸친 라훌라가 기운차게 걸어와 불타 앞에 엎드려 절하였다.

불타는 훤칠하게 장성한 라훌라, 의표 당당한 젊은 사미승을 바라보며 마음속으로 기쁨을 가누지 못하였다. 부자 두 사람은 회심의 미소를 지었다. 기쁨은 언어 아닌 표정으로 넘쳐흘렀다. 불타가 물었다.

"라훌라야! 너는 어찌하여 삼보에 귀의하였느냐?"

감격한 라훌라가 대답하였다.

"인연을 따라 불문에 들어, 몸으로 대도를 깨우치고 무상심(無上心)을 발하여 현세의 기쁨과 후세의 즐거움은 물론, 영원한 구경락(究境樂)을 얻고자 귀의하였습니다!"

물흐르 듯 거침없이 말을 이어가는 라훌라를 바라보며 불타는 마음속으로 더 큰 희열을 느꼈다.

"라훌라야! 너는 오계(五戒)가 무엇인지 알고 있느냐?"

라훌라는 반들거리는 머리를 쓸어올리며,

"살생하지 않고 도적질하지 않으며 음탕하지 않고 헛된 소리를 피하며 술 마시지 않는 것이 오계올시다."

불타는 아들의 머리를 부드럽게 쓰다듬어 주었다.

"귀의란 한 생명이 다시 태어나는 것을 뜻한다. 경건한 불문귀의는 머리를 깎는 것만으로 끝나지 않는 것임을 명심하여라. 그런데 네 머리는 누가 깎아주었느냐?"

라훌라가 자랑스럽게 말하였다.

"예! 어머니께서 깎아주셨습니다. 어머니께서는 제 머리를 깎아주시고 저는 어머니의 머리를 깎아드렸습니다."

"음? 네 어머니도 불문에 귀의했단 말이냐?"

그때 뒤를 돌아보던 라훌라가 외쳤다.

"불타시여! 저쪽을 보십시오. 어머니께서 이리고 오고 계십니다!"

불타가 살펴보니 몽롱하게 내리는 빗속을 헤치고 한 사람의 비구니가 이쪽으로 다가오는 중이었다. 불타는 자신의 아내를 바라보면서 이십 년 전 꽃처럼 싱싱하고 아름답던 공주, 항상 꼿꼿한 긍지 속에 살아가던 젊은 여인을 떠올렸다. 지금, 그녀의 머리에는 부드럽고도 향긋한 내음을 풍기던 머리칼이 모두 사라지고 없다! 불타는 그녀의 반들거리는 머리를 쳐다보며 격세지감을 느꼈다.

야쇼다라 공주는 불타 앞에 이르러 깡마른 두 손을 머리 위로 치켜올린 뒤 엎드려 절하였다.

"불타시여, 불타시여!"

그녀의 목소리는 떨리고 있었다.

> 몸에 봉황의 날개를 걸치지 않았지만
> 마음속 영혼들은 막힘없이 통하누나.

이로부터 그들 내외와 두 부자는 스승과 제자 사이가 되었다.

불타는 이십 년 전의 일들을 생각하였다. 아무 말 없이 궁궐을 떠나던 그날 밤, 그리고 이십 년이 지난 오늘, 그는 다시 옛터에 돌아왔다. 그가 가져온 것은 오랫동안 그리움에 지친 속세의 정이 아닌, 인간세를 제도할 자비로운 불법과 가뭄 속의 감로(甘露)였다.

야쇼다라 공주는 불타 앞에 꿇어앉아 경건한 모습으로 남편을 다시 불러보았다.

"불타시여, 불타시여!"

아아, 야쇼다라 공주는 얼마나 아름답고 선량한 마음씨를 가진 여인이었던가!

불타는 미소를 떠올리며 입을 열었다.

"야쇼다라 선녀여! 그대는 나를 불타라고 불렀소. 그런데 당신은 진정한 불타가 어디에 있는지 알고 있습니까?"

야쇼다라는 반쯤 고개를 쳐들며 대답했다.

"부처는 제 몸에 있고 제 마음에 있으니 제가 바로 부처이며 부처가 바로 저입니다. 홍진세상의 인연을 버리면 바로 성불합니다."

이 말을 듣는 순간 불타는 마음속으로 커다란 위안을 느꼈다.

"야쇼다라 선녀여! 당신의 불문귀의를 축하합니다. 당신은 머지않아 모든 것을 깨닫게 될 것입니다."

그들은 부귀와 영화를 버리고 공명과 이록(利祿)을 떠났으며 부부간의 사랑을 끊고 부자간의 정을 물리쳤다. 이것을 버리고 저것을 얻었다. 왕년의 부부는 다함께 청정무아(淸淨無我)와 해탈을 얻게 된 것이다.

그로부터 카필라파스투국의 아이들은 '십불친(十不親)'이라는 노래를 지어 흥겹게 부르기 시작하였다. 노래를 부르는 사람은 아무 근심 걱정이 없게 되었으며 듣는 이는 깊은 생각에 빠져들었다.

아내가 가깝대도 가깝지 않네
서방 죽어 사흘 만에 시집을 가니.
아들딸이 가깝대도 가깝지 않네
복록(福祿)으로 그대 몸 떠멜 수 없어.

친구가 가깝대도 가깝지 않네
가난하고 부자이니 모두 제각각.
사랑이 가깝대도 가깝지 않네
연지곤지 찍어도 염라청 가니.
냉리가 가깝대도 가깝지 않네
서로 간에 다투니 죄업뿐일세.
산해진미 가깝대도 가깝지 않네
넉 량(兩)을 먹어도 반 근 모자라.
재산·권세 가깝대도 가깝지 않네
야반오경 잠꼬대는 편치가 못해.
미물(美物)이 가깝대도 가깝지 않네
눈앞의 현란함은 허망인 것을.
부귀가 가깝대도 가깝지 않네
죽고 나면 모두가 사라지는 것.
미색이 가깝대도 가깝지 않네
칼끝으로 도륙내니 목숨 날릴 뿐.
가깝다고 하려면 불조뿐일세
천만 중생 언제나 보도(普度)하시니.
번뇌와 명리를 어서 끊어서
스스로 금강심을 닦아가시게.

24 난타의 천국 나들이

불타는 정반왕의 청원에 따라 왕궁에 도량을 설치하고 설법과 포교를 하여 수많은 왕공귀족들을 감화시켰다. 여러 문무대신들과 왕실의 권속들이 뒤를 이어 불문에 귀의할 것을 간구하여 불타의 제자가 되었다.

출가하여 사문이 되려는 자는 반드시 먼저 왕실의 이발사 우바리(優婆離)를 찾아 삭발을 하지 않으면 안 되었다. 우바리는 왕궁에서 가장 비천한 노예였으나 그는 총명하고도 선량한 사람이었다.

어느 날 발제(跋提)·아누루타(阿那律)·바바(波波) 등 왕자 세 사람은 사전에 약속한 대로 우바리를 찾아가 그들의 뜻을 알렸다.

우바리는 덜컥 겁이 났다. 비천한 노예의 신분으로 감히 배코칼을 들이대고 왕자들의 머리를 깎을 수 있단 말인가?

그러나 복종이란 노예의 천분! 왕자들이 삭발을 명했으므로 감히 이를 어길 수도 없는 일이었다. 발제왕자의 머리를 깎을 때 우바리는 마음속으로 이렇게 생각하였다.

'고귀한 왕손들은 모두가 출가하여 사미가 됨으로써 불타의 은택을 입게 된다. 나도 불타 옆에서 불법의 광휘(光輝)를 입게 된다면 얼마나 좋을까! 그러나 나는 짐승과 같이 비천한 노예의 몸, 죽을 때까지 왕자들과 같은 복을 누리기는 글렀다!'

그날 밤 우바리는 아무래도 잠을 이룰 수가 없었다. 그는 불타와 같이 훌륭한 스승을 만날 날이 있을 것 같지 않았다. 이번 기회를 놓치게 되면 이승에서 자신을 구제할 길이 영원히 없을 것으로 생각되었다. 우바리는 용기를 내어 당장 불타를 찾아가 무릎 꿇고 경건하게 아뢰었다.

"불타시여, 존경하는 불타시여! 저는 한낱 노예에 지나지 않는 몸입니다. 불타시여! 저와 같이 비천한 인간도 불타의 제자가 될 수 있습니까?"

불타가 자비로운 목소리로 말하였다.

"불문에서는 모든 사람이 평등합니다. 당신은 누구십니까?"

우바리는 실신한 듯 불타를 바라보며 소리쳤다.

"불타시여, 불타시여! 저는 우바리라는 이름을 가진 수드라입니다."

"우바리여! 그대는 무엇 때문에 내 제자가 되고 싶어합니까?"

"밝은 마음으로 견성하여 인생을 깨우치기 위해 그러합니다."

불타는 우바리의 불성과 슬기에 놀라 이 미천한 이발쟁이가 모든 덕과 지혜를 갖추었을 뿐 아니라 복덕을 구비한 것으로 확신하였다. 불타는 넘쳐 나는 기쁨을 가누지 못하고 이렇게 말하였다.

"우바리여! 내 제자가 되도록 하십시오. 그러면 이제 돌아가서 삭발을 하십시오."

우바리는 그 자리에 선 채로 품속에서 날카로운 배코칼을 꺼내들고 스스로 삭발하여 번들거리는 민머리가 되었다.

우바리는 여러 왕자들이 고귀한 신분으로 불타를 가까이 모셔 귀의하는 것을 선망해 왔다. 그러나 실제로 왕자나 왕손들이 삭발하여 귀의하는 데는 우바리처럼 그렇게 순조롭지 않았다. 특히 마음속에 업장(業障)이 가득 낀 데바닷타는 앞뒤를 재면서 이럴까 저럴까 우물쭈물 꾸물거리고 있다가 불타의 명성과 위력에 끌려 그를 따르게 되었다. 온 카필라파스투국 왕성 사람들이 불타에 귀의하는 사태는 이제 돌이킬 수 없는 추세가 되었다. 이레 낮 이레 밤에 걸쳐 심사숙고한 끝에 데바닷타는 드디어 왕자와 왕손들 틈에 끼어 불타의 거소를 찾아 배례한 뒤 불문귀의를 청원하게 되었다.

불타가 물었다.

"그대들은 제왕의 왕자들이 아닌가?!"

왕자들은 이구동성으로 대답하였다.

"불타시여! 저희들은 중생입니다."

드디어 귀의의식이 시작되었다. 그들은 돌아가며 불타께 절한 뒤 사리불의 구령에 따라 다음 순서를 기다리게 되었다.

"오른쪽 자리를 향해 배례하시오!"

오른쪽 자리라면 불타의 오른편에 앉은 그 사람을 말하는 게 아닌가! 왕자들은 대경실색, 어찌할 바를 몰랐다. 오른쪽 자리의 그 사람은 노예 우바리로서 이발쟁이 수드라가 아닌가! 왕자의 신분으로 어떻게 이런 천인에게 절을 한단 말인가? 그러나 여기서는 계급이나 지위를 따질 수 없다!

그들은 벌린 입을 다물지 못한 채 불타를 바라볼 뿐이었다. 이때 불타가 조용한 음성으로 말하였다.

"모든 중생에게는 불성이 있습니다. 불문 앞에서 중생은 모두가 평등합니다!"

사리불의 음성이 다시 우렁차게 들려왔다.

"오른쪽 자리를 향해 배례하시오!"

왕자들은 장내의 기세에 눌려 우바리를 향해 머리를 땅에 댔다.

이런 가운데 여러 왕자 중에서 유독 난타(難陀)만은 삭발 출가하는 일에 전혀 무관심하였다. 그것은 난타가 장가든 지 얼마 되지 않았기에 더 그러했다. 그의 아내는 카필라파스투국 열여섯 도성 가운데 가장 아름다운 미녀 손타리(孫陀利)였다. 그녀의 몸매는 봄 버들가지처럼 나근거리는 데다 행동거지가 아리땁고 맑고 밝은 얼굴에 빨간 입술, 새하얀 이빨이 가지런하였다. 그녀의 얼굴에는 도화색이 감돌아 온유함과 사랑스러움이 몸에 밴 미색이었다. 난타는 꽃에 홀린 나비처럼 아내의 미모에 매혹된 채 인사불성 상태였다. 하루 종일 사랑하는 아내를 옆에서 지켜보며 옷시중을 들고 눈썹을 그려주며 연지를 발라주는 등 한시도 떨어질 줄 몰랐다.

난타는 누구나 다 아는 백마왕자(白馬王子)로서 훤칠한 키에 빼어난 용모를 자랑하는 젊은이였다. 금빛 곱슬머리에 짙은 수염이 단아하여 수려한 얼굴에 잘 어울렸다. 더구나 또릿또릿 빛나는 두 눈에서는 총기가 넘치고 불타는 듯 정열로 가득 차 있었다.

불타는 일찍부터 난타의 출가 문제에 관심을 가졌다. 여색에 빠져 몸을 빼내지 못하는 난타를 구하기 위해 어느 날, 불타와 라훌라는 그의 집에 탁발을 갔다. 두 사람을 맞아들인 난타는 혼자 신이 나서 아내 자랑을 하며 장광설(長廣舌)을 늘어놓았다.

"제 아내 손타리는 열여섯 도성 가운데서 두 번째로 빼어난 미인이었지요. 원래 저는 제일가는 미인 시리라리(希利羅麗)에게 장가들려

했지만 미인박명이라 얼마 전에 병으로 죽어 뜻을 이루지 못하고 말 았습니다. 그녀가 죽자, 정확하게 말하자면 손타리가 열여섯 도성 가운데서 제일가는 미인이 되었지요. 이 여자는 태어날 때부터 하늘의 선녀보다 더 아름다웠다고 합니다.”

난타는 수염을 쓰다듬으며 의기양양하게 말을 이어갔다.

“인생의 행복은 돈과 미인을 가졌느냐 여부에 달렸죠! 다행히도 제겐 이 두 가지가 모두 갖추어져 있으니 더 이상 바랄 게 없습니다. 이것 말고 세상에서 더 좋은 일이 어디 있겠습니까! 저는 날이면 날마다 아침부터 저녁까지 손타리와 함께 지낸답니다. 아침에 일어나면 옷을 챙겨 입혀주고 밤이 되면 허리띠를 풀어주며 잠자리에서는 품에 안고 꿈나라로 가는 겁니다. 저는 절대로 출가하지 않을 것입니다. 출가 같은 건 생각해 본 적도 없어요. 손타리와 헤어져 아침저녁을 쓸쓸하게 지낸다는 건 말도 안 되는 얘기올시다. 제게 이런 가혹한 형벌이 떨어져서야 되겠습니까?”

난타가 신나게 얘기를 하고 있을 때 안쪽으로부터 간드러진 여인의 목소리가 들려왔다.

“여보, 난타, 난타! 어서 이리 와 봐요! 단추 좀 채워줘!”

난타는 행복에 겨워 웃으면서 안으로 달려갔다.

난타가 소반을 들고 나왔을 때 불타와 라훌라는 말없이 자리에서 일어섰다. 난타는 불타를 만류하였다.

“불타시여! 어찌 공양을 마다하고 그냥 가십니까? 이렇게 밥과 반찬을 가져왔는데!”

난타는 불타의 바리에 밥과 반찬을 옮겨 담은 뒤 할 수 없이 바리를 들고 불타의 뒤를 따랐다. 불타는 난타를 위해 이리저리 방향을 돌려가며 한길을 걸어갔다. 도성의 백성들은 이 광경을 보고 난타가 출가할 뜻이 있어 불타를 따라다니는 것으로 생각하였다. 그러나 난타는 바리를 건네고 집으로 돌아갈 생각만 하였다.

정사에 당도한 불타는 비구 한 사람에게 난타로부터 바리를 받도록 하였다. 바리를 건넨 난타가 배례하고 돌아가려 하였으나 불타가 만류하며 다시 출가를 권하였다. 그러나 난타는 오로지 손타리에 대한 미련 때문에 출가를 결행할 수 없었다. 그는 이렇게 둘러댔다.

"저는 출가보다 더 중요한 일을 해야 합니다. 종신토록 비구들에게 먹을 것·잠자리·옷과 약을 공양해야 하기 때문입니다."

불타는 출가 공덕에 관하여 말하였다.

"난타야! 네가 그렇게 비구를 공양한다 하더라도 그것은 출가하여 행하는 부처 한 사람에 대한 공양과 비교할 수 없으며, 출가 후 짧은 시간에 실천하는 범행(梵行)에도 크게 미치지 못한다. 오욕에 빠져 미망해서는 안 된다."

그래도 난타는 출가할 의사가 없었으나 부처님에 대한 앙모의 뜻이 컸으므로 드디어 머리를 조아리며 청원하였다.

"불타시여! 이제 불타께 귀의합니다."

출가 후 난타는 불타를 따라 코살라국 사위성의 기원정사로 향하였다. 그러나 그는 매일매일 아름다운 아내 생각으로 몰골이 수척해지고 정신이 흐릿한 가운데 안정을 찾지 못하였다.

불타는 난타의 말 한 마디, 행동거지를 놓치지 않고 관찰하였다. 아내의 미색에 홀려 미망 속에 빠진 답답한 난타야! 어떻게 하면 네 마음을 밝혀 견성토록 하겠느냐?!

어느 날 불타는 난타를 데리고 성문을 나와 들길을 산책하게 되었다. 길을 걸으며 이 얘기 저 얘기 나누는 동안 두 사람은 자신들도 모르는 사이 숲 속 깊은 곳으로 들어가게 되었다. 두 사람은 바위 위에 걸터앉아 잠시 휴식을 취하였다. 그런데 이때 어디선가 원숭이 울음소리가 들려왔다. 고개를 들어 살펴보니 머지않은 곳에 동굴 하나가 보이고 그 앞에서 어미 원숭이가 새끼들에게 젖을 먹이고 있었다. 어미 원숭이에게는 젖이 두 개였으나 새끼 네 마리가 한꺼번에 빨려다 보니 자연 싸움이 벌어져 다투는 소리가 시끄럽게 산골을 울린 것이다.

이를 바라보던 불타가 난타에게 물었다.

"난타야! 저기 있는 어미 원숭이가 보이느냐? 저 원숭이와 네 아내 손타리 중 누가 더 예쁜가?"

난타가 즉시 대답하였다.

"제 아내가 더 예쁘고말고요! 제 아내는 열여섯 도성 가운데 가장 아름다운 미녀였으니까요. 불타시여! 어찌 저 못생긴 원숭이와 제 아내를 비교할 수 있단 말입니까? 그리고 불타시여! 사실대로 말씀드리자면 저는 지금 아내가 보고싶어 죽을 지경입니다. 제발 저를 집에 돌아가도록 놓아주십시오. 불타와 저는 생각하는 바가 서로 다릅니다. 저는 큰 도리를 깨우쳐 열반에 들 생각이 전혀 없습니다. 아내와 함께 인간세의 부귀영화를 누리면 그것으로 만족할 뿐입니다. 제발 저를 집에 가게 해 주십시오."

난타의 집착과 어리석음을 비유하여 민간에는 다음과 같은 이야기가 전해내려오고 있다.

그때, 불타는 난타를 교화하기 위해 이렇게 말하였다.

"난타야! 너의 안목은 너무나도 좁고 짧구나! 인간으로서 그 따위 하잘것없는 영화와 네 아내 같은 미색에 도취되어 넋을 빼앗기다니. 만약 네가 천당에 들어가 선녀들을 만나고 그곳의 행복과 즐거움을 대하게 된다면 그때는 어떤 꼴이 될지 상상도 못할 일이구나!"

난타가 호기심이 들어 물었다.

"천당의 행복과 즐거움에 대해 저는 아는 바가 없습니다. 그리고 천당에 갈 수도 없습니다. 그곳에 갈 수 있는 길이 있습니까?"

"천당이 어떤 곳인지 보고싶단 말인가?"

"물론, 가보고 싶습니다!"

불타가 말했다.

"네가 원한다면 내가 데려다 주마!"

"불타시여! 저는 지금까지 명승고적과 뛰어난 산수(山水)들을 너무나 많이 돌아보았습니다만 천당만은 가보지 못했습니다. 불타께서 저를 데리고 천당에 가신다면 삼생의 다행이겠습니다."

다음날 아침, 불타는 그때까지 꿈속에서 사랑스런 아내를 껴안고 뒹굴며 연연한 사랑에 빠져 있던 난타를 깨워 일으키며 이렇게 말했다.

"난타야! 자, 나를 따라 천당으로 가자."

난타는 의아하게 생각하면서 불타를 따라 나섰다.

잠시 뒤, 그의 몸은 나비처럼 가볍게 되어 유유히 하늘로 날아올랐다. 얼마를 날았을까 한참 뒤에 불타가 말했다.

"난타야! 천국에 다 왔으니 이제 안으로 들어가자."

고개를 들어 살펴보니 언젠가 한 번 온 것도 같고 그렇지 않은 것도 같은 어느 저잣거리에 와 있었다. 길은 깨끗하게 쓸어져 있었으며 양편에 여러 가지 꽃들이 줄지어 피어난 가운데 웅장한 집들은 고상하고 기품 있게 치장되어 있었다. 그곳에는 상점과 여관·학교와 광장 등 있어야 할 것들이 모두 갖추어져 있었다. 그러나 유달리 남자들의 모습만은 보이지 않았다. 장사를 하는 사람, 일하는 사람, 모두가 여자뿐이었다.

불타는 난타를 데리고 금빛 휘황한 궁전으로 들어갔다. 궁전 안은 꽃구름 안개 자욱이 감돌고 향긋한 꽃내음이 코를 찌르는 가운데 아름다운 선녀들이 노랫가락에 맞춰 너울너울 춤을 추고 있었다.

불타가 물었다.

"난타야! 네 아내와 저 선녀들 중 누가 더 예쁘냐?"

난타는 홀린 듯 취한 듯, 수만 개의 눈이 있어 더 실컷 바라보지 못하는 것이 절통하였다. 그는 멍청하게 선 채로 이렇게 대답하였다.

"천당의 선녀들은 정말로 아름답군요. 제 아내 손타리는 거기 대면 늙고 추한 어미 원숭이만 같지 못합니다. 그런데 불타시여! 이렇게 많은 미인들 가운데 남자는 왜 한 사람도 보이지 않습니까?"

불타가 말했다.

"네가 직접 선녀들에게 물어보도록 해라."

난타가 앞으로 나아가 선녀 한 사람의 옷깃을 부여잡았다. 간장이 녹아날 듯 간들어진 선녀의 웃음소리에 난타는 정신이 아득하였으나 이를 악물고 마음을 진정시킨 뒤 정중하게 허리 굽혀 절하였다.

"선녀시여! 그런데 이 천국에는 어찌하여 남자의 그림자는 하나도 보이지 않습니까?"

선녀가 궁전 한가운데 놓인 왕좌를 가리키며 대답하였다.

"저걸 보십시오. 천제(天帝)의 자리가 비어있지 않습니까? 우리들은 여기서 한 남자분이 나타나기를 기다리고 있는 중입니다."

"행운을 독차지할 그 사람은 도대체 누굽니까?"

"그분은 지금 불타를 따라 수행을 하고 있는 중입니다. 이름은 난타라고 한다나요?"

이 말을 들은 난타는 선녀가 어떻게 자신의 이름을 알고 있는지 놀라움을 금치 못했으나 그렇다고 제가 난타임을 밝힐 수도 없었다. 그가 다시 선녀에게 물었다.

"선녀시여! 난타가 정말로 하늘나라의 천제가 된단 말입니까?"

"그렇습니다. 그분은 일찍이 천계에 드시기를 원했기 때문에 저희들은 노래와 춤을 익혀 그분이 여기 오시기만을 기다리고 있습니다. 그분께서 천제가 되시는 그 시간부터 저희들은 그분을 위해 즐겁게 노래 부르고 춤을 추게 됩니다. 소문에 의하면 그분은 곱고 아름다운 여자를 너무나 좋아하기 때문에 여기서는 남자들은 모두 빼 버리고 미녀들만이 그분의 왕림을 기다리는 것이랍니다. 말하자면 딴 남자가 하나도 없는 가운데 그분 혼자서만 마음껏 즐거움을 누리도록 하자는 것이랍니다."

난타는 선녀들이 하나같이 천제가 될 자신을 기다리고 있다는 말에 기쁨을 억누를 수 없었다.

이때 불타가 난타에게 물었다.

"난타야, 어떠냐? 보고 싶은 걸 실컷 보았느냐?"

난타가 감격에 겨워 대답했다.

"불타시여! 천당은 정말로 아름다운 곳이군요. 그러나 저를 천제로 맞이한다는 것은 아무래도 마음에 부담이 되는군요. 저는 단지 선녀들이 저를 맞아 노래와 춤을 추는 것만으로 충분하다고 생각하는데요."

"그런데 너는 지금, 아내와 자식 때문에 집으로 돌아가고 싶으냐?"

"아니올시다. 집으로 돌아갈 생각은 조금도 없습니다. 이렇게 많은 선녀들이 시중을 든다는데 처자를 생각한들 무슨 의미가 있겠습니까? 아내와 자식들 생각은 나지도 않습니다!"

말이 끝나는 순간 불타가 손을 들어 가볍게 밀치자 혼돈 속을 헤매던 난타는 꿈을 깨어 제정신이 되었다. 눈을 들어 살펴보니 선녀들의 모습은 말끔하게 사라지고 없었다. 난타는 다시 인간세로 돌아온 것이다.

이로부터 난타는 하루 종일 처자가 아닌, 선녀들의 생각에 묻혀 살게 되었다. 하늘하늘 춤을 추는 아름다운 선녀들! 다시 하늘나라에 올라가 선녀들과 단꿈을 꾸며, 하루 빨리 선녀들과 만나게 되기만을 간절히 바라면서, 난타는 온갖 힘을 다해 고행에 고행을 거듭하는 가운데 정진하였다. 승려들과 비구니들은 난타의 행태를 바라보며 쓴웃음을 짓곤 하였다.

그러던 어느 날 불타가 난타를 찾아왔다.

"난타야, 너는 아직도 집 생각을 하고 있느냐?"

"아니올시다. 불타시여, 저는 오로지 한마음으로 수행을 하고 있기 때문에 집 같은 것은 생각도 나지 않습니다."

"그렇다면 머지않아 도를 깨우쳐 천국에 들어갈 수 있겠구나."

불타는 한숨지으며 말을 이었다.

"난타야! 너는 언제쯤 망망한 안개 속을 헤쳐나올 수 있겠느냐? 어서 빨리 집착을 버려야 할 텐데."

난타가 어리둥절한 표정으로 물었다.

"아닙니다. 불타시여! 이제 집 생각은 나지 않습니다. 집 생각이 나지 않으니 얼마나 마음 편한 일입니까?"

"음! 집 생각을 하지 않게 된 것만은 좋은 일이다만……."

불타는 무엇인가 잠시 생각에 잠기더니 다시 입을 열었다.

"난타야! 나와 함께 들길을 걸어보지 않겠느냐?"

불타는 난타의 손을 이끌고 발길 닿는 대로 천천히 걸음을 옮겼다. 난타는 불타가 자신을 데리고 다시 하늘나라에 가는 것이라 생각하며 기쁨을 가누지 못하였다. 그러나 그들이 다다른 곳은 얼마 전과는 사뭇 다른 곳이었다. 사방을 두리번거리며 살펴보아도 아름다운 선녀들의 모습이나 화려한 궁전 같은 것은 눈에 띄지 않았다.

그곳은 천당이 아니었다. 음산하기 짝없는 주변 광경에 짓눌려 난타의 마음은 점차 공포 속으로 빠져들었다. 난타는 드디어 이곳이 선녀들의 나라가 아닌 것을 깨닫게 되었다. 시퍼런 칼들이 위쪽을 향해 꼿꼿이 들어선 언덕과 산들, 창검을 얽어 만든 다리, 이글이글 타오르는 불구덩이, 부글부글 기름이 끓고 있는 가마솥, 그리고 쩍쩍 얼어붙는 얼음산들이 아무 곳에나 버티고 있었다. 난타의 몸은 공포에 질려 와들와들 떨리기 시작하였다. 어서 빨리 이곳을 빠져나가고만 싶었다. 그는 자신도 모르는 사이 줄달음질을 치기 시작했다. 얼마를 달렸을까? 그때 엄청나게 큰 가마솥 하나가 길을 막고 나섰다. 거무칙칙한 기름이 넘실넘실, 가마솥 옆에는 흉측한 모습을 한 요괴들이 쇠스랑을 든 채 졸고 있었다. 그런데 웬일인지 이 가마솥에는 불이 지펴 있지 않았다. 괴이한 생각에 사로잡힌 난타가 저도 모르게 소리쳤다.

"가마솥마다 기름이 끓고 있는데 이 가마솥은 왜 불이 없는가?"

요괴 하나가 기지개를 켜며 입을 열었다.

"우리가 맡고 있는 이 가마솥은 한 놈이 오기만을 기다리고 있는 중이다! 그 자는 난타라고 하는 녀석인데 카필라파스투국 왕궁을 빠져나와 지금은 불타를 따라 수행을 하고 있다. 소문에 들으니 천당 가기를 바라고 있다던데……. 그러나 그 자가 살 만큼 살다 세상을 떠나게 되면 갈 데 없이 지옥에 떨어지도록 되어 있어! 놈이 지옥에 떨어지는 날 이 가마솥에는 불이 지펴지고 그래서 부글부글 끓는 기름 속에 그놈을 튀겨내도록 되어 있다! 아직은 시간이 다 되지 않아 할 일 없이 낮잠이나 자고 있는 게야. 그러나 일단 놈이 나타나기만 하면 우리에게도 일감이 생긴단 말씀야……!"

요괴의 말에 난타는 너무도 놀라 엉덩방아를 찧고 말았다. 다급하게 된 난타는 고개를 돌려 불타가 있는 곳으로 달려가 그의 팔을 부여잡고 부르짖었다.

"불타시여, 불타시여! 어서 저를 정사로 데려다 주십시오! 빨리 이곳을 떠나지 않으면 불구덩이를 면할 길이 없습니다!"

그날로부터 난타는 천당에 올라 천제가 된다는 망상을 버리게 되었을 뿐 아니라 천국에 사는 선녀들의 노래와 춤을 그리워하지 않게 되었다. 물론 집으로 돌아가고 싶은 생각도 사라지고 말았다. 난타는 일심전력, 수행하여 도를 깨우치고자 노력하게 되었으며 오로지 열반을 구하는 데 전념하였다.

음녀 마등가

 불타의 십대 제자 중의 하나인 아난(阿難)은 젊었을 때 남달리 용모가 뛰어난 인물로서 카필라파스투국 왕궁에서는 미남자로서 난타와 쌍벽을 이루던 존재였다. 타고난 성품으로 보아 난타는 풍류를 즐겨 여색을 탐하였으나, 아난은 의표가 당당하고 정직한 것이 서로 간에 다른 점이었다. 품격이 남달리 뛰어난 아난에 대해서는 왕궁 안의 가장 교만한 여자들까지도 겸허하고 공경하게 예의를 갖추지 않는 이가 없었다.
 석가모니는 어느 날 아난을 불러 이렇게 말하였다.
 "그대는 태어날 때부터 선량한 근본을 가진 불자이지만 불가의 길을 걷는 데는 평탄함보다 기구한 일이 더 많을 것이다. 타고난 용모로 인하여 그대의 마음은 혼미해지고 활기를 잃게 될 것이며 한 패거리로부터 짓밟힘을 당할 것이다. 그대의 용모가 남달리 수려하니 만나는 여인마다 눈짓을 건넬 것이며 여색이란 여색은 모두 꼬여들 것이다."

석가모니의 말씀을 듣고 난 아난은 그로부터 참선과 수련을 위해 더욱 분발하였다. 그는 원래 총명하고 영리하여 불경을 읽을 때는 한꺼번에 열 줄을 읽어 내렸으며 눈으로 본 것이면 한 글자도 잊어버리지 않았기 때문에 불문에 관한 견문이 가장 뛰어난 젊은이였다.

그러나 아난 역시 젊은 나이에 치기(稚氣)가 가시지 않아 실상을 제대로 볼 수 없었을 뿐 아니라 상황에 따라 의념이 돋아나 스스로를 억제하기 어려웠다.

어느 날 아난은 바리때를 들고 정사를 빠져나와 탁발에 나섰다. 그는 구걸을 하며 한편으로는 행인들을 상대로 인연에 따른 설법을 하게 되었다.

그날은 유난히도 햇볕이 쨍쨍하고 날씨가 메말랐던 탓에 길을 걷고 설법을 하는 동안 아난의 몸에서는 힘이 다 빠져나가고 입에는 침이 말라 기갈을 참기 어렵게 되었다. 목마름을 견디지 못한 아난은 강가로 내려갔다.

그런데 이때, 물통을 등에 진 소녀 하나가 아난 쪽을 향해 걸어오고 있었다. 옷매무새로 보아 소녀는 천민 출신임에 틀림없었다.

아난은 그녀 앞으로 다가가 합장한 뒤 이렇게 말하였다.

"시주시여! 날씨가 너무 더워 입이 말랐으니 시원한 물 한 모금을 내려주시면 더 없이 고맙겠습니다!"

고개를 들어 바라보던 소녀와 아난의 눈길이 마주쳤다. 얼굴이 새빨갛게 된 소녀는 땅을 내려다보며 수줍게 대답하였다.

"스님! 죄송하지만 용서해 주십시오. 물이 아까워서가 아니라 비천한 수드라의 몸으로 어찌 정결하신 스님께 물을 드릴 수 있겠습니까?

제가 물을 드리면 스님의 입이 더럽혀질까 두렵습니다!"

아난은 고개를 가로저으며 대답했다.

"시주시여! 너무 염려치 마십시오. 출가인의 눈에는 온 천하의 인간이 모두 평등한 중생이며 모두가 부모형제나 자매로 비칠 뿐입니다."

소녀는 영롱한 눈을 깜박이며 물었다.

"스님! 정말로 제가 드리는 물이 스님을 더럽히지 않을까요?"

"그렇고말고요. 절대로 그런 일은 있을 수 없습니다."

소녀는 메마름으로 갈라진 아난의 입술을 바라보며 두 손바닥을 펴 맑은 물 한 움큼을 공경스럽게 받쳐 올렸다.

목이 탈 대로 타 있던 아난은 허리를 숙여 소녀의 손바닥 안에 담긴 물을 단숨에 들이켰다. 그녀의 손은 발그레 가냘프고 작은 섬섬옥수(纖纖玉手)였다.

난생처음으로 이성의 부드러운 손을 대하게 된 아난은 저도 모르는 사이 가슴이 벌렁벌렁 방망이질치기 시작했다. 넋을 잃고 손바닥을 들여다보던 아난은 스스로 어떻게 해야 할지 갈피를 잡을 수 없었다.

아난의 눈길을 의식한 소녀가 다급히 두 손을 움츠리며 말했다.

"저는 마등가(摩登伽)라는 여자입니다만 스님께서는 제 이름을 기억해 주실는지……?"

"기억하고말고요. 소승은 아난이라고 합니다만 아가씨께서도 저의 이름을 기억해 주실지 모르겠군요."

말을 마친 아난은 합장한 뒤 허리 굽혀 절하였다.

"시원하고 좋은 물 시주해 주셔서 감사합니다. 많은 복 누리고 평안하십시오!"

자비롭고 선량한 아난의 목소리와 단정하고 장중하면서도 남달리 수려한 면모를 대하게 된 마등가는 당장 사랑에 빠져들고 말았다.

아난이 그곳을 떠날 때 마등가는 더 이상 격정을 누를 길 없어 그의 뒤를 쫓아가며 큰소리로 외쳤다.

"여보세요!, 스님, 아난 스님!"

아난은 고개를 돌려 부드러운 목소리로 물었다.

"시주께서는 무슨 딴 말씀이 있으신지요?"

무엇인가 말을 할 듯 말 듯, 마등가는 얼굴이 홍당무가 되어 한동안을 꾸물거리다가,

"아니올시다. 아난, 아무것도 아니에요……."

아난은 수줍게 웃는 마등가와 헤어져 갈 길을 재촉하였다.

멀리 지평선 너머로 모습이 사라질 때까지 아난을 바라보던 마등가는 헤어짐의 아쉬움과 절망 속에 빠져들었다.

집에 돌아온 마등가는 마음을 진정할 수 없었다. 그녀는 조바심 때문에 하루가 일 년이듯 지루함 속에서 그날그날을 보내게 되었다. 날이면 날마다 강가를 서성이며 용모가 늠름하고 남달리 수려한 아난이 다시 나타나기만을 기다리는 것이 일과가 되었다.

그러나 헤일 수 없이 여러 차례 해가 뜨고 달이 져도 아난의 그림자는 다시 나타나지 않았다. 절망과 괴로움으로 그녀의 몰골은 갈수록 초췌하게 되었으며 풍만하고도 나긋한 몸매는 시들시들 야위어 갔다.

그녀의 맥 빠진 모습을 보다 못한 마등가의 어머니는 어느 날 그녀 곁에 다가가 의혹어린 눈길로 까닭을 물었다.

"아가, 아가! 무슨 일로 이렇게 힘아리가 빠져버렸느냐? 어디 아픈 데라도 있단 말이냐?"

마등가는 맥없이 고개를 가로저었다.

"아니……! 그렇다면 무슨 변고라도 생겼단 말이냐? 도대체 무슨 일이 일어난 게야? 이 어미에게 못할 말이 무엇이냐, 어서 말을 해

보렴! 이 어미가 나서면 안 될 일이 없어요. 어서 말을 해 보라니깐."
 쉬지 않고 다그쳐 묻는 어미의 등살에 못 이겨 마등가는 드디어 이실직고, 그간의 경위를 털어놓게 되었다.
 "엄마! 그날, 강가에 물 실러 갔을 때, 우연히도 아난이라는 젊은 스님을 만났는데 그 사람 먼 길을 오느라 목이 너무 말라 금방 숨이 끊어질 지경이었어요. 그래서 물 한 움큼을 받쳐 올려 해갈을 시켜드렸어요."
 "스님에게 물 한 모금 대접한 게 뭐 그리도 대단한 일이더냐?"
 "아니에요. 엄마! 내 마음은 그게 아니라니깐."
 "도대체 무슨 일이야? 답답해 죽겠어. 바른대로 말해 봐!"
 마등가는 용기를 내어 사연을 털어놓았다.
 "그날 아난을 만난 뒤로 내 맘속에는 오로지 그 사람뿐이었어요. 어찌된 일인지 날이면 날마다 그 사람 생각만 난단 말예요. 엄마, 제발 내 말 좀 들어줘요! 장차 시집을 보내려거든 아난에게 보내줄 것을……. 그 사람 아니고는 아무에게도 시집가지 않을 테야!"
 애기를 다 듣고 난 어미는 이맛살을 찌푸리며 딸아이가 인간세의 재난 중 가장 어려운 액난에 빠져들었음을 직감하였다. 그러나 어미로서는 너무나 당찮은 소리였다. 대성불타(大聖佛陀)께서는 대덕대도(大德大道)하신 세존(世尊)이시며, 그의 제자들은 하나같이 애욕을 버린 사람들! 그런데 어떻게 존귀하신 스님이 천민의 딸을 아내로 맞을 수 있단 말인가!? 더구나 불가의 계율을 어기고 법도를 어기면서 스님에게 시집을 가다니!
 마등가는 가슴속에 맹렬하게 일어나는 첫사랑의 애틋한 정열을 토로하며 계속 말을 이어갔다.
 "엄마, 엄마는 내 맘 몰라요! 글쎄, 말 좀 들어보라니깐. 그날 아난이 물을 받아 마실 때 이 작은 손을 얼마나 뚫어지게 쳐다보았는데……. 헤어질 때는 고개를 돌려 나를 넋 없이 바라보기까지 했걸랑요! 아난은 출가하여 스님이 된 사람이지만 사랑의 마음을 끊어버리지는 못한 것 같아요. 그 사람은 정이 많은 남자임에 틀림없어! 정사로 돌아가서는 날마다 날마다 나만을 생각하고 있을 거야!"

젊음의 정욕이 이제 막 돋아나기 시작한 딸애의 정감과 뜻이 이처럼 절실함에는 어미 된 사람으로서도 그걸 막을 수 없었다. 어미는 도리 없이 딸의 뜻에 따를 수밖에 없었다. 사람을 꾀어 속이는 요술로써라도 아난을 미혹시키지 않으면 안 되었다. 당시의 요술은 브라만교의 주문을 외우는 것으로 이 주문을 세 번 염송하면 당장 그리운 사람을 눈앞에 불러 세울 수 있다! 그러나 어미가 한나절 동안 주문을 외웠어도 아난의 모습은 보이지를 않았다. 모녀는 기다리는 수밖에 딴 도리가 없었다.

정사로 돌아온 아난은 심신이 고달프고 황홀한 가운데 번뇌를 이길 수 없어 불타께 지금까지 일어난 일을 모두 털어놓고 고하였다.

"사부님! 오늘 저는 강가에서 우연히 정이 넘쳐흐르는 아름다운 아가씨를 만나게 되었습니다. 강물을 길러왔던 그녀에게서 맑은 물 한 움큼을 얻어 마셨습니다."

불타는 고개를 가로저으며 대답하였다.

"아니다, 아니다. 아난아! 네가 만난 것은 아름다운 아가씨가 아니고 선여자(善女子)였느니라! 출가한 사람은 가상(假相)에 미혹돼서는 안 되는 거야. 여자의 미색을 보면 스스로를 방종케 하고 마음은 부정을 타게 된다. 알겠느냐?"

"예, 사부님! 잘 알았습니다. 그래서 한 선여자를 만났는데……."

아난은 마음속의 번뇌를 있는 대로 숨김없이 불타게 고하였지만 그런데도 마등가의 환상을 지울 수가 없었다. 혼자 있을 때는 눈앞에 마등가와 헤어질 때의 애틋한 정경이 아물거리고 그녀의 부드러운 미소가 거듭거듭 떠올랐다.

그러던 어느 날 아난은 다시 탁발을 하기 위해 정사 밖으로 나가게 되었다. 마등가의 집 앞을 지나게 된 아난은 때마침 사립문을 열고 밖으로 나오던 마등가와 마주치게 되었다. 아난을 발견한 마등가는 격정을 이기지 못하고 와락 달려들었다.

"아난! 아난! 나, 나는 날마다 날마다 당신 오기만 기다리고 있었는데, 당신도 지금까지 나만을 생각하고 있었지요?"

기쁘고 반가운 마음으로 아난도 소리쳤다.

"아, 아! 당신은 마등가! 마음씨 고운 마등가! 어찌 당신을 잊어버릴 수 있었겠소?"

오랜만에 만난 두 남녀의 기쁨은 필설로써 형언할 수 없는 것이었다. 두 사람은 사랑의 황홀경에 빠져들어 서로가 서로를 망연히 바라만 보았다. 그러나 아난은 꿈에서 깨어난 사람처럼 갑자기 말머리를 돌렸다.

"아니야, 아니야! 시주님, 선여자, 선여자시여……."

갑자기 안색이 달라진 아난을 바라본 마등가는 커다란 의혹이 떠올랐으나 마음을 달래면서 부드럽게 말하였다.

"아난, 아난! 엄마와 함께 얼마나 당신을 기다렸는지 몰라요. 집안에 온통 싱싱한 꽃잎을 뿌리고 단향(檀香)을 피워 당신을 기다리던 참이었어요."

"선여자시여, 선여자시여! 무슨 말씀을 하시는지 도통 알 수 없군요. 당신께서 오랫동안 나를 기다렸다는 말씀도 무슨 뜻인지 모르겠구요."

마등가는 순정으로 가득 찬 눈을 깜박이며 다정하게 말하였다.

"그래요, 아난! 집에 들어가 쉬시면서 우리 모녀의 공양을 받으시도록 해요. 어서요 아난!"

마등가의 부드러운 말씨에 지금 막 피어오르던 아난의 불성은 다시 꺼져버리고 말았다. 무엇인지 불가사의한 힘이 그를 끌어당기기라도 하듯 아난은 자신도 모르는 사이 마등가의 집안으로 빨려 들어갔다. 집안은 온통 싱싱한 꽃잎으로 가득 덮여 있었는데 간들거리는 휘장이 드리워진 가운데 향내 나는 침상이 방 한쪽에 놓여 있었다. 향긋한 꽃내음을 맡는 순간 아난은 너무나도 따스한 속세의 입김 속에 말려들고 말았다.

마등가의 어머니는 아난을 보자 십년지기(知己)라도 만난 듯 부드럽고 달콤한 말씨로 수작을 건네며 한량없는 공대를 하였다.

"아난, 아난! 우리 모녀는 여러 날 당신이 오기만을 기다렸다오. 한 시도 잊지 않고 당신 생각만을 했어요. 당신도 눈치를 챘겠지만 당신은 우리 딸애 마음속에 깊이깊이 터를 잡아버렸어요! 이 아이는 당신에게만 시집을 간다고 천 번 만 번 맹세했답니다. 정말로 그렇게만 된다면 얼마나 좋겠수! 나도 당신을 만난 순간 당신이 이 세상에서 가장 훌륭한 남자라는 걸 알 수 있었다오. 내 딸년의 눈썰미가 맵기는 맵지! 그 애가 당신을 배필로 맞는다니 나도 얼마나 뿌듯한지 모르겠소. 아난! 딸애는 당신 생각에 미칠 뻔이나 했다오!"

이 말을 듣는 순간 아난은 크게 놀라 물었다.

"뭐라고요? 마등가가 저에게 시집온다고요?"

"그렇대두! 그날 당신을 강가에서 만난 뒤 그 애는 정신 나간 사람이 다 되었어요. 먹지도 자지도 않고 날이면 날마다 당신에게 시집갈 궁리만 했으니까!"

"그렇다면 어찌해야 한답니까? 저는 이미 출가한 몸으로……."

어미가 달래듯 말하였다.

"당신이 그 애를 좋아하고 맞아들이기만 하다면 출가한 몸인들 무엇이 어떻겠소? 파계하여 환속하면 그뿐인 걸……. 여보 아난! 이 아이는 성정이 괄괄하기 짝이 없다오. 제가 하고 싶은 일은 하늘이 두 쪽 나도 해내고야 마는 성민 걸……. 지금까지 무슨 일이건 하다 만 적이 한 번도 없었다오. 아난! 제발 우리 애와 짝이 되어 주시구려. 제발 소원이오, 소원……!"

마등가의 어미는 아난 앞에 무릎을 꿇고 애원하였다.

이렇게 되니 아난은 얼굴이 화끈거려 어찌할 바를 몰라 고개를 외로 틀고 바깥만 바라보았다. 이때 마등가가 방안으로 뛰어들며 아난의 품속에 머리를 박고 어리광 부리듯 종알거리기 시작했다.

"아난, 아난! 내 사랑 아난! 나는 그대 것이어요. 영원히 영원히 당신의 것이랍니다. 당신도 내 것, 내 것, 영원한 내 것이어요. 제발, 제발 나를 당신 것으로 데려가 주셔요."

마등가의 대담한 언동에 순진한 아난은 크게 놀라 그녀를 떠밀치고 걸음아 날 살려라 정사로 도망쳐오고 말았다. 그러나 마등가의 정열은 언제까지나 그를 얼싸안아 뿌리쳐도 뿌리쳐도 떨칠 수가 없었다.

불타께서는 이렇게 말씀하셨다.

    오온 가운데 여색이 가장 독하니라!

아난은 몸을 가누지 못하고 정념의 심연 속에 깊이깊이 빠져들었다. 그것은 너무 깊고 혼미하여 스스로 몸을 빼낼 수 없었다. 그는 정사 안을 목적 없이 왔다갔다 딴 도리가 없었다. 눈을 뜨면 천지간 어디서나 마등가의 모습이 떠오르고 눈을 감으면 가슴속에 뜨거운 불길이 활활 타올랐다.

불타는 아난의 심경을 손바닥 보듯 환히 알고 있었다. 그는 깊고 깊은 연민을 느끼며 아난에게 다가와 자상하게 입을 열었다.

"아난아! 어디를 다녀왔느냐?"

아난은 멈칫거리며 대답하였다.

"예······. 잠시 탁발을 다녀왔습니다."

불타가 다시 물었다.

"탁발을 다녀왔다면 바리때는 가져왔겠지?"

아난은 사방을 살폈으나 바리때는 어디에도 보이지 않았다. 그때서야 그는 마등가의 집에 그걸 내동댕이친 채 도망쳐 나온 일이 생각났다. 그는 불타의 눈길을 피해 부들부들 떨면서 입을 열지 못하였다.

불타는 안타까운 마음으로 말 머리를 돌렸다.

"아난아! 방금 동냥을 다녀왔다면 땀을 많이 흘렸을 것이며, 속세의 때가 잔뜩 끼었을 텐데 어서 강으로 내려가 깨끗한 물로 씻도록 하여라."

불타의 말을 듣자 아난의 마음은 조금이나마 가라앉게 되었다. 그는 불타가 모든 것을 알고 있으면서도 상대방의 자존심을 생각하여 터놓고 말하지 않는다는 사실을 잘 알고 있었다. 아난은 감격스러운 눈길로 불타를 올려다보며 피곤한 발걸음을 강으로 옮겼다.

물가로 내려온 아난은 훌훌 옷을 벗어 내동댕이친 뒤 차가운 물결에 타오르는 몸을 던졌다. 맑고 부드러운 강물이 가볍게 그의 몸을 스치는 동안 아난의 마음은 차차 평온을 되찾기 시작했다. 마등가를 생각해도 정욕이 타오르지 않았다. 홍진세상의 무상함 속에서 젊음과 아름다움이 눈 깜짝할 사이에 사라지고 만다는 사실을 다시 느끼게 되었다. 이런 생각을 하면서 그는 마등가가 가엾다는 생각이 들어 깊은 연민에 빠져들었다.

그러나 마등가는 풍진세상의 여자에 지나지 않았다. 그녀는 사랑에 현혹되어 스스로 마음을 가누지 못한 채 아난과 다시 만날 궁리를 거듭하였다. 그날 아난이 도망질을 친 뒤, 그녀는 아난의 바리때를 보물처럼 소중하게 간직하였다. 그러나 그로부터 그녀는 물을 길어 올 생각도 하지 않고 농삿일에도 뜻을 잃었다. 종일토록 몇 번씩이나 화장을 고치는가 하면 입술연지 바르는 데도 몇 시간씩, 오로지 매무새를 매만지는 데 하루해를 다 보냈다. 어떤 때는 사립문 앞을 지키며 아난이 다시 나타나기만을 목이 빠지게 기다렸다. 사랑에 빠진 이 소녀는 끝끝내 불문(佛門)에 대한 도전을 포기하지 않았다.

후덥지근하기 짝없는 어느 날 오후, 마등가는 드디어 정사로부터 걸어나오는 아난의 모습을 발견하였다. 그녀는 두근거리는 가슴을 억누르며 아난의 뒤를 달음질쳐 따라갔다. 그러면서 애타는 목소리로 아난을 불러댔다.

"아난, 아난! 오매불망(寤寐不忘), 한시도 잊지 못한 아난! 당신의 바리때는 우리 집에 그대로 잘 모셔져 있는데 그것을 가져 가셔야요. 아난!"

마등가의 고혹적인 목소리에 아난의 마음은 다시 요동질치기 시작하였다. 애욕이 다시 그의 핏줄 속에서 용솟음치기 시작한 것이다.

오온 가운데 여색이 가장 독하니라!

아난의 귓전에 불타의 목소리가 들려왔다.

그는 자신이 또다시 사랑의 어려움에 처하게 되었음을 느끼게 되었다. 그의 입에서는 저도 모르는 사이 격랑 같은 사랑의 말이 튀어나오고 말았다.

"마등가, 마등가! 정말로 정말로 아름다운 마등가!"

아난은 바야흐로 자신이 무너져 타락해 가고 있음을 느꼈다. 그러면서도 더는 마등가를 대할 용기가 나지 않았다. 그는 몸을 돌려 정사를 향해 달리기 시작했다. 정사로 돌아온 아난은 불타 앞에 엎드려 절망에 찬 목소리로 울부짖었다.

"사부님! 사부님! 이 몸은 심지가 부정하여 또다시 여색에 빠지고 말았습니다, 사부님."

불타는 자상하고 부드러운 모습으로 아난을 내려다보며 입을 열었다.

"여색이란 원래 존재치 않는 것이니라. 날이면 날마다 아침저녁으로 정신이 혼란한 가운데 마음과 심성이 지어낸 여색이 너를 괴롭혀 견딜 수 없게 만든 것뿐이니라! 아난아, 그렇지 않느냐?"

"사부님! 그렇습니다. 제 스스로 마음을 다스리지 못하여 색상이 몸과 마음을 괴롭힌 것입니다. 저는, 저는 정말로 마등가라는 여자 아이에게 넋을 빼앗기고 말았습니다. 어디를 간들 그녀는 그림자처럼 언제나 저를 따라 다녔습니다. 그런데도, 사부님! 저는 그 여자의 정감을 떨치지 못한 채 지금껏 헤매고만 있었습니다. 그것은 죄악이고 재난이며 불의 바다, 깊고 깊은 물길이었습니다. 사부님, 제발 저를 구해 주십시오!"

불타는 자비에 가득 찬 손길로 아난의 머리를 쓰다듬었다.

"불쌍한 아난아! 나를 따라 진경(眞經)을 외우도록 하여라."

"사부님!"

아난은 숨을 죽이고 심기를 진정시킨 뒤 불타를 따라 조용한 목소리로 겸을 외웠다.

> 과거·현재·미래의 삼세에는 아무것도 존재치 않는다. 뜻이 없으니 마음이 사라지며, 마음이 없고 행위가 절멸하니 환몽과 같아 본성이 공허하다. 마음은 적멸이 본성이나 상황에 따라 생겨나기도 한다. 마음이 무의 경지에 있고 경지가 무심에 있으니 마음이 경지를 멸하여 마음과 경지가 고요하다. 경지는 마음을 따라 사라지고 마음은 경지를 따라 없어진다. 성정대로 쾌락을 취하면 사악함과 거짓의 실마리가 많아져 본성을 어지럽히며 중생을 제도치 못하고 오랫동안 고해에 빠지게 된다. 일념으로 태어나지 않음만을 생각하면 저절로 명철해진다. 이렇게 하면 사랑과 증오가 생겨나지 않고 보리가 현세하여 마음은 언제나 물처럼 맑게 된다.

정신을 집중하여 거듭거듭 경문을 암송하던 아난은 차차 마음이 밝아져 드디어는 미망을 간파할 수 있게 되었다.

그로부터 사흘 뒤, 불타는 아난의 얼굴이 자비롭고 평화스럽게 되었으며 정서가 안정되었음을 알아내고 이렇게 말하였다.

"아난아! 내일 마등가의 집을 찾아가 그녀를 정사로 데려오너라."

아난은 어안이 벙벙한 가운데 불타께 여쭈었다.

"예……? 사, 사부님!? 절더러 마등가의 집에 다녀오라는 말씀이십니까?"

"그렇다!"

아난은 뒤통수를 긁적거리며 난처하여 반문했다.

"사부님! 저는 또다시 그곳에 갈 생각이 없습니다. 달리 딴 방도가 없겠습니까?"

"아난아! 이제 네 마음에는 색상(色相)이 모두 비워졌는데 무엇이 또 두렵단 말이냐? 색상의 허상을 보는 것이 그리도 두렵단 말인가? 설마 우주만물의 영원불멸한 진리[萬法眞如]를 모르고 하는 말은 아니겠지?"

아난은 조용히 눈을 감고 잠시 생각에 잠겼다가 차분한 목소리로 대답하였다.

"사부님……! 마등가의 집에 다녀오겠습니다."

불타는 흐뭇한 표정으로 그의 말을 받았다.

"네 불법으로 마귀를 정복해 보거라. 아난아! 나는 네가 이 일을 해 낼 수 있을 것으로 믿어 의심치 않는다!"

불타께 허리 숙여 절한 뒤 아난은 선문(禪門)을 나와 발걸음을 재촉하였다. 얼마 뒤 그는 언제나처럼 집 앞에서 그를 기다리고 있던 마등가의 애절한 모습을 발견하게 되었다. 아난을 본 순간 마등가의 가슴에는 다시 즐거운 격정이 충만하게 되었다. 그녀는 정신없이 아난을 향해 달려오더니 그의 품에 뛰어들며 전날처럼 달콤한 목소리로 소곤거렸다.

"아난, 아난! 얼마나 얼마나 당신을 기다렸는데……. 정말, 정말로 당신이 없으면 이 몸 하나 살아서 무엇하게요? 얼마나 보고 싶었던지……."

아난은 조용히 그녀를 밀쳐내며 입을 열었다.

"시주님! 전날, 소승은 시주님께 맑은 물을 얻어 마신 적이 있습니다. 그러나 오늘은 시주님께 진 빚을 갚아드리고 싶어 이렇게 찾아왔습니다. 시주님 대신, 한 달이고 일 년이고 물을 길어드리겠습니다. 그렇게 하여 제가 진 빚을 모두 갚아드릴 생각입니다."

"아난! 당신은 물을 긷지 않아도 된답니다. 그럴 것 없어요!"

"물을 긷지 못하게 한다면 달리 무엇을 바랍니까?"

"나에겐, 나에겐 당신의 사랑만이 필요하답니다. 당신이 나를 사랑하고 나를 아내로 삼아주기만 하면 되는 걸. 이 세상에 태어나 당신을 따라 살며, 날마다 날마다 하루해 나하도록 함께 지내다 흰 머리 파뿌리 되기까지 백년해로한다면 더 바랄 게 무엇이겠어요?"

"시주님! 소승은 시주께서 무슨 말씀을 하시는지 알아들을 수가 없습니다! 불법을 떠나서는 아무것도 알지 못하고 가진 것도 없습니다."

마등가는 원망스러운 듯 눈물을 흘리면서 애절하게 말하였다.

"아난, 아난! 당신은 정말로 바보로군요. 처음 당신이 내게서 물 한 모금을 얻어 드실 때 나는 다 알고 있었어요. 비록 머리 깎은 스님이라지만 젊음의 사랑을 간직한 피가 끓는 남자인 것을……. 그 뒤, 여기 왔을 적에도 당신은 저나 마찬가지로 불 같은 사랑의 마음을 가졌었지요. 그때 당신은 나를 뜨겁게 사랑했었는데 지금 와서 어찌된 일로 차갑게 변하고 만 거예요? 아난! 제발 숨김없이 당신의 마음을 알려주셔요!"

괴로움과 절망으로 가득 찬 마등가의 표정을 바라보며 아난의 마음은 다시 연민으로 차올랐다. 그는 불타의 말씀을 생각하며 말머리를 돌렸다.

"시주님! 저는 이미 출가한 사람으로서 불타의 제자입니다. 저는 온갖 것을 불타께 바쳤습니다. 시주님! 저와 함께 정사에 들어 불타를 뵙지 않겠습니까?"

아난의 말을 들은 마등가는 그가 진즉 마음을 정했으되 사부의 승낙 없이 행동할 수 없는 처지라고 생각, 불타를 만나 사정을 해보기로 마음먹었다. 세상 남녀들이 서로를 사랑하고 그리워하는 것은 하늘의 뜻! 아무리 스승이라 할지라도 남의 일에 간섭할 수 없다. 옷소매로 눈물을 훔치던 마등가의 얼굴에는 당장 웃음꽃이 피어올랐다.
"아난, 아난! 저도 들어서 다 알고는 있답니다. 불타께서도 아름다운 아내와 귀여운 아들이 있었다면서요? 그분께서는 틀림없이 우리들이 행복한 부부가 되도록 허락해 주실 거예요. 자, 어서 가자구요!"
마등가는 즐거운 마음이 되어 아난의 손을 이끌고 정사를 향해 걸음을 재촉했다.
불타는 법당에 좌정한 채 조용한 마음으로 두 사람이 오기를 기다리고 있었다. 드디어 그의 눈에 한 쌍의 남녀가 손을 마주잡고 대문으로 들어서는 모습이 보였다. 청춘 남녀의 뒤편에는 찬란한 금빛 저녁놀이 펼쳐지고 노을 아래로는 무거운 산 그림자가 드리워졌다. 노을빛 속에서 아난과 마등가의 모습은 가볍고도 엷게 녹아들 것만 같았다.
불타는 면전에 당도한 마등가를 바라보며 자비로운 음성으로 입을 열었다.
"선여자여! 그대가 바로 전날 아난에게 맑은 물을 시주한 마등가입니까?"
불타의 음성을 들은 마등가는 요동치는 격정을 진정한 뒤 떨리는 목소리로 입을 열었다.
"그러하옵니다. 불타시여!"
불타가 말을 이었다.
"후하게 베풀었으면서도 보답을 바라지 않았으니 타고난 자비심이로다! 그대는 불성이 후한 사람입니다."
불타의 말을 듣는 순간 마등가의 마음에서는 모든 용기가 사라져버렸다. 그녀는 겁에 질려 몸을 도사리며 떨리는 목소리로 입을 열었다.
"불타시여, 불타시여! 불타께서 다 알고 계시다시피 아난, 아난과 결혼할 것을 승, 승낙받고 싶어 여기에 왔습니다."

"선여자여! 그대는 정말 아난을 남편으로 맞고 싶습니까?"

"그, 그러하옵니다. 아난, 아난과 부부가 되지 못한다면 살아서 무엇하겠습니끼. 살이 있어도 죽은 것이나 다름없는 인생인데!"

"그렇다면 그대는 이난이 불도를 행하면서 믿고 있는 보리심(菩提心)을 아십니까?"

"보리심, 보리심이 무엇인가요?

마등가는 큰 눈을 껌벅이며 안개 속에 빠져들 듯 망연한 표정을 지었다.

불타는 부드럽고 따사로운 음성으로 말하였다.

"아난은 불문에 귀의한 출가인으로 불법을 수행하는 중이니 중생보다 도심(道心)이 더 강합니다. 그대는 아난을 사랑하여 결혼할 것을 희망하나 그대들의 마음에는 아직도 일단의 거리가 남아 있습니다. 그러므로 결혼을 하기 전 먼저 출가하여 아난과 마찬가지로 도심을 얻게 될 때 속세로 돌아가 인연을 맺는 것이 좋을 것입니다. 영원한 행복을 위해 먼저 출가를 하는 것이 좋지 않겠습니까?"

마등가는 이 말을 듣고 천진스레 웃으며 엎드려 절하였다.

"불타시여, 불타시여! 그렇게 하겠습니다. 아난의 아내가 될 수만 있다면 불구덩에라도 뛰어들겠습니다. 불문에 귀의하겠으니 거두어 주소서!"

불타는 즉시 마등가의 머리를 깎게 하고 옷을 갈아입힌 뒤 귀의의식을 거행하였다. 이로부터 마등가는 불법을 배우는 도우(道友)들과 함께 생활하며 일심으로 정진하였다. 낮에는 자비로운 불타의 법음을 듣고 밤이 되면 등불 아래 경문을 암송하였다.

오욕은 고이며 모든 부정의 근원이다. 오욕에 연연하다가 이에 물드는 자는 나방이 불에 날아들 듯 어리석게도 제 몸을 태운다. 태어남과 죽음을 빠져나오려면 먼저 사랑의 갈망을 끊어야 한다. 불이 사그라지면 마음도 청정하게 되어 비로소 편안함을 얻게 된다.

마등가는 밤낮 없이 경을 외우며 불법을 구하는 데 게으름이 없었다. 처음 시작할 때는 무심하게 글자들을 읽고 외웠지만 뒤에 가서는 경문의 뜻을 깨우치게 되고, 애욕이 모든 고액의 근원임을 차차 알게 되었다. 정욕은 씨앗으로 생명의 배아(胚芽)를 만들며 생명은 배아로부터 시작되어 고해 가운데 빠져든다.

어느 날 불타는 제자들에게 ≪오왕경(五王經)≫을 강술하였다.

애욕은 끊임없이 유전하여 쉬지 않으며 고와 무명을 낳는다.

불타의 강술을 듣던 마등가는 갑자기 마른 하늘에 벽력이 치듯 심한 충격을 받았다. 불타의 진어(眞語)는 억세게 쏟아지는 소나기처럼 마등가의 마음속에서 애욕의 불길을 꺼버리고 말았다.

불타는 어느 날 설법하면서 이렇게 말씀하셨다.

사람은 이 세상에 살아 있는 동안 무한한 괴로움에 빠져든다. 나는 지금 그대들에게 여덟 가지 고에 대해 얘기하겠다. 여덟 가지 고 중에서 맨 먼저 것은 태어나는 괴로움이다. 태어나는 괴로움이란 무엇인가? 사람은 죽을 때 정신이 어느 길로 가는지 알지 못하다가 오랜만에 태어나는 곳을 얻게 되면 널리 중음의 형상을 받아 스무하루가 되어 부모가 화합할 때 수태하게 된다. 이레가 되면 그 형상이 엷은 우유 덩이와 같게 되고 열나흘이 되면 걸쭉한 우유 덩이처럼 된다. 스무하루가 되면 말랑말랑한 반죽 덩이같이 되고 스무여드레가 되면 고깃덩이같이 되며 서른다섯 날이 되면 장차 구멍이 될 돌기들이 생기며 어미 배를 돌게 된다. 눈·귀·코·혀·몸·뜻의 육정이 열리고 어미의 배 안에서 내장의 아래, 즉 골반 위에 놓이게 된다. 어미가 더운 음식을 먹어 그 몸을 적시면 마치 가마솥 속에 들어가는 것과 같이 뜨겁기가 한량없고 냉수를 마시면 차갑기가 형언할 수 없다. 어미 배가 부를 때는 몸이 조여 견딜 수 없고 아픔을 참아내기 어렵다. 어미 배가 고플 때는 뱃속이 텅 비어 거꾸로 매달린 듯 괴로움이 한량없다. 산월이 되어 태어나려 할 때는 머리가 산문(產門)을 향해 좁은 바위틈에 끼는 것과 같아 괴롭고 답답하다. 태어날 즈음에는 어미의 목숨이 위태로워 아비가 겁을 먹으며 볏자리 위에 태어날 때는 연약한 몸에 검불이 닿아 칼 위를 딛는 것처럼 아프니 큰소리로 우짖게 된다. 이런 것이 괴로움인가 아닌가?

여러 제자들은 불타의 말씀을 듣고 깊게 탄식하였다.
"괴롭구나! 삶의 고통이란 말로 할 수 없는 괴로움이로다!"

　사랑의 악연(惡緣)과 쓰디쓴 정염(情炎)의 과실이여
　쓰거운 정의 열매는 삶의 아픔이로다.

불타의 말씀과 계시를 들은 마등가는 놀라움 속에서 망연할 뿐이었다. 지난날 자신의 행동은 얼마나 무지몽매(無知蒙昧)하였던가! 그것은 무서운 꿈속에서 가위에 눌린 것처럼 끔찍한 것이었다. 그로부터 마등가는 참선과 배움을 거듭하여 각고 노력한 끝에 교우들의 사랑과 존경을 한몸에 받게 되었다. 그녀의 마음은 조용한 가운데 해맑았으며 의념을 비워 멀리멀리 아난의 도심을 초월하였다.
어느 날 깊은 밤, 마등가는 돌연 불타의 선방(禪房)에 달려가 큰소리로 울부짖었다.

"불타시여, 불타시여, 자비로우신 불타시여! 제발 저를 구원해주소서!"

불타가 조용한 목소리로 물었다.

"마등가여! 어찌하여 깊은 밤중에 이곳을 찾았는가?"

"불타시여! 저는, 저는 아난에게 시집가지 않기로 결심하였습니다."

"마등가여! 그대는 옛날 아난을 너무나도 사랑하지 않았던가? 그때 아난에게 시집가기 위해 수행을 시작했었지!"

"그렇습니다! 그때는 아난에게 시집가는 것이 소원이었으며 너무나도 그를 사랑했습니다. 아난의 총기 넘치는 눈을 사랑했으며 단정하고도 영준한 모습을 사랑했고 선량하고 부드러운 얼굴을 사랑했습니다. 저의 눈에는 이 세상에 아난보다 뛰어난 남자가 있을 수 없었습니다."

"마등가여! 설마 아난이 변심하여 옛날과 달라졌기 때문에 이러는 것은 아니겠지?"

"아니올시다. 불타시여! 아난은 여전히 옛날의 아난입니다. 그 사람은 변하지 않았습니다. 조금치도 변한 데가 없습니다. 그러나 지금의 제 눈에는 허망한 환상 같은 육신이 보이는 데 불과합니다. 눈에서는 눈물이 떨어지고 코에서는 콧물이 흐르며 귀에서는 귓밥이 나오고 몸속에는 똥과 오줌이 차 있어 더럽기 한이 없고 피와 살은 냄새가 나 불결합니다. 만약 그에게 시집간다면 한 남자의 여자가 되어 온몸을 드러낸 채 음욕에 빠져 아이를 배고 기르게 될 것이며, 뱃속에는 모진 것이 들어차 병들고 쇠약해져 흐리멍텅한 가운데 죽음을 맞게 될 것입니다. 이 몸은 인간세를 제대로 밟아볼 수 없는, 살아 있는 송장으로 걸어다니는 고깃덩이가 되고 맙니다. 불타시여! 제가 아난에게 시집가는 것은 스스로 고해에 몸을 던지는 것이나 다름없는 일이 아닌 가요!?"

마등가의 참회를 들은 불타는 크게 감복하였다. 불타는 마등가가 남녀 간의 사랑을 버리고 세속을 초월하여 성인의 성지에 들어선 것을 이미 짐작하고 있었다. 불타는 즐거운 마음으로 대답하였다.

"마등가여! 그대는 스스로의 지혜에 따라 노력하고 정진하여 남보다 뛰어난 각성을 하였구나! 그대는 이미 진여본신(眞如本身)을 깨우쳤도다. 이는 정말로 즐거운 일이 아닐 수 없다. 그런데 마등가여, 어찌하여 눈물만 흘리고 있는가? 아난과 그대의 일은 그대가 알아서 처리토록 하거라!"

마등가는 불타의 음성이 이끄는 대로 미망을 버리고 올바른 길로 들어서게 되었다. 마등가가 입을 열었다.

"불타시여! 지금부터 아난과 저는 영원히 영원히 불문의 제자일 뿐입니다."

이 말을 들은 불타의 얼굴에는 엷은 웃음이 떠오르고 밝은 빛이 돌아났다.

마등가는 귀의의 굳은 결심을 나타내기 위해 불타께 열두 가지 대원(大願)을 발하였다.

> 첫 번째 대원은, 내세에 가서 부처님의 최상의 지혜인 아누다리삼막삼보리(阿耨多羅三藐三菩提)를 얻을 때 제 몸에 거센 광명이 일어 무량하고 무수하여 끝없는 세계를 비추며 삼십이대장부상(三十二大丈夫相)·팔십수형(八十隨形)으로 몸을 장엄케 하여 일체의 생령이 저와 같이 되기를 발원합니다.
> 두 번째 대원은, 제가 후세에 보리를 얻을 때 몸은 깨끗한 유리와 같아

안팎이 명철하여 더러움이 없으며, 광명광대하고 공덕이 뛰어나 자신의 주거가 장엄한 가운데 하루하루를 보내며 불도를 모르는 중생이 밝음을 맞아 마음대로 모든 일을 이루게 하도록 발원합니다.

   세 번째 대원은, 제가 내세에 보리를 얻을 때 무량무변한 지혜의 수단으로 모든 생령들로 하여금 필요한 것을 무진장 얻게 하며 중생에게 부족함이 없도록 발원합니다.

   네 번째 대원은, 제가 내세에서 보리를 얻을 때 사악한 길을 걷는 생령이 있으면 이들 모두를 보리도(菩提道) 가운데 안주토록 하고 불타의 도리를 듣고 깨우치게 하며 불교의 기본 도리로써 안정하여 스스로 일어서게 하기를 발원합니다.

   다섯 번째 대원은, 제가 후세에 보리를 얻을 때 무량 무수한 생령들이 불법 가운데 교리를 수행하되 모든 것이 계율에 어김이 없도록 하고 삼취계(三聚戒)를 갖추어 계율을 범하는 경우가 있더라도 저의 이름을 들음으로써 청정을 얻어 악한 취미에 빠지지 않도록 하기를 발원합니다.

   여섯 번째 대원은, 제가 후세에 보리를 얻을 때 모든 생령이 몸이 허약하여 육근의 원기를 갖추지 못하며 추악하고 고집스럽고 눈멀고 귀먹고 암매하고 벙어리이며 허리가 굽고 문들어지고 전간질하며 각종 병고에 시달리는 자가 제 이름을 들으면 하나같이 단아하고 영리하게 되어 육근의 원기를 다 갖추게 되며 모든 질병과 괴로움이 없어지게 되기를 발원합니다.

   일곱 번째 대원은, 제가 후세에 보리를 얻을 때 모든 생령들이 여러 가지 병으로 고생을 하되 구원을 받지 못하며 의약이 없고 가족과 집이 없으며 가난으로 고생이 심할 때, 제 이름을 듣는 것만으로 병이 사라지고 심신이 안락하며 가속과 살림이 모두 풍족하게 되어 무상보리(無上菩提)를 얻게 되기를 발원합니다.

   여덟 번째 대원은, 제가 내세에 보리를 얻을 때 어떤 여자가 여자라는 것 때문에 백 가지 악행으로 번뇌하게 되면 여자의 몸을 버리도록 하며, 제 이름을 듣는 것만으로 모든 여자가 남자로 되어 남자의 상을 가지며 무상의 보리를 얻게 되도록 발원합니다.

아홉 번째 대원은, 제가 후세에 보리를 얻을 때 모든 생령들이 마귀의 손아귀를 벗어나 불법 밖의 모든 속박으로부터 해탈하게 되기를 발원합니다. 여러 가지 슬픔으로 허덕이고 있으면 이들을 이끌어 정견(正見)을 주고 여러 보살의 행적을 익히도록 하여 한시 바삐 지고한 보리도를 깨우칠 수 있게 하기를 발원합니다.

열 번째 대원은, 제가 후세에 보리를 얻을 때 모든 생령들이 왕법에 기록된 내용에 따라 새끼에 묶여 매를 맞거나 지옥에 갇혀 있거나 죄를 지어 죽임을 당하거나 나머지 무량의 재난과 능욕을 당해 슬픔이 지극하며 심신이 괴로울 때 제 이름을 듣고 저의 복덕과 위력으로 모든 근심과 괴로움에서 해탈하기를 발원합니다.

열한 번째 대원은, 후세에 제가 보리를 얻을 때 모든 생령들이 배고프고 목마름에 시달려 먹을 것 얻는 일로 악업을 지을 때, 제 이름을 듣고 일심으로 따르면 저는 가장 좋은 음식으로 그 몸을 채워주고 법미(法味)로써 모든 것을 이룰 수 있게 하도록 발원합니다.

열두 번째 대원은, 제가 내세에 보리를 얻을 때 모든 생령이 가난하여 옷이 없고 모기와 성에, 추위와 더위로 밤낮 없이 시달릴 때 제 이름을 들어 일심으로 따르면 그가 원하는 대로 갖가지 좋은 의복을 얻으며 모든 보물로써 쪽을 장식하고 향을 바르며 주악으로 기생들과 즐기듯 하며 하고 싶은 대로 이루어지도록 하기를 발원합니다.

풍진세상의 반역자인 마등가는 순간적으로 깨우침을 얻어 가장 진실한 인생을 추구하기 시작하였다. 그것은 마치 경건한 믿음의 바다 위에 소망의 배를 띄워 반야(般若)의 바람을 타고 만 리에 걸친 풍랑을 헤치며 무상지각(無上覺智)의 피안을 향해 깨우침의 바다를 항해하는 것과 같은 것이었다.

오백 승려

영취산의 이른 아침은 새들의 세계였다. 아침 안개가 몽롱한 산골짜기에는 수백, 수천 마리의 새들이 한꺼번에 지저귀는 노랫소리와 메아리로 가득 차 설렘과 아름다움을 더해주는 가운데 하루해가 밝아오곤 하였다.

그날, 불타는 떠오르는 태양을 온몸으로 맞이하며 영취산의 주봉을 오르고 있었다. 그러나 어찌된 일인지 그날따라 새들은 노래하지 않았으며 천지는 침묵 속에 잦아들었다. 불타의 마음은 불현듯 근심과 슬픔으로 차올랐다. 거대한 암석 위를 가득 덮은 둥지 안에서는 수리들이 고개를 옆으로 돌린 채 낮은 소리로 신음하고 있었다.

가까이서 살펴보니 그놈들은 하나같이 병들어 있었다. 수리들은 불타가 다가가자 날개를 퍼덕이며 몇 번이고 하늘을 날려 하였으나 날 수가 없었다. 불타는 어디선가 슬픈 일이 벌어졌음을 직감하고 서둘러 발걸음을 돌려 정사로 향하였다.

불타가 가까스로 정사의 대문에 이르렀을 때 다급한 말발굽 소리가 들리더니 정반왕의 사신이 황급하게 말에서 뛰어내려 면전에 엎드렸다.

"불타시여! 국왕께서 병환이 위중하십니다. 어서 궁궐로 돌아가실 채비를 하십시오."

서둘러 아난·난타·라훌라 등 제자들을 데리고 카필라파스투국에 이르렀을 때 정반왕은 이미 임종이 가까운 상태였다.

불타가 당도한 것을 알아차린 정반왕은 메마르고 찌그러진 입술을 떨면서 무엇인가 말을 하려 하였으나 아무 소리도 낼 수 없었다. 온몸을 떨며 안간힘을 써 보았지만 나중에는 숨을 몰아쉴 힘조차 빠지고 말았다. 반쯤 벌어진 입술과 무엇인가 애걸하는 듯, 흐릿한 눈망울만이 그의 마지막 모습으로 남게 되었다.

국왕의 얼굴을 바라보던 식구들과 신하들은 소리 없이 흐느끼다가 종내 울음을 터뜨리고 말았다.

불타는 그들을 바라보며 이렇게 위로의 말을 하였다.

"인생이란 한바탕 꿈! 환상과 같은 것입니다. 태어나고 늙고 병들며 죽는 것은 모두 가상에 불과합니다. 이제 부왕의 생명은 파멸에 이르렀습니다. 그러나 이것은 인생이 겪게 되는 필연적 귀결로서 결코 불행한 일이라고 할 수만은 없습니다. 그대들이 비통하여 슬퍼한들 아무 소용없는 일입니다. 울음소리를 듣고 부왕께서 되살아날 수도 없는 일입니다. 비통에 젖어 있을 것이 아니라 서둘러 일을 처리하는 것이 좋을 것입니다."

불타의 말이 끝나자 사람들은 즉시 정반왕의 시신을 염하고 수의를 입혔다. 그런데 이때, 어디서 나왔는지 크고 작은 구덕이 떼들이 정반왕의 온몸을 덮고 우글거렸다. 피와 살을 마음껏 빨아대는 구덕이 떼들 때문에 정반왕의 시신은 눈 깜짝 할 사이에 허연 뼈만 남게 되었다. 불타가 다시 여러 사람을 향해 입을 열었다.

"부왕의 시신이 이처럼 흉하게 된 것은 생전에 사치와 낭비를 일삼았던 때문입니다. 몸에는 비단을 두르고 음식은 산해진미를 드셨던 까닭입니다. 그 모든 것은 하나도 빠짐없이 백성들의 피와 땀으로 이루어진 것들이었습니다. 부왕께서는 생전에 중생을 괴롭혔기 때문에 별세와 동시에 벌레들에게 피와 살점을 빨리게 된 것입니다."

마하파사파제 왕비는 이 말을 듣자 당혹감을 감추지 못하였으며 나머지 사람들도 대경실색(大驚失色), 모골(毛骨)이 송연(悚然)하였다.

불타가 말을 이었다.

"사람의 낳고 죽음에서는 스스로의 업보를 벗어날 수 없습니다. 날고 있는 새까지도 떨어뜨릴 만큼 엄청난 권력을 가진 제왕도 마찬가지며, 배고픔과 추위를 견뎌내고 살아가는 필부(匹夫)도 다를 것이 없습니다. 관능의 미망에 빠져 멍청하게 살아간 사람들은 모두가 악한 업보에 부딪히게 됩니다. 그러나 인식의 세계에 장애가 없이 구름과 안개를 헤쳐간 자는 반드시 피안에 도달할 수 있습니다. 인생의 고해에서 부침(浮沈)하는 중생일지라도 고개를 돌리면 그곳에 피안이 있는 법입니다."

부처께서 문수사리에게 말씀하셨다. 살생하여 고기를 먹는 것을 경계치 않아 자비의 씨앗을 단절하는 것, 주지도 받지도 않음을 경계치 않아 부귀의 씨앗을 단절하는 것, 사악함과 부정함과 음욕을 경계치 않아 청정의 씨앗을 단절하는 것, 망언과 교언(巧言)을 경계치 않아 성실의 씨앗을 단절하는 것, 술에 취해 혼미함을 경계치 않아 총명과 지혜의 씨앗을 단절하는 것. 이 다섯 오계를 견지하지 않으면 사람과 하늘 사이의 길이 끊어지지만 오계를 견지하면 지옥 · 축생 · 아귀도가 단절된다. 선악은 사람으로부터 생겨나며 스스로 만들어 스스로가 거기에 빠진다. 네가 지은 것은 네가 받고 내가 지은 것은 내가 받으며, 많이 지으면 많이 받고 적게 지으면 적게 받는다. 지은 만큼 받되 짓지 않으면 받을 것이 없다. 네가 이룬 공을 남이 나눠 가질 수 없으며 네가 지은 죄는 남이 대신할 수 없다.

불타는 인간세를 간파하여 홍진(紅塵)의 소멸 여부는 마음먹기에 달렸다고 하였다. 그러나 정반왕은 시종 인간세의 홍진으로부터 몸을 빼내지 못하였다. 불타는 일찍이 부왕의 병을 치유하기 위해 약방문을 내린 바 있었다. 정반왕의 장례가 끝난 뒤 아사타는 옛날의 처방전(處方箋)을 찾아냈는데 이 늙은 선인은 약방문을 펼친 뒤 어질어질한 눈으로 여러 번 그 내용을 살펴보았다. 거기에는 다음과 같은 글이 적혀 있었다.

제 몸을 닦고 집안을 다스리며 나라를 통치하고 천하를 평정하며 무량대덕(無量大德)을 행하려면 열 가지 재료를 넣은 묘약(妙藥)을 복용해야 한다. 이 약을 먹으면 모든 것이 넉넉하게 되고 백 년을 보양하며 지혜와 덕을 원만히 할 수 있다.
호심장(好心腸) 한 가닥, 자비심 한쪽, 도리(道理) 서 푼, 경인(敬人) 열 푼, 도덕 한 덩이에 성실한 행위가 필요하며 착실 한 개, 중직(中直) 한 덩이에 활달(豁達)을 모두 써야 하며 방편(方便)은 얼마를 넣어도 관계없다. 이 십미약(十味藥)은 속이 넓은 솥에 넣어 볶되 태우지도 말고 말리지도 않아야 한다. 거화성(去火性) 서 푼을 바닥이 평평한 솥에 넣고 갈되 삼사(三思)를 가루내어 육바라밀(六婆羅蜜)로 보리자(菩提子) 크기의 환약을 지어 날마다 세 번, 시간에 관계없이 화기탕(和氣湯)으로 복용한다. 처방대로 복용하면 낫지 않는 병이 없다. 남을 해쳐 자신을 이롭게 하고 입으로는 옳은 것을 말하되 마음은 그릇되고 몰래 남을 해치는 것, 불의의 재물을 취하며 면종복배하는 것. 이들 몇 가지는 약을 먹을 때 경계하여 빼도록 해야 한다. 십미탕을 모두 복용하면 덕을 쌓아 최고의 복과 수를 누리게 되고 마음이 넉넉해지며 몸이 튼튼하게 된다. 그 중에서 네댓 가지만을 복용해도 재앙을 면하고 질병을 피하며 죄를 멸하여 수명을 늘릴 수 있다. 이 약방문은 손님의 뜻을 그르치지 않으며 약값도 싸고 약 달이는 사람을 피곤하게 하지 않아 선비나 농사꾼, 관리나 장사치, 가난한 자나 부자를 가릴 것 없이 누구나 복용할 수 있다.

이 신기한 약방문을 읽어본 아사타는 돌연 커다란 깨달음을 얻었다. 이는 세인의 마음속에 도사리고 있는 악질(惡疾)을 퇴치하는 처방으로 병이 고황(膏肓)처럼 된 중생에게 권하여 몸을 닦고 성정을 다스려 권선징악함과 동시에 집착과 어리석음, 혼미를 몰아내는 좋은 약방문이었다. 심성이란 모든 것의 근원이므로 이로써 악을 소멸하고 제거할 수 있다.

약방문은 지체 없이 온 왕궁 안에 퍼져나가 사람마다 다투어 이를 읽었다. 마하파사파제 왕비는 약방문을 본 뒤로 마음속에 커다란 회한(悔恨)이 일었다. 그녀는 국왕이 생전에 이 처방을 자세히 읽었더라면 아마도 이처럼 일찍, 그리고 이처럼 처참하게 세상을 뜨지는 않았을 것이라 생각하였다.

불타는 부왕의 장례를 치른 뒤 왕비에게 작별을 고하고 여러 제자들과 함께 왕궁을 떠나 구니타(拘尼陀) 숲 속에 들어 잠시 머물렀다. 불타는 부왕의 백일재를 지내고 기원정사에 돌아갈 계획이었다.

어느 날, 불타가 숲 속을 거닐고 있을 때 갑자기 난타가 달려와 마하파사파제 왕비가 수백 명의 부녀를 이끌고 숲으로 들어오고 있다는 보고를 하였다. 그들은 불타를 배알하러 오고 있는 중이었다. 이 소식을 들은 불타는 급히 밖으로 나가 일행을 영접하였다. 왕비를 만난 불타가 입을 열었다.

"왕비마마! 날씨가 이처럼 무더운데 이렇게 많은 분들을 이끌고 무슨 일로 여기까지 왕림하셨습니까?"

불다의 맘을 들은 왕비는 땅 위에 털썩 무릎을 꿇으며 합장하었다.

"불타시여, 불타시여! 큰 자비를 베풀어 주소서. 승낙해 주셔야 할 일이 하나 있습니다!"

"왕비마마! 무엇을 도와드려야 할는지요?"

"나는 불문에 귀의하기 위해 여기에 왔습니다. 머리를 깎고 출가하여 당신의 제자가 될 결심을 했습니다!"

불타는 마음속으로 탄식한 뒤 왕비의 뒤에 줄지어 서 있는 여인들을 바라보며 입을 열었다.

"왕비마마께서 출가하여 법문에 드시는 건 물론 좋은 일입니다. 그러나 이처럼 많은 분들은 어떤 일로 여기까지 오셨습니까?"

부녀들은 불타를 향해 일제히 무릎을 꿇으며 이구동성으로 간청하였다.

"불타시여, 불타시여! 저희들도 머리를 깎고 출가하여 불문에 귀의토록 허락해 주시옵소서. 간청하나이다!"

원래, 마하파사파제 왕비를 따라 함께 온 오백여 명의 부녀들은 모두가 왕도에 살던 석가족으로 일찍이 불타의 법음을 경청한 바 있으며, 정반왕이 죽은 뒤의 참상을 목도하고 불타가 중생을 위해 마련한 약방문도 읽은 터였다. 그들은 이로부터 인생의 허무와 괴로움을 깊이깊이 깨달은 바 있다. 여인들은 하나같이 호사스런 궁중생활의 취생몽사(醉生夢死)를 벗어나 왕비와 함께 삭발 출가할 심산으로 이곳에 온 것이다.

불타는 아름다운 용모에 화려한 옷을 입은 석가족의 부녀들을 바라보며 부드러운 음성으로 다시 입을 열었다.

"여러분은 집으로 돌아가시는 것이 좋을 듯합니다. 부녀들은 집안에서도 수행하여 똑같이 불법을 성취할 수 있습니다. 다시 말씀드리자면 승단에 이처럼 많은 부녀들이 들어오신다면 안배할 자리가 없습니다."

오백여 명의 석가족 여인들은 불타의 말을 듣자 절망에 빠진 모습으로 땅 위에 털썩 주저앉아 큰소리로 울부짖기 시작하였다. 구니타 숲은 당장 울음바다가 되었다. 물론, 이 울음소리는 희망을 잃어버린 사람들의 애절한 절규였으며 생명의 진실에 대한 부르짖음이기도 하였다.

폐부를 찢는 듯한 울음소리에 불타는 그들의 소망을 면전에서 거절할 용기를 잃고 애걸하는 부녀들을 뒤로 한 채 조용히 발걸음을 옮겼다.

날이 어두워지자 불타는 제자들을 이끌고 구니타 숲을 떠나 며칠 만에 마디예니(摩提葉尼)라는 곳에 당도하였다. 이곳은 상서로운 기운이 피어오르고 바다를 이룬 숲의 파도소리가 세차게 들리다가 이내 잠잠해지는, 신비한 기운이 감도는 아늑한 곳이었다. 불타는 이곳에 새로 마디예니 정사를 짓기로 하였다. 이는 불타가 친히 설계하여 창건한 첫 번째 정사이다. 정사의 낙성이 하루속히 이루어지도록 밤낮을 가리지 않고 땀 흘려 일한 결과 공기는 크게 단축되고 준공은 앞당겨졌다.

정사가 완공되어 얼마 되지 않던 어느 날 정오 무렵, 불타가 잠시 휴식을 취하고 있는데 사리불이 갑자기 선당(禪堂)으로 뛰어들며 큰소리로 아뢰었다.

"불타시여! 그 사람들이 또 왔습니다!"

"그 사람들이라니 누가 왔단 말인가?"

"앞서 마하파사파제 왕비께서 구니타 숲으로 데리고 왔던 석가족 여인들이 다시 이곳으로 오고 있습니다!"

"응? 그 여인들이 이곳으로 다시 찾아온단 말인가?"

"그렇습니다, 불타시여! 저 소리를 들어보십시오!"

귀를 기울리니 과연 먼 곳으로부터 여인들의 울부짖음 소리가 들려왔다.

불타가 정사 대문 밖에 이르러 살펴보니 먼발치에 마하파사파제 왕비와 오백여 석가족 부녀들이 합장하고 절하면서 정사를 향해 걸어오는 모습이 눈에 들어왔다. 그들은 한편으로 예불(禮佛)하며 한편으로 소리내어 울고 있는 중이었는데 멀리서 바라보니 누런 구름 떼가 땅을 덮은 형국이었다. 부녀들이 가까이 오자 불타는 놀라움을 금치 못하였다. 그녀들은 하나같이 머리를 잘라버리고 몸에 가사를 걸쳤기 때문에 비구니와 조금치도 다를 데가 없었다.

앞서 불타가 구니타 숲을 떠난 뒤 마하파사파제 왕비와 석가족 부녀들은 자신들이 일심으로 불타를 따르되 초지일관(初志一貫), 결심을 바꾸지 않기로 맹세하였다. 그녀들은 먼저 머리를 깎고 옷을 갈아입은 뒤 다시 불문귀의를 간청하게 된 것이다.

석가족의 자매들을 묵묵히 주시하던 불타의 눈에 눈물이 가득 고여올랐다. 그러나 그 눈물은 슬퍼서 나오는 눈물이 아닌 감격의 눈물이었다. 불타의 자비로운 얼굴에 엷은 웃음을 떠올렸다.

"여러 신녀들이여! 그대들은 먼지에 찌든 속세를 빠져나와 어리석음과 미망을 버리고 불성을 명견(明見)하였습니다!"

고개를 들어 불타를 바라보던 신녀들의 얼굴에는 하나같이 즐거움과 감격이 넘쳐흘렀다.

"불타시여! 불타시여!"

다음날이 되자 불타는 신녀들을 위해 불법을 강술하기 시작하였다. 그는 자비로운 법음으로 이렇게 말하였다.

"신녀들이여! 불법에는 남녀의 구별이 없습니다. 불문 앞에 남자와 여자는 평등합니다. 비록 남자가 칠보(七寶)의 육체를 가지며 여자가 오루(五漏)의 몸을 가졌다 하더라도 모두가 부모의 몸에 의탁하여 태생(胎生)한 육신이며 모든 것이 운명으로 정해졌기 때문에 제 마음대로 할 수 없는 존재입니다. 모든 중생은 누구나 할 것 없이 불성을 가지며 사람마다 깨달음을 얻으면 성불할 수 있습니다. 그렇게 하기 위해서는 남녀·존비귀천(尊卑貴賤)을 가릴 것 없이 노력하여 정진하고 지혜를 계발하는 것이 무엇보다 중요합니다. 그런 뒤 홍진세상의 번뇌를 끊고 대원심(大願心)을 발하면 마음이 조용하게 되어 깨우침으로써 성인의 경지에 들 수 있는 것입니다. 내 제자 가운데는 귀한 신분의 왕자와 왕손들이 있으며 출신이 비천한 평민 백성과 불우한 가운데 삶의 괴로움을 다 겪은 여인들이 있으나 그들은 모두가 인생의 고해를 항해하는 가운데 평안한 귀숙(歸宿)을 찾게 되었습니다. 남을 구하고 자신을 구하는 것이 불도를 이루는 길입니다."

불타는 여인들을 향해 물었다.

"신녀들이여! 당신들은 홍진세상을 간파하여 한마음으로 공문(空門)에 들었습니다. 당신들은 정말로 영원히 속세와의 인연을 그리워하지 않고 언제까지나 이 심산유곡의 숲 속에서 외로이 청등(靑燈)만을 지킬 수 있겠습니까?"

신녀들은 한목소리로 대답하였다.

"불타시여, 불타시여! 저희들은 영원히 속세의 인연에 연연하지 않으며 언제까지나 불타를 따라 법을 배우고 도를 닦겠습니다."

"신녀들이여! 불문의 청정한 계율을 당신들은 엄격하게 준수할 수 있겠습니까?"

"저희들은 모두가 불법을 엄수하겠습니다!"

"그대들이 남자를 마음 밖으로 덜어내면 형체로 인한 노여움 빚어 날 수 있고, 물질에 끌리지 않으며 정 때문에 괴로움을 당하지 않게 됩니다. 이렇게 하여 여러 가지 모습과 색채를 가진 생명을 원만하고 여한이 없는 인생에 바친다면 당신들은 바로 나한(羅漢)이며 성녀(聖女)가 되는 것입니다."

머지않아 불타는 그녀들을 위해 성대한 귀의의식을 거행하였다.

그로부터 석가족의 부녀들은 각고 노력하여 불법을 익히고 불교를 전파하는 데 일심전력함으로써 불교 발전에 커다란 공헌을 하였다.

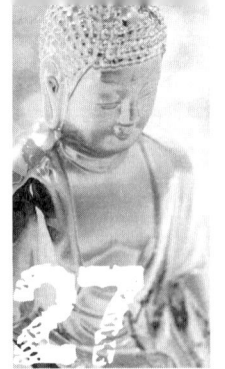

브라만의 음모

불교의 흥기와 발전은 인도에서 지배적인 지위를 차지해 온 브라만교에 치명적인 위협을 가하였다. 불타께서 두 번째로 사위성에 당도하였을 때 브라만교 신도들은 몇 사람 남아 있지 않은 상태였다. 브라만의 법회(法會)는 영락하였으며 외부와의 교류도 드물게 되었다. 수많은 사람들이 브라만교의 신성과 특권을 더는 인정하지 않게 되었다. 바사닉왕까지 그들의 법회에 참가하는 것을 사절할 정도였다. 이같은 상황은 브라만교 교두(敎頭)로 하여금 불안 속에서 하루하루를 지탱하기 어렵게 만들었다. 자신들의 정신세계가 절대적인 지위를 누릴 수 있도록 하기 위해 그들은 불타를 모함할 계책에 착수하였다.

어느 날, 불타의 홍법 법당에는 금사니(金舍尼)라 부르는 소녀가 하나가 끼어들었다. 그녀는 겨우 열여섯 살에 지나지 않지만 윤택하고 풍만한 몸매 때문에 실제 나이보다 훨씬 더 성숙해 보였다. 금사니의 조숙과 미모는 그녀가 머지않아 정사 안에서 출중한 신녀가 되어 선망의 대상이 되도록 하였다. 모든 사람들이 그녀를 좋아하게 되었으며 정사 밖을 나갈 때는 함께 가기를 희망하였다.

그러나 불타의 십대제자들은 그녀를 대할 때마다 이상하게노 딩혹과 불안감을 금할 수 없었다. 그들은 계속하여 자신들의 견해와 직감을 불타께 고하였다. 아난은 거리낌없이 이렇게 직언하였다.

"불타시여! 요즘 정사 안에 요정(妖精) 하나가 들어왔습니다!"

불타가 말했다.

"불문은 정결한 곳이므로 마귀가 있다면 마음으로부터 생긴 것일 게다. 아난아, 그렇지 않느냐?!"

그러나 아난은 불타의 말씀에 승복하지 않았다.

"불타시여! 제가 요정이라 일컫는 것은 금사니를 두고 하는 말씀입니다. 그 아이는 자태가 남달리 뛰어나지만 천진한 웃음 속에 음모와 교활한 계책이 숨어 있습니다. 어찌된 일인지 그 애를 본 뒤로는 마음이 불안하여 견딜 수가 없습니다."

불타는 아난의 어깨에 손을 짚고 의미심장하게 말을 받았다.

"불법은 끝없이 널리 중생을 제도한다. 중생이란 선남선녀뿐 아니라 늑대와 악마까지도 포함하는 것이다. 그들 역시 우리들의 교화대상이 아닌가! 정사 안에 들어선 이들은 하나같이 스스로 피안에 이르고자 하는 사람들로 영원히 생사고해를 해탈코자 소원하고 있다. 나는 금사니의 천자(天姿)가 총명하고 지혜로워 원래의 오성(悟性)이 깊을 것으로 생각한다만……."

사실, 불타는 스스로의 대 지혜를 통해 벌써부터 금사니가 그에게 안겨줄 재난을 직감하고 있었으나 금사니를 대할 때는 여전히 평화롭고 부드러운 표정을 지어 범연하게 대하였다. 남녀 간의 사랑과 행복은 눈앞을 스쳐가는 뜬구름과 같은 환몽에 지나지 않으며, 재난이나 행복도 마찬가지로 허망한 존재이다! 불타는 인생을 면대하여 괴로워하지도 즐거워하지도 않으며, 슬퍼하지도 기뻐하지도 않은 가운데 모든 길흉화복을 인연에 따라 오고가는 것으로 맡겨버렸다.

불타는 불안(佛眼)을 통해 금사니가 어리석음과 미망, 먼지와 때에 찌들어 있으나 천품만은 착하다는 사실을 간파하고 있었다. 그러나 현재의 금사니는 속세의 어리석은 요물에 불과하다. 그녀의 영혼에는 더러운 때가 묻었으며 그녀의 얼굴에는 아름다움 속에 독침이 숨겨져 있다!

어느 날 밤 금사니는 몰래 정사를 빠져나와 브라만교의 법당에 들어 그곳의 교두들과 하룻밤을 뒤엉켜 제멋대로 지냈다. 다음날 아침, 그녀는 헝클어진 머리를 다듬지도 않은 채 법당을 나와 정사와는 동떨어진 반대 방향으로 발걸음을 옮기던 중 불타의 여신도들과 마주치게 되었다. 그녀들은 의아한 생각이 들어 금사니에게 물었다.

"금사니! 어째서 정사로 가지 않고 엉뚱한 곳으로 가는 거니? 오늘은 불타의 말씀을 듣지 않으려는가?"

금사니는 수줍은 듯 몸을 꼬고 교태를 부리며,

"어제, 어젯밤에는 정사에서…… 잠을 잤지만, 너무……, 너무 피곤해서 오늘은 강술을 들을 수 없겠어요."

"무어야? 어젯밤 정사에서 잤다고……?"

"그래요. 어젯밤에는 불타를 모시고 함께 있었거들랑요! 불타는 너무너무 제게 잘해주셨어요. 뭐 잘못된 것이라도 있나요?"

교우들은 놀란 눈을 크게 뜬 채 어안이 벙벙하였다.

"뭐야? 금사니! 너 지금 무슨 소릴 나불거리고 있는 거니?"

"정말이지 어젯밤은 불타와 같은 방에서 함께 지냈다니까요! 기가 막히도록요! 불타는 원래 풍류태자(風流太子)였으니깐!"

금사니의 말을 곧이들은 신도들은 정사에 들어가 불타의 강술을 듣고 싶은 생각이 싹 가셔버렸다.

이런 일이 있고서부터 사람들은 불타가 위엄을 갖춘 위선사에 불과하다느니, 금사니가 날마다 짙은 화장을 하고 교태를 부렸던 것은 원래부터 불타와 좋아지냈기 때문이라는 등 의론이 분분하였다.

사람들은 두 남녀가 나름대로 즐거운 밤을 오래오래 즐긴 것이라 생각하여 불타를 더욱 능멸하게 되었다.

그로부터 몇 달이 지나면서 금사니는 배짱이 더욱 두둑하게 되어 건들건들 길거리를 왔다갔다하면서 있지도 않은 불타와의 추문을 스스로 퍼뜨리고 심지어는 임신 중임을 떠벌이기도 하였다.

"이거 보셔요! 나는 얼마 있으면 애기엄마가 된답니다. 이 애는 불타의 애기니까 작은 불타라고 불러야 할까 봐요. 자라서 어른이 되면 불타의 뒤를 이어 정사의 주인이 된답니다."

유언비어(流言蜚語)는 아무 근거 없이 널리 퍼지는 소문이지만 세상을 휩쓸게 되면 나중에는 거짓이 정말로 둔갑하게 된다. 더구나 여기서는 금사니 스스로가 제 입으로 퍼뜨리는 말이어서 진짜나 다름없이 사위성 안에 기세 좋게 퍼져나갔다. 성 안은 온통 두 사람의 얘기로 가득 차게 되었다.

때를 놓칠세라 바로 이때 브라만의 교두가 뛰어들었다. 그들은 사방을 유세하면서 온갖 방법을 동원, 사태를 부풀려 불타를 모함하고 헐뜯었다.

사위성을 휩쓴 추문이 정사에까지 흘러들어가자 불타의 제자들은 이 허무맹랑한 거짓말을 그대로 보아 넘길 수 없게 되었다. 지혜가 충만한 사리불이 말하였다.

"이 사건은 불문정토(佛門淨土)의 찬란한 명예를 훼손하였으며 중생들이 일심으로 불타를 따르고 불법을 수행하는데 엄청난 방해를 하였다. 따라서 우리들은 이를 보고도 못 본 척, 듣고도 못 들은 척 할 수가 없게 되었다. 진실은 반드시 규명되어야 하며, 불타를 모함한 인간은 엄중한 처벌을 받아야 한다!"

사리불은 라훌라, 우바리와 함께 당장 저자가 늘어선 한길로 나가 걸식과 탁발을 하면서 금사니를 찾기 시작하였다. 그날 정오 무렵, 금사니는 불룩한 배를 한껏 더 부풀리고 흔들거리며 이곳저곳을 기웃거리다가 여러 사람이 모여 있는 저자 앞으로 가더니 제 배를 어루만지면서 득의양양 불타와의 정사를 거듭 폭로하기 시작하였다.

"저 좀 보셔요! 여기에 불타의 아이가 들어 있답니다. 진짜……. 우리들은 오랫동안 남몰래 사랑을 속삭였지요. 그 징표가 이거랍니다……."

금사니는 제 배를 가리키며 다음 말을 이으려 하였다. 이때 머리끝까지 화가 치민 라훌라가 금사니에게 달려들어 다짜고짜 그녀의 배를 걷어찼다. 그런데 이게 어찌된 일인가! "퍽!" 소리와 함께 금사니의 치마 밑에는 쪼개진 바가지 하나가 떨어졌다. 그녀의 큰 배가 일순간 쭈그러들었다. 금사니를 둘러싼 채 흥미진진 얘기를 듣고 있던 사람들은 누구나 할 것 없이 놀란 입을 다물지 못하였다. 물론 금사니는 앞뒤 가릴 것 없이 걸음아 날 살려라 줄행랑을 놓고 말았다.

이렇게 하여 금사니의 '연애사건'은 종국이 나고 말았다. 금사니의 말에 현혹되어 불타를 멋대로 비방하던 사람들은 이제 거꾸로 금사니를 죽일 년으로 몰아 바가지를 자근자근 밟아 뭉갰다.

"모두들 보시오! 이것이 금사니의 애새끼란 말입니다!"

사위성은 다시 이 얘기로 온 동네가 떠들썩하게 되었는데 사람이면 사람마다 금사니의 어리석음을 비웃었다.

금사니는 원래 천진난만한 소녀였다. 그러나 그녀가 이와 같은 음모극의 주역이 되어 불타의 명예에 먹칠을 하게 된 것은 브라만교 교두가 미끼로 내건 세 덩어리의 황금 때문이었다. 결과적으로 금사니는 재물 때문에 은혜를 저버린 의리 없는 인간이 되어 온 성인의 웃음거리가 되었으며 브라만교 교두들의 명성은 형편없이 땅에 떨어지고 말았다.

머지않아 이 추문사건 소식은 바사닉왕의 귀에까지 들어가게 되었다. 머리끝까지 화가 치민 왕은 다음과 같은 교지를 내렸다.

> 금사니를 잡아들여라! 이 계집은 재물 때문에 의리를 배반하고 사람을 음해하였다. 마땅히 궁형(宮刑)으로 다스려 온 나라 백성의 교훈으로 삼을 지어다!

불타는 이 소문을 듣고 지체 없이 왕궁으로 들어가 바사닉왕이 관대함과 자비심으로 지나간 잘못을 용서하도록 간절히 청하였다.

그러나 바사닉왕은 여전히 노기충천하여,

"금사니는 염치를 모르는 계집이올시다. 사악하고 음탕한 사건을 날조하여 불타를 모해하였으니 절대로 용서할 수 없습니다. 짐은 원래 이 여자애를 난도질해 죽일 작정이었습니다만 아직 어린 나이임을 감안하여 음물(陰物)을 도려내 죽을 때까지 사악한 음욕으로 남을 모해하지 못하게 할 것입니다!"

불타는 합장한 채 계속 간구하였다.

"폐하! 그렇게 하시면 안 됩니다. 나는 그 아이의 불성과 양지(良知)가 아직 사라지지 않았다고 생각합니다. 다만 일시적으로 탐욕에 빠져 미망 속을 헤맨 것뿐이니 통촉하여 주십시오. 폐하께서 금사니에게 혹형(酷刑)을 내리는 것은 불타를 중히 여기시는 때문일 것이나, 만약 일반 평민백성이 이런 일을 당했다면 웃고 넘길 수도 있는 일 아닙니까? 이 일을 일소(一笑)에 붙이심이 어떨는지요?! 이제는 모든 것이 다 끝났으니 마음과 몸이 가뿐할 따름입니다. 금사니의 일을 다시 한 번 통촉해 주십시오!"

"불타시여! 짐은 불타를 대신하여 복수하고자 그녀를 잡아 대령토록 하였습니다. 짐은 왕권으로 세인에게 경고를 내려 불타를 욕되게 하는 자는 왕법(王法)으로 다스릴 셈입니다. 죄를 지은 자는 마땅히 벌을 받아야 합니다."

"폐하! 폐하께서는 일심으로 불문을 숭앙하셨으니 나로서는 기쁘기 이를 데 없습니다. 그러나 지금은 폐하의 왕권과 왕법이 저에게 불안을 안겨주고 있습니다. 어찌 됐건 간에 불쌍하고 몽매한 백성의 딸 금사니를 너그러이 용서해 주십시오."

말을 마친 불타는 두 손을 합장하고 바사닉왕을 향해 엎드려 절하였다.

불타의 거동에 깜짝 놀란 바사닉왕은 어찌할 바를 모르고 그를 일으켜 세우며,

"불타시여, 불타시여! 대자대비하신 불타시여! 어서 일어나십시오. 정말로 그러시다면 불타의 말씀을 따르도록 하겠습니다. 그러나 이 여자는 큰 죄를 지었으니 어떤 벌이라도 내려 다시는 못된 짓을 하지 못하도록 방비해야 할 것입니다."

마지막에 가서 바사닉왕은 다음과 같은 교지를 내렸다.

　　금사니의 머리를 깎고 조리를 돌리도록 하라!

왕궁의 호위병들이 삭발한 금사니를 끌고 한길로 나오자 온 거리는 구경꾼들로 가득 차게 되었다. 욕설과 돌멩이가 비 오듯 금사니를 향해 날아가자 그녀는 얼굴을 가리고 부끄러움과 아픔을 참기에 안간힘을 다하였다.

이로부터 나이 어린 금사니는 부끄럽고 욕됨이 이를 데 없게 되었다.

사악함은 존엄함과 자비 앞에서 맥을 추지 못한다. 불타는 봄바람같이 훈훈한 법음으로 제자들을 향해 이렇게 말하였다.

여러 가지 잘못을 저지른 사람이 이를 회개치 않으면, 잠시 악심이 멈춘다 하더라도 죄가 몸에 이르게 된다. 이는 물이 바다에 이르러 점점 깊고 넓어지는 것과 같은 이치이다. 사람이 잘못을 저지르면 스스로 이를 풀고 잘못을 깨우치며 악을 고쳐 선행을 해야 죄가 소멸된다. 이는 병자가 땀을 흘려 차차 나아지는 것과 같다.

악인이 좋은 소식을 들었다면서 소란을 피우면 이를 금하되 화내어 책망하지 말아야 한다. 악행을 하는 자는 자신을 악하게 한다. 악인은 슬기로운 사람을 해치지만, 하늘을 향해 침을 뱉더라도 침이 하늘까지 이르지 않고 저에게 떨어지는 것과 같이 해는 스스로에게 되돌아간다. 역풍이 먼지를 일으키더라도 먼지는 그곳까지 이르지 못하며 그 몸에 되 떨어진다. 현자는 파멸될 수 없으며 화는 제 몸을 덮친다.

불운이 극에 달하면 드디어 행운이 찾아오는 게 법리(法理)이다. 금사니는 인생의 갈림길에서 철저히 각성하여 새사람이 되었다.

어느 날 불타는 제자들을 데리고 도성의 한길에서 탁발과 설법을 하게 되었다. 그때, 머리를 빡빡 깎은 젊은 사나이 하나가 갑자기 그의 면전에 꿇어 엎드리며 합장한 채 끝없이 배례하였다. 만면이 눈물투성이가 된 젊은이는 마음의 괴로움을 이겨내지 못해 숨이 끊어질 지경이었다. 그는 떨리는 입술로 무엇인가 말을 하려 하였으나 흐느낌 때문에 입 밖으로 소리가 튀어나오지 않았다.

불타는 한 손을 뻗혀 들고 그를 향해 다정한 목소리로 물었다.

"선남자여! 어떻게 당신을 도와드려야만 합니까?"

"아, 아니, 아니올시다. 저, 저, 저는 남자가 아닙니다. 죄를 지어 머리, 머리를 깎기운 여자입니다!"

상대방의 얼굴을 자세히 뜯어보던 불타는 이 사람이 다름 아닌 금사니임을 알게 되었다. 금사니는 울음을 깨물면서 애걸하였다.

"불타시여, 불타시여! 불타께 귀의하겠습니다. 출가하여 불타의 제자가 되어 영원히…… 영원히 당신을 따르겠습니다. 불타시여, 저와 같은 죄인을 거두어주실 수 있겠습니까?"

불타는 그녀의 머리에 손을 얹고 자비로운 음성으로 말하였다.

"신녀여! 불성은 단지 밝고 어두움의 차이일 뿐, 높고 낮으며 귀하고 천한 차별은 없습니다. 그대가 악을 버리고 선을 행한다니 마음이 크게 놓입니다!"

"불타시여! 저는 신녀가 아니라 죄인입니다. 불타의 자비로움과 너그러움은 저의 죄얼(罪孼)을 더욱 깊고 크게 느끼도록 하였습니다. 저의 어리석음은 욕심보다 성하였으며, 습성은 본성보다 못되었습니다. 불타시여, 불타시여! 제게서는 이제 모든 것이 끝장나고 말았습니다."

"신녀여! 무엇이 끝나고 말았단 말입니까?"

"뜻이 없고, 앎이 없고, 갈 데가 없고, 구할 바가 없고, 할 일이 없고, 욕심이 없고, 내가 없으며 만 가지 생각이 모두 없으니 모든 것이 다 끝난 것입니다."

금사니의 말을 들은 불타의 얼굴에는 희색이 돋아나고 광채가 일었다.

"금사니여, 신녀여! 그대의 진실한 본성이 이제 되돌아왔습니다! 이제 그대는 더 이상 죄인일 수 없습니다. 번뇌를 떨쳐버리고 안주하는 신녀가 된 것입니다. 이제부터 그대는 삼보제자(三寶弟子)입니다!"

불타의 밀씀을 들은 금사니는 땅에 엎드려 큰소리로 통곡하였다.

모든 사람에게는 마음속에 불성이 숨어 있다. 재물을 탐하여 의리를 버린 금사니는 부끄러움을 모르던 소녀였으나 전화위복, 그로부터 불타를 스승으로 모시고 밝은 마음으로 견성하여 나중에는 크나큰 깨달음을 얻게 되었다.

데바닷타의 현세 보업報業

앞서, 정반왕이 불타를 궁궐에 돌아오도록 청했을 때 여러 왕자와 왕손들은 앞을 다투어 불문에 귀의하였다. 독자들이 알다시피 불타의 사촌동생 데바닷타는 일찍이 여러 차례에 걸쳐 불타를 음해하려 했었다. 그러나 이제 불교의 명성이 날로 높아지고 승단과 비구에 대한 중망과 존경심이 더욱 두드러지게 되자 공리에 눈이 먼 데바닷타는 마지못해 불타께 귀의하게 되었다.

어느 날 불타가 불경강술을 준비하고 있을 때 데바닷타가 갑자기 그의 면전에 나타나 합장하며 공손히 입을 열었다.

"세존이시여! 저는 여러 해를 불교수행에 임하였으나 지금까지 아무것도 얻은 바가 없습니다. 이제는 신통력을 익히고자 하오니 세존의 몸으로 이를 가르쳐 주시면 원이 없겠습니다."

불타는 데바닷타의 얼굴을 바라다보며 입을 열었다.

"불법을 배우는 것은 널리 중생을 제도하고 생사의 곤혹을 벗어버리는 데 목적이 있거늘, 어찌 신통력을 배우는 데 급급할 수 있겠는가?"

데바닷타는 불타의 훈도에 입을 다물고 말았다. 그러나 그는 마음 속으로까지 신통력을 익히려는 생각을 포기한 것은 아니었다. 그는 아난을 강박하여 신통력을 익히고자 결심하였다. 아난이 말을 듣지 않자 그는 마등가의 일을 들춰내 그를 핍박함으로써 드디어 뜻을 이루게 되었다. 수줍음을 잘 타는 아난은 도리 없이 데바닷타에게 승복하고 만 것이다.

아난의 가르침 속에서 일부 신통력을 터득한 데바닷타는 득의양양 거칠 것 없이 행동하였다. 그는 자신의 세력을 넓히기 위해 몰래 불타를 제거할 음모를 꾸미는 일방, 교파(敎派)를 독립시킬 계획으로 문도를 모집하기 시작하였다.

그러나 불타의 존엄 앞에서 그 누가 데바닷타의 제자가 되려 하겠는가! 데바닷타는 불타가 영원히 자신의 전도를 가로막는 장애물이라 생각하여 더욱더 불타를 해치려 하였다.

데바닷타는 제 패거리 여덟 사람을 불러 모아 불타의 최근 행적과 하는 일이 무엇인지를 몰래 분석하였다.

그러던 어느 날, 불타가 기사굴산 굴 속에서 좌선하고 있다는 사실을 알아낸 데바닷타는 그를 살해하기 위해 당장 자객(刺客)을 파견할 결심을 하였다. 자객들이 출발할 임시, 데바닷타는 그들을 향해 거듭거듭 이렇게 당부하였다.

"이번에는 기필코 불타를 해치워야 한다! 일이 잘만 되면 너희들에게는 죽을 때까지 쓰고도 남을 엄청난 상금을 줄 터인즉 절대 실수 없도록 하라. 일이 성사된 뒤 수도하기를 원한다면 너희들 모두를 나의 팔대제자로 삼아 가장 높은 자리에 앉힐 것이다. 그러나 만약 누구든지 비밀을 누설하게 되면 그때는 그놈의 가죽을 벗겨 돈지갑을 만들고 말 것이다."

말을 마친 데바닷타는 여덟 자루의 비수를 한 사람 앞에 한 자루씩 나누어 주었다.

칼을 받아든 여덟 자객은 데바닷타에게 거듭 충성을 맹세하며 의기양양, 갈 길을 서둘렀다. 그러나 데바닷타와 헤어진 뒤 그들 사이에는 자중지란(自中之亂)의 조짐이 비치기 시작하였다.

자객 중 한 사람이 말하였다.

"소문을 들으니, 불타가 옛날 출가하여 얼마 되지 않았을 때 데바닷타가 마남구리를 보내 그를 음해하려 했다는데 결과적으로는 마남구리가 불타에 감화되어 죄행을 참회하고 제자가 되었다는 군!"

딴 하나가 말을 받았다.

"그때는 싯다르타가 출가하여 얼마 되지 않은 때라 통력(通力)이 별것 아니었지만 지금은 신통력이 남달라 아무래도 무리가 많을 거야! 내 생각으로는 이번 길에 좋은 일보다는 흉한 일이 많을 것 같아 불안하기 짝없어. 일을 그르치면 데바닷타로서는 우리를 구할 방도가 없으니 우리들이 죄를 다 뒤집어쓰고 말 거야. 또 일이 잘 된다 하더라도 좋은 일만 기다린다고 할 수는 없지! 글쎄 생각들을 해 보라구! 우리들 모두가 데바닷타의 죄악을 알고 있는 터에 그가 우리를 그대로 놔두겠나?"

또 하나가 장단을 맞췄다.

"그렇군. 이번 일이 성공하거나 실패하거나 간에 우리들은 모두 저승길에 들어선 거나 한가질세! 성공해도 죽고 실패해도 죽고, 죽는 것은 매한가지란 말야. 전날 브라만의 교도들이 불타를 모해하려 했지만 마지막에는 그들 모두가 몽땅 죽임을 당하지 않았던가?!"
....

여덟 사람은 할 말을 잊고 자신의 운명과 앞날을 곰곰이 생각하게 되었다.

이때 일행 중 키가 제일 작은 자가 침묵을 깨뜨리며 입을 열었다.

"자네들, 살인마왕 앙굴마라의 얘기를 들은 적 있나?"

"그걸 모르는 사람이 어딨어?"

"사람을 죽이고도 눈 하나 깜짝 않던 살인마왕 앙굴마라까지도 불타의 교화에 칼자루를 내던지고 잘못을 뉘우쳐 바른 길을 걷게 되었는데 우리들이 무슨 연고로 무고한 불타를 해친단 말인가?!"

이 키 작은 사나이의 말은 일행 가운데 공명을 불러일으켰다.

"그렇고 말고! 설마 우리들이 앙굴마라보다도 더 나쁜 놈들일 수야 없지!"

"우리들도 앙굴마라처럼 악을 버리고 선을 따라야만 살아날 구멍을 찾게 될 거야!"

여덟 사람의 자객은 불안한 심정을 가누지 못한 가운데 기사굴산의 동굴 입구에 당도하였다. 그러나 막상 누가 먼저 동굴 안으로 들어갈 것이며, 누가 앞장서서 굴에 들어가 불타께 참회할 것인가? 그들은 서로가 서로에게 길을 비켜 주었으나 그 누구도 용기를 내어 불타에게 다가가려 하지 않았다.

이때 동굴 안에서 좌선하고 있던 불타의 목소리가 장중하게 들려왔다.

"데바닷타가 그대들을 이곳으로 보냈습니까?"

여덟 사람의 자객은 불타의 목소리를 듣는 순간 기절초풍할 만큼 놀라고 말았다. 불타의 낮은 음성이 다시 들려왔다.

"나는 알고 있습니다. 데바닷타가 그대들을 이곳에 보낸 것을. 그러나 그대들에게는 아무 죄도 없습니다!"

불타의 자비와 너그러움이 이렇게도 지극하다는 사실을 깨우친 그들은 다투어 비수를 내동댕이치고 동굴 안으로 달려 들어가 불타 앞에 엎드린 뒤 방성대곡, 끝없이 참회하였다.

"그렇사옵니다. 데바닷타가 저희들을 이 지경으로 만들고 말았습니다. 대자대비하신 불타께서는 이렇게도 빨리, 이렇게도 너그럽게 저희들의 죄를 용서하여 주시며 참회로 이끌어 주셨습니다. 저희들은 지금부터 악을 버리고 옳은 길을 따라 불타의 제자가 되어 불법을 수행하겠습니다. 불타시여, 불타시여! 제발 저희들을 거두어 주소서!"

불타는 그들의 소원대로 즉시 머리를 깎고 가사를 입혔다. 여덟 사람의 새 제자들은 끝도 없이 불타께 경배하였다.

불타는 그들을 옆에 앉히고 팔성제(八聖諦)와 팔정도를 강술하기 시작하였다. 여덟 사람은 조용한 가운데 도를 경청하여 깊이깊이 그 뜻을 깨우치게 되었다. 이에 따라 흐리고 더러웠던 그들의 심령은 점점 깨끗하고 자상하게 되었으며 착한 마음으로 가득 차게 되었다.

데바닷타는 자객들을 떠나보낸 뒤 새로운 교주가 될 꿈을 꾸고 있었다. 그러나 사흘이 지나도록 소식이 없자 차차 꿈길로부터 제정신이 들기 시작하였다. 나흘이 되던 날 점심 무렵, 그는 다시 사람 하나를 보내 여덟 자객의 행방을 찾도록 하였다. 염탐을 마치고 돌아온 자가 데바닷타를 향해 이렇게 말하였다.

"데바닷타시여! 불법은 끝이 없어 여덟 사람이 모두 불타께 귀의하였습니다."

데바닷타는 새 교주가 되는 꿈이 깨어지고 말았음을 깨닫게 되었다. 그는 난폭한 말씨로 그 자를 내보내고 침실로 들어가 문을 잠가 걸었다. 그의 몸에서는 힘이 빠져나가고 천지가 아득한 가운데 정신이 몽롱하였다. 맥이 빠질 대로 빠져버린 그는 침상에 몸을 던진 채 여러 차례 불타를 해코지했던 지난 일들을 생각하였니. 멘 첫 번에는 마남구리를 보내 불타를 모해하려 했지만 일을 그르치고 말았다. 두 번째에도 마남구리를 보냈다가 또 실패하였다. 세 번째는 맹수들을 풀어놓았지만 불타를 해치기는커녕 거꾸로 제 목숨을 잃을 뻔하였다. 네 번째인 이번에는 여덟 자객을 보냈으나 또 실패하고 말았다. 그는 누가 됐건 믿을 수 있는 사람은 아무도 없다고 생각하였다. 따라서 그 자신이 스스로 나서서 끝장을 내리라 결심하게 되었다. 미몽과 집념으로 가득 찬 데바닷타는 은색으로 빛나는 창밖 하늘을 쳐다보며 이를 악물고 맹세하였다.

'나 데바닷타는 이승에서 불타를 이 손으로 죽이고야 말겠다!'

그날, 데바닷타는 남몰래 기사굴산에 다다라 불타가 수행 중인 동굴 위쪽 멀찌감치 절벽 위에 올라가 여덟 사람의 새 제자들이 동굴 앞에 불타를 모시고 수도하는 광경을 내려다보았다. 그는 활활 타오르는 분노의 불길을 억누르지 못하고 몸 안의 기를 끌어 모아 거대한 바윗덩이를 아래쪽을 향해 힘껏 떠밀었다. 불타와 자신을 배반한 역도들을 한꺼번에 압살해 버리자는 심산으로…….

산채 같은 바윗덩이는 지체 없이 아래를 향해 굴러떨어졌다.

이때, 아난은 불타를 배알하기 위해 동굴로 올라가던 중이었다. 벼락치는 소리에 놀라 고개를 치켜드니 집채처럼 엄청난 바윗덩이가 동굴을 향해 굴러내려오고 있는 게 아닌가! 아난은 본능적으로 소리쳤다.

"불, 불타시여! 바위가 굴러떨어지고 있습니다!"

그러나 불타는 지그시 눈을 감고 합장한 채 움직일 줄 몰랐다. 아난과 여덟 제자는 위험으로부터 불타를 보호하려 했으나 아뿔싸! 바윗덩이가 벌써 동굴 앞에 떨어지는 순간이었다. 아난과 여덟 제자가 당황실조(唐慌失措), 죽음에 깔리는 찰라, 어찌된 영문인지 굴러떨어지던 바위는 갑자기 방향을 바꿔 까마득한 아래쪽을 향해 떨어져내려갔다. 위험이 지나간 뒤 그들은 불타의 법력에 찬탄을 금치 못하고 목숨을 구해준 은혜에 감사하며 거듭거듭 배례하였다.

그러나 아난은 마음을 놓을 수 없었다. 데바닷타가 절벽 위에서 음험한 웃음을 띤 채 아래를 내려다보고 있었기 때문이다. 분을 참지 못한 아난이 절벽 위를 향해 큰소리로 외쳤다.

"데바닷타야! 늑대 같은 인간, 거기서 무얼하고 있느냐?!"

아난이 데바닷타를 쫓아 위로 달려가려하자 불타 특유의 자비로운 법음이 우렁차게 들려왔다.

"불문제자는 자비심을 가져야 하느니라. 아난아! 데바닷타를 쫓지 말고 어서 이리 오너라."

불타의 말을 들은 아난은 몸을 돌린 뒤 엎드려 절하였다. 불타가 말을 이었다.

"데바닷타가 나를 죽임으로써 숙업(宿業)을 풀려 한 것은 업장 때문에 그러는 것인즉 어떤 방법으로도 이를 피할 수 없다. 불쌍한 데바닷타는 미망에 휩싸여 깨달음을 얻지 못하고 악얼(惡孼)만을 만들어가니 슬프고도 한심한 일이구나!"

말을 마친 불타는 우울한 명상에 빠져들었다.

데바닷타가 직접 불타를 모해하려던 계획은 실패로 돌아갔다.
그는 일찍이 스스로 문호(門戶)를 세워 독립할 야심을 가지고 불문에 귀의한 바 있다. 또 교주가 되려는 바람으로 데바닷타는 마갈타국 빈바사라왕의 아들 아사세(阿闍世) 태자에게 접근하기 시작하였다. 그는 아사세 태자를 자신의 거소로 초청, 아난으로부터 배운 신통력을 이용하여 태자의 신임과 존경을 녹차지하게 되었다. 아사세 태자의 찬조를 받아 데바닷타는 왕사성에 자신의 정사를 짓고 위엄을 떨치는 가운데 불타에게 정면 도전했던 것이다.

데바닷타의 정사는 푸른 나무들과 대나무 숲으로 둘러싸인 가운데 사면이 짙은 녹음으로 덮여 하루 종일 새들의 노래가 끊이지 않았으며 불타의 정사와 매한가지로 아침부터 저녁까지 느릿느릿 종소리가 울려 퍼지고 향기롭고 아늑한 연무(煙霧)가 감돌았다. 데바닷타의 속내를 모르는 사람들은 불타가 다시 새로운 선원(禪院)을 건조한 것으로 생각하였기 때문에 예배를 드리는 신도들의 발걸음이 끊이지 않았으며 한 달이 채 못 되는 동안 오백여 명의 제자를 거느리게 되었다. 이때 데바닷타는 제 실력으로 불타의 승단에 대항할 수 있다는 판단 아래 자신이 만든 오법(五法)으로 불타의 팔정도를 대체하려 마음먹었다. 오법에 따라 수행을 하면 짧은 시간 안에 열반에 들 수 있다는 것이 그의 주장이었다. 오법의 내용은 다섯 가지였다.

첫째, 죽을 때까지 대변을 칠한 떨어진 옷을 입는다.

둘째, 죽을 때까지 걸식으로 살아간다.

셋째, 죽을 때까지 매일 점심 한 끼만 먹는다.

넷째, 죽을 때까지 노숙을 하고 맨바닥에 앉는다.

다섯째, 죽을 때까지 고기·생선 등 비린 것을 입에 대지 않으며 소금이나 짐승의 젖을 먹지 않는다.

데바닷타는 자신이 불문에서 배운 바 있는 얄팍한 지식을 밑천삼아 강단을 만들고 경을 강술하기 시작하였다. 그러고는 언제나 자신의 보잘 것 없는 신통력을 시험하여 군중심리에 영합함으로써 사람들의 경탄을 자아내는 가운데 선남선녀를 홀리곤 하였다. 따라서 그의 세력은 하루가 다르게 확산되었다.

어느 날 데바닷타는 아사세 태자에게 이렇게 말하였다.

"존경하는 태자시여! 요 며칠 동안 태자께서는 기개와 도량이 더욱 비범하게 되셨을 뿐 아니라 얼굴에는 신묘한 광채가 번쩍이고 있습니다. 이는 대단한 길조이므로 태자께서는 당장 세상이 놀랄 만한 대사업을 벌이셔야 합니다. 모든 것은 하늘의 뜻입니다. 하늘의 뜻은 거역할 수 없는 것이기에 태자께 특별히 말씀드리니 서둘러 일을 진행하십시오."

아사세 태자는 무슨 뜻인지 내용은 알지 못하면서도 자신을 치켜세우는 통에 신바람이 나 다그쳐 물었다.

"그게 정말입니까? 데바닷타 교주님! 무엇이 제가 해야 할 대사업인지 말씀해 주십시오."

"존경하는 태자시여! 이런 말씀은 감히 드릴 수 없으나 그렇다고 숨길 수도 없는 일입니다. 태자께서 하늘의 뜻을 어기도록 해서는 안 되기 때문입니다. 사실, 태자께서 이 세상에 태어나신 것은 보잘 것 없는 작은 나라의 왕이 되기 위해서가 아니라, 큰 나라의 제왕이 되려 한 때문이었습니다. 태자께서는 갠지스강 유역의 열여섯 나라를 멸망시켜 강토를 늘림으로써 대국을 건설하게 되어 있습니다. 이것이 바로 태자께서 이루어야 할 대업입니다."

데바닷타의 말을 들은 아사세 태자의 마음은 부풀 대로 부풀어 올랐다. 일단의 예비모의가 있은 뒤 아사세 태자는 엄청난 정변을 발동하였다. 그는 부왕 빈바사라왕을 감옥에 가두고 잔혹하고 비열한 수단을 써서 왕위와 병권(兵權)을 강탈하였다.

아사세 태자는 데바닷타가 가담한 찬탈(簒奪)음모로 엄청난 실리를 챙긴 만큼 데바닷타의 말이나 계책에 순응하지 않을 수 없었다. 그는 데바닷타의 계획에 따라 인접국 정벌을 획책하고 데바닷타의 뜻에 따라 빈비사리왕에게 접근하는 모든 사람들에게 제재를 가하였다.

빈바사라왕으로서는 자신의 아들이 왕위를 찬탈하리라고는 꿈에도 생각하지 못하였다. 왕위를 빼앗긴 빈바사라는 차가운 돌 더미 위에 홀로 앉아 옛날 불타에게서 들은 바 있는 교훈을 되새겼다.

> 천지·일월·높은 산·넓은 바다는 어느 것이나 변하지 않는 것이 없다. 이 세상 만물은 변화하며 소멸된다. 변하지 않는 것이란 괴로움뿐이며 괴로움은 영원히 영원히 한도 없이 이어지는 것이다.

빈바사라왕은 불타의 법음을 거듭 회상하면서 차차 마음의 안정을 찾아갔다. 감옥 안에 하루 종일 쭈그리고 앉아 있는 것과 왕좌에 앉아 있던 것이 어디가 다른지에 대해서도 느끼는 바가 많았다.

아사세 태자는 백성들의 원한이나 불만 같은 것은 아랑곳하지않고 데바닷타의 종용을 받아 왕위에 오른 뒤 자신이 마갈타국의 국왕임을 선포하고 동시에 데바닷타를 국사로 추대하였다.

아사세의 어머니 위제희(韋提希) 왕후는 아들의 대역부도에 형언할 수 없는 분노를 느꼈으나 남편인 빈바사라왕을 구하기 위해 자식 놈에게 애걸하는 수밖에는 딴 도리가 없었다.

새로 왕위에 오른 아사세는 간청을 받아들여 어미와 부왕이 만나도록 허락하였으나 어떤 것이건 먹을 것을 가져다주어서는 안 된다는 토를 달았다. 아사세는 부왕을 굶겨 죽일 심산이었다.

그러나 위제희 왕비가 감옥을 방문하는 주요 목적은 남편에게 먹을 것을 가져다주는 데 있었기 때문에 자식인 아사세가 이렇게도 냉혹하고 무도하게 나오는 데는 더 이상 참을 수 없어 원한에 찬 목소리로 고함을 쳤다.

"아사세 이놈아! 너는 내 아들로서 아비와 어미의 피를 받아 태어난 몸이다. 그런데 오늘날 하늘이 내려준 양심을 내동댕이치고 아비를 사지(死地)에 몰아넣어 죽음에 이르게 하다니! 네놈이 이럴 줄 알았더라면 태어나자마자 죽여나 버릴 걸. 원통하고 절통해서 못살겠구나! 아사세야, 이 대역무도 하늘 무서운 줄 모르는 놈아!"

그러나 아사세는 눈 하나 깜짝하지 않고 이렇게 대꾸하였다.

"나를 낳아준 어미이기 때문에 정리를 생각하여 옛날의 부왕을 만나도록 허락한 것만도 다행으로 생각하시오! 딴 사람이었다면 빈바사라의 이름을 들먹인 것만으로도 몸뚱이와 머리통이 박살이 나고 말았을 것이오!"

위제희 왕비는 억울함과 분함을 삭여 삼키면서 집으로 돌아온 뒤 국왕을 위해 손수 먹을 것을 장만하였다. 소밀(酥蜜)과 기름에 튀긴 국수를 함께 섞은 다음, 온몸을 구석구석 정하게 씻은 왕비는 미리 마련한 음식을 몸에 바르고 그 위에 옷을 걸쳐 입었다. 이렇게 되면 그 누구도 빈바사라왕에게 음식을 가져다주는 줄을 알 수 없게 된다.

감옥에 당도한 왕비는 눅눅하고 더러운 진흙바닥에 앉아 한없는 시름에 잠겨 있던 국왕의 모습을 발견하고 천 갈래 만 갈래 가슴이 찢어지는 아픔을 참아야만 하였다. 감옥 한귀퉁이에 쌓여 있는 풀 더미에서는 코를 찌르는 악취가 진동하였는데 풀 더미는 바로 국왕의 잠자리에 다름 아니었다. 위제희 왕비는 분노와 연민의 정을 참을 수 없어 울부짖었다.

"폐하, 폐하……! 죄인 위제희가 국왕을 알현하러 왔습니다."

말을 마친 왕비는 땅바닥에 꿇어앉아 한없이 통곡하였다.

빈바사라왕은 왕비를 부축해 일으키며 의아한 표정으로 물었다.

"왕비가 이곳에 온 것만으로도 한량없이 기쁜 일인데 어찌하여 통곡한단 말이오? 이 몸이 옥에 갇혀 있을지라도 왕비의 충정(忠貞)에 변함이 없으니 그것만으로도 짐은 비할 데 없이 행복하오, 왕비!"

"대왕, 대왕! 불……, 불효한 놈을 낳은 죄, 온 나라를 이처럼 무서운 재난에 빠지도록 한 자식을 낳은 죄는 백 번 죽어도 모자람이 있습니다."

"길렀으되 가르치지 못한 것은 아비의 죄요! 아사세의 잘못은 모두 나에게 책임이 있소. 왕비는 원래 현숙하고 슬기로웠으나 이번 일로 마음에 무진장한 괴로움이 쌓였으며, 마갈타국의 백성들도 이 일로 인해 제 할 일을 편안히 할 수 없게 되었으니 이 모든 것이 내 탓 아니고 누구의 잘못이겠소!"

여기까지 말한 빈바사라왕은 혼절하여 쓰러지고 말았다. 위제희 왕비는 기겁을 하여 왕을 부축해 일으켰다. 며칠 동안 아무것도 먹은 것이 없으니 늙은 몸에 기력이 쇠진하여 까무러칠 수밖에……! 왕비는 몸에 발라 들여온 음식을 거둔 뒤 서둘러 국왕의 입에 넣어주었다. 소밀과 국수를 먹고 난 국왕은 차차 기력이 회복되자 땅에 엎드려 왕비에게 절하고 그녀의 현숙함과 슬기로움, 그리고 목숨을 건져준 은혜에 깊이깊이 감사하였다. 두 사람은 땅바닥에 주저앉아 서로 부둥켜안은 채 슬픈 운명을 거듭거듭 탄식하며 비탄 속에서 끝없이 통곡하였다.

그날로부터 왕비는 같은 방법으로 국왕에게 음식을 날라다 주었기 때문에 빈바사라는 겨우겨우 연명할 수 있었다. 빈바사라왕은 매번 왕비가 가져오는 음식을 먹은 다음 기사굴산 쪽을 향해 합장한 뒤 경건하게 예배드렸다. 불타를 일심으로 경모함이었다.

어느 날 아사세는 국왕을 지키는 옥졸을 불러 근황을 묻게 되었다.

"국왕은 아직도 살아서 숨을 쉬고 있는가?"

"국왕의 혈색은 옛날보다 더 좋아졌습니다."

아사세는 원래 그 아비를 굶겨 죽일 생각이었으나 옥졸의 보고를 들으니 죽기는커녕 옛날보다 건강이 더 좋아졌다는 말에 그의 어미 위제희가 명을 어기고 남몰래 음식물을 가져다주었음을 직감하였다. 화가 머리끝까지 치민 아사세는 당장 장검을 뽑아들고 어미를 죽이겠다며 궁전을 뛰쳐나갔다.

노기충천한 아사세가 허겁지겁 왕비를 찾아 밖으로 나서는 모습을 발견한 늙은 신하 한 사람이 그의 얼굴에 가득 찬 살기(殺氣)를 보고 앞길을 가로막았다.

"대왕! 용안(龍顔)에 진노(嗔怒)가 가득하신데 무슨 일로 어디를 가시는 길이옵니까?"

"사람을 잡아 죽이러 가는 길이오!"

"대왕! 사람을 죽인다면 무엇 때문에 대왕의 손에 피를 묻힌단 말씀입니까? 만조백관(滿朝百官)과 무장문신(武將文臣)이 하나같이 무능하단 말씀이십니까? 검을 이리 주십시오. 소신이 가서 처리하겠습니다."

"이 사람은 당신이 죽일 수 있는 인물이 아니오. 내가 손수 해치워야 합니다!"

"소신이 비록 힘은 없으나 한 사람을 해치울 기력은 아직 남아 있습니다."

"이 사람을 당신으로서는 죽일 수가 없소! 그게 내 어미니까!"

늙은 신하는 말을 듣는 순간 눈앞이 아득하였다. 이 얼간이 같은 놈은 아비를 몰아내고 임금 자리를 차지하더니 이제는 저를 낳아준 어미까지 죽이려든단 말인가!? 짐승만도 못한 인간! 당장 칼을 빼어 목을 쳐 죽이고 싶었으나 도리 없이 마음을 달랠 수밖에……. 그러나 그보다 급한 것은 왕비를 구하는 일이었다. 늙은 신하는 허연 수염을 쓰다듬으며 타이르듯 말하였다.

"대왕! 이러시면 안 됩니다. 소신은 지금까지 여든 해를 살아오는 동안 아비를 죽인 선례는 알고 있으나 어미를 죽인 사람 얘기는 들어본 적이 없습니다. 더구나 어미를 죽이는 것은 고귀한 크샤트리아의 혈통으로서는 생각도 못할 일입니다. 수드라로서도 그런 일을 할 수 있을지 모르겠습니다!"

"나는 국왕이며 내 말은 명령이오! 나는 부왕을 옥에 잡아 가둬넣고 그를 굶겨 죽일 작정을 하였소. 그런데도 어미라는 인간이 명을 어기고 몰래 먹을 것을 가져다주다니 그게 말이나 되는 일이오? 왕명을 어긴 것은 대국을 창건하려는 커다란 소망을 무너뜨리는 것이나 다름없소! 이런 인간을 살려두어도 좋단 말이오?"

늙은 대신은 혼자 힘으로 아사세의 잔학 행위를 막을 길이 없음을 깨닫고 이 일을 궁중의 문무백관과 상의하여 처리하자고 달랬다. 아사세도 그럴듯하게 생각했던지 대신의 의견에 동의하였다.

대궐로 들어온 늙은 신하는 여러 대신들과 상의 끝에 모두가 아사세에게 사직서를 제출하자는 결론에 도달하였다. 그들은 입을 모아 이렇게 말하였다.

"새 국왕은 자기를 낳아준 어미까지도 용서 못하는 사람인데 대신의 몸으로 우리들이 실수라도 한다치면 어찌 목숨을 부지할 수 있겠는가! 사람으로 완전한 사람이란 있을 수 없는 법, 그 누가 잘못을 저지르지 않는다고 장담할 수 있으리오! 임금을 보좌한답시고 대궐 안에 멀거니 앉아만 있다면 그것은 죽는 길이나 다름없소!"

결과적으로 아사세는 대신들의 압력에 눌려 위제희 왕비의 죽임만은 면해주기로 하였다. 그는 어미를 심궁(深宮)에 유폐한 뒤 내시로 하여금 엄히 지킬 것을 거듭 명하였다. 물론 명령 없이는 한 발자국도 자리를 뜰 수 없게 하였다.

심궁에 갇힌 몸이 된 위제희 왕비는 그로부터 먹고 마시는 일을 모두 끊은 채 날마다 멍한 눈으로 창밖을 응시할 뿐이었다. 눈물은 마를 대로 말랐으며 울 수 있는 기력조차 사라지고 마음속은 텅 비게 되었다. 일찍이 나라를 사랑하고 남편을 사랑하고 자식 아사세를 그렇게도 사랑했으나 이제는 아무것도 소용없게 되었다. 나라가 무너지고 집안이 망한 판에 살고 싶은 생각까지도 사라지고 말았거늘 슬퍼한들 무엇하랴! 무너져 없어질 것은 없어지며 생겨날 것은 생겨날 뿐인데 인간의 힘으로 이를 어찌 막을 수 있단 말인가? 위제희의 머릿속에는 불현듯 불타의 말씀이 떠올랐다.

> 인생은 꿈과 같은 것, 부귀영화 또한 뜬구름과 같다. 환상 같은 이 가상은 그대로 놓아두는 게 낫다. 그대로 그대로 놓아둘 수밖에 없는 것이다.

며칠이 지난 뒤 위제희 왕비는 심궁 한구석에 쓰러져 홀로 쓸쓸이 세상을 떠나고 말았다.

위제희 왕비가 세상을 떠난 뒤 머지않아 빈바사라왕 또한 어둡고 축축한 감옥 속에서 굶주린 배를 움켜 안은 채 목숨이 끊어지고 말았다.

데바닷타는 아사세의 왕위 찬탈을 종용한 공로로 국사가 된 뒤 자신의 힘이 크게 강성해진 것으로 생각하고 불타의 면전에 이르러 뻔뻔스럽게도 양위(讓位)를 강요하였다.

"불타께서는 춘추가 많으시니 옥체를 소중히 하셔야 하며, 그러기 위해서는 은퇴를 하셔야 합니다. 앞으로의 일은 모두 제가 도맡아 처리할 것이니 아무 걱정 마십시오."

불타는 평정한 음성으로 대답하였다.

"나는 이 일을 그만두고 싶은 생각도 없으며 물러날 곳도 없다. 불쌍한 데바닷타야! 이제 그만 너의 마음을 내려놓거라. 너의 마음은 무거운 것으로 가득 차 너를 억누르고 있으니 얼마나 고단하겠느냐? 가련한 데바닷타야, 우리는 형제일 뿐 아니라 사제 간이기도 한데 나로서 무엇을 도와주어야 할지 알 수가 없구나. 환상에 대해 네가 이처럼 집착하고 혼미해 있는데 그것은 누구의 잘못인가? 홍진세상에 인간의 어리석음만 가득하구나. 그렇더라도 내 힘으로는 이를 되돌릴 수 없으며 눌러둘 수도 없다. 불쌍한 데바닷타야, 너는 정말로 네 자신을 구할 수 없단 말이냐?!"

말을 마친 불타는 지그시 눈을 감고 더는 입을 열지 않았다.

데바닷타도 더 이상 할 말이 없어 성난 모습으로 자리를 뜨고 말았다.

아사세는 데바닷타가 불문의 법무(法務)를 이관하는 데 실패하자 그의 법력을 의심하기 시작하였다. 아사세는 비록 권세욕 때문에 양심이 흐려지기는 하였으나 그 역시 피와 살덩이로 만들어진 인간이었다. 그는 차차 본마음을 되찾기 시작하였다. 부왕과 왕비의 참사를 생각할 적마다 옛날 온 가족이 커다란 식탁에 둘러앉아 즐겁게 식사하며 얘기꽃을 피우곤 했던 정경을 떠올리면서 양심의 가책과 괴로움을 이길 수 없게 되었다. 그는 이따금 방안에 틀어박혀 과거를 회상하곤 하였는데 이러는 동안 더욱 침울하고 말수가 적어졌다. 그는 고독을 즐기게 되었으며 남의 눈길을 두려워하게 되었다. 남들이 자신을 대역무도한 인간으로 보지 않을까 겁을 내게도 되었다. 그는 또 데바닷타와 만나는 것까지도 꺼리게 되었으며, 나중에는 그 때문에 모든 불행이 시작되었다고 생각하게 되었다.

어느 날 밤 아사세가 겨우 잠이 들려 정신이 가물가물할 즈음 부왕 빈바사라가 만면에 진흙칠을 하고 산발한 모습으로 그에게 다가왔다.

아사세는 너무 놀라 본능적으로 도망을 치려하였으나 빈바사라왕이 앞을 가로막으며 무겁게 입을 열었다.

"아사세야! 나는 네 애비 빈바사라인데 나를 알아보겠느냐?"

아사세는 몸이 굳어 한 발자국도 움직일 수 없었다. 빈바사라왕이 다시 입을 열었다.

"놀랄 것 없다, 내 아들아! 나는 불타의 제자이기 때문에 너를 원망하지 않느니라! 불타의 자비로써 너를 이해한단 말이다. 나는 너를 위해 기도하며 네가 하루속히 깨우쳐 밝고 맑은 정도를 걷기만 바라고 있느니라!"

부왕의 말을 들은 아사세는 엎드려 울부짖었다.

"부왕, 부왕이시여! 이놈은 저를 낳아주신 부모를 죽였으니 그 죄 태산보다 크고 바다보다 깊어 이 목숨이 다할 때까지 해탈을 얻을 수 없습니다."

아사세는 엉엉 소리내어 울다가 꿈에서 깨어났다. 꿈은 꿈이었으나 그의 얼굴은 눈물범벅이 되어 있었다. 꿈길에서 부왕을 만난 정경을 생각하며 아사세의 마음은 슬픔으로 가득 차올랐다. 그 뒤, 그는 다시 꿈길에서나마 부왕을 만나고자 하였으나 꿈은 이미 사라져버린 것, 그림자조차 찾을 길 없었다.

얼마 있지 않아 아사세는 온몸에 독창(毒瘡)이 걸려 형언할 수 없는 고통 속에서 앉거나 눕는 일까지도 힘들게 되었다. 명의란 명의는 다 몰려들어 병을 고치려 하였으나 속수무책이었다. 아사세는 부모를 죽인 업보라 생각하면서 스스로 체념하였다.

앞서 아사세를 말리며 타일렀던 늙은 대신은 이렇게 말하였다.

"국왕폐하! 폐하의 병환은 천하의 명의 화타(華佗)라 할지라도 고칠 수 없으며, 오로지 불타께서만 치유를 하실 수 있습니다!"

아사세는 부끄러움을 참지 못하고 대답하였다.

"나는 엄청난 죄를 지은 패륜아올시다. 데바닷타와 함께 인간의 도리를 어기고 못된 일만 골라 천륜과 인륜을 범하였는데 불타께서 어찌 돌봐주시겠습니까? 죄를 지었으니 병에 걸리는 것은 당연한 일입니다. 바로 인과응보라는 것이지요!"

늙은 신하는 아사세의 말을 듣고 그가 회개하였음을 알아차렸다.

"불타의 대자대비는 그 누구도 흉내를 낼 수 없습니다. 따라서 성심으로 후회하고 참회한다면 전날의 잘못을 들추시지 않을 것입니다."

좌우로 늘어선 대신들도 하나같이 거들었다.

"폐하! 불타는 천하에 둘도 없는 성인이십니다. 어서 빨리 불타를 찾아뵙도록 하소서!"

"경들의 호의를 생각하여 불타를 찾아뵙고 지금까지 지은 죄를 참회하겠소!"

다음날 아사세는 넉넉하게 공물(供物)을 챙긴 뒤 코끼리 수레에 몸을 싣고 일단의 수행원과 함께 불타를 알현하러 길을 떠났다.

아사세의 행렬이 기사굴산 기슭에 이르렀을 때 그들은 전날 데바닷타가 절벽 위에서 밀어제친 거대한 바윗덩이들이 흉물스럽게 나뒹굴어 있는 모습을 보았다. 데바닷타는 얼마나 악독한 인간이었던가! 아사세는 눈앞의 정경과 데바닷타의 사악함을 생각하자 돌연 발걸음을 멈추고 늙은 대신을 향해 소리쳤다.

"자! 이만 되돌아갑시다. 하늘 아래 가장 큰 죄를 지은 인간이 무슨 염치로 불타를 찾아뵙고 용서를 빌겠습니까?"

늙은 신하가 타이르듯 입을 열었다.

"폐하께서는 이미 마음속에 회개의 뜻이 충만해 있으니 불타의 면전에서 마음을 털어놓으시면 잘못을 뉘우친 것이 증명됩니다!"

아사세는 다시 용기를 내어 앞으로 나아갔다. 이때 돌연 부왕의 목소리가 들려왔다. 그 소리는 느리고 길게, 사랑으로 충만한 가운데 귓전을 울렸다.

"아사세야, 아사세야! 나는 네 애비니라……. 너는 대신의 말에 따라 불타를 배견하고 진심으로 참회하거라! 그렇지 않으면 지옥에 떨어져 영원히 햇빛 볼 날이 없을 것이니……."

소리나는 곳을 바라보며 아사세는 그 자리에 무릎을 꿇고 울부짖었다.

"아버지, 아버지! 이 불효자는 이 길로 불타를 찾아 참회하겠습니다. 저의 죄를 용서하시고 평안히 잠드소서……, 아버지!"

수레는 계속 위를 향해 올라갔다. 얼마나 지났을까, 그때 갑자기 산 아래쪽에서 가슴을 쥐어짜듯 처참한 고함소리가 들려왔다. 모두가 멈춰서서 바라보았으나 흙과 돌멩이가 뒤엉켜 굴러가는 가운데 먼지와 안개만이 자욱하였다.

아사세는 사람을 보내 영문을 살피도록 하였다. 그런데 이게 어찌된 일인가, 얼마 뒤 신하들이 데바닷타의 시체를 걸머지고 제자리에 돌아왔다. 앞서 데바닷타는 아사세가 불타를 배알하러 무수한 공물을 챙겨 간다는 말을 듣고 더 이상 국사로서 신임을 유지할 수 없게 되었음을 깨달았다. 옛날과 같은 지위는 물론, 아사세를 주물럭거릴 수 없게 된 사실을 분하게 여긴 데바닷타는 아사세를 가로막아 불타에 대한 신앙을 저지하거나, 그렇지 않으면 깨끗이 불타를 없애버리기 위해 장검을 꼬나들고 오솔길로 올라오던 길이었다. 그러나 누구의 뜻인지, 느닷없이 무너져내린 흙더미에 깔려 산 아래로 떠밀릴 줄을 생각이나 했겠는가! 가련한 데바닷타의 영혼은 이로써 영원히 영원히 현세로부터 사라지고 말았다. 데바닷타의 시신은 차갑게 식어 일곱 구멍에서 새까만 피가 새어나왔다.

이로부터 죄악과 야심만으로 뭉쳐진 한 인간의 육신은 홍진세상에서 자취를 감추게 되었으나 그가 지은 죄업은 그의 영혼에 계속 눌어붙어 태어나고 죽는 일을 거듭하게 되었다.

아사세는 불타를 배알하고 그의 법음을 듣자 마음이 탁 트이게 되었으며 몸에 생긴 독창도 점차 갈앉게 되었다. 훗날 아사세는 불타에 귀의하였을 뿐 아니라 틈나는 대로 불타를 왕궁에 모셔 불법을 선양함으로써 만조백관의 불문귀의를 북돋아 마지막에는 뛰어난 명군이 되었다.

석가족의 재난

 정반왕이 세상을 하직한 뒤로는 석가족의 명장 마하나마(摩訶那摩)가 왕위를 계승하여 국왕이 되었다.
 마하나마왕에게는 사찌나(薩吉娜)라고 부르는 외동딸이 있었는데 용모는 꽃과 같고 자태는 옥처럼 고왔으며 총명하고 활달하여 아버지의 사랑을 독차지하였다. 그는 외동딸을 위해 대문을 황금으로 지어 부은 궁전을 지었으며 이로 말미암아 궁전의 이름을 금문궁(金門宮)이라 하였다. 국왕은 정사를 마치고 조정에서 물러날 때마다 맨 먼저 금문궁에 들러 딸을 돌보곤 하였다.
 어느 날 국왕이 금문궁으로 사찌나를 보러갔을 때 근신 한 사람이 코살라국의 임금으로부터 사찌나 공주 앞으로 보내왔다는 보석과 장식품을 가져왔다. 보석과 장식품은 국왕끼리의 우호를 위한 예물이었으나, 사실은 코살라국의 왕이 마하나마왕의 딸 사찌나를 며느리로 맞겠다는 사전 통보임과 동시에 약혼 증표(證票)나 다름없는 것이었다.

그때 사찌나는 겨우 열세 살……. 마하나마왕은 아직도 딸이 나이 어린데다 너무나 귀여워 헤어지게 될 것을 몹시 안타깝게 생각하였다. 그러나 한편으로는 혼사가 잘못되는 경우 두 나라 사이에 일어날 수 있는 불화를 몹시 두려워하였다. 유사 이래 석가족은 종족으로서의 지위는 존귀하였으나 실제로는 너무나 보잘 것 없는 속국으로 국력이라는 것이 약하기 짝없었다. 이에 따라 이웃나라와의 국교에 있어서도 카필라파스투국은 무사안일만을 추구하는 외교관계를 유지하는 데만 급급하였다. 이와 같은 배경에서 마하나마왕은 귀여운 외동딸을 항상 옆에 두고 보기를 원하면서도 양국관계의 화목을 염려하지 않을 수 없었다.

사찌나에게는 마리(茉莉)라는 이름의 여자 노예가 딸려 있었다. 마리는 나이 열다섯으로 몸은 비록 노예였으나 남달리 뛰어난 미모에다 사찌나 공주와 너무 닮아 속사정을 모르는 사람들로서는 그녀를 공주로 착각하는 것이 예사였다. 마하나마왕은 마리를 공주라고 속여 코살라국에 시집보내기로 마음먹고 마리와 사찌나에게 똑같은 옷을 잎혀 여러 사람 앞에 내세우곤 하였다.

마하나마왕이 이렇게 하는 것은 물론 마리와 공주를 동등한 자격으로 대하자는 데 목적이 있었던 것은 아니었으며 손님들로 하여금 누가 정말 사찌나 공주인지 알아맞춰 보게 하는 데 뜻이 있었다. 방문객들이 제대로 알아맞추거나 그렇지 못하거나 간에 마하나마왕은 그럴 때마다 큰소리로 웃으며 즐거워했다. 물론 오랫동안 똑같은 일을 반복하면서 마하나마왕은 사찌나의 성장을 지켜보았다.

아름답고 총명한 사찌나 공주는 마음씨가 순결하고 선량하여 마리를 친언니처럼 대하였다. 두 사람은 한 방에서 기거하며 함께 먹고 놀며 자라는 동안 한 몸처럼 한시, 한때도 떨어질 줄 몰랐다. 국왕은 공주만을 사랑했으나 공주가 마리를 좋아했기 때문 딸의 취향대로 마리를 좋아하게 되었다.

마하나마왕은 마리를 공주대신 코살라국에 시집보내기로 작정한 뒤 마리의 의향을 떠보았다. 총명한 그녀는 주저없이 국왕의 명령에 복종할 것을 맹세하였다. 마리는 꿇어앉아 머리를 땅에 대고 국왕의 은혜에 감사하였다. 그녀는 분명코 노예였으며, 노예였기 때문에 자유가 없는 몸이었다. 마리는 남다른 미모를 갖춘 데다 공주를 닮았다는 이유 때문에 금문궁(金門宮)에 들어 공주를 받들게 되었으나 결국은 팔자를 고쳐 왕비가 될 몸이었다. 명의상으로 카필라파스투국의 공주가 되어 시집을 가게 된 마리는 이런 일이 있을 줄 꿈엔들 생각이나 했겠는가! 마리는 사찌나와 헤어지는 것이 가슴 아픈 일이었으나 한편으로는 영광과 즐거움에 들떠 밤잠을 설칠 지경이었다.

코살라국 국왕은 진실을 눈치채지 못한 가운데 마리를 며느리로 맞았으나 그녀가 진짜 사찌나인 것으로 생각한 데다 며느리의 총명과 아름다움에 만족하여 그녀를 지극히 총애하게 되었다. 마리는 시집간 지 일 년이 채 못 되어 옥동자를 낳았는데 그가 바로 장차 석가족을 멸망시키게 될 유리왕(琉璃王)이었다.

태자 유리가 열두 살 나던 해 국왕은 그를 카필라파스투국에 보내 외조부의 나라에서 말타기와 활쏘기를 배워오도록 하였다. 당시 카필라파스투국 수도에서는 불타의 불법강술을 위한 강경당(講經堂)이 낙성되었는데 석가족 사람들은 모두가 강경당을 찾아가 준공을 축하하였다. 유리 태자 또한 사람들 틈에 끼어 강경당 안에서 놀게 되었다. 그런데 그때, 그곳을 관리하던 대신 하나가 갑자기 유리를 향해 벽력같이 고함을 쳤다.

"야, 이 천해 빠진 노예새끼야! 감히 이곳에 들어오다니……. 썩 꺼지지 못해?"

느닷없는 욕설에 놀란 유리 태자는 정신을 차려 대신을 상대로 따시려 들었으나, 상대방이 자신을 몰라보고 실수한 것으로 생각하며 이렇게 말하였다.

"나는 코살라국의 태자로서 마하나마왕의 외손자입니다."

이 말을 들은 대신은 잘못을 깨우치기는커녕 더 큰소리로 욕을 퍼부었다.

"이 얼간망둥이 녀석! 썩 꺼지지 않으면 몽둥이로 대갈통을 부셔주겠다!"

고함소리에 놀라 몰려든 사람들까지도 유리의 출신을 알아보고 약속이나 한 듯 대신을 거들었다.

"수드라 노예새끼야, 빨랑 비켜서! 이곳에는 석가족만이 들어오게 돼 있어! 종년의 새끼까지 들어와 신성한 강경당을 더럽히다니! 어서 썩 나가지 못해?"

극심한 모욕을 당하자 유리 태자는 분함을 참지 못해 큰소리로 울부짖었다.

"네 이놈들, 내가 누군 줄 알고 무엄하게 날뛰는 거냐? 외조부께 고하여 도륙을 내고 말겠다!"

석가족의 후예들은 껄껄대고 웃더니,

"이 간나 새끼야, 네 어미 년이 누군지나 아냐? 노예다 노예, 계집종 마리란 말이다! 노예가 낳은 새끼니 너도 노예임에 다름없어! 여기는 불타의 신성한 강경당인데 너 같은 놈이 감히 어디라고 들어와!? 부정 타면 안 되니 어서 꺼지기나 해……!"

유리 태자는 궁궐로 돌아가 자신이 당한 수모를 외조부 마하나마왕에게 알리려 하였으나 석가족이 들고 일어나 국경 밖으로 몰아내버린 통에 왕을 만나지도 못한 채 카필라파스투국을 쫓겨나고 말았다.

제 나라에 돌아온 유리는 당장 후궁으로 달려가 어머니를 만나 카필라파스투국에서 받은 능욕에 대해 낱낱이 고하였다.

"어머니, 어머니! 이게 도대체 어인 일입니까? 놈들은 무엇 때문에 내가 강경당에 들어가지 못하도록 막아섰으며, 코살라국의 태자인 나를 이렇게도 모욕하며 노예라고 불렀습니까? 나를 국경 밖으로 몰아내어 다시는 그 땅에 들지 못하게 한 것은 또 무슨 까닭입니까? 어머니! 제발 연유를 말씀해주십시오!"

마리왕비는 가까스로 아들을 달래며 이렇게 말하였다.

"유리야! 슬퍼할 것 없다. 외할아버지께 말씀드려 네 분을 풀어 줄 테니……."

"어머니, 어머니, 말씀해 주십시오! 도대체 어찌된 영문인지 사실을 모르고는 분을 참지 못하겠습니다. 놈들은 외조부님과도 만날 수 없게 나를 몰아내지 않았습니까!"

마리왕비는 울분을 삭이지 못하는 아들을 바라보면서 이렇게 생각하였다.

'진실을 말하지 않으면 유리가 사방을 돌아다니며 그 까닭을 알아내고야 말 것이다. 이렇게 되어 들통이 나는 날에는 나와 유리는 당장 왕궁을 쫓겨나 죽임을 당할지도 모른다!'

여기까지 생각이 미치자 마리왕비는 아들을 향해 조심조심 지난 일들을 자세히 알리게 되었다. 말을 마친 왕비는 눈물을 머금고 다음과 같이 덧붙였다.

"유리야! 참지 않으면 안 된다. 물론 부왕께도 사실을 말씀드려서는 안 된다. 부왕께서 이 일을 알게 되면 우리 둘은 왕궁 밖으로 쫓겨나 길거리에 버려져 노예가 되거나 목숨을 잃게 된다. 그러나 너의 외할아버지라는 분이 내게 베푸신 은혜는 백골난망(白骨難忘), 죽어서도 그 은덕을 갚을 길이 없다. 네가 자라서 이 나라 왕이 되면 그때에야 이 어미는 눈을 감고 편안하게 죽을 수 있을 것이다. 그것만이 이 어미의 소원이니 그때까지 비밀이 새나가지 않게 백사만사를 조심해야 한다. 코살라국 태자의 어미가 노예였다는 걸 남들이 알지 못하게 입을 꼭 다물고 살아야만 한다. 서로서로 명심하자! 유리야, 네가 이 나라 왕이 될 때까지는 언제나 수구여병(守口如甁), 입을 막고 살아야 한다. 알겠지……?"

말을 마친 왕비는 신산했던 어린 시절을 떠올리고 어깨를 들먹이며 소리죽여 흐느꼈다. 유리 태자는 어머니의 과거사와 자신에 대한 원려(遠慮)를 생각하며 모정의 위대함에 감복하였다.

"어머니! 슬퍼하실 것 없습니다. 아무 걱정 마십시오! 어머니의 말씀을 깊이깊이 명심하여 임금이 되는 날까지 입을 다물고 살렵니다. 비밀이 새어나가 엉뚱한 일이라도 벌어지게 되면 모든 일이 수포로 돌아가고 맙니다. 어머니는 출신이 노예이므로 노예의 아들인 저도 노예일 수 있습니다. 일이 들통나면 임금이고 뭐고 살아남아야 할 일이 더는 없습니다. 앞날을 위해 모든 것을 비밀로 하겠으니 안심하십시오!"

이 말을 들은 마리왕비는 마음속에 큰 위안을 느끼면서 아들을 껴안고 운명의 장난을 슬퍼하였다.

석가족 사람들은 유리 태자를 국경 밖으로 몰아내고서도 분이 풀리지 않았다. 그들은 노예의 자식이 불타의 신성한 강경당을 더럽혔다는 생각에 더 혹심한 징벌을 가하지 못한 것이 못내 한스러웠으며, 유리 태자가 이미 떠나고 없는 마당에 벌을 가하고 싶어도 그리할 수 없는 것이 절통하였다. 마지막으로 석가족 사람들은 유리 태자가 걸어 지나간 길을 석 자씩이나 파 엎음으로써 더러움을 묻어버리고자 하였다.

석가족의 혹심한 뒤풀이 사건을 늦게야 알아낸 유리 태자는 치욕을 참을 길이 더욱 없었다. 그날 밤 유리는 홀로 뒷동산에 올라 하늘을 향해 맹세하였다.

"하느님, 하느님, 굽어 살피소서! 이 유리가 코살라국 국왕이 되는 날, 어김없이 석가족의 씨를 말리겠습니다. 석가족의 붉은 피로써 분을 씻고자 합니다. 그렇게 하지 못한다면 이 유리는 눈을 뜨고 죽겠습니다!"

한편 석가족이 땅을 파 엎어 유리에 대한 분을 풀었다는 소문은 불타의 귀에까지 들어가게 되었다. 소문을 들은 불타는 슬픈 목소리로 이렇게 말하였다.

"자신들이 위대하다고 생각한 석가족은 눈이 멀어 큰일을 저지르고 말았구나! 어리석음과 미망에 빠져 화근을 만들었으니 이 일을 어찌하면 좋을꼬? 인과응보는 한 치의 어김도 없는데 공연히 원수를 만들어 무슨 수로 보복을 피한단 말인가!"

몇 년 뒤 코살라국의 왕이 병들어 세상을 하직하자 유리 태자는 왕위를 계승하여 임금이 되었다. 새로운 왕의 첫 번째 계획은 물론 카필라파스투국에 쳐들어가는 것이었다.

당시 마리 왕비는 국상(國喪)을 당해 슬픔에 빠져 있었으므로 유리 왕은 모친이 다시 큰 충격을 받을까 저어하여 카필라파스투국 공략계획을 알리지 않았다.

유리왕이 쳐들어온다는 소식을 접한 카필라파스투국 사람들은 놀라움과 무서움에 치를 떨었다. 약소국인 카필라파스투국은 제 힘으로 상대방을 막아낼 능력이 없음을 잘 알고 있었기 때문에 황급하게 사람을 보내 붇타에 도움을 청했다. 사신의 얘기를 듣고 난 붇타가 입을 열었다.

"원인이 있으며 반드시 결과가 있는 법! 인과는 윤회하며 사람의 뜻으로는 되돌릴 수 없습니다! 석가족은 망념 속에서 자신들을 치켜세워 남을 능멸하였는데 나는 일찍부터 이런 결과가 나타날 것으로 생각하고 있었습니다. 자, 그만 돌아가십시오! 내가 나서서 유리왕에게 철병을 권해보겠습니다. 그러나 아무리 선한 마음으로 소원한다 한들 화근이 소멸될 수는 없는 법입니다. 한시 바삐 모두가 왕성(王城)을 떠나 피신토록 하십시오."

과연, 붇타가 걱정해 마지않던 엄청난 재난이 드디어 눈앞에 닥쳐오고 말았다. 일찍이 붇타는 괴로운 명상 가운데 나라가 망하고 집안이 무너지는 참상을 여러 차례 바라보았다. 그러나 붇타는 깊고 깊은 연민과 고통 속에서 자신의 조국과 백성들이 전쟁으로 유린당하는 모습을 수수방관(袖手傍觀), 바라만 보고 있을 수는 없었다. 인과응보가 아무리 피할 수 없는 것일지라도……. 붇타는 친히 양국의 국경 관문(關門)에 이르러 큰 소나무 아래 자리를 잡은 뒤 유리왕이 오기를 기다렸다.

그곳은 코살라국으로부터 카필라파스투국으로 통하는 유일한 통로였다. 오랜 시간을 기다린 끝에 붇타는 노도처럼 몰려오는 유리왕의 대군을 발견할 수 있었다. 앞장선 젊은 유리왕은 갑옷을 걸치고 말안장에 높이 올라 질풍노도처럼 달려왔다. 붇타의 모습을 발견하자 유리왕은 말에서 뛰어내려 땅에 엎드렸다. 배례를 마친 유리왕이 입을 열었다.

"불타시여! 날씨가 이토록 무더운데 선방(禪房)에 드시지 않고 어찌 여기 앉아계십니까? 입술은 갈라지고 온몸은 땀투성이가 되었으니 얼마나 참기 어려우신지요? 불타시여! 저 건너편 나무숲으로 옮기심이 어떨지요?"

불타가 대답하였다.

"자비로운 대왕이시여! 이렇게 보살펴주시니 그 은혜 백골난망입니다. 그러나 내가 이 정도의 더위에 시달리는 것은 아무 일도 아닙니다. 내 일가친척의 목숨이 경각에 달려 있지 않습니까! 카필라파스투국 사람들은 대왕의 친척이기도 합니다. 그들이 당하게 될 재난을 대왕께서는 가엾게 여겨 주십시오. 인도 사람이면 누구나 다 알고 있듯이 대왕은 카필라파스투국의 외손(外孫)이며 석가족의 친척입니다. 대왕께서는 친척의 재난을 원치 않으실 것이며, 더군다나 친척들을 재난에 빠뜨리지 않으실 것입니다. 생각해 보십시오. 그렇지 않습니까?"

유리왕이 망설이자 불타가 다시 말을 이었다.

"친척은 서로 감싸주는 것이 사람의 도리인데 친척까지도 너그러이 용서할 수 없다면 어떻게 천하의 백성들을 거둘 수 있겠습니까? 대왕께서는 젊고 능력 있으시며 마음에 큰 뜻을 간직하고 계시니 관대하신 포부로 작은 일에 시시비비를 가리지 마십시오. 대왕께서 정말로 나이 먹은 이 승려를 존경한다면 카필라파스투국이 어려움을 당했을 때 비호를 하셔야 합니다."

유리왕은 불타의 말씀에 감복하며 이렇게 말하였다.

"대지대덕(大智大德)하신 불타시여! 불타의 가르침을 따르겠습니다."

말을 마친 유리왕은 당장 군마를 이끌고 회군하였다.

아들이 카필라파스투국에 쳐들어갔다는 소식을 들은 마리 왕비는 크게 상심하였다. 그것은 그니가 카필라파스투국 사람이었으며, 카필라파스투국에 한 몸처럼 마음 통하는 사찌나 공주와 그 백성이 살고 있기 때문이었다. 그녀는 이들 모두가 전쟁의 재난에 빠져드는 것을 원치 않았다. 마리 왕비에 대해 카필라파스투국은 그녀를 길러준 고향이었으며 마하나마왕은 노예인 자신을 왕비로 만들어준 은인이었다. 그런데 오늘날 아들 유리가 자신의 조국과 은인들을 향해 창칼을 들이대는 것은 은혜를 원수로 갚는 배은망덕이 아닐 수 없다. 마리 왕비는 부끄러움을 참을 길이 없었다. 그러나 또 한편으로는 석가족 사람들에 의해 유리가 거꾸로 능욕당할까 불안하였다. 마리 왕비는 남편을 여읜 슬픔에 겹쳐 새로운 근심으로 몸을 가누지 못한 가운데 아들이 돌아오기도 전에 대들보에 목을 매어 자진(自盡)하고 말았다.

왕궁에 돌아온 유리왕은 어머니의 죽음에 통절(痛切)한 마음을 가눌 길 없었다. 그는 어머니의 시신을 붙들고 목놓아 통곡하였다. 노예의 몸으로 이 나라에 시집온 뒤 신분을 감추기 위해 지금껏 노심초사(勞心焦思), 얼마나 불안한 삶을 살아왔겠는가! 매사에 조심조심, 오로지 무사만을 빌면서 자식 유리가 당당한 임금이 될 때까지 모든 것을 억눌러 참아야 했던 어머니! 끝내 제 명을 다하지 못하고 죽어간 어머니! 불쌍한 어머니……!

마리 왕비의 죽음은 유리왕의 복수심에 새로운 불길을 당겼다.

"석가족이 진정으로 나의 친척이며 내가 정말로 그들의 외손이라면, 그리고 내 어머니를 그들 국왕의 친딸로 여겼다면, 그때 나를 그렇게 모욕할 수 없는 일이었다! 그들이 나를 능멸하지 않았다면 오늘

날 내가 무슨 이유로 마하나마왕에게 창칼을 들이댈 것인가? 그렇지만 않았던들 어머니는 목매어 죽지도 않았을 것이다. 따라서 이 모든 불상사는 석가족의 잘못에서 비롯되었다. 그들은 노예를 공주로 위장하여 이 나라에 시집보냈으며 이 같은 사기극으로 내 나라에 치욕을 안겨주었다. 어머니는 내가 노예의 아들임이 알려지지 않도록 죽은 목숨으로 살아왔다! 나라에는 치욕을, 가문에는 원한을 안겨주었다. 나라와 가문의 원수를 갚지 않는다면 대장부의 도리가 아니다, 석가족을 쳐부숴 원한을 풀자!"

다음날 유리왕은 다시 병마를 이끌고 국경 관문에 이르렀다. 그러나 전날과 마찬가지로 불타의 타이름을 받아 다시 철군하는 수밖에 없었다.

유리왕은 왕궁에 돌아와 스스로 마음을 달랬으나 어머니 잃은 슬픔을 삭일 수 없었다. 거기다가 지난날 카필라파스투국에서 당한 수모가 겹쳐 분을 풀고야 말겠다는 복수심이 더욱 강하게 되살아났다. 얼마 지나지 않아 유리왕은 세 번째로 출병하여 카필라파스투국에 쳐들어갔다. 그러나 이번에도 앞서와 같이 불타의 말씀에 감화되어 철군하고 말았다.

한편, 카필라파스투국 사람들은 불타가 여러 차례 도성을 떠나라는 충고를 했음에도 불구하고 왕성을 떠나는 이가 없었다. 그들은 유리왕이 세 차례 군사를 일으켰으나 불타의 권유로 거듭거듭 철군한 사실로 미루어 전쟁이 영원히 터지지 않으리라 믿게 되었다.

유리왕의 대군이 카필라파스투국 도성에 이르렀을 때, 사람들은 비로소 깊은 꿈에서 깨어났다. 그러나 때는 늦고야 말았다. 적군이 도성을 포위한 뒤 도망을 치려했으나 그 누구도 성벽을 뛰어넘어 창검을 피할 수는 없었다.

세 번씩이나 유리왕을 타일러 철병시킨 불타로서도 이번만은 도리가 없었다. 인과응보는 되돌릴 수 없는 것! 불타는 이 모든 것이 인과응보의 정업(定業)임을 그 누구보다도 잘 알고 있었다.

유리왕은 카필라파스투국을 포위하였으나 당장 공격을 하지는 않았다. 부하들은 그 까닭을 유리왕에게 물었다.

"폐하! 성 아래에 당도한 지 며칠이 지났는데도 왜 공략을 하지 않는 것입니까? 도성문을 부수고 쳐들어가 닭이나 개새끼까지도 모조리 죽여 없애야 하는 것 아닙니까?"

유리왕이 말하였다.

"지금은 성이 포위된 지 얼마 안 되었기 때문에 적군의 사기가 살아있어 우리에게도 상처가 클 수밖에 없다. 포위를 한 채 오래 기다리면 적진에는 식량이 떨어지고 군사들은 몸에 힘이 빠져 의기소침(意氣銷沈)하게 될 것이다. 그때를 기다려 공략하면 맨손으로 성을 얻을 수 있다!"

아니나 다를까! 성이 포위된 지 한 달이 지나자 성 안의 군사와 백성들은 참는 데도 진력이 나게 되었다. 조정의 대신 가운데는 항복하자는 자들이 차차 세력을 얻더니 나중에는 성문을 열고 화의(和議)를 청해 왔다.

물밀 듯 도성에 쳐들어간 유리왕의 군사는 무고한 생명들을 파리 잡듯 도살하기 시작했다. 먼저, 주전파(主戰派) 삼만 명의 관병(官兵)들은 사지가 갈기갈기 찢겨 나뭇가지에 내걸리고 다음으로, 손에 나무막대기 하나 들지 않은 부녀와 아이들이 가차 없이 창검에 찔렸다. 한순간 석가족의 후예들은 시체가 되어 산더미를 이루었으며 피는 강을 이루어 소리내어 흘렀다. 차마 눈 뜨고 바라볼 수 없는 처절한 정경이 온 도성을 뒤덮은 가운데 피비린내와 송장 썩는 냄새가 천지를 메웠다.

불타는 석가족의 처절한 통곡소리를 들으며 슬픔과 연민을 가눌 길이 없었으나 어찌할 방도가 없었다. 그는 자신의 제자들을 현지에 보내 제도(濟度) 설법을 벌이는 수밖에 딴 도리가 없었다.

굴레가 오욕을 휘감아 지옥·축생·아귀도에 유전하니 사랑하고 헤어지는 가운데 태어나고 죽는 일이 영원하다.

마하나마왕은 자신의 백성들이 도살당하는 참상을 목도하고 참을 수 없는 괴로움에 빠져들었다. 그는 백성들을 어떤 방법으로 구할지 궁리에 궁리를 거듭한 뒤 유리왕을 만나 이렇게 애걸하였다.

"유리왕! 그대는 이제 나의 성을 공파(攻破)하였다. 여기서 이긴 자는 왕이 되고 패한 자는 역적이 된다. 무엇이거나 하고 싶은 대로 하는 것이 그대의 권리일 뿐……. 그러나 명의상으로 나는 그대의 외조부이며 그대는 나의 외손이 아닌가? 나이 든 사람의 이름으로 그대에게 간청하노니 청을 들어줄 수 없겠는가?"

마하나마왕의 말을 들은 유리왕은 못마땅한 듯 이렇게 대답하였다.

"그때 당신이 진정 나를 외손으로 대했다면 석가족 놈들이 그토록 모욕하지 않았을 것이며 당신들도 오늘날 이 모양이 되지 않았을 것이오. 다만 돌아가신 어머니께서 항상 당신을 은인으로 생각하여 흠모해 왔으므로 그분과의 정리를 보아 청을 들어주겠으니 무슨 일인지 말해보시오!"

"나는 우리 백성들이 무고하게 죽어가는 것을 눈뜨고 볼 수 없다. 지금 저 연못의 물속으로 뛰어들어갈 테니 내가 다시 머리를 물 위로 내밀 때까지 살아 있는 백성들을 성 밖으로 도망치게 해라. 그때까지는 아무도 죽여서는 안 된다. 내 머리가 물 밖으로 다시 나오게 되면 그때 남아 있는 자들을 마음대로 죽여도 좋다!"

이 말을 들은 유리왕은 늙은 마하나마왕이 물속에서 얼마나 버틸 수 있을지, 그 사이에 몇 사람이 성을 빠져나가길지 하찮게 생각히며 왕의 청을 들어주기로 하였다.

"좋소, 그렇게 합시다!"

마하나마왕이 연못으로 뛰어들자 유리왕은 곧장 명령을 내려 백성들이 자유롭게 도망가도록 허락하였다. 그러나 성 안의 백성들이 모조리 도망칠 때까지 마하나마왕은 물 위에 모습을 드러내지 않았다. 기다림에 지친 유리왕은 이상한 생각이 들어 못 속의 물을 모두 퍼내도록 명하였다. 그런데 이게 어찌된 일인가! 마하나마왕은 못 바닥에 박혀 있는 바윗덩이 하나를 끌어안은 채 오래전에 숨을 거둔 뒤였다.

마하나마왕이 익사한 연못에서는 시체 하나가 더 발견되었다. 다름 아닌 사찌나 공주였다. 유리왕의 어머니 마리 왕비는 이렇게 말했었다.

"마음씨 고운 사찌나 공주는 한 번도 나를 노예로 여겨 멸시한 일이 없었단다! 더군다나 나를 언니라고 부르며 따랐으니……."

성을 공략하기 전부터 유리왕은 사찌나 공주를 찾아 이모로서의 예를 올리려 했었는데 뜻밖에도 그 아버지 마하나마왕을 따라 물에 빠져 죽고 말다니!

어머니가 일생 동안 존경하던 은인들까지 전쟁으로 비명횡사(非命橫死)한 참상을 바라본 유리왕은 마음속으로부터 양지(良知)가 되살아나기 시작하였다. 그는 도살중지 명령을 내려 백성들이 왕성으로 돌아와 가정을 일구고 농사일을 계속토록 하였다.

석가족에 대한 유리왕의 폭거는 전체 카필라파스투국 백성들의 깊고 깊은 원한과 불만을 야기하였다. 특히 왕성 안의 백성들은 유리왕에 대한 사무친 원한으로 이를 뿌드득 갈았다. 그들은 복수하기 위해 기회만을 노리고 있었다. 어제는 그들의 군마가 독살되고 오늘은 보초병이 암살되었다.

유리왕은 일찍부터 승리에 도취되어 하루 종일 아름다운 여인들을 끼고 환락 속을 헤매었다. 이런 가운데 병사들에 대한 관리는 해이해지고 나중에 가서는 아예 위아래까지도 가리지 못하는 무질서가 되고 말았다.

군졸들은 왕성의 한 길을 제 멋대로 횡행하며 강간과 약탈을 일삼는 가운데 극악무도, 못된 짓만을 골라 했다. 결과적으로 카필라파스투국 백성들의 반항심은 극치에 이르렀다.

독자들은 그 옛날 불타가 출가할 때 그를 모셨던 충실한 마부 찬다카를 기억할 것이다. 후일, 마하나마가 국왕이 되었을 때 왕은 정반왕의 대신들과 궁중의 시종들에게 얼마간의 상금을 내려 고향에 돌아가 편안히 만년을 보내도록 조치한 바 있으나 찬다카만은 양로금(養老金)을 받지 않고 궁중에 남아 말을 돌보는 일을 계속 맡아 하였다.

유리왕이 카필라파스투국의 궁중에 들어온 뒤 찬다카는 머리가 세고 허리가 굽은 노인의 몸으로 유리왕의 부하를 도와 말을 먹이게 되었다. 유리왕의 마부는 점령자의 위치에서 경망되게 안하무인(眼下無人)으로 횡포를 부렸다. 찬다카는 아니꼬운 생각에 차 있었으나 겉으로는 그들에게 순종할 수밖에 딴 도리가 없었다. 그는 석가족이 아니었으나 석가족을 자신의 은인으로 생각하는 사람이었다. 은인들이 도살당하는 참상을 목도한 찬다카는 자신의 부모형제가 죽임을 당한 것이나 매한가지로 비통을 금치 못한 가운데 누구보다도 강한 복수심을 불태우고 있었다.

어느 어두운 밤, 찬다카는 아름다운 궁녀 한 사람을 찾아 향내나는 독주로써 유리왕의 병사들을 만취케 하였다. 병사들이 곯아떨어진 뒤 찬다카는 마구간의 마초에 불을 질렀다. 마를 대로 말라 있던 건초에 불이 붙자 마구간은 당장 거대한 불덩이로 변하고, 바람을 탄 불길은 무서운 기세로 궁전까지 덮치게 되었다. 유리왕과 왕비가 꿈길에서 깨어났을 때 왕궁은 이미 시뻘건 불바다가 되어 있었다. 그들은 허겁지겁 옷을 챙길 틈도 없이 타오르는 불덩이 가운데 몸을 사르고 말았다.

모든 것은 인과응보, 인과응보에는 한 치도 흐트러짐이 없다!

30 열반

 세월이 덧없이 흘러가는 동안 불타의 몸은 점점 노쇠해 갔다. 모든 노인들이나 마찬가지로 불타의 걸음걸이는 비틀거렸으며 손발은 말을 듣지 않게 되었다. 그러나 대지대각, 대자대비한 심령만은 불타를 갈수록 장엄하고 영명(靈明)하게 만들었다.
 불타는 일생 동안 변화가 심한 인간세의 고된 역정을 걸어왔다. 밖으로는 이교도의 박해에 부딪혔으며 안으로는 데바닷타의 음모와 배역(背逆)을 맞아야만 했다. 불타는 이런 일들을 거역함이 없이 조용하게 받아들인 뒤 그대로 흘려보냈다. 그의 자비와 관대한 마음은 심술사나운 이교도를 교화하여 불문에 귀의토록 하였다.
 불타는 스물아홉에 출가하여 서른다섯 되던 해 성불하였다. 그 뒤로는 일심전력 중생을 교화하고 탁발과 설법으로 마흔아홉 해를 보냈다. 대중을 상대해서는 삼백여든여 차례 강술하여 미망 속을 헤매던 무수한 중생에게 해탈과 평안을 안겨주었다.

어느 날, 불타는 제자들을 강경당에 모아놓고 마지막 설법을 하였다. 그는 먼저 제자들이 노력하여 정진하되 엄격하게 계율을 지키도록 당부하고 사성제와 선악인과의 교리를 거듭 강조하였다. 마지막으로 그는 원만하면서도 심오한 법음으로 다음과 같이 말하였다.

"세상에는 영생불멸하는 법신(法身)이 없으나 만고에 변치 않는 법문(法門)이 있느니라. 석달 뒤 나는 구시나계라국(拘尸迦羅國) 교외의 사라쌍수(娑羅雙樹) 아래에서 더 없이 높은 안온(安穩)을 얻어 열반세계에 들어간다."

불타의 말을 들은 제자들은 대경실색, 일월이 광채를 잃고 천지가 어지러운 속에서 만 가지 생각이 교차하여 실성통곡(失聲慟哭)하였다. 한순간에 사람마다 눈물을 줄줄 흘리면서 오열하며 흐느끼는 가운데 불타의 출가 전 아내로서 현재의 제자인 야쇼다라 공주가 느릿느릿 노래를 부르기 시작하였다.

> 그렇게 왔다가 이렇게 가는구나
> 오고 감이 이러하니 거듭거듭 공허로다.
> 영명(靈明)이 비었음은 부처나 한가진데
> 순간은 영원으로 묘령(妙齡)은 끝이 없다.

야쇼다라 공주와 불타는 부부간의 사랑뿐 아니라 사제간의 정을 나눈 사이었으므로 그녀는 크고도 한없는 슬픔에 젖어들었다.

그러나 공주의 마음은 물처럼 잔잔하며 맑고 깨끗한 가운데 커다란 깨우침에 도달하여 초탈해 있었다. 그녀는 알고 있었다. 사람의 몸이 이 세상에 태어나면 그로부터 죽음에 이르는 고통스러운 여정! 따라서 몸이 죽는 것은 바로 괴로움이 끝나는 것이며 태어남과 죽음이 끝나는 것을 의미한다. 불타는 커다란 깨달음을 얻어 열반에 듦으로써 이제부터 영생 영원한 쾌락과 안온을 구했으니 크게 경하하고 기뻐해야 할 경사이다!

불타는 법좌(法座)에서 일어나 자상한 음성으로 통곡하는 제자들에게 말하였다.

"제자들아, 슬퍼하여 울 것 없느니라! 천지만물 간에 비천하고 존귀한 것을 막론하고 태어난 자는 반드시 멸하며, 실상(實相)이 있으면 무상이 있게 마련이다. 아무도 이 법칙을 어길 수 없느니라. 망망한 홍진세상에서 가족의 단란함이 있으면 흩어짐이 있고, 만나는 자는 반드시 헤어지며 환락이 지나가면 괴로움이 뒤를 잇게 마련이다. 너희들이 진정으로 나를 숭배하고 존경한다면 나의 경률(經律)을 영원히 세상에 남겨 교법에 따라 뜻을 세우고 몸을 그 안에 두도록 해야 한다. 이렇게 하면 나의 법신과 혜명(慧名)은 영원히 살아 있게 된다."

그로부터 머지않아 불타는 아난의 부축을 받으며 정사를 떠나 구시나계라국으로 발걸음을 옮겼다. 남녀 제자들은 이것이 불타의 존안(尊顔)을 우러러보는 마지막 시간임을 직감하였다. 그들은 연연한 마음으로 한 굽이 한 굽이 산길을 따라 불타를 배웅하며 수십 리를 걸어온 뒤 마지막으로 그와 애별(哀別)하였다.

며칠 뒤 불타와 아난이 구시나계라국의 교외에 당도했을 때, 해는 이미 기울어 땅거미가 드리워지고 있었다. 아난이 눈을 들어 살펴보니 어두운 기운이 침침하게 감돌고 황량한 가운데 하룻밤 쉬어 갈 만한 인가를 발견할 수 없었다. 아난은 할 수 없이 스승을 부축한 채 얼마를 더 걸어 어슴푸레한 속에서 어느 작은 마을에 당도하였다.

마을에 들어간 두 사람은 순타(純陀)라는 이름을 가진 대장장이 집에 머물게 되었다. 순타는 마음씨가 선량한 젊은이로 대자대비한 불타께서 제 집에 든 걸 알고 황망하게 일손을 멈춘 뒤 땅에 엎드려 배례하였다. 배례를 마친 뒤 순타가 놀란 목소리로 물었다.

"불타시여! 감히 이런 말씀을 드려서는 안 되지만 어찌 일로 이처럼 궁벽한 산골을 찾아오셨습니까?"

불타가 부드럽고 자상한 목소리로 대답하였다.

"나는 이곳에서 열반에 드오!"

"열반……, 열반이 무엇입니까?"

"열반이란 멸도(滅度)이며 적멸(寂滅)이오. 바로 원적(圓寂)을 말하오."

그러나 대장장이 순타로서는 들을수록 그 뜻이 흐릿하였다.

불타는 좌정한 뒤 차근차근 순타를 향해 강술하였다. 열반이란 불교수행에서 도달해야 할 가장 높은 이상의 경지로서 이승의 몸이 잠시 소멸하는 것을 가리킨다. 생사의 윤회를 멸함은 청정·해탈·행복을 얻는 세계이다. 수많은 중생은 모두가 태어남과 죽음의 세계에서 여러 가지 번뇌와 욕망으로 시달리게 된다. 그러니까 열반은 태어나고 죽는 것, 여러 가지 괴로움과 번뇌가 철저하게 소멸되는 것을 말한다.

다음날 이른 아침 불타는 마을 위쪽에 있는 강가를 거닐며 젊은 대장장이가 모래톱에 누워 한없는 궁창(穹蒼)을 올려다보면서 무엇인가 넋 없이 생각하는 모습을 발견하였다.

불타는 대장장이 앞으로 다가서며 물었다.

"젊은이여! 무엇을 생각하고 있습니까?"

대장장이는 한숨을 쉬면서 대답하였다.

"불타시여! 저는 어떻게 해야만 부귀영화를 누릴 수 있을지 궁리하고 있습니다. 그동안 수십 년을 뼈 빠지게 일만 해 왔으므로 어느 날엔가는 남들 위에 보란 듯이 활개를 치고 살아야만 합니다."

"젊은이는 부귀영화를 그렇게도 소원합니까?"

대장장이는 거침없이 대답하였다.

"그렇습니다. 불타시여! 저는 지금까지 쇠붙이를 다루면서 먹을 것, 입을 것을 아끼는 가운데 근근이 살아왔습니다. 이대로 얼마를 더 모으면 머지않아 적잖은 목돈을 만들어 부자가 될 수 있습니다."

"그렇게도 많은 돈을 어디다 씁니까?"

"돈이 모아지면 먼저 이 오두막을 헐어버리고 아름답고 평안한 큰 집을 지을 것이며 꽃밭과 정각(亭閣)까지 마련할 생각입니다."

"아름답고 평안한 큰 집을 마련하여 무엇을 합니까?"

젊은이는 태평하게 웃으며 말하였다.

"말할 것도 없이 넓은 방을 만들어 잘 꾸민 뒤 젊고 아름다운 아내를 맞아 종일토록 함께 지내렵니다."

"아름다운 아내가 있으면 뭣합니까?"

"저는 아무것도 필요 없습니다. 그때가 되면 날마다 편안한 마음으로 강가의 모래톱에 누워 한가하게 맑은 하늘을 올려다보며 종달새의 노래를 들을 것입니다. 불타시여! 그렇게 아름답고 행복한 나날들을 보내고 싶습니다."

젊은이의 말을 들은 불타는 빙그레 웃으면서 다시 물었다.

"젊은이여! 그대는 지금 그대가 무엇을 하고 있는지 알고 있습니까?"

"저는 모래 위에 누워 하늘을 바라보며 종달새 노래를 듣고 있습니다."

"이것이 그대가 온 마음을 다해 추구하는 행복이 아닙니까! 자, 생각해 보시오! 그대는 원하는 바를 이미 성취하였습니다."

대장장이 순타는 의혹에 찬 눈길로 불타를 바라보았다.

"그러나 저는 지금까지 아무 것도 해놓은 것이 없습니다!"

"그렇소. 그대는 아무것도 이룬 것이 없소. 그러나 그대의 뜻은 벌써 이루어졌습니다!"

불타의 이 말에 대장장이 순타는 불현듯 커다란 깨달음을 얻게 되었다.

인생이란 본래 이와 같다! 무슨 일로 전도몽상(顚倒夢想)하며 전전무궁(輾轉無窮)하고 집착하여 깨어나지 못하는가?!

진실한 묘경(妙境)과 유유자적하는 행복이 감응(感應)을 따라 뚜렷하게 눈앞에 나타났다. 순타는 진실된 묘경을 발견하여 집착과 미망을 버리고 맑은 하늘을 똑바로 바라보았다. 그는 불타 앞에 엎드려 끝없이 배례하였다.

기원전 485년 불력(佛曆) 이월 십오일 자시(子時), 밝은 달이 하늘에 걸린 가운데 우주는 고요하였다. 여든네 살의 불타는 구시나계라국 교외의 사라쌍수 아래 앉아 평안하고 상서로운 침묵 가운데 빠져들었다. 사면팔방으로부터 헤어짐을 슬퍼하는 제자들이 몰려와 불타의 주위를 묵묵히 에워싼 가운데 이별의 괴로움이 모든 사람의 마음을 억눌렀다. 그들은 눈물을 머금은 채 감히 소리내어 울지 못하였다. 달빛이 물결처럼 잔잔하고 조용하게 드리운 곳에 바람은 멎고 새들도 잠들어 산천과 대지·삼라만상이 고요 속에 숨을 죽였다.

불타는 우주처럼 두텁고 자상한 음성으로 입을 열었다.

"내가 깨달은 사성제와 십이인연의 진리는 천지와 함께 있으며 일월과 더불어 영원하다!"

　불조가 열반에 들기 전에 남긴 구세구인(救世救人)의 법음은 후일 제자들의 정리를 거쳐 불경 안에 기록됨으로써 세상 사람들을 깨우치게 하였다. 그것은 여덟 가지 공덕을 수행하는 것 즉, 무구(無求)·지족·원리(遠離)·불피권(不疲倦)·불망념(不妄念)·선정·지혜와 필경(畢竟)에 관한 공덕을 포괄한다.

　　첫째, 무구공덕. 너희들 비구는 욕심 많은 사람이 이로움을 너무 구하는 까닭에 고뇌가 많은데 비해 욕심이 적은 사람은 구하고 탐하는 바가 없어 이 같은 어려움에 빠지지 않음을 알아야 한다. 의당 이를 배워야만 적은 욕심으로 여러 가지 공덕이 생기게 된다. 욕심이 적은 사람은 남에게 아첨하여 환심을 사려는 마음이 없고 여러 가지 악근(惡根)에 끌리는 바가 없다. 욕심이 적은 자는 마음이 평안하며 두려울 것이 없고 일하는 데 남음과 부족함이 없다.

　　둘째, 지족공덕. 너희들 비구가 여러 가지 고뇌로부터 해탈을 원한다면 만족함을 알아야 한다. 만족함을 아는 법이 바로 복락안온(福樂安穩)을 얻는 곳이다. 만족을 아는 사람은 땅바닥에 앉아도 안락하나 만족을 모르는 자는 천당에 살아도 성에 차지 않는다. 만족을 알지 못하는 자는 부자이면서도 가난하고, 만족을 아는 사람은 가난하면서도 넉넉하다. 만족을 모르는 자는 언제나 오욕에 이끌려 시달린다.

　　셋째, 원리공덕. 너희들 비구가 조용하며 무위로운 안락을 얻고 싶다면 분노와 시끄러움을 떠나 한가한 곳에 있어야 함을 알아야한다. 조용한 곳에 있는 사람은 제석제천(帝釋諸天)이 함께 경외하며 중히 여긴다. 따라서 여러 사람이 어울리는 것을 버리고 조용한 가운데 혼자 있어 고의 뿌리를 멸해야 한다. 여러 사람이 있는 곳을 좋아하면 여러 사람으로 인한 고뇌를 받게 된다. 큰 나무에 새가 많이 모여들면 가지가 마르고 꺾어지는 환난을 당함과 마찬가지이다.

넷째, 불피권공덕. 너희들 비구가 정진한다면 일에는 어려움이 없게 된다. 따라서 너희들은 정진을 해야만 한다. 이는 작은 물줄기가 오래 흘러 바위를 뚫는 것과 같다. 행자의 마음이 자주 해이해지면, 불을 일으키는 데 뜨겁시도 않아 중단하여 불을 얻으려 해도 얻기 어려운 것과 같다.

다섯째, 불망념공덕. 너희들 비구는 선지식을 얻고 선호조(善護助)를 구해 망념에 이르지 말아야 한다.

여섯째, 선정공덕. 너희들 비구가 마음을 정양하고자 한다면 마음이 정(定)에 있어야 한다. 마음이 정에 있는 고로 세상의 원래 법상(法相)을 알 수 있다. 따라서 너희들은 언제나 여러 가지 정을 배우는 데 정진해야 한다. 정을 얻으려면 마음이 흐트러지지 않아야 한다. 마치 물을 아끼는 사람들이 못과 둑을 잘 다스리는 것과 같다. 행자 역시 이렇게 하여 지혜의 물을 위해 선을 열심히 닦아 유실됨이 없게 해야 한다.

일곱째, 지혜공덕. 너희들 비구가 지혜를 얻고 싶다면 욕심을 부려 집착지 말고 항상 스스로 성찰하여 잃는 것이 없게 해야 불법 가운데서 해탈을 얻는다. 그렇지 않으면 도인도 아니고 보통 사람도 아니며 이름이 아무 곳에도 없다. 지혜를 실천하는 자는 늙음과 병듦과 죽음의 바다를 건너기 위해 배를 끄는 것이며, 암흑세계에서 등불을 밝히는 것으로 이는 모든 병자의 양약이며 번뇌의 나무를 찍는 도끼이다. 따라서 너희들은 사유하고 지혜를 닦아 스스로를 늘려가야 한다. 만약 사람에게 슬기의 비춤이 있다면 하늘의 눈이 없더라도 사람을 밝게 볼 수 있다. 이것을 지혜라고 부른다.

여덟째, 필경공덕. 너희들 비구는 갖가지 의론을 희롱하면 마음이 혼란해져 거듭 출가하더라도 해탈을 얻지 못한다. 따라서 비구는 어지러운 마음과 의론의 희롱을 빨리 버려야 한다. 그대가 적멸락(寂滅樂)을 구하고자 한다면 의론을 희롱하는 잘못을 고쳐야 한다. 이것을 불희론(不戲論)이라 한다.

마지막으로 불타는 찬연(粲然)하게 미소지으며 나직이 말하였다. "제자들아! 내가 제도하고자 한 중생들은 이미 모두 제도하였노라.

아직도 제도하지 못한 중생들과는 모두 제도할 인연을 맺었다. 이제 내 몸은 더 이상 이 세상에 남아 있을 일이 없게 되었다. 세상 사람이 나의 교법을 따라 행하면 거기가 바로 석가모니의 몸이 항상 살고 있는 곳이다. 나는 지금 복락 넘치는 열반에 들어가노라!"

말을 마친 불타는 오른손을 베개삼아 옆으로 비스듬히 누운 뒤 반쯤 눈을 감고 광활하고 아득한 천지를 바라보았다. 그런 뒤 편안하게 조용히 눈을 감았다.

무성한 사라쌍수 가지는 맑고 깨끗한 달빛을 무한히 머금은 채 불타의 장중하고도 자상한 모습을 비추었다. 불타의 몸은 느릿느릿 부드럽고 원만한 자광법화(慈光法華) 가운데 휘덮여 들어갔다.

온갖 것이 숙연한 가운데 천지에는 감동의 빛이 끝없이 서려 올랐다.

중생의 구원자
석가모니

초판인쇄 : 2011년 3월 5일
초판발행 : 2011년 3월 15일

지은이 : 泠華(렁화)
옮긴이 : 윤 원 호
펴낸이 : 서 정 환
펴낸곳 : 신아출판사

등 록 : 1984년 8월 17일 제28호
주 소 : 전주시 완산구 태평동 251-30
전 화 : (063) 275-4000, 252-5633
E-mail : sina321@hanmail.net

값 15,000원
ISBN 978-89-5925-821-5   03220

* 저자와 협의하여 인지는 생략합니다.
* 잘못된 책은 바꿔 드립니다.